OEUVRES COMPLETES

DE M. A. DE

LAMARTINE

TOME IV

LA CHUTE D'UN ANGE

LAGNY. — TYPOGRAPHIE DE VIALAT et Cie

CHATEAU DE COMBE.

ŒUVRES COMPLÈTES

DE M. A. DE

LAMARTINE

NOUVELLE ÉDITION

ILLUSTRÉE DE 34 BELLES GRAVURES SUR ACIER

ET DU PORTRAIT DE L'AUTEUR

TOME QUATRIÈME

PARIS
21, quai Malaquais

ÉDITEURS :

CHARLES GOSSELIN, FURNE et Cie, PAGNERRE,
DUFOUR ET MULAT

1850

LA
CHUTE D'UN ANGE

ÉPISODE.

AVERTISSEMENT

DE LA PREMIÈRE ÉDITION.

Ceci est encore un épisode du poëme dont *Jocelyn* fait partie. C'est une page de plus de cette œuvre de trop longue haleine dont je me suis tracé le plan de bonne heure, et dont j'ébaucherai quelques fragmens de plus jusqu'à mes années d'hiver, si Dieu m'en réserve. La nature morale en est le sujet, comme la nature physique fut le sujet du poëte Lucrèce. L'âme humaine et les phases successives par lesquelles Dieu lui fait accomplir ses destinées perfectibles, n'est-ce pas le plus beau thème des chants de la poésie? Je ne me fais point illusion sur l'impuissance de mon faible talent et sur la brièveté de la vie, comparées à une semblable entreprise; aussi je ne prétends rien achever. Quelques pas chancelans et souvent distraits dans une route sans terme, c'est le lot de tout philosophe et de tout artiste. Les forces, les années, les loisirs manquent. Les jours de poëte sont courts, même dans les plus longues vies d'homme. La poésie n'est que ce qui déborde du calice humain. On ne vit pas d'ivresse et d'extase, et ceux qui commandent à un poëte d'être toujours poëte rassemblent à ce calife qui commanda à ses esclaves de le faire vivre de musique et de parfums : il mourut de volupté et d'inanition.

AVERTISSEMENT

Je sais qu'on me reproche avec une bienveillante colère de ne pas consacrer ma vie entière à écrire, et surtout à polir des vers, dont je n'ai jamais fait ni prétendu faire qu'une consolation rare et accidentelle de ma pensée. Je n'ai rien à répondre, si ce n'est que chacun a reçu sa mission de sa nature. Je porte envie à ces natures contemplatives à qui Dieu n'a donné que des ailes, et qui peuvent planer toujours dans des régions éthérées, portées sur leurs rêves immortels, sans ressentir le contre-coup des choses d'ici-bas, qui tremblent sous nos pieds. Ce ne sont plus là des hommes, ce sont des êtres privilégiés qui n'ont de l'humanité que les sens qui jouissent, qui chantent ou qui prient : ce sont les solitaires ascétiques de la pensée. Gloire, paix et bonheur à eux ! Mais ces natures ont-elles bien leur place dans notre temps? l'époque n'est-elle pas essentiellement laborieuse? tout le monde n'a-t-il pas besoin de tout le monde? ne s'opère-t-il pas une triple transformation dans le monde des idées, dans le monde de la politique, dans le monde de l'art? L'esprit humain, plus plein que jamais de l'esprit de Dieu qui le remue, n'est-il pas en travail de quelque grand enfantement religieux? qui en doute? c'est l'œuvre des siècles, c'est l'œuvre de tous. L'égoïsme seul peut se mettre à l'écart et dire : Que m'importe?

Je ne comprends pas l'existence ainsi. L'époque où nous vivons fait nos devoirs comme nos destinées. Dans un âge de rénovation et de labeur, il faut travailler à la pyramide commune, fût-ce une Babel ! Mais ce ne sera point une Babel ! ce sera une marche de plus d'un glorieux autel, où l'idée de Dieu sera plus exaltée et mieux adorée. Car, ne nous y trompons pas, c'est toujours Dieu que l'homme cherche, même à son insu, dans ces grands efforts de son activité instinctive. Toute civilisation se résout en adoration comme toute vie en intelligence.

Or, dans ces jours de crise sociale, tout homme qui vit pleinement a deux tributs à payer : un à son temps, un à la postérité; au temps les efforts obscurs du citoyen, à l'avenir les idées du philosophe ou les chants du poëte. On prétend que ces deux emplois de la pensée sont incompatibles. Les anciens, nos maîtres et nos modèles, ne pensaient pas ainsi. Ils ne divisaient pas l'homme, ils le complétaient. Chez eux, l'homme était d'autant plus apte à un exercice spécial de la pensée, qu'il était plus exercé à tous. Philosophes, politiques, poëtes, citoyens, tous vivaient du même aliment; et de cette nourriture plus substantielle et plus forte, se formaient ces grands génies et ces grands caractères, qui touchaient d'une main à l'idée, de l'autre à l'action, et qui ne se dégradaient point en s'inclinant vers d'humbles devoirs.

On attribue au défaut de loisir les incorrections de composition et de style qu'on reproche généralement à mes ébauches poétiques. Ces défauts je les connais mieux que personne. Je ne cherche pas à les pallier. Je ne puis répondre à mes critiques qu'en m'humiliant et en réclamant pour ces faiblesses une plus grande part d'indulgence. Ils ne se trompent guère en considérant ces premières éditions de mes poésies comme de véritables improvisations en vers[*]. Si elles sont destinées à se survivre quelques années à elles-mêmes, il me sera plus facile de les polir à froid, lorsque le mouvement de la pensée et du sentiment sera calmé, et que l'âge avancé m'aura donné ce loisir des derniers jours où l'homme repasse sur ses propres traces et retouche ce qu'il a laissé derrière lui. S'il en est autrement, à quoi bon? Quand on a respiré en passant, et jeté derrière soi une fleur de la solitude, qu'importe qu'il y ait un pli à la feuille, ou qu'un ver en ronge le bord? on n'y pense plus.

Il me reste à prier le lecteur bienveillant de ne pas m'imputer ce qu'il y a de trop fantastique dans cet épisode. Cela entrait comme élément nécessaire dans l'économie de mon poëme. La pierre lourde et froide sert quelquefois de fondation à un édifice plus gracieux et plus décoré. Les deux

---

[*] Cette nouvelle édition.

épisodes qui suivront celui-ci sont d'une nature plus contemporaine et plus saisissante. Ils rappelleront de plus près ce *Jocelyn* pour qui le public qui lit des vers a montré une si indulgente partialité. On le retrouvera plusieurs fois dans ce drame épique, d'où il n'a pas disparu sans retour.

L'épisode qui suit *la Chute d'un Ange* est intitulé *les Pêcheurs*.

Paris, 1er mai 1838.

AVERTISSEMENT

DES NOUVELLES ÉDITIONS.

Six mois se sont écoulés depuis la publication des premières éditions de cet épisode. Il a donné lieu à de sévères critiques, critiques de fond, critiques de forme. Les uns ont dit : C'est un mauvais poëme; les autres ont dit : C'est un mauvais livre.

Aux premières je n'ai rien à répondre. L'artiste, quel qu'il soit, ne doit jamais contester avec le sentiment public. Le seul juge des œuvres de l'esprit, c'est l'impression qu'ils produisent; il n'y a pas de logique contre la nature. J'aurais beau alléguer les meilleurs argumens du monde pour prouver au lecteur qu'il doit trouver du plaisir ou de l'intérêt à la lecture de mon œuvre; s'il n'y trouve ni intérêt ni charme, c'est le lecteur qui aura raison. On ne prouve pas le plaisir, on le sent. De ce jugement du public contemporain il n'y a d'appel qu'à un autre public : la postérité. Or qui peut se flatter d'arriver jusqu'à la postérité? Elle ne juge que les immortels.

Je ne chercherai donc pas à justifier ici la conception, le plan, la forme de cet épisode. Nul n'est plus disposé que moi à reconnaître ses faiblesses ou ses erreurs. Seulement je donnerai une explication qui pourra être une excuse et qui fera suspendre leur jugement définitif à quelques hommes de bonne foi.

On a considéré cet épisode comme un poëme complet ; et, partant de cette idée, on a dit : « Mais qu'est-ce que cela signifie? où est le sujet? où est la pensée morale? où est le but? J'en aurais dit autant moi-même si j'avais lu *la Chute d'un Ange* dans cet esprit. Mais le lecteur, qui lit peu les avertissemens, n'avait pas lu sans doute celui qui précède mes vers. Il y aurait vu que *la Chute d'un Ange*, bien loin d'être dans ma pensée une œuvre complète, n'était qu'une introduction en drame à un poëme dont le plan général ne s'expliquera que par le développement et la combinaison de ses parties. Ce plan, je l'ai indiqué autant que je pouvais le faire dans la préface de *Jocelyn*. Ce sujet, ai-je dit, c'est l'âme humaine, c'est la métempsycose de l'esprit, ce sont les phases que l'esprit humain parcourt pour accomplir ses destinées perfectibles et arriver à ses fins par les voies de la Providence et par ses épreuves sur la terre. J'avais donc à peindre dans cet épisode, qui ouvre presque le poëme ; l'état de dégradation et d'avilissement où l'humanité était tombée après cet état primitif, presque parfait, que toutes les traditions sacrées lui attribuent à son origine. Les angoisses d'un esprit céleste incarné par sa faute au milieu de cette société brutale et perverse où l'idée de Dieu s'était éclipsée, et où le sensualisme le plus abject s'était substitué à toute spiritualisation et à toute adoration ; voilà mon sujet dans ce fragment d'une épopée métaphysique. C'est le monde de l'athéisme. On m'a reproché de l'avoir peint avec des couleurs trop repoussantes et trop crues. On en a conclu que je pourrais bien être moi-même panthéiste, athée, matérialiste. Lorsque la *Divine Comédie* du poëte toscan parut, peut-être reprocha-t-on au Dante d'être un esprit satanique, parce qu'il s'était complu à décrire les tortures et à remuer les immondices de son Enfer. Mais, après l'Enfer, le Dante publia le Purgatoire et le Ciel ; et ces trois mondes merveilleux, s'expliquant et s'éclairant l'un l'autre, produisirent ce tout harmonieux et sublime où les horreurs des cercles infernaux, les purifications du séjour d'épreuves, et les délices permanentes du ciel, achevèrent sa pensée et justifièrent les prétendues aberrations de son génie. On sent assez que je ne prétends comparer ici que les choses et non les hommes. Dante a inscrit son nom en caractères de feu sur l'imagination des siècles; la pierre de nos sépulcres saura seule les nôtres. Mais l'injustice est la même. Ainsi tombent ces accusations d'immoralité, de fatalisme, de provocation au suicide, que certains critiques ont cru devoir m'adresser. Ils ne voient que la première scène d'un drame dont le dénoûment seul peut faire apparaître la moralité. Le désespoir et le suicide de Cédar, bien loin d'être offerts en exemple aux misères humaines, sont des fautes morales qui, dans le plan général du poëme, auront ailleurs leurs conséquences et leur rétribution.

Ceci m'amène à m'expliquer une seconde fois sur ce prétendu panthéisme dont on me suspecte depuis la publication du *Voyage en Orient* et de *Jocelyn*. Des critiques religieux et sincères croient voir en moi une tendance croissante à matérialiser l'idée de Dieu, à confondre le Créateur et la création dans une vague et ténébreuse identité qui, en détruisant l'individualité suprême de Dieu et l'individualité de l'homme, anéantirait à la fois l'homme et Dieu, et ferait ainsi je ne sais quelle chose semblable au chaos avant que la lumière y brillât et que le Verbe en eût séparé les élémens. Ce serait pis que l'athéisme, car ce serait nier Dieu en le proclamant; deux non-sens au lieu d'un! Peut-être quelques expressions métaphoriques et inexactes de mes ouvrages ont-elles donné lieu à cette méprise sur mes opinions religieuses; j'en serais profondément affligé. La langue vague et indéterminée de la poésie se prête mal à la rigueur des termes que doit préciser la métaphysique. Si mes vers laissent du doute, je m'explique en prose.

Je crois en un Dieu possédant la suprême individualité, comme y croit la nature qui n'a été créée que pour réfléchir cette individualité divine et qui ne subsiste que de sa providence. Je crois à la liberté morale de l'homme, mystérieux phénomène dont Dieu seul a le secret, mais dont la conscience est le témoin, et dont la vertu est l'évidence. Je crois à toutes les conséquences qui, dans cette vie et dans des existences d'un autre ordre, dérivent de cette double foi. Je crois que la seule œuvre de l'humanité comme être collectif, et de l'homme comme être individuel, c'est de graviter vers Dieu en s'en rapprochant toujours davantage. Je crois que le travail du jour, comme le travail des siècles, c'est de dévoiler de plus en plus cette idée de Dieu, dont chaque rayonnement illumine l'esprit d'une vérité de plus, enrichit le cœur d'une vertu de plus, prépare à l'homme une destinée plus parfaite, et fait remonter à Dieu une plus sainte adoration. Dans ma conviction, tout ce vain mouvement d'hommes et de choses ne cache que ce grand mouvement organique de l'homme vers une connaissance plus complète de son Créateur et vers un culte plus spiritualisé. Tout autre mouvement est sans but; car rien hors de Dieu ne peut être son but à soi-même. S'il en était autrement, ce monde serait un drame sans moralité et sans dénoûment, indigne de son auteur, indigne même de l'homme. Si je ne pensais pas ainsi, j'aurais en mépris ce monde et moi-même, et j'étoufferais en gémissant ce flambeau sinistre de la raison qui n'aurait été allumé en nous que pour éclairer le gouffre sans fond du néant. Mais cela ne se peut pas ; car alors qui l'aurait allumé, ce flambeau? Non pas apparemment les ténèbres éternelles. Une étincelle prouve le jour. Pénétré instinctivement de ces vérités qui ont pour mon intelligence l'évidence que le soleil a pour mes yeux, tout se rapporte à Dieu de ce que je contemple dans la nature comme dans ce que j'étudie dans la marche historique de l'humanité. Les luttes d'idées, les vicissitudes d'événemens, les renversemens d'institutions, les changemens de routes ou de formes, ce labeur incessant et tumultueux des nations, les convulsions les plus énergiques, comme les progrès les plus lents de la végétation humaine, n'ont de sens à mes yeux que celui-là et n'en peuvent avoir d'autre. Les faits cachent toujours une idée. Or pressez le monde, il n'en contient qu'une, Dieu et toujours Dieu. Tout ce bruit que nous entendons sur la terre et qui s'appelle travail, pensée, parole, gloire, liberté, égalité, révolutions, élevons-nous plus haut; nous ne discernerons plus qu'un cantique de la terre qui cherche à balbutier plus dignement le nom éternel. Je l'ai dit, je le répète, toute civilisation se résout en adoration, comme toute vie en intelligence. Les hommes, selon leur nature, sont plus ou moins frappés de ce sens divin des choses, dont ils sont tous des instrumens. Quant à moi, je ne m'en glorifie ni ne m'en humilie; mais doué de bonne heure de ce sens de la contemplation et de l'adoration, l'évidence divine me pénètre par tous les pores; et pour éteindre Dieu en moi, il faudrait à la fois anéantir mon intelligence et mes sens. Je me sens religieux comme l'air est transparent. Je me sens homme surtout par le sens qui adore. Si c'est là ce que certains critiques appellent panthéisme, irréligion, impiété, il faut que je me révèle bien mal ou qu'ils soient bien sourds.

Quant aux attaques contre le christianisme, dont ils ont vu de nouveaux symptômes dans les fragmens du livre primitif où le prophète donne aux jeunes sauvages l'idée pure et rationnelle de Dieu et quelques notions de culte sans symboles, je ne puis que redire ce que j'ai dit en réponse aux mêmes controverses dans la seconde préface de *Jocelyn*.

Il n'entrera jamais dans ma pensée d'attaquer l'ineffable doctrine où le christianisme a retrempé, rajeuni et divinisé l'esprit humain. Toutes les vérités sont en lui; et nous ne faisons que balbutier sous d'autres formes, en les lui empruntant, les notions parfaites de Dieu et de morale que son divin auteur a enseignées à l'humanité. Le christianisme a été la vie intellectuelle du monde depuis dix-huit cents ans, et l'homme n'a pas découvert jusqu'ici une vérité morale ou une vertu qui ne fussent contenues en germe dans les paroles évangéliques. Je crois son œuvre bien loin d'être accomplie; j'ai été élevé dans son sein; j'ai été formé de sa substance; il me serait aussi impossible de m'en dépouiller que de me dépouiller de mon individualité, et si je le pouvais, je ne le voudrais pas; car le peu de bien qui est en moi vient de lui et non de moi. Je l'ai dit ailleurs; je considère le christianisme comme la plus vaste et la plus pure émanation de révélations divines qui ait jamais illuminé et sanctifié l'intelligence humaine. Mais cela ne veut pas dire que je foule aux pieds ou que je veuille éteindre en moi cette autre révélation permanente et croissante avec les temps, que Dieu fait rayonner dans la raison. L'idée religieuse, quelque divine qu'elle soit dans son principe, lorsqu'elle devient culte et institution humaine, tombe dans des mains d'homme et devient susceptible, par ce contact, de participer à l'action des temps. En traversant des âges de ténèbres, d'ignorance et de superstition, le rayon le plus pur peut contracter quelque chose de la nuit même qu'il a imparfaitement dissipée. Il arrive que les ténèbres et la lumière, les fantômes et les réalités restant confondus, l'esprit humain repousse le tout et reste sans culte et sans législation religieuse, ou bien qu'il professe des lèvres ses symboles ainsi discrédités et n'obéit plus en esprit à la loi dont il suit encore les préceptes. C'est le pire des états pour la société; car la foi y devient une convention politique, et le culte une cérémonie; et, pendant ce temps, la vérité souffre ou sommeille dans beaucoup de cœurs. Les nations qui vivent dans ce faux semblant d'habitudes sans efficacité sur les croyances et sur les mœurs, sont les sépulcres blanchis de la parabole. Pour que ces saintes institutions soient puissantes, la religion et la raison doivent concorder, il faut que l'intelligence trouve en elle-même la sanction et l'admiration de sa foi. La conscience obéit mal lorsque l'esprit doute; les symboles ne sont faits que pour assister l'intelligence, et non pour s'interposer comme des nuages entre Dieu et nous. Je pense que c'est l'œuvre de ce temps, l'œuvre des hommes de bonne volonté et de pieuse nature, d'écarter le plus possible de ces nuages qui empêchent le sentiment religieux de prévaloir plus complétement. Plus Dieu sera visible, mieux il sera adoré. Séparer la foi de la raison, c'est éteindre le soleil pour substituer à la lumière de l'astre permanent et universel la lueur d'une lampe que l'homme porte en chancelant, et que l'on peut cacher avec la main. Il faut que la contradiction cesse entre ces deux clartés pour les multiplier et les étendre. C'est la lumière de Dieu qui juge toute autre lumière. Toute clarté qui n'éclaire pas partout et toujours n'est pas un astre; c'est un flambeau. Vouloir cette union complète de la raison et de la religion dans l'œuvre d'adoration et de sanctification qui est l'œuvre de l'humanité par excellence; vouloir que l'homme entre avec ses facultés tout entières dans les sanctuaires, et qu'il ne laisse pas sa raison à la porte de ses temples comme le mahométan laisse ses sandales pour les retrouver après la prière; vouloir que la raison soit religieuse et que la religion soit rationnelle, est-ce là attaquer le christianisme, ou n'est-ce pas plutôt lui préparer un règne plus unanime et plus absolu? Le feu qui épure l'or des scories de la terre lui ôte-t-il quelque chose de son poids, de son éclat et de son prix?

Maintenant dirai-je un mot des non-sens politiques dont on m'a prêté l'intention à propos de quelques vers de cette huitième vision où le prophète dit à ses hommes primitifs et imaginaires : N'ayez ni juges ni rois; et gouvernez-vous par la seule justice de vos consciences et par la seule force de vos vertus? On en a conclu que je ne voulais ni tribunaux, ni mécanisme social, ni gouvernement. On pourrait prêter la même intention de subversion anarchique à toute philosophie et à toute religion qui disent aussi aux hommes : Soyez tous également parfaits, et quand vous serez parfaits, vous n'aurez plus besoin de lois écrites ni de juges rémunérateurs; votre loi sera votre perfection même. C'est là ce qu'il faut toujours dire aux hommes, et la voix même de Dieu qui les appelle incessamment à cet état parfait, est peut-être une raison d'espérer qu'ils pourront un jour y arriver. Mais si l'on suppose que dans l'état connu et réel de l'humanité je sois assez dépourvu du sens des réalités pour dire aux hommes : Brisez ce magnifique phénomène de la société civile, chassez vos rois, destituez vos juges, licenciez vos forces et fiez-vous à l'égoïsme individuel, à la désorganisation et à l'anarchie; en vérité, on me fait trop d'honneur en me répondant. Personne, j'ose le dire, n'a plus que moi le sens de la nécessité des gouvernemens. Qu'ils s'appellent monarchies ou républiques, selon les mœurs et les temps, peu m'importe; mais qu'ils soient éclairés et forts, c'est tout l'homme; ils sont la forme de l'humanité et la condition de tous ses progrès; ils sont aux masses ce que l'organisation est aux individus, c'est-à-dire la loi même de leur existence; ils sont les instrumens des idées qui travaillent de siècle en siècle à remuer et à transformer le monde; et la tendance de tout esprit qui veut que les idées triomphent et que l'humanité grandisse, est plutôt d'exagérer que d'énerver la force des gouvernemens. Je confesse tout haut que c'est la mienne.

Mais je me hâte d'abandonner de si hautes questions, si inopportunément soulevées à propos de quelques pauvres vers; et je reviens à ce qu'il y a de plus infime au monde, une misérable question d'art et des hémistiches justement revendiqués par la critique. Je ne les lui disputerai pas. J'acquiesce à beaucoup de reproches mérités d'incorrection, de faiblesse, de négligences et même d'inconvenances de style; j'en fais justice moi-même dans cette nouvelle édition. Je remercie les écrivains consciencieux qui ont bien voulu me les signaler. Il faut au moins faire profiter au lecteur cette critique impartiale et bienveillante, souvent aussi pénible à celui qui l'exerce qu'à celui qui la subit.

LA
CHUTE D'UN ANGE.

ÉPISODE.

RÉCIT.

Vieux Liban ! s'écria le céleste vieillard
En s'essuyant les yeux que voilait un brouillard,
Pendant que le vaisseau courant à pleines voiles
Faisait glisser nos mâts d'étoiles en étoiles,
Et qu'à l'ombre des caps du Liban sur la mer
L'harmonieuse proue enflait le flot amer.

Sommets resplendissans au-dessus des tempêtes,
Qu'on vous cherchait jadis bien plus haut qu'où vous êtes !
Votre front, maintenant comme un crâne blanchi,
Du poids de l'Océan n'avait jamais fléchi,
Et les flots du déluge, en minant vos collines,
N'avaient pas sur vos flancs déchiré ces ravines.
Vous ne laissiez pas voir, comme un corps sans manteau,
Ces rocs, grands ossemens, prêts à percer la peau ;
Mais vos muscles puissans, vaste épine d'un monde,
Revêtus à grands plis de bois, de sol et d'onde,
Dessinant sur le ciel d'harmonieux contours,
Même en s'y découpant s'arrondissaient toujours.
Oh ! si vous l'aviez vu, mon enfant, dans sa gloire,
Tel que je le revois de loin dans ma mémoire,
Dans ces jours encor près de sa création,
Votre œil fondrait d'amour et d'admiration !
Vous voyez sur ces bords qu'évite notre poupe
Ces écueils mugissans que la lame découpe,
Ces grands blocs dentelés, effroi du matelot,
Où monte et redescend l'assaut grondant du flot ;
Vous voyez dans les flancs des monts ces déchirures,

Coups de hache au rocher qui montre ses blessures,
Et dont par intervalle un rare filet d'eau
Pleut comme la sueur d'un flanc sous un fardeau,
Tandis qu'au fond obscur de la noire ravine
Le lit sec d'un torrent que le soleil calcine
Ne révèle la veine où ses flots ont coulé
Qu'au stérile caillou que l'hiver a roulé;
Plus haut ces longs remparts et ces cimes chenues
Dont les escarpemens semblent porter les nues;
Puis ces neiges où rien n'ose plus végéter,
Puis ces pics dont la dent semble ébrécher l'Éther!
Vaste amas de granit sans ombre et sans culture,
Où l'herbe même a peine à trouver nourriture,
Et qui fait dire à l'homme avec un cri d'effroi :
Ce globe fut-il fait pour la pierre ou pour moi?

Eh bien! cette âpreté n'est que décrépitude.
Tout était aussi grand, mon fils, rien n'était rude;
Partout pleines, partout comme grasses de chair,
Ces cimes que noyait l'océan bleu de l'air
S'élargissaient, montaient, ou seules ou jumelles,
De la terre encor vierge, ainsi que des mamelles
Que fait renfler un sang plein de sève et d'amour,
Et dont la plénitude arrondit le contour.
Ces neiges, dont le poids semble affaisser leurs hanches,
N'opposaient pas alors leurs mornes taches blanches
Au bleu sombre et profond d'un firmament plus pur,
Où le vert des rameaux se fondait dans l'azur,
Comme au bleu d'une mer qui dort sous le rivage
Le vert des bois se fond en doublant son image.
Jusqu'aux derniers plateaux que l'homme ne voit plus,
Les chênes aux bras tors, les cèdres chevelus,
Élargissant leurs troncs en vivante colonne,
Pour porter à cent pieds leur flèche ou leur couronne,
Et dans les feux du ciel, toujours verts, les noyant,
Couvraient partout les monts d'un grand flot ondoyant;

Mais ces arbres géans, premiers nés de la terre,
Ne cachaient pas au jour tout le sein de leur mère :
Leurs rejetons, pressés comme dans nos forêts,
Sous leurs troncs étouffés ne germaient pas si près ;
Ils ne dérobaient pas de leurs branches jalouses
Le ciel et les rayons aux plantes des pelouses;
Ils décoraient la terre et ne la cachaient pas;
De larges pans du ciel s'ouvraient entre leurs bras,
Pour que les vents, le jour, l'humidité céleste,
De la création visitassent le reste.
La foudre quelquefois semant leurs troncs noircis
Sur des croupes à pic les avait éclaircis;
Les torrens en avaient balayé leurs rivages,
Et laissé pour les yeux des vides sur leurs plages;
De sorte qu'entre l'onde et ces grands troncs épars
Les pelouses laissaient circuler les regards,
Comme entre les piliers d'un dôme qu'il éclaire
Le soleil fait jouer son rayon circulaire.
De là brillaient les lacs à travers les rameaux;
Les sept fleuves creusaient sept vallons sous leurs eaux,
Grandes veines d'argent qui de leur haute artère
S'épanchaient à flots bleus pour féconder la terre,
Et que par mille nœuds rassemblait comme un nid
L'innombrable réseau des sources du granit.

Oh! quelles fleurs croissaient sur ce berceau des fleuves!
Quels cèdres étendaient leurs bras sur ces eaux neuves!
Quels oiseaux se trempaient l'aile dans ces bassins!
Quel firmament la nuit constellait dans leurs seins!
Quels murmures secrets et quelle âme profonde
Sortaient avec ses flots, chantaient avec son onde!
C'était comme le chant confus, à demi-voix,
Des flots impatiens d'écumer sous les bois!
Et quand le soir, rasant leur face occidentale,
Rougissait dans le ciel sa barre horizontale,
Et, retirant d'en haut ses rayons repliés,

Glissait entre les troncs du dôme incendiés,
Et semblait allumer sur ces fumantes cimes
Un bûcher colossal pour d'immenses victimes ;
Quand ces feux des sommets réfléchis dans la mer
Dans ces vagues du soir paraissaient écumer ;
Que les brutes sortant de leurs antres sauvages
Venaient rôder, bondir, hurler sur ces rivages ;
Que les milliers de cris des nuages d'oiseaux,
Que l'innombrable bruit de tant de chutes d'eaux
Comme un orgue à cent voix qu'une seule âme anime,
Donnaient chacune un son au cantique unanime ;
Et qu'un souffle des airs venant à s'exhaler,
La surface des monts semblait toute onduler,
Comme un duvet ému d'un cygne que l'on touche
Frémit de volupté sous le vent de la bouche ;
Que les cèdres plaintifs tordaient leurs bras mouvans,
Qu'un nuage de fleurs soulevé par les vents
Sortait de la montagne avec des bruits étranges
Et des flots de parfum pour enivrer les anges,
L'extase suspendait le cœur silencieux,
Les étoiles d'amour se penchaient dans les cieux,
Et celui qui connaît la colline et la plaine
Écoutait l'hozanna dont sa cime était pleine !!!

—Mais, disais-je en mon cœur, ce vieillard inconnu
Parle comme quelqu'un qui lui-même aurait vu.
Il lut dans mon esprit ma pensée et mon trouble :
—Oui, j'ai vu, non par moi, non par ce regard trouble,
Non par cet œil de chair, mais par l'œil de ces saints
A qui Dieu, d'ici-bas, laisse voir ses desseins,
A qui des jours futurs l'avenir dit le nombre,
Et pour qui dans sa nuit le passé n'a point d'ombre !

—Je croyais qu'ici-bas il n'en restait aucun.
—Dans ces jours ténébreux, mon fils, il en reste un,
Un seul, digne héritier de ces sacrés prophètes
Dont l'éclair du Très-Haut illuminait les têtes,
Et dont par d'autres sens le sens divin instruit
Réverbérait ses feux jusque dans notre nuit !
Cet homme, quand du ciel le souffle le visite,
Tout ce que voit son œil, sa bouche le récite :
Heureux qui peut l'entendre en ces heures où Dieu
Le rend contemporain, et présent en tout lieu !
Il assiste vivant au sublime mystère,
Aux actes successifs du drame de la terre.
Mais il faut à ce saint d'un pur désir conduit
Apporter un cœur simple et vide de tout bruit.
—Oh ! dans quel coin du monde habite-t-il, mon père ?
Des montagnes aux mers, voyageur sur la terre,
Pour chercher un rayon de pure vérité,
J'ai laissé le pays par mon père habité,
Cette tombe où ma mère attend là-bas mon âme ;
J'ai pris par chaque main cette enfant, cette femme,
J'ai confié leur vie aux flancs de ce vaisseau,
Comme on emporte tout dans le pan d'un manteau ;
J'ai risqué mes trésors, mes amours et ma vie ;
Que voulez-vous de plus qu'un homme sacrifie ?
—Eh bien ! quand, au retour, de ces flots en courroux
L'abîme engloutirait et ces trésors et vous,
Vous n'auriez pas payé trop cher ce grand spectacle,
Et sur la nuit des temps un éclair de l'oracle.
—Mais sur quels bords lointains vit cet homme de Dieu ?
Et qui m'enseignera le chemin et le lieu ?
—Levez les yeux, mon fils ; vous voyez sur nos têtes
Ce groupe du Liban, tout voilé de tempêtes,
Dont les vastes rameaux des feux du ciel fumans
Blanchissent au soleil comme des ossemens,
Et qui du haut Sannin au cap blanc de Saïde
Descendent vers la mer dans leur chute rapide :

L'œil s'enfonce partout sous l'ombre des coteaux
Dont le granit soutient de sublimes plateaux,
Où les fentes du roc laissent sortir de terre
De distance en distance un sombre monastère.
En les voyant d'ici l'œil même du nocher
Ne saurait distinguer leurs murs noirs du rocher;
Semblables à des caps qui brisent des nuages,
Ils s'élèvent au ciel d'étages en étages,
Noyés par les vapeurs dans les vagues de l'air;
On n'en voit quelques-uns qu'aux lueurs de l'éclair.
Nul n'en saurait trouver la route que les aigles.
Tout un peuple pourtant suit là de saintes règles,
Et, pour fuir l'esclavage et l'ombre du turban,
De trous comme une ruche a percé le Liban.
Là suspendant son aire aux pans des précipices,
Il féconde du roc les moindres interstices :
Abeilles du Seigneur, dont la cire et le miel
Sont d'obscures vertus qui n'ont de prix qu'au ciel !
—Quel est ce peuple saint?—Ce sont les Maronites,
Tribu d'adorateurs, peuple de cénobites,
Qui, semblable aux Hébreux dans leur captivité,
A caché sur ces monts l'arche de vérité.
Dans les simples vertus que l'Occident oublie,
Là, depuis deux mille ans, leur race multiplie.
Ils n'ont pas recherché cette perfection
Qui s'affranchit des lois de la création :
Par les chastes liens des enfans et des femmes,
A l'amour du prochain ils exercent leurs âmes;
De leurs fruits, comme l'arbre, ils se font un honneur;
Un fils est à leurs yeux un tribut au Seigneur,
Un serviteur de plus pour servir le grand Maître,
Un œil, une raison de plus pour le connaître,
Une langue de plus dans le chœur infini
Par qui, de siècle en siècle, il doit être béni !
Ils ne dérobent pas, mendians volontaires,
Leur pain aux indigens comme vos solitaires :

Du travail de leurs doigts pour tisser leurs habits,
Ils font filer le ver et paître les brebis;
Ils sèment le froment aux bords des précipices,
Ils attellent au joug leurs robustes génisses;
Et souvent vous voyez ces pieux laboureurs,
A moitié d'un sillon arrosé de sueurs,
Aux accens de l'airain qui sort d'un monastère
Arracher tout à coup le soc fumant de terre,
Et, mêlant sous le ciel la prière au travail,
Chanter l'hymne en laissant respirer leur bétail.

Sans jamais l'outrager, épurant la nature,
Leur vieux christianisme est une goutte pure
De cette eau que Jésus ne mêla d'aucun fiel
Quand sa bénite main la fit couler du ciel,
Et qu'il dit en partant : Homme, je suis ton frère;
Mon royaume est le tien, et mon père est ton père !

Dans ce peuple d'élus quelques-uns cependant,
Soulevés d'ici-bas d'un soupir plus ardent,
Gravissant du Liban les sommets les plus rudes,
Sur la fin de leurs jours hantent les solitudes,
Où, livrés à l'esprit des contemplations,
Ils consument leur âme en aspirations :
Nouveaux Pauls du désert qu'une caverne abrite,
Que le lion nourrit et que l'aigle visite.
Il en est un surtout dont les anges, dit-on,
Ne prononcent entre eux qu'avec respect le nom;
Dont les hommes d'en-bas, les plus vieux de leur race,
Ne connaissent plus l'âge, ont oublié la trace,
Et qu'ils n'ont jamais vu, dans leurs plus jeunes ans,
Qu'avec son front pensif, chenu de cheveux blancs,
Sa tempe approfondie et sa prunelle éteinte,
Où depuis soixante ans nulle clarté n'est peinte,
Mais qui semble, brûlée à des éclairs ardens,

Quoique aveugle en dehors, regarder en dedans.
Ah! celui-là, mon fils, sait des choses étranges
Sur l'enfance du temps, sur l'homme et sur les anges;
Soit qu'un récit divin lui fut un jour conté,
Soit qu'au-dessus des sens son esprit soit monté,
Soit que dans les rigueurs dont il se sanctifie
Son âme ait retrouvé le don de prophétie,
Et qu'au lieu de percer la nuit de l'avenir
Elle sache évoquer des temps le souvenir,
Comme un esprit robuste, à force de pensée,
Rappelle du lointain sa mémoire effacée,
Il voit les jours d'Adam comme ceux d'aujourd'hui.
Mais c'est un dur travail de parvenir à lui.
Il habite, au plus haut de ces cimes visibles,
Un antre tout fermé de rocs inaccessibles,
Où des pas des mortels ne mène aucun sentier :
Le montagnard en vain gravit un jour entier.
On ne peut découvrir la grotte sans prodige;
On dit qu'à moins qu'un ange ou Dieu ne vous dirige,
De peine et de sueurs le corps anéanti,
On se retrouve au point d'où l'on était parti.
Mais l'esprit du Très-Haut, qui de si loin vous mène,
Vous conduira, mon fils, mieux qu'une trace humaine;
Laissez la blonde enfant avec sa mère en bas,
Et demain au Liban j'accompagne vos pas.

Nous laissâmes tomber notre ancre dans la vase
Où l'antique Sidon, près d'un cap qui s'évase,
Rassemblait autrefois sous ses quais de granit
Ses voiles comme autant d'aiglons rentrés au nid.
Le temps n'a rien laissé de sa ruine immense
Qu'un môle renversé qui dort au fond d'une anse,
Du sable dont la lune éclairait la blancheur,
Et l'écume lavant la barque d'un pêcheur.
Que ton éternité nous frappe et nous accable,
Dieu des temps! quand on cherche un peuple dans du sable,

Et que d'un vaste empire où l'on descend la nuit,
La rame d'une barque, hélas! est tout le bruit!

Je laissai tous mes biens dans ma maison flottante
Que ces flots assoupis berçaient comme une tente,
Et le vieillard et moi d'un essor tout pareil,
Nos pas aux flancs des monts, devançant le soleil,
Nous vîmes par degrés, au lever de l'aurore,
La mer derrière nous fuir et les pics éclore,
Et des sommets atteints d'autres sommets voilés,
Fendre des firmamens par leur neige étoilés.
De là, le grand désert sous sa vapeur de braise
Brillait comme un fer chaud que rougit la fournaise ;
Et la mer et le ciel fondus à l'horizon,
Trompant en s'unissant les yeux et la raison,
Semblaient un océan circulaire et sans plages
Où nageaient le soleil, les monts et les nuages.
Nous passâmes au pied d'un haut mamelon noir
Que couronnaient les murs d'un antique manoir,
Tout semblable aux monceaux de gothiques ruines
Dont le Rhin féodal revêtait ses collines.
Des turbans noirs brillaient au sommet d'une tour.
Quel est, dis-je au vieillard, ce terrible séjour?
Quel crime, ou quelle ardeur d'une âme solitaire
A pu faire habiter ce palais du mystère ?
— C'est là pourtant, mon fils, c'est là, répondit-il,
Qu'une femme d'Europe a bâti son exil[*],
Et que, livrant ses nuits aux sciences des mages,
Elle s'élève à Dieu par l'échelle des sages :
Dieu connaît si son art est songe ou vérité,

[*] Lady Stanhope à Djioun.

Mais tout homme bénit son hospitalité.
Nous passâmes la nuit dans ces hautes demeures :
La grâce et la sagesse en charmèrent les heures ;
Les étoiles du ciel en fêtèrent l'accueil,
Et mes pieds en sortant en bénirent le seuil.

De la crête des rocs aux torrens des abîmes,
Nous montâmes trois jours et nous redescendîmes :
Nous touchâmes du pied les sauvages tribus
Des enfans du désert, des races vils rebuts ;
Des Druses belliqueux aux yeux noirs et superbes
Adorateurs du veau qui rumine leurs herbes ;
Des Arabes pasteurs, dont les chameaux errans
Viennent de trente jours pour boire les torrens,
Qui suivent les saisons, et dont les tentes blanches,
Portatives cités, brillaient entre les branches.
Nous dormions en tout lieu, sans soif et sans danger ;
Car, partout, l'Orient a sacré l'étranger.
Enfin aux sons lointains de leurs cloches bénites,
Nous connûmes de loin les monts des Maronites ;
Et gravissant leurs pics où se brisent les vents,
Nous laissâmes en bas leurs plus sombres couvens :
Le Liban n'était plus pour nos pieds qu'un cratère,
Éclaté par ses flancs en cent bouches de terre,
Où le regard plongeant sur son rebord profond
Trouve la nuit, l'horreur, et le vertige au fond.
Les neiges, qui fondaient en pâle et jaune écume,
Fumaient comme des feux que le pasteur allume,
Et roulant dans l'abîme en cent mille canaux,
Remplissaient l'air muet du tonnerre des eaux.
Nous marchions en tremblant où l'aigle à peine niche,
Quand au détour soudain d'une étroite corniche,

Nous vîmes, étonnés et tombant à genoux,
Des cèdres du Liban la grande ombre sur nous;
Arbres plantés de Dieu, sublime diadème,
Dont le roi des éclairs se couronne lui-même.
Leur ombre nous couvrit de cette sainte horreur
D'un temple où du Très-Haut habite la terreur.
Nous comptâmes leurs troncs qui survivent au monde,
Comme, dans ces déserts dont les sables sont l'onde
On mesure de l'œil, en renversant le front,
Des colonnes debout, dont on touche le tronc.
De leur immensité le calcul nous écrase;
Nos pas se fatiguaient à contourner leur base,
Et de nos bras tendus le vain enlacement
N'embrassait pas un pli d'écorce seulement.
Debout, l'homme est à peine à ces plantes divines
Ce qu'est une fourmi sur leurs vastes racines.
De la croupe du mont où les neiges fondaient,
Jusqu'aux bords d'un plateau leurs bras noirs débordaient.
Comme d'un coup de hache, en cet endroit fendue,
La pente tout à coup jusqu'à perte de vue
Plongeait en précipice, où, se brisant au fond,
Un fleuve tout entier s'élançait d'un seul bond;
Et de là, vers la mer, se creusant en vallée,
Faisait serpenter l'onde en un lit rassemblée.

Couchés sur le rebord, pour qu'en plongeant en bas
Le vertige des eaux ne nous emportât pas,
L'écume dans les yeux et le vent au visage,
Nous regardions le gouffre ébattre son nuage,
Comme du haut d'un cap on regarde écumer
Sur les écueils fumans les grands flux d'une mer.
Nos fronts seuls débordaient la béante muraille.
Mon guide m'y montra du regard une entaille
Que l'onde avait creusée, et qu'en changeant de lits
Sa chute avait laissée en ces rochers polis;
C'était comme une immense et blanche cannelure

Dont l'onde aurait sculpté la profonde moulure,
Ou comme la moitié d'une solide tour
Dont un pan écroulé laisse les flancs à jour,
Et dont les jets de ronce et d'arbustes sauvages
Laissent compter à l'œil les débris des étages.
A quelques pas de nous, comme une tente au mur,
S'ouvrait dans ses parois un interstice obscur,
Semblable par sa forme aux portes colossales
Qui s'élèvent du seuil au toit des cathédrales ;
Devant cette ouverture, un grand banc de rocher,
Promontoire du mont plus lent à s'ébrécher,
Étendait de niveau quelques pieds de surface,
Où la mousse et les pas trouvaient un peu d'espace.
A travers de grands blocs de porphyre sanglant,
Notre œil en démêlait le sentier circulant.
L'onde, dont le granit le plus dur se découpe,
En relevait les bords comme ceux d'une coupe.
Ce rebord défendait le regard et les pas
De l'abîme ondoyant qui mugissait en bas.
Une branche d'un cèdre, ainsi qu'un noir nuage,
S'abaissant sur la place avec tout son feuillage,
Dont les perles d'écume étincelaient au jour,
Versait un peu de nuit et de fraîcheur autour,
Et laissait du matin les rayons et les ombres
Luttant dans les rameaux jouer sur ces décombres.
Rendons grâce au Seigneur, dit le vieillard tout bas ;
Lui-même vers son saint il a guidé nos pas :
Nous sommes arrivés ; ces gigantesques tiges
Des arbres de l'Éden sont les sacrés vestiges ;
Du saint jardin ces lieux ont conservé le nom ;
Ces cèdres étaient vieux aux jours de Salomon ;
Leur instinct végétal est une âme divine
Qui sent, juge, prévoit, et résonne, et combine ;
Leurs gigantesques bras sont des membres vivans
Qu'ils savent replier sous la neige ou les vents :
Le rocher les nourrit, le feu les désaltère,

Leur sève intarissable est le suc de la terre.
Ils ont vu sans fléchir sur leurs dômes géans
Le déluge rouler les flots des océans :
C'est un de leurs rameaux que l'oiseau bleu de l'arche
Rapporta de l'abîme en signe au patriarche;
Ils verront le dernier comme le premier jour!
L'ermite sous leurs pieds a choisi son séjour.
Voilà depuis les temps l'antre affreux qu'il habite,
Où l'esprit du passé nuit et jour le visite,
Où des rameaux sacrés peuplés d'illusions
Descendent sur ses yeux les saintes visions;
Son âme s'y confond à l'âme de la terre.
Jamais seul, et pourtant constamment solitaire,
Il converse sans cesse avec d'étranges voix;
Il voit ce qui n'est plus ainsi que je vous vois.
Son corps n'obéit plus aux lois de la nature;
Quelques fruits secs sont là toute sa nourriture;
Et si du monastère à nos pieds habité
De ses frères en Dieu l'active charité
Oubliait quelque jour d'apporter les corbeilles
Des dattes et du miel aliment de ses veilles,
Ce jour le trouverait mort d'inanition
Sans avoir suspendu sa contemplation.
Allons, suivez ma trace au bord du précipice;
Mais de vos pieds muets que le bruit s'assoupisse;
Demeurez à la porte, et gardez-vous d'entrer
Si je ne vous fais pas signe d'y pénétrer;
Car un sens qui s'éteint en rend plus clair un autre;
Son oreille entendrait ou mon pied ou le vôtre;
Et s'il est absorbé dans les choses d'en-haut
Craignons de réveiller son esprit en sursaut :
Nous chasserions la voix qui parle dans son âme,
Comme en la secouant on éteint une flamme!

Je suivis pas à pas mon guide : en un clin d'œil
De l'antre révéré nous touchâmes le seuil.

Un sourd bourdonnement, écho d'un cœur qui prie,
Ou d'une solitaire et sainte rêverie,
Vers la porte du roc nous guidait en marchant,
Comme un bruit d'eau caché qui croît en s'approchant :
On eût dit que la roche, abri du solitaire,
Avait pris une voix et louait Dieu sous terre.
Nous ne distinguions pas les mots ; mais les élans
De la voix pour l'oreille étaient assez parlans.
On y sentait l'ardeur et les bonds de l'extase
Qui d'un sein débordant jaillit et s'extravase,
Et de l'âme en travail le saint bouillonnement.
Mon guide s'arrêta sur la porte un moment,
Entre les deux piliers tendit un peu la tête,
Prit ma main, et du doigt m'indiqua le Prophète :
C'était lui ; l'œil fermé comme un homme assoupi,
Sur le seuil de son antre il était accroupi,
Les deux pieds sous son corps, dans la sainte attitude
Dont ses membres pieux avaient pris l'habitude.
Ses mains sur ses genoux jointes par tous les doigts,
Le buste sur lui-même affaissé sous son poids,
Tous ses muscles perçant sa chair d'anachorète
Dessinés sous sa peau comme ceux d'un squelette,
Mais où l'on retrouvait la charpente d'un corps
Dont un esprit puissant avait mû les ressorts.
Tout ce buste était nu ; la lourde couverture
Que nouait une corde autour de sa ceinture
Déroulait seulement, pour ombrager le tronc,
Quelques plis effilés sur sa natte de jonc.
Ses longs bras attestaient la hauteur de sa taille ;
Son épaule adossée à la rude muraille
Imitant par la peau la teinte du rocher,
Comme un bloc de sculpteur semblait s'en détacher ;
Et sur ce blanc du marbre on distinguait à peine
Pour attester la vie ondoyer quelque veine.
Son crâne éblouissant d'un blanc teint de vermeil
Ainsi qu'un dôme d'or éclatait au soleil ;

On eût dit que jamais aucune chevelure
N'en avait ombragé la robuste moulure ;
Seulement les fils blancs de ses deux hauts sourcils
Se mêlaient sur ses yeux à la blancheur des cils.
Ses yeux étaient fermés, comme si la paupière
N'eût plus cherché qu'en Dieu le ciel et la lumière ;
Un jour intérieur paraissait inonder
Son visage immobile et doux à regarder ;
Creusés par la pensée et non pas par des rides,
Ses traits purs n'étaient plus que des lignes arides
Dont un mince épiderme embrassait le contour ;
Même à travers sa joue on croyait voir le jour.
De ce tissu fibreux la transparente trame
Ne semblait plus un corps, mais un vêtement d'âme ;
Et si l'on n'eût pas vu ses lèvres murmurer
Et sa poitrine osseuse en s'enflant respirer,
On eût pu croire, aux traits que le jeûne exténue,
A l'immobilité de ce front de statue,
A l'égale couleur des membres et du roc,
Que l'homme et le rocher n'étaient qu'un même bloc !
Le soleil, qui rasait les parois de l'abîme,
De son front chauve et nu teignait déjà la cime ;
Ce rayon où ses yeux allaient s'épanouir,
Bien qu'il ne pût le voir, il semblait en jouir,
Comme par l'autre sens dont la foi nous inonde
On sent Dieu sans le voir dans la nuit de ce monde.
La stupeur sur le sol pétrifiait nos pas ;
L'ombre, sans mouvement, ne nous trahissait pas ;
Nul souffle de nos sens ne lui laissait connaître
Entre le ciel et lui la présence d'un être.
Oh ! qui retrouverait les paroles de feu
Qui consumaient sa langue en jaillissant à Dieu !
Que le Dieu qui créa ces natures étranges
Des lèvres de ses saints aspire de louanges !
Quand il eut exhalé son matinal encens,
Sans qu'un signe visible eût averti ses sens,

Il se tourna vers nous, comme si la prière
D'un jour surnaturel eût guidé sa paupière :
Jeune étranger, dit-il, approchez-vous de moi !
Depuis des jours bien longs, de bien loin je vous vois :
Vous venez, mon enfant, d'une ombre bien épaisse
Chercher le jour à l'heure où mon soleil s'abaisse ;
Mais celui dont la main me rappelle au tombeau
Avec une étincelle allume un grand flambeau ;
Du levant au couchant l'inextinguible flamme
De l'âme qui s'éteint se communique à l'âme.
Ce flambeau du passé que ne souffle aucun vent,
Le mourant ici-bas le transmet au vivant ;
Toujours quelqu'un reçoit le saint manteau d'Élie !
Car Dieu ne permet pas que sa langue s'oublie !
C'est vous que dans la foule il a pris par la main,
Vous à qui son esprit a montré le chemin,
Vous que depuis le sein d'une pieuse mère
De la soif du Seigneur sa grâce ardente altère ;
C'est vous qu'il a choisi là-bas pour écouter
La voix de la montagne et pour la répéter.
Mais de ces grands récits des merveilles antiques
Hâtez-vous d'épuiser les sources prophétiques ;
Car dans cette mémoire où Dieu les fit rouler
Elles n'ont plus, hélas ! qu'un instant à couler.
Celui qui vous amène à mes dernières veilles
Veut que ma vieille voix meure dans vos oreilles.
J'ai vu ma dernière heure avec vous s'approcher,
Je vais laisser bientôt ma dépouille au rocher :
Pressez l'heure fuyante où Dieu me laisse vivre,
Lisez avant qu'un doigt ne déchire le livre
Des secrets de la terre ; il est partout écrit.
Parlez : où voulez-vous que j'ouvre mon esprit ?
— Que le souffle divin, dis-je, l'ouvre lui-même :
Qui suis-je, pour parler devant la voix suprême ?
— Eh bien ! répondit-il, mon fils, recueillons-nous ;
Mettez entre vos doigts le front sur vos genoux :

RÉCIT.

Quand vous relèverez de vos mains votre tête,
La mort aura scellé les lèvres du prophète.

Et trois jours à ses pieds nous restâmes assis.
Ceci fut le second de ces douze récits.

PREMIÈRE VISION.

Or c'était dans ces jours où le souverain juge
A peine retenait les vagues du déluge,
Quand tout être voisin de sa création,
Excepté l'homme, était dans sa perfection.
La lune dans le ciel, pâle sœur de la terre,
Comme aux bornes des mers la voile solitaire,
S'élevait pleine et ronde entre ces larges troncs,
Et des cèdres sacrés touchant déjà les fronts,
Semblait un grand fruit d'or qu'à leur dernière tige
Avaient mûri le soir ces arbres du prodige.
De rameaux en rameaux les limpides clartés
Ruisselaient, serpentaient en flots répercutés,
Comme un ruisseau d'argent, qu'une chute divise,
En nappes de cristal pleut, scintille et se brise ;
Puis s'étendant à terre en immenses toisons,
Sur les pentes en fleurs blanchissait les gazons.
On voyait aux lueurs de la nocturne lampe,
Des files de troupeaux gravissant une rampe,
Troupeaux qu'une tribu des pasteurs, pris du soir,
Chassait dans le lointain derrière un tertre noir.
Hommes, femmes, enfans, ils s'enfonçaient dans l'ombre.
Cette famille humaine était en petit nombre ;
Sous ce ciel sans ardeur et sans humidité
Nul tissu ne couvrait leur belle nudité :
Les femmes s'ombrageaient avec leur chevelure,
Qu'elles tressaient en frange autour de leur ceinture ;

Et les hommes nouaient sur leurs flancs nus les peaux
Des plus beaux léopards, ennemis des troupeaux ;
La taille, la grandeur, la force de ces hommes
Passait l'humanité des âges où nous sommes,
Autant que la hauteur de ces arbres géans
Surpasse en vos forêts vos chênes de cent ans.
Leur voix qui s'éloignait mourut dans la distance,
Et tout fut sous le bois solitude et silence.

Majesté des déserts, de la nuit et des cieux,
Qui pourrait vous chanter ou vous peindre à leurs yeux?
Si vous gardez encore après votre ruine
Pour le regard de l'homme une empreinte divine,
Si la nuit rayonnante et ses globes errans
Lui montrent l'infini sous ces cieux transparens,
Qu'était-ce avant le jour où le dépôt de l'onde
Jeta sur notre sol son atmosphère immonde?
Qu'était-ce, quand du jour le grand globe couché,
Le firmament de nous par l'ombre rapproché,
Laissait lire au regard égaré dans ses routes
Ces voûtes de soleils derrière d'autres voûtes,
Et ce filet des cieux vaste éblouissement
Dont chaque maille était un grand astre écumant?
Qu'était-ce quand du mal le funèbre génie
N'avait du globe encor qu'effleuré l'harmonie,
Que ce monde terrestre était encor celui
Où l'ordre et la beauté dans la force avaient lui?
Que tout, sortant d'Éden, s'y souvenait encore
De l'immortalité de sa première aurore,
Et que dans l'univers toute chose et tout lieu,
De jeunesse exultans, se sentaient pleins de Dieu!
Ah! si de tout flétrir tu ne t'étais hâtée,
O mort! on n'eût jamais compris le nom d'athée!

Or en ces jours, mon fils, tous les êtres vivans,
Qu'ils nagent dans les eaux ou volent sur les vents,
Du soleil au ciron, de la brute à la plante,
Étaient tous animés par une âme parlante ;
L'homme n'entendait plus cet hymne à mille voix
Qui s'élève des eaux, des herbes et des bois ;
De ces langues sans mots, depuis sa décadence,
Lui seul avait perdu la haute intelligence,
Et l'insensé déjà croyait, comme aujourd'hui,
Que l'âme commençait et finissait en lui ;
Comme si du Très-Haut la largesse infinie
Épargnait la pensée en prodiguant la vie !
Et comme si la vie avait un autre emploi,
Père, que de t'entendre et de parler à toi !
Mais bien qu'aux hommes sourds ces voix de la nature
Ne parussent qu'un vague et stupide murmure,
Les Anges répandus dans l'Éther de la nuit
D'une impalpable oreille en aspiraient le bruit ;
Car du monde réel à leur monde invisible
L'échelle continue était plus accessible ;
Aucuns des échelons de l'être ne manquaient,
Tous les enfans du ciel entre eux communiquaient ;
Des esprits et des corps l'indécise frontière
N'élevait pas entre eux d'aussi forte barrière.
L'homme entendait l'esprit ; l'être immatériel,
Habitant l'infini que l'homme appelle ciel,
Uni par sympathie à quelque créature,
Pouvait changer parfois de forme et de nature,
Et dans une autre sphère introduit à son gré,
Pour parler aux mortels descendre d'un degré.
Bien plus, de ces amours des vierges et des anges
Il naissait quelquefois des natures étranges ;
Hommes plus grands que l'homme et dieux moins grands que Dieu,
De la brute à l'archange occupant le milieu ;
Monstres que condamnait leur nature adultère

A regretter le ciel en agitant la terre.
Du grand monde impalpable à ce monde des corps,
Nul ne sait, ô mon fils, les merveilleux rapports;
Nul ne peut remonter de parcelle à parcelle
Les générations de l'âme universelle;
Nul ne peut dénombrer, démêler, dénommer,
Ces gouttes s'écoulant de l'éternelle mer.
Mais la terre à nos pieds nous en rend témoignage;
De ce qu'on ne voit pas ce qu'on voit est l'image;
Un ciel réfléchit l'autre, et si dans nos sillons
La poussière de vie écume en tourbillons,
S'il n'est pas un atome en la nature entière,
Un globule de l'air, un point de la matière,
Qui ne révèle l'Être et la vie à nos yeux,
L'infini d'ici-bas nous dit celui des cieux;
L'éternité sans fond n'a point de bord aride,
Et ce qui remplit tout ne connaît pas de vide!

De ces esprits divins dont sont peuplés les cieux,
Les anges étaient ceux qui nous aimaient le mieux.
Créés du même jour, enfans du même père,
Que l'homme en les nommant peut appeler mon frère;
Mais frères plus heureux, dont la sainte amitié
De tous nos sentimens n'a pris que la pitié :
Invisibles témoins de nos terrestres drames,
Leurs yeux ouverts sur nous pleurent avec nos âmes;
De la vie à nos pas éclairant les chemins,
Ils nous tendent d'en-haut leurs secourables mains.
C'est pour eux que sont faits ces divins phénomènes
Dont l'homme n'entrevoit que les lueurs lointaines;
Et pour eux la nature est un saint instrument
Dont l'immense harmonie éclate à tout moment,
Et dont la claire voix et les mille merveilles
De sagesse et d'extase enivrent leurs oreilles.

A cette heure où du jour le bruit va s'assoupir,

Pour entendre du soir l'insensible soupir,
Quelques-uns d'eux errant dans ces demi-ténèbres,
Étaient venus planer sur les cimes des cèdres.
Des étoiles aux mers, comme pleine de sens,
La montagne n'était qu'un orgue à mille accens.
Il eût fallu Dieu même et l'oreille infinie
Pour démêler les voix de la vaste harmonie.
Les anges, le silence et la nuit écoutaient
Ce grand chœur végétal; et les cèdres chantaient :

CHOEUR DES CÈDRES DU LIBAN.

Saint! saint! saint! le Seigneur, qu'adore la colline !
Derrière ces soleils, d'ici nous le voyons;
Quand le souffle embaumé de la nuit nous incline,
Comme d'humbles roseaux sous sa main nous plions!
Mais pourquoi plions-nous? C'est que nous le prions,
C'est qu'un intime instinct de la vertu divine
Fait frissonner nos troncs du dôme à la racine,
Comme un vent du courroux qui rougit leur narine
      Et qui ronfle dans leur poitrine,
Fait ondoyer les crins sur les cous des lions.

    Glissez, glissez, brises errantes,
    Changez en cordes murmurantes
    La feuille et les membres des bois!
    Nous sommes l'instrument sonore
    Où le nom que la lune adore
    A tous momens meurt pour éclore
    Sous nos frémissantes parois.
    Venez, des nuits tièdes haleines;
    Tombez du ciel, montez des plaines;
    Dans nos branches du grand nom pleines
    Passez, repassez mille fois!
    Si vous cherchez qui le proclame,
    Laissez là l'éclair et la flamme!

Laissez là la mer et la lame!
Et nous, n'avons-nous pas une âme,
Dont chaque feuille est une voix?

Tu le sais, ciel des nuits à qui parlent nos cimes;
Vous, rochers que nos pieds sondent jusqu'aux abîmes
Pour y chercher la sève et les sucs nourrissans;
Soleil dont nous buvons les dards éblouissans;
Vous le savez, ô nuits dont nos feuilles avides
Pompent les frais baisers et les perles humides :
  Dites si nous avons des sens!
Des sens dont n'est douée aucune créature,
Qui s'emparent d'ici de toute la nature,
Qui respirent sans lèvre et contemplent sans yeux,
Qui sentent les saisons avant qu'elles éclosent;
Des sens qui palpent l'air et qui le décomposent,
D'une immortelle vie agens mystérieux!

Et pour qui donc seraient ces siècles d'existence?
Et pour qui donc seraient l'âme et l'intelligence?
    Est-ce donc pour l'arbuste nain?
    Est-ce pour l'insecte et l'atome,
    Ou pour l'homme, léger fantôme,
    Qui sèche à mes pieds comme un chaume,
    Qui dit la terre son royaume,
Et disparaît du jour avant que de mon dôme
Ma feuille de ses pas ait jonché le chemin?
Car les siècles pour nous c'est hier et demain!!!

    Oh! gloire à toi, père des choses!
    Dis quel doigt terrible tu poses
    Sur le plus faible des ressorts,
    Pour que notre fragile pomme,
    Qu'écraserait le pied de l'homme,
    Renferme en soi nos vastes corps!

Pour que de ce cône fragile
Végétant dans un peu d'argile
S'élancent ces hardis piliers
Dont les gigantesques étages
Portent les ombres par nuages,
Et les passereaux par milliers !

Et quel puissant levain de vie
Dans la sève, goutte de pluie
Que boirait le bec d'un oiseau,
Pour que ses ondes toujours pleines,
Se multipliant dans nos veines,
En désaltèrent les réseaux !

Pour que cette source éternelle
Dans tous les ruisseaux renouvelle
Ce torrent que rien n'interrompt,
Et de la crête à la racine
Verdisse l'immense colline
Qui végète dans un seul tronc !

Dites quel jour des jours nos racines sont nées,
Rochers qui nous servez de base et d'aliment !
De nos dômes flottans montagnes couronnées,
  Qui vivez innombrablement ;
  Soleils éteints du firmament,
Étoiles de la nuit par Dieu disséminées,
  Parlez, savez-vous le moment ?
Si l'on ouvrait nos troncs, plus durs qu'un diamant,
On trouverait des cents et des milliers d'années
Écrites dans le cœur de nos fibres veinées,
  Comme aux couches d'un élément !

Aigles qui passez sur nos têtes,
Allez dire aux vents déchaînés
Que nous défions leurs tempêtes

Avec nos mâts enracinés.
Qu'ils montent, ces tyrans de l'onde,
Que leur aile s'ameute et gronde
Pour assaillir nos bras nerveux!
Allons! leurs plus fougueux vertiges
Ne feront que bercer nos tiges
Et que siffler dans nos cheveux!

Fils du rocher, nés de nous-même,
Sa main divine nous planta;
Nous sommes le vert diadème
Qu'aux sommets d'Éden il jeta.
Quand ondoîra l'eau du déluge,
Nos flancs creux seront le refuge
De la race entière d'Adam,
Et les enfans du patriarche
Dans notre bois tailleront l'arche
Du dieu nomade d'Abraham!

C'est nous, quand les tribus captives
Auront vu les hauteurs d'Hermon,
Qui couvrirons de nos solives
L'arche immense de Salomon;
Si, plus tard, un Verbe fait homme
D'un nom plus saint adore et nomme
Son père du haut d'une croix,
Autels de ce grand sacrifice,
De l'instrument de son supplice
Nos rameaux fourniront le bois.

En mémoire de ces prodiges,
Des hommes inclinant leurs fronts
Viendront adorer nos vestiges;
Coller leurs lèvres à nos troncs.

PREMIÈRE VISION.

      Les saints, les poëtes, les sages
      Écouteront dans nos feuillages
      Des bruits pareils aux grandes eaux,
      Et sous nos ombres prophétiques
      Formeront leurs plus beaux cantiques
      Des murmures de nos rameaux.

Glissez comme une main sur la harpe qui vibre
Glisse de corde en corde, arrachant à la fois
A chaque corde une âme, à chaque âme une voix !
Glissez, brises des nuits, et que de chaque fibre
Un saint tressaillement jaillisse sous vos doigts !
Que vos ailes frôlant les cintres de nos voûtes,
Que des larmes du ciel les résonnantes gouttes,
Que les gazouillemens du bulbul dans son nid,
Que les balancemens de la mer dans son lit,
      L'eau qui filtre, l'herbe qui plie,
      La sève qui découle en pluie,
      La brute qui hurle ou qui crie,
      Tous ces bruits de force et de vie
      Que le silence multiplie,
Et ce bruissement du monde végétal
Qui palpite à nos pieds du brin d'herbe au métal,
      Que ces voix qu'un grand chœur rassemble
      Dans cet air où notre ombre tremble,
      S'élèvent et chantent ensemble
Celui qui les a faits, celui qui les entend,
Celui dont le regard à leurs besoins s'étend :
Dieu, Dieu, Dieu, mer sans bords qui contient tout en elle,
Foyer dont chaque vie est la pâle étincelle,
Bloc dont chaque existence est une humble parcelle,
      Qu'il vive sa vie éternelle,
      Complète, immense, universelle ;
      Qu'il vive à jamais renaissant
      Avant la nature, après elle ;
      Qu'il vive et qu'il se renouvelle,

Et que chaque soupir de l'heure qu'il rappelle
　　Remonte à lui, d'où tout descend!!!

. . . .
. . . .
. . . .
. . . .
. . . .
. . . .
. . . .
. . . .

Ainsi chantait le chœur des arbres, et les anges
Avec ravissement répétaient ces louanges,
Et des monts et des mers, et des feux et des vents,
De chaque forme d'être et d'atomes vivans,
L'unanime concert des terrestres merveilles
Pour monter au Seigneur passait par leurs oreilles.
Et ces milliers de voix de tout ce qui voit Dieu
Le comprend, ou l'adore, ou le sent en tout lieu,
Roulaient dans le silence en grandes harmonies
Sans mots articulés, sans langues définies,
Semblables à ce vague et sourd gémissement
Qu'une étreinte d'amour arrache au cœur aimant,
Et qui dans un murmure enferme et signifie
Plus d'amour qu'en cent mots l'homme n'en balbutie!
. . . .
. . . .
Quand l'hymne aux mille voix se fut évaporé,
Les esprits, pleins du nom qu'il avait adoré,
S'en allèrent, ravis, porter de sphère en sphère
L'écho mélodieux de ces chants de la terre.
Un seul, qui contemplait la scène de plus bas,
Les regarda partir et ne les suivit pas.

PREMIÈRE VISION.

Or, pourquoi resta-t-il caché dans le nuage?
C'est qu'au pied d'un grand cèdre, à l'abri du feuillage,
Un objet pour lequel il oubliait les cieux
Semblait comme enchaîner sa pensée et ses yeux.
Oh! qui pouvait d'un ange ainsi ravir la vue?
C'était parmi les fleurs une belle enfant nue,
Qui, sous l'arbre le soir, surprise du sommeil,
N'avait vu ni baisser ni plonger le soleil,
Et qui, seule au départ des tribus des montagnes,
N'avait pas entendu l'appel de ses compagnes.
Sa mère sur son front n'avait encor compté
Depuis son lait tari que le douzième été;
Mais dans ces jours de force où les sèves moins lentes
Se hâtaient de mûrir les hommes et les plantes,
Treize ans pour une vierge étaient ce qu'en nos jours
Seraient dix-huit printemps pleins de grâce et d'amours.
Non loin d'un tronc blanchi de cèdre, où dans les herbes
L'astre réverbéré rejaillissait en gerbes,
Un rayon de la lune éclairait son beau corps;
D'un lac pur et dormant ses pieds touchaient les bords,
Et quelques lis des eaux pleins de parfums nocturnes
Recourbaient sur son corps leurs joncs verts et leurs urnes;
Son bras droit, qu'elle avait ouvert pour sommeiller,
Arrondi sous son cou, lui servait d'oreiller;
L'autre, suivant des flancs l'onduleuse courbure,
Replié de lui-même autour de la ceinture,
Noyait sa blanche main et ses doigts effilés
Dans des débris de fleurs de son doux poids foulés,
Comme si dans un rêve elle froissait encore
Les débris de ses jeux sur leur tige inodore.
Ses cheveux, qu'entr'ouvrait le vent léger du soir,
Ondoyaient sur ses bras comme un grand voile noir,
Laissant briller dehors ou ses épaules blanches,
Ou la rondeur du sein, ou les contours des hanches,
Et l'ovale arrondi de ce front d'où les yeux
N'auraient pu s'arracher pour regarder les cieux!

Entre ces noirs cheveux rejetés en arrière,
Ce front resplendissant d'albâtre et de lumière,
Jusqu'aux soyeux duvets où s'arquaient les sourcils.
Ces yeux étaient fermés par l'ombre des longs cils,
Mais le tissu veiné de ses paupières closes
Se teignait transparent de pâles teintes roses.
De l'arche des sourcils, qu'à peine il débordait,
Le profil de son nez sans courbe descendait;
Comme un pli gracieux de rose purpurine,
Une ombre y dessinait l'aile de sa narine,
Qui, suivant de son sein le pur souffle dormant,
Palpitait, s'élevait d'un léger renflement;
Ses lèvres, comme un lis dont le bord du calice
Prêt à s'évanouir en volute, se plisse,
S'entr'ouvraient, et faisaient éclater en dedans,
Comme au sein d'un fruit vert, les blancs pepins des dents.
Les deux coins indécis où cette bouche expire
Se noyaient dans un vague où naissait le sourire.
De ce sommeil d'enfant la rêveuse langueur
Laissait sur le visage épanouir le cœur;
Miroir voilé d'un rêve, on y voyait éclore
Cette âme dont le front s'éclaire et se colore.
Comme affaissé du poids dont le chargeait le front,
Son bras renflait un peu son cou flexible et rond;
Des rayons fugitifs et des ombres flottantes
Sous la joue en marbraient les moires éclatantes.
Ses membres délicats aux contours assouplis
Ondoyant sous la peau sans marquer aucuns plis,
Pleins, mais de cette chair frêle encor de l'enfance,
Qui passe d'heure en heure à son adolescence,
Ressemblaient aux tuyaux du froment ou du lin,
Dont la sève arrondit le contour déjà plein,
Mais où l'été fécond qui doit mûrir la gerbe
N'a pas encor durci les nœuds dorés de l'herbe.
Leur immobilité ressemblait à la mort.
L'astre, sans l'émouvoir, caressait ce beau corps,

Et si l'on n'eût pas vu son haleine inégale
Élever, abaisser son sein par intervalle,
Et les rêves passant à travers son sommeil,
Teindre sa blanche joue avec son sang vermeil,
On eût cru voir briller devant soi dans un rêve,
Au jardin d'innocence, une vision d'Ève;
Ou, la veille du jour qui doit le voir aimé,
Le songe de l'époux dans ses bras animé!

L'ange, pour la mieux voir écartant le feuillage,
De son céleste amour l'embrassait en image,
Comme sur un objet que l'on craint d'approcher
Le regard des humains pose sans y toucher.
— Daïdha, disait-il, tendre faon des montagnes!
Parfum caché des bois! ta mère et tes compagnes
Te cherchent en criant dans les forêts. Pourquoi
Ai-je oublié le ciel pour veiller là sur toi?
C'est ainsi chaque jour : tous les anges mes frères
Plongent au firmament et parcourent les sphères;
Ils m'appellent en vain, moi seul je reste en bas.
Il n'est plus pour mes yeux de ciel où tu n'es pas!
Pourquoi la loi du maître, ô fille de la femme,
A ton âme en naissant voua-t-elle mon âme?
Pourquoi me tira-t-il de mon heureux néant
A l'heure où tu naquis d'un baiser, belle enfant?
Sœur jumelle de moi! que par un jeu barbare
Tant d'amour réunit, et l'infini sépare!
Oh! sous mes yeux charmés depuis que tu grandis,
Mon destin immortel combien je le maudis!
Combien de fois, tenté par un attrait trop tendre,
Ne pouvant t'élever, je brûlai de descendre,
D'abdiquer ce destin, pour t'égaler à moi,
Et de vivre ta vie en mourant comme toi!
Combien de fois ainsi dans mon ciel solitaire,
Lassé de mon bonheur et regrettant la terre,
Ce cri, ce cri d'amour dans mon âme entendu

Sur mes lèvres de feu resta-t-il suspendu !
Fais-moi mourir aussi, Dieu qui la fis mortelle !
Être homme quel destin !... oui, mais être aimé d'elle !
Mais aimer, être aimé, d'un mutuel retour !
Ah ! l'ange ne sait pas ce que c'est que l'amour !
Être unique et parfait qui suffit à soi-même,
Non, il ne connaît pas la volupté suprême
De chercher dans un autre un but autre que lui,
Et de ne vivre entier qu'en vivant en autrui !
Il n'a pas comme l'homme au milieu de ses peines
La compensation des détresses humaines,
La sainte faculté de créer en aimant
Un être de lui-même image et complément,
Un être où de deux cœurs que l'amour fond ensemble
L'être se multiplie en un qui leur ressemble !
Oh ! de l'homme divin mystérieuse loi
De ne trouver jamais son tout que hors de soi,
De ne pouvoir aimer qu'en consumant une autre !
Que ce destin sublime est préférable au nôtre,
A cet amour qui n'a dans nous qu'un seul foyer,
Et qui brûle à jamais sans s'y multiplier !

. . . .

Jéhova, ce soupir est-il donc un blasphème ?
Et moi si malheureux, si seul, est-ce que j'aime ?
Et comment, ô mon Dieu, ne l'aimerais-je pas ?
N'ai-je pas eu toujours les yeux fixés en bas ?
Ne m'as-tu pas donné pour unique spectacle
Ce miracle au-dessus de tout autre miracle,
Cette âme virginale à voir épanouir ?
Ses pas à surveiller, son cœur à réjouir ?
Ses instincts indécis, ses premières pensées
Dans son âme ingénue à peine nuancées,
A tourner de mon souffle en inclinant son cœur
Comme avec son haleine on incline une fleur ?
Ne vois-je pas son âme à travers son visage
Comme je vois la lune à travers ce feuillage ?

PREMIÈRE VISION.

Depuis l'heure où sa mère à ses pieds l'étendit,
A son sourire en pleurs fière la suspendit,
Et la pressant des bras à sa blanche mamelle
Vit le jour de ses yeux poindre dans sa prunelle,
Est-il de cette bouche un seul vagissement,
De cette âme naissante un premier mouvement,
Un battement secret de ce cœur qui s'ignore,
Que mon regard n'ait vu naître, germer, éclore,
Avant que leur frisson ait agité sa peau,
Comme je vois ces feux du ciel poindre sous l'eau?
N'ai-je pas tout suivi du regard d'une mère?
D'abord l'impression fugitive, éphémère
De la vie essayant ses organes naissans,
Vague et confuse voix de ce concert de sens;
Puis ces étonnemens pleins d'intimes délices,
Du sentiment qui naît délicates prémices;
Puis ces élans du cœur qui ne peut s'apaiser
Que sur un cœur de mère, et sous son chaud baiser;
Ces caresses d'instinct qui de l'âme trop tendre
Sur tout ce qu'elle voit cherchent à se répandre,
Et qui sans cause encor mouillaient ses yeux de pleurs,
Comme la goutte d'eau pend aux feuilles des fleurs;
Plus tard, en grandissant en esprit, à mesure
Que l'âge fait au cœur rayonner la nature,
Ces extases de l'œil et ces ravissemens,
Des merveilles de Dieu ces éblouissemens,
Cette soif d'aspirer dans son sein Dieu lui-même,
Cette adoration sans savoir qui l'on aime,
Ces chants intérieurs qui s'élèvent des sens,
Que l'abeille et l'enfant bourdonnent sans accens,
Mystérieux clavier de cette âme infinie
Dont sans savoir le sens on entend l'harmonie!
Et maintenant enfin pour mon œil enchanté
O spectacle trop plein d'amère volupté,
Qui fait fondre mon âme et fascine ma vue!
Voir cette âme d'enfant naïve et toute nue

Palpiter au contact d'un sentiment nouveau,
Comme au bord de son lit l'aile d'un jeune oiseau ;
Se pénétrer d'un feu qui cache encor sa flamme,
Rougir de sa pensée en sentant qu'elle est femme ;
Exhaler, solitaire et rêveuse, en soupir
Cet instinct que la nuit ne peut même assoupir ;
Au foyer d'un cœur pur concentrer ses tendresses,
De ses yeux, de sa main retenir les caresses,
Rêver sur quel objet ce vague sentiment
S'épandra, de l'amour divin pressentiment !
Chercher à lui donner un nom, une figure,
La recréer cent fois, l'effacer à mesure,
Ne la trouver qu'en songe, et pleurer au réveil
Cet idéal amant que dissipe un soleil !
Ah ! c'est trop pour un homme et pour un ange même !
Voilà ce que je vois, et je doute si j'aime !
Si j'aime ! et sans amour serais-je si jaloux
De ses frères rêvant déjà le nom d'époux ?
Dans l'oubli de ses sens où le sommeil la plonge
Prendrais-je tant de soin de lui former un songe
Et d'y faire apparaître avec des traits humains
Une image de moi que j'orne de mes mains ?
Un fantôme idéal dont l'éclat la fascine,
Un frère revêtu de ma splendeur divine,
Afin de dégoûter par ce brûlant portrait
Ses yeux de tout mortel que son cœur rêverait ?
Aussi, grâce à ce corps dont je prends l'apparence,
Elle voit les mortels avec indifférence,
Et son cœur n'a d'amour que pour ce front charmant
Que mon instinct jaloux lui présente en dormant.
Oh ! que devant ses yeux nul autre ne l'efface !
Daïdha ! que ne puis-je animer cette glace
Où sous des traits menteurs chaque nuit tu me vois !
Lui souffler mes transports, lui donner une voix
Pour dire à ton oreille étonnée et ravie,
Des mots assez brûlans pour consumer ta vie !

LA CHUTE D'UN ANGE.

Puisque je suis ton rêve oh! Dors belle enfant, dors

PREMIÈRE VISION.

Si Dieu me permettait seulement quand tu dors,
Sur mes ailes d'amour d'enlever ce beau corps,
De te bercer au ciel dans cet air diaphane,
D'avoir des sens aussi de ce limon profane,
Pour voir à ton réveil éclore dans tes yeux
Un rayon plus vivant que ces lueurs des cieux,
Pour toucher ces cheveux dont le réseau te voile,
Plus noirs sur ton cou blanc que la nuit sans étoile!
Respirer sur ta lèvre un souffle suspendu,
Ou comme ce reflet de l'astre descendu
T'enveloppant de jour, de tiédeur, de mystère,
De mon brûlant regard te faire une atmosphère!
Oh! si pour te parler je pouvais seulement
Transfigurer mon être et descendre un moment!!!
Mais déchoir de sa race est l'éternelle honte :
Dieu souffre qu'on descende, et jamais qu'on remonte!
Des anges consumés du même feu que moi
Ont éprouvé, dit-on, cette inflexible loi,
Et, du ciel attirés par les filles des hommes,
N'ont jamais pu d'en bas remonter où nous sommes!
Dégradés pour toujours d'un sort presque divin,
Condamnés à mourir, à renaître sans fin,
Ces exilés d'en haut, séparés de leurs frères,
Sans avoir leur espoir subissant leurs misères,
Ne peuvent revenir au rang qu'ils ont quitté
Qu'après avoir mille ans sur ce globe habité,
Et dans un cercle long d'épreuves successives,
Lentement reconquis leurs splendeurs primitives :
Anges transfigurés, il leur faut à leur tour
D'homme devenir ange!... Oh! pénible retour!
Humiliant exil dans cet enfer des larmes!
Et pourtant ils l'ont fait pour de bien moindres charmes,
Et pourtant, entraîné comme d'un poids fatal,
Moi-même j'ai maudit cent fois mon ciel natal!
Oh! d'amour et d'orgueil furieuse tempête,
Ne t'apaiseras-tu jamais?... Charmante tête

Qui dors sans soupçonner mon trouble et mes remords,
Puisque je suis ton rêve, oh! dors, belle enfant, dors!

Et Daïdha dormait, et de ce blanc visage
La lune repliait son jour sous le feuillage,
Et l'ange dont l'amour perçait l'obscurité
Voyait la sombre nuit luire de sa beauté.

———

On entendait pourtant dans le sacré silence
Comme l'écho lointain d'un pas sourd à distance,
Et quelques mots tronqués, parlés à demi-voix,
Semblaient sortir au loin des profondeurs des bois.
Bientôt répercutés sur les larges troncs sombres,
Des feux intermittens sillonnèrent les ombres,
Semblables aux reflets des livides éclairs,
Qui palpitent aux cieux par la foudre entr'ouverts.
Un homme tout à coup se glissant sous leur voûte,
Comme quelqu'un qui cherche et dont l'oreille écoute,
Le corps penché, la tête et la jambe en avant,
Parut; il secouait comme une torche au vent
Le tronc d'un jeune pin fendu jusqu'aux racines,
Dont la flamme en jets bleus dévorait les résines,
Et dont l'éclat funèbre et le foyer dormant
Se rallumaient plus vifs à chaque mouvement;
Aux éblouissemens de cette torche informe
Qui semblait peu peser dans cette main énorme,
De l'homme de la nuit le corps livide et bleu
Se dessinait à l'œil sous la couleur du feu.
Aux hommes d'à présent son corps mâle et robuste
Était ce qu'un grand cèdre est au fragile arbuste;
Les muscles, dont les nœuds faisaient gonfler sa peau,

PREMIÈRE VISION.

S'enlaçaient sur son corps comme au cou du taureau,
Et de ses larges pieds les gigantesques plantes
Écrasaient sous son poids les herbes et les plantes.
On eût dit, aux contours solides de sa chair,
De durs membres de marbre avec des os de fer.
Ses membres étaient nus; sa poitrine velue
D'un affreux ornement épouvantait la vue;
C'était, avec les poils, la peau d'un léopard
Dont il avait fendu le col avec son dard;
Gigantesque collier! sa hideuse figure
S'entourait par devant de cette horrible hure :
Elle pendait immense avec ses yeux ardens,
Et sa lèvre sanglante et l'ivoire des dents;
Les griffes de ses pieds, comme debout dressées,
Des deux côtés du cou sur l'épaule placées,
Flottaient près de la gueule avec leurs ongles d'or,
Où la fureur semblait les contracter encor.
Le reste de la peau, tombant à l'aventure,
Se rattachait aux flancs avec une ceinture,
Et les lambeaux tigrés tombaient jusqu'à mi-corps,
En haillon dont les chiens ont déchiré les bords.
Ses cheveux, de son front rejetés en arrière,
Ondoyaient sur son dos en sauvage crinière;
Son cou les secouait comme fait le lion.
Son visage, éclairé d'un sinistre rayon,
Dans ses grands traits communs aux aînés de la terre,
Portait de la beauté le mâle caractère;
Mais ce regard humain par qui tout œil est beau,
Ce rayon mal voilé du céleste flambeau,
Ne l'illuminait pas des reflets de sa flamme :
C'était une beauté de chair et non pas d'âme,
Qu'éclairait seulement d'instincts vils et puissans,
Ainsi qu'un jour d'en bas, la lumière des sens.
L'intelligence éteinte y laissait voir sans luttes
Triompher l'appétit et la force des brutes.
Des lèvres et de l'œil le muscle contracté

N'y trahissait que ruse et que férocité.
C'était une superbe et vile créature,
Ayant gardé sa forme et perdu sa nature,
Tels qu'on en voit encor sur la terre aujourd'hui,
Hommes d'os et de sang où jamais Dieu n'a lui !

Un arc retentissant de corne épaisse et noire
Résonnait sur son dos contre un carquois d'ivoire ;
Trois flèches y plongeaient dans leurs tuyaux d'airain.
Il tenait devant lui sa torche d'une main,
Et de l'autre il portait une énorme massue.
Des plis d'un lourd filet la maille en fer tissue
Pendait de son épaule, et semblait en glisser
Comme un piége fermé qu'un pêcheur va lancer.
Il marchait hésitant de clairière en clairière,
Jetant un œil furtif en avant, en arrière,
Étouffant sur le sol le bruit sourd de ses pas,
S'arrêtant quelquefois et se parlant tout bas :
« Les hommes ! disait-il, ô détestables races !
« Je ne me trompais pas ; enfin voilà leurs traces :
« Mes compagnons et moi, sans les trouver jamais,
« Depuis neuf longues nuits nous fouillons ces sommets ;
« Jamais chasseur n'osa monter jusqu'où nous sommes.
« Exécrable métier que d'être chasseur d'hommes !
« Mieux vaut cent fois traquer les lions des déserts,
« Le mammouth dans ses joncs, ou l'aigle dans les airs !
« Mais aussi quel plaisir quand on tient dans sa serre,
« Prises au même nid, les filles et la mère !
« Mais aussi dans Balbek on nous paie un enfant
« Plus cher que le lion, le tigre ou l'éléphant !
« Ces esclaves humains ont plus d'intelligence ;
« Ils servent mieux l'amour, le plaisir, la vengeance ;
« Et puis l'homme superbe est plus glorifié
« De fouler, disent-ils, son pareil sous son pié :
« Comparant sa grandeur avec cet esclavage,
« Il jouit en secret d'avilir son image. »

PREMIÈRE VISION.

En se parlant ainsi, le chasseur approchait
Du corps de Daïdha; le tronc qui la cachait
En trois pas dépassé lui laissa voir sa proie;
Son pied qu'il avançait resta levé de joie;
Il comprit d'un regard le prix de sa beauté.
Flottant entre l'amour et la cupidité,
Il se pencha muet sur sa fraîche figure,
Écarta doucement du doigt sa chevelure,
Et du front dévoilé parcourant les attraits,
D'un sourire infernal il contempla ses traits;
Puis frappant ses deux mains en signe de conquête,
Vers sa suite invisible il retourna sa tête,
Et l'on vit accourir, au signal triomphant,
Six chasseurs comme lui près du corps de l'enfant.

Debout, l'environnant de leur cercle sauvage,
Ils avançaient le front pour mieux voir son visage;
Et lui, la main à terre et la tête en avant,
Aux lueurs du flambeau secoué par le vent,
Leur indiquait d'un geste et d'un coup d'œil féroces
Les merveilles d'amour de ces charmes précoces.
« Chut! ne l'éveillez pas! Voyez, leur disait-il,
« Ces ondes où se noie un délicat profil!
« Ce front où tant de paix sous tant d'amour s'épanche,
« Ces pinceaux de cils noirs frangeant sa peau si blanche!
« Et cette joue en fleur où le chaste baiser
« D'une mère oserait à peine se poser,
« Et ces lèvres qu'entr'ouvre une suave haleine,
« Laissant compter des dents qui débordent à peine.
« Pareilles dans sa bouche aux gouttes de lait blanc
« Que laisse la mamelle aux lèvres de l'enfant!
« Et ce cou plus moiré que le long cou du cygne.
« Et de ce torse enfant l'harmonieuse ligne,
« Comme sur la fontaine un flot à peine enflé,
« Avant que du matin l'haleine n'ait soufflé!
« Et ces bras arrondis, et ce cœur que soulève

« Le fantastique amour qui n'approche qu'en rêve;
« Et ces deux beaux pieds blancs aux orteils potelés,
« Pour voler et bondir polis et modelés
« Comme deux cailloux ronds roulés par l'onde amère,
« Et qui tiendraient encor dans la main de sa mère !
« Oh ! qu'encore un printemps, oh ! qu'encore un été
« Fassent épanouir ces bourgeons de beauté,
« Que le rayon d'amour que seul mûrit la femme
« A travers ces cils noirs en épanche la flamme ;
« Et les fils de Baal, devant ce front divin,
« A chercher un défaut s'épuiseront en vain !
« Pour se la disputer que de sang et de larmes !
« Quels trésors dans mes mains couleront pour ses charmes !
« Cent esclaves, amis, ne m'achèteraient pas
« Ce doux philtre animé qui dort là sous mes pas ! »

A cet ardent espoir de l'énorme salaire,
Un murmure confus d'envie et de colère
S'éleva dans les cœurs des compagnons jaloux :
« Autant qu'à toi, Nemphid, n'est-elle pas à nous ?
« Penses-tu que nos pieds se sont usés trois lunes
« Pour t'enrichir toi seul de nos rares fortunes?
« —Scélérats ! dit Nemphid, le bras déjà levé,
« Partager avec vous ce que seul j'ai trouvé ! »
Son imprécation expira sur sa bouche.
La troupe s'entendit d'un seul coup d'œil farouche :
Avant que de leurs pieds le superbe géant
Se fût, pour les parer, dressé sur son séant,
Six masses à la fois sur sa tête lancées
Brisèrent d'un seul coup son crâne et ses pensées.
Le géant assommé tombant sans mouvement,
De la rage à la mort n'eut qu'un gémissement;
Les racines du sol tremblèrent de sa chute.
Aux éclairs de la torche, aux clameurs de la lutte,
Daïdha réveillée ouvrit les yeux. L'horreur
S'échappa de son âme en un cri de terreur;

Comme un tronçon dormant de serpent qu'un pied presse
Du seul effort des nerfs sur lui-même se dresse,
Au sol qui la portait sans appuyer la main,
Elle fut sur ses pieds debout d'un bond soudain,
Et, trompant des chasseurs le cercle qu'elle brise,
Entre leurs doigts ouverts glissa comme une brise.
Mais l'un d'eux à l'instant élancé sur ses pas,
Dépliant le filet qui flottait sur son bras,
Pour l'atteindre en courant le lance sur sa proie;
En volant dans les airs le filet se déploie,
Et des mailles de fer le nuage étouffant
D'une prison mobile enveloppe l'enfant.
L'horrible bande alors à quelques pas s'arrête;
Ils se rangent assis autour de leur conquête,
Et contemplent d'un œil attaché sur son corps
Daïdha consumée en impuissants efforts.

L'enfant, sous le réseau dont le tissu ruisselle,
Soulève en vain ses bras pour le secouer d'elle;
Le lourd voile de fer où se brisent ses doigts
Sur son front écrasé glisse de tout son poids;
Sur son cou renversé, sur sa pliante épaule,
Parmi ses longs cheveux il se mêle et se colle :
Tel qu'un tissu trempé dans les flots écumans,
De son corps qu'il torture il suit les mouvemens.
La sueur et le sang tachent sa peau meurtrie;
Elle appelle sa mère, elle pleure, elle crie,
Frappe son front des mains; mais les mailles de fer
Lui rivent ses cris même et semblent l'étouffer.
Elle cherche à ronger, comme avec des tenailles,
Avec ses dents de lait le nœud sanglant des mailles;
Mais les mailles en vain dégouttent de son sang.
Pour s'en débarrasser, d'un effort plus puissant
Elle raidit son corps, fléchit, se pelotonne;
Et, prenant un élan dont le bond les étonne,
Veut en la soulevant dépouiller d'un seul coup

La chemise d'acier qui lui courbe le cou :
Mais plus elle bondit, plus le filet se plisse ;
Dans le réseau glissant son pas hésite et glisse,
Et sous le poids grossi des nœuds multipliés
Tombant près des chasseurs, elle roule à leurs piés.
A ce jeu dont l'horreur eût fait pleurer les anges,
A ce beau corps froissé sous ces horribles langes,
Un rire universel d'atroce volupté
Éclate en longs échos sous les bois répété.
Au supplice ils joignaient la raillerie amère :
« Belle enfant, disait l'un, appelle donc ta mère !
« Qu'elle vienne à ta voix ainsi te voir jouer,
« Et si ces nœuds de fleurs rompent, les renouer ! »
Un autre, en ricanant, disait : « Pauvre petite !
« Comme ton front rougit ! comme ton cœur palpite !
« Desserre, si tu peux, les bras de cet amant ;
« Brise ces nœuds de fer, et respire un moment. »
Et celui-là, montrant du doigt son beau visage,
Qui roulait à ses pieds tout en sang : « Quel dommage,
« Disait-il, de ternir de poussière et de pleurs
« Ce beau front que bientôt on sèmera de fleurs !
« Pourquoi tacher ainsi ces épaules de soie,
« Et cette peau d'enfant que le fer marque et broie,
« Et ce sein virginal, et ces pieds délicats
« Dont les lèvres bientôt viendront baiser les pas !
« Épargne, belle enfant, ces fureurs et ces larmes ;
« Sais-tu que chaque effort nous coûte un de tes charmes ?
« Que chaque froissement de tes membres meurtris
« Aux yeux des acheteurs nous vole de ton prix ? »
Et parcourant de l'œil les noires meurtrissures
Et les gouttes de sang coulant de ses blessures,
Touché par l'avarice, et non par la pitié,
Plaignait ce bloc vivant qu'il remuait du pié.

Daïdha cependant, par la lutte lassée,
Et dans l'étroit réseau toujours plus enlacée,

Usait en vain, pendant ces sarcasmes affreux,
Son dernier désespoir en efforts douloureux.
Ses membres palpitans sous le poids qui la froisse,
Par de sourds soubresauts trahissaient son angoisse;
Puis enfin de son corps suivant l'épuisement,
Le filet affaissé resta sans mouvement.
Telle aux bords frissonnans du beau lac Méotide
On voit d'ardens pêcheurs une troupe cupide,
Dans le filet flottant qu'ils lancent de l'esquif,
Ramener sur la grève un jeune oiseau captif.
L'alcyon argenté, couché sur le rivage,
Aux mailles du lacet déchire son plumage,
Voit briller à travers le réseau concerté
Sa mer d'affection, son ciel de liberté;
De ses frères de nid pour rejoindre les bandes
S'efforce d'élargir ses ailes toutes grandes,
Bat des pieds et du col, et du bec et des flancs,
L'élastique prison et ses nœuds ruisselans,
Et s'affaissant enfin sous l'effort qui l'accable,
Souille son col de sang et sa plume de sable.

DEUXIÈME VISION.

Or, de ce long supplice invisible témoin,
L'ange de Daïdha, Cédar, n'était pas loin :
Et si ma voix ne peut exprimer son martyre,
Le tien, esprit d'amour! quels mots pourraient le dire?
Arraché par ses cris à son ravissement,
Écrasé de stupeur et d'étourdissement,
Il était demeuré sans regard, sans parole,
Comme un homme qui passe et dont l'âme s'envole.
Avant Daïdha même il avait tout senti;
D'un cœur à l'autre, hélas! tout avait retenti :
Chaque goutte d'horreur des membres de la femme
Avait sué des siens et coulé de son âme.
Il avait vu l'enfant surprise en son sommeil;
Il avait écouté le sinistre conseil;
Il avait entendu quel infâme salaire
De son rêve idéal les chasseurs comptaient faire
Et comment des brigands se dépeçaient entre eux
Celle que redoutaient ses regards amoureux!
Il avait espéré que pendant leur dispute
Ses frères reviendraient terminer cette lutte,
Et de leurs bras trompés sauvant leur jeune sœur,
Terrasser à ses pieds l'infâme ravisseur;
Mais quand il avait vu les sept hommes dans l'ombre,
Sur sa trace accourus, multiplier leur nombre,
Et dans les nœuds d'acier, Daïdha, ses amours,

Trébucher et rouler sans espoir de secours,
Et sous le lourd filet sur la terre écrasée,
Se débattre en mêlant son sang à la rosée :
Comme une mère en pleurs dont l'affreux lionceau
Vient d'emporter l'enfant dormant dans son berceau,
Plongeant ses bras fumans sous la dent qui le broie,
Membre à membre en lambeaux lui dispute sa proie,
L'ange par son amour vaincu plus qu'à moitié,
N'avait pu retenir l'élan de sa pitié.
S'oubliant tout entier pour la vierge qu'il aime,
Il s'était à l'instant précipité lui-même;
Le désespoir jaloux qui l'avait surmonté
Avait anéanti toute autre volonté.
Un désir tout-puissant avait changé son être,
Il était devenu ce qu'il eût tremblé d'être,
Et d'un terrestre corps et de sens revêtu,
D'une nature à l'autre il s'était abattu.

Au moment redoutable où changeait sa nature,
Semblable au cri rongeur du remords qui murmure,
Il avait dans son âme entendu retentir
Ce cri : « L'arrêt divin n'a point de repentir.
« Tombe, tombe à jamais, créature éclipsée!
« Périsse ta splendeur jusque dans ta pensée!
« Savoure jusqu'au sang le bonheur des humains;
« Tu déchires ta gloire avec tes propres mains;
« Ta vie au fond du cœur n'aura pas l'espérance,
« Tu n'auras pas comme eux la mort pour délivrance.
« Au lieu d'une ici-bas tu subiras cent morts,
« Dieu te rendra ta vie et la terre ton corps,
« Tant que tu n'auras pas racheté goutte à goutte
« Cette immortalité qu'une femme te coûte! »
Mais l'arrêt formidable en tombant entendu,
Avec le souvenir de son destin perdu,
Tout était déjà vague et loin dans sa mémoire.
Il ne lui restait rien de sa première gloire,

DEUXIÈME VISION.

Rien du ciel, rien de lui, qu'un morne étonnement,
Je ne sais quel instinct et quel pressentiment
Du présent, du passé, de hautes destinées,
Semblable dans son âme aux images innées,
Où l'homme rencontrant un objet imprévu
Reconnaît d'un coup d'œil ce qu'il n'a jamais vu.

Or, en transfigurant son invisible image,
L'ange avait pris d'instinct la forme et le visage
De cet être idéal dont l'apparition
Hantait de Daïdha l'imagination ;
Quand dans la tendre extase où le sommeil la plonge
Son angélique amour la visitait en songe :
C'était l'homme toujours, mais sous des traits humains,
L'homme enfant tel que Dieu le pétrit de ses mains ;
Ame visible aux yeux, ravissant phénomène,
Où l'esprit transparent sous l'enveloppe humaine,
Élevant la matière à sa sublimité,
L'empreint d'intelligence et l'orne de beauté,
Et de sa sympathie en s'échauffant lui-même
De l'amour qu'il ressent pénètre ce qu'il aime !
Il semblait que la vie eût mesuré ses jours
A ceux de cette enfant, ses divines amours :
Seulement par ses traits son jeune et beau visage
Révélait quelque chose au-dessus de cet âge ;
Et, quoique dans sa fleur, sa précoce beauté
Approchait un peu plus de sa maturité.
Son regard doux nageait dans un azur moins pâle ;
Sa lèvre gracieuse avait un pli plus mâle ;
Les boucles d'or bruni de ses épais cheveux
Roulaient en flots plus courts sur un cou plus nerveux ;
Sa taille dépassait d'une demi-stature
Celle de la charmante et frêle créature ;
Ses membres arrondis, mais où des muscles forts
Mêlaient déjà la force à la grâce du corps,
Sans aucun poids, d'un port majestueux et libre,

Posaient sur le gazon dans un juste équilibre,
Ainsi qu'un dieu, sorti du ciseau du sculpteur,
Dont le pied porte seul toute la pesanteur !

C'était derrière un tronc de cèdre épais et sombre
Que l'ange avait changé de nature dans l'ombre,
Et que dans un premier et long étonnement,
Inconnu de lui-même, il doutait un moment.
Sa chute avait brisé les fils de ses pensées
Dans son âme nouvelle éparses, effacées;
Mais l'élan qui l'avait précipité du ciel
Bouleversait encor son cœur matériel.
Sans savoir d'où venait l'instinct involontaire,
L'amour conçu là-haut le suivait sur la terre :
Tel au fond du sépulcre où son visage dort,
L'homme atteint par la foudre et frappé par la mort,
Du dernier sentiment où l'âme s'est éteinte
Garde encor sur ses traits l'ineffaçable empreinte.

En voyant cette enfant d'ineffable beauté
Battre de son sein nu le sol ensanglanté,
Et ces hommes, riant d'une stupide joie,
Qui se baissaient déjà pour emporter leur proie;
Sans rempart que son cœur, sans armes que sa main,
De l'ombre qui le cache il s'élance soudain,
Entre eux et Daïdha fond comme la tempête :
Faisant comme un bélier un levier de sa tête,
Au creux de la poitrine il en frappe d'un bond
Le premier des géans; sous le choc de son front,
De ses poumons broyés la cavité sonore
Gémit comme un tronc creux d'if ou de sycomore.
L'haleine qu'il cherchait manque au sein du géant,
Sa masse en chancelant fléchit de son séant,
Perd l'équilibre et tombe, et, roulant en arrière,
De ses yeux convulsifs cherche en vain la lumière.
Les cinq autres, frappés de surprise et d'horreur,

DEUXIÈME VISION.

Reculent quelques pas; leur commune terreur
Multiplie un seul homme en armée à leurs vues.
Pour protéger leur vie ils lèvent leurs massues;
Bientôt sûrs du triomphe, ils reviennent à lui,
Regagnent d'un élan le terrain qu'ils ont fui,
Et fondant à la fois sur l'unique adversaire,
Leur cercle menaçant l'entoure et le resserre.
Lui les voit sans pâlir, et de son bras tendu
Saisissant par les pieds un cadavre étendu,
Il le fait tournoyer sur lui comme une épée :
De sa massue humaine à chaque tour frappée,
La troupe homme par homme en un clin d'œil s'abat.
La forêt retentit de l'horrible combat;
La tête du géant, comme une lourde masse,
Broie en éclat les os des crânes qu'il terrasse;
Leur cervelle en lambeaux sur ses pieds vient jaillir,
Quatre ont mordu le sol. Mais son bras va faillir,
Et l'arme trop pesante, au cinquième adressée,
Trompe, en manquant le but, la main qui l'a lancée;
C'était Djezyd, le seul survivant à ses coups,
Le seul, mais à lui seul plus terrible qu'eux tous.
Saisissant du terrain la prompte intelligence,
Son coup d'œil lui promet sa proie et sa vengeance.
Au moment où le pied lui glisse dans le sang,
Sur le vainqueur lassé d'un grand bond s'élançant,
A son torse noué flancs à flancs il s'enlace,
L'étouffe de son corps, l'ébranle de sa masse,
Et comme un tigre à l'os qu'il ne peut plus lâcher,
Emporte avec ses dents de grands lambeaux de chair.
Sous le poids tour à tour l'un ou l'autre s'incline,
Comme deux troncs voisins que le vent déracine,
Enlaçant aux rameaux leurs rameaux confondus,
L'un sur l'autre appuyés, demeurent suspendus;
Les deux rivaux, du front s'appuyant dans la lutte,
Se soutiennent l'un l'autre et retardent leur chute.
On entendait crier leurs muscles et leurs os;

Leur sueur inondait leurs membres à grands flots.
Et les halètemens de leurs fortes haleines
Sortaient comme le bruit des grands vents dans les chênes.
Enfin plus lourd, plus fort que son jeune ennemi,
Djezyd, du sol manquant le soulève à demi;
Et quand il sent ses pieds détachés de leur base,
Se précipite à terre et de son poids l'écrase :
L'un à l'autre incrustés, ils tombent d'un seul bloc;
La terre, sous leurs corps, sonne et tremble du choc.
Sous le poids de Djezyd, dont la masse l'accable,
L'enfant du ciel raidit ses muscles comme un câble ;
Mais sentant qu'il ne peut se dégager de lui,
De son épaule à terre il prend un point d'appui,
Le serre étroitement des nœuds de sa colère.
Il s'imprime à lui-même un élan circulaire;
Avec son corps qui roule entraîne l'autre corps;
La pente du terrain seconde ses efforts :
Ils tournent confondus jusqu'au vert précipice,
Où sur le lit des eaux le sol se penche et glisse;
Et tous deux à la fois, dans le flot écumant,
Ils tombent embrassés : mortel embrassement,
Où, du dernier soupir ne s'enviant que l'heure,
Chacun d'eux veut mourir pourvu que l'autre meure !
Qui comprendra l'horreur de ce combat nouveau,
Dans l'ombre de la mort, sous le linceul de l'eau,
Où des deux combattants l'inextinguible rage,
Empêchait son rival de mordre le rivage,
Et, pour précipiter son suprême moment,
Soi-même s'étouffait sous l'humide élément?
L'abîme en connut seul l'horrible alternative,
Et l'onde bouillonnante en submergea sa rive.
Enfin dans ces efforts de Dieu seul aperçus,
Le jeune homme reprit un moment le dessus;
Au niveau du flot sombre il releva son buste;
Pressant un corps dans l'eau sous son genou robuste,
Ouvrant de ses deux mains la mâchoire au géant,

DEUXIÈME VISION.

Il fit jusqu'à la gorge entrer le flot béant,
Et bientôt, remontant du fond à la surface,
Un cadavre flottant en obscurcit la glace.
Ses traits morts respiraient la rage et la terreur,
Et le rayon des nuits s'en écartait d'horreur !
Tout ruisselant des flots, du limon qui l'inonde,
Le vainqueur déchiré sort à grands pas de l'onde,
Et plein du même instinct dont l'éclair le guida
Sans étancher son sang revole à Daïdha.
Pour briser le filet il se penche sur elle.
L'enfant, témoin et prix de la lutte mortelle,
Avait suivi des yeux et secondé du cœur
L'effort désespéré de son libérateur.
Cet être reconnu par sa vague mémoire,
Brillait de sa beauté moins que de sa victoire ;
Et bien qu'elle ignorât sur elle son dessein,
Elle pressait ses bras, se collait sur son sein,
Comme si par instinct sa tendre confiance
De son amour céleste eût eu la conscience.
Quand il eut soulevé les longs plis des réseaux,
Et des mailles de fer déroulé les anneaux,
Tout tremblant de froisser sous les nœuds qu'il déploie
Ses membres délicats ou ses tresses de soie,
A ses pieds que du front elle allait essuyer,
Daïdha se jetant voulait balbutier
A travers son respect son cri de délivrance,
Quand un nom tout à coup de mille voix s'élance :
« Daïdha ! Daïdha ! c'est elle, la voici ! »
L'aube au ciel rougissait le nuage éclairci,
Et de tous les sentiers descendant des montagnes,
On voyait accourir ses frères, ses compagnes,
Qui la cherchaient dans l'ombre en lui tendant les bras.
Sa mère les guidait en devançant leurs pas ;
Daïdha l'aperçut, et, bondissant vers elle,
Colla de cent baisers la lèvre maternelle.
Oh ! qui dira jamais le transport étouffant

Dont la sauvage mère étreignit son enfant?
Et les convulsions de ce bras qui la presse,
Et ces élans d'amour et ces bonds de tigresse,
Quand elle vit ce sang sur ses membres meurtris?
La féroce tribu fut l'écho de ses cris;
Et se précipitant sur l'inconnu céleste,
Crut voir le meurtrier et l'immolait du geste :
Mais Daïdha courant entre la foule et lui,
Et prenant par la main son sauveur, son appui,
Montre de l'œil, du doigt, à la foule tremblante
Les six corps de géans jonchant l'herbe sanglante.
Ils mesurent du pas ces cadavres affreux,
Lèvent les yeux au ciel et se parlent entre eux,
Comme si leur esprit se refusait à croire
Qu'un mortel eût suffi seul à cette victoire.
Ils se rangent muets près de l'heureuse enfant,
Qui leur fait de ces morts le récit triomphant.
Le merveilleux combat passe de bouche en bouche;
Autour de l'étranger on se presse, on le touche;
On l'entraîne en triomphe à travers les forêts,
Comme un frère de plus, jusqu'aux antres secrets
Où la tribu nomade a creusé ses asiles
Pour fuir la servitude et les travaux des villes;
Et les vieillards assis sous l'arbre du conseil,
Pour parler et juger devancent le soleil.

Or, en ces temps, mon fils, des choses primitives,
Les enfans de Caïn, familles fugitives,
Vivant, comme la brute, éparses dans les bois,
N'avaient point inventé le pouvoir ou les lois.
Les lois n'étaient alors que ces instincts sublimes
Qui font vibrer en nous nos sentimens intimes :
Sons vagues et confus que rendait au hasard
L'âme humaine, instrument sans règles et sans art,
Avant que la sagesse, éclairant nos oreilles,
Eût, pour un chant divin, accordé ses merveilles.

DEUXIÈME VISION.

Le pouvoir n'était rien que la paternité,
De la vie et du temps la sainte autorité,
Dont l'âge décernait l'évidente puissance,
Et pour qui l'habitude était l'obéissance.
Quand la famille humaine en rameaux s'étendait,
Le conseil des vieillards au père succédait ;
Du destin des tribus séculaires arbitres,
Ils régnaient sans couronne, et gouvernaient sans titres ;
Leur parole écoutée était leurs seules lois :
On respectait le temps qui parlait par leurs voix :
Mais à leur tribu seule ils devaient la justice,
L'ignorance livrait le reste à leur caprice :
Tout ce qui n'était pas du sang de leurs aïeux,
Profane, n'avait plus titre d'homme à leurs yeux.
Ennemis éternels des races étrangères,
Leur brutale équité se bornait à leurs frères :
Pareils dans leur démence aux peuples d'aujourd'hui,
Bornant leur univers où leur soleil a lui,
Dépouillant de leurs droits des nations entières,
Et pensant que de Dieu l'amour a des frontières.
Quand ils les surprenaient, ils livraient sans remord
La mère à l'esclavage et le père à la mort ;
Et les enfans, proscrits même avant que de naître,
Croissaient dans la tribu pour y servir un maître.
Mais au-dessus des chefs, le vent des passions
Déchaînait quelquefois le feu des factions :
Pour le choix des troupeaux, des butins, des épouses,
La colère excitait des tempêtes jalouses,
Divisant la famille en partis inhumains ;
Le pouvoir indécis flottait de mains en mains,
Jusqu'à ce que d'un chef l'heureuse tyrannie
Asservît à son tour sa race à son génie.
Ainsi vivait errante aux sommets du Sannyr
La sauvage tribu, famille de Phayr.

Phayr avait vécu presque l'âge des chênes

Sans avoir jamais vu les merveilles humaines
Dont les enfants du meurtre et leur postérité
Avaient couvert le sein du vieux monde habité.
Je ne sais quel instinct venu de père en père
Les poussait à rester voyageurs sur la terre :
Soit que du sang d'Abel par leur main répandu
Le cri vengeur par eux fût encore entendu;
Soit qu'un féroce attrait nourri par l'habitude
Les chassât dans les monts et dans la solitude,
Et qu'ils crussent que l'homme en fondant la maison
De son indépendance élevait la prison.
Des rejetons vivans, comme des glands sans nombre,
Étaient sortis de lui pour grandir sous son ombre;
Mais arrachés de terre ou par la mort fauchés,
De sa tribu proscrite ils étaient retranchés :
Les uns avaient péri dans ces terribles luttes
Qu'ils joutaient dans les bois avec les rois des brutes,
Sous la griffe du tigre ou l'ongle des lions;
D'autres s'étaient enfuis dans leurs rébellions ;
Traqués par les chasseurs jusque dans leurs asiles,
Plusieurs, traînés captifs par les enfans des villes,
Esclaves attelés traînant de lourds fardeaux,
Ou, le frein dans les dents, leurs maîtres sur leur dos,
Des derniers animaux rendaient les vils services,
Tandis que leurs enfans les servaient dans leurs vices.
Sept fils d'âge inégal et les fils de leurs fils,
Et leurs femmes au sein portant leurs tendres fruits,
Et le superbe essaim de dix vierges leurs filles,
Restaient seuls au vieillard d'innombrables familles;
Et ses yeux, en comptant sa race, pouvaient voir
Dans leurs rangs décimés décroître son espoir.
Sa raison chancelait sous le fardeau de l'âge;
Son pouvoir du passé n'était plus que l'image;
Ses fils se disputant ce pouvoir emprunté,
S'arrachaient sous son nom sa feinte autorité :
D'un respect apparent ils couvraient leur puissance,

DEUXIÈME VISION.

Et ce qui lui gardait un peu d'obéissance
C'était moins du passé le tendre souvenir,
Le droit sacerdotal de maudire ou bénir,
Que le droit de régler le destin des familles,
Aux fils de la tribu de décerner les filles.
Car le bien, le seul cher et le seul disputé,
C'était, chez ces enfans du désert, la beauté !

Or, Phayr sous ses yeux voyait de près éclore
Cette fleur qui croissait pour s'embellir encore.
Il avait depuis peu couché dans le tombeau
Le dernier de ses fils, hélas ! et le plus beau :
Ségor était son nom; depuis moins d'une année
Une épouse à ses flancs avait été donnée,
Et l'oiseau qui roucoule enviait leurs amours
Quand la flèche d'Ischar avait tranché ses jours.
Phayr, dont cet enfant consolait la vieillesse,
Noya depuis ce coup ses yeux dans la tristesse.
Selon les vieilles mœurs, vieillard il avait pris
Pour épouse Selma, la veuve de son fils ;
Comme de l'arbre d'or que la tempête cueille,
Quand la tige est coupée, on ramasse la feuille.
Selma, qui dormait chaste à côté du vieillard,
Mit au monde son fruit, hélas ! venu trop tard
Pour tendre ses bras blancs et sourire à son père,
Mais tout semblable au moins aux songes de sa mère.
Cette fille d'amour et de mort, Daïdha,
Cette enfant qu'en naissant l'œil de pleurs regarda,
Croissait depuis treize ans, fleur des nuits, dont les larmes
En arrosant le front multipliaient les charmes !
Et chacun des sept chefs espérait pour son fils
De son obéissance un si superbe prix ;
Et chacun de ces fils, quand il rêvait de femme,
Voyait de Daïdha les yeux bleus dans son âme !

La rougeur du plaisir sur son beau front vermeil,

Daïdha s'avança vers l'arbre du conseil,
En tenant une main dans la main de sa mère
Et de l'autre menant l'étranger comme un frère.
Le vieillard éploré la reçoit dans ses bras,
Presse contre son sein ses membres délicats,
Tandis que Daïdha, qui sur son front se penche,
Inonde de ses pleurs sa chevelure blanche.
Phayr enfin levant ses yeux sur l'étranger :
« Toi qui sus la sauver, dit-il, et la venger,
« De quelque nom caché que ta race se nomme,
« Qu'une femme en ses flancs t'ait conçu comme un homme,
« Ou que sous forme humaine apparu sur ces bords
« La foudre soit ton âme et le feu soit ton corps,
« Lis sur nos fronts ouverts notre reconnaissance.
« Ne crains pas de lever la tête en ma présence;
« Entre ta race et nous ce jour vengeur a mis
« Le sang sept fois versé de nos vils ennemis;
« Que ce sang dont par toi l'herbe fut arrosée
« Sur ta tête sept fois redescende en rosée!
« Pour te payer le prix qu'on doit à ta vertu,
« De nos bras, de nos cœurs, parle, qu'espères-tu?
« Mais dis-nous avant tout si tu viens de la nue?
« Ou d'une race humaine à nos cieux inconnue?
« Ou si quelque adultère, à son neuvième mois,
« Loin d'un époux trompé t'allaita dans les bois?
« Quel que soit son forfait, sa faute soit bénie!
« Ta naissance l'absout de son ignominie.
« Parle donc! apprends-nous ta nature et ton nom;
« Que de ton âme enfin la nôtre entende un son. »
Il se tut; le jeune homme attentif, en silence,
Des accens du vieillard écoutant la cadence,
Semblait suivre dans l'air avec attention
Des sons qu'il entendait chaque vibration,
Comme si la parole était une merveille
Dont chaque son portât un coup à son oreille;
Puis essayant lui-même un accent modulé,

DEUXIÈME VISION.

Ne proféra qu'un son vague, inarticulé,
Semblable au bégaiement qu'en essayant la vie,
En imitant sa mère, un enfant balbutie.
Chaque chef à son tour l'interrogeait en vain :
Il comprenait de l'œil, les yeux, le front, la main ;
Mais les mots à ses sens n'étaient que des murmures.
La stupeur se peignait sur toutes les figures;
Et depuis le vieillard jusques à Daïdha,
Avec étonnement chacun le regarda.
Le second des enfans de Phayr dit « Mes frères,
« Cet homme et cette nuit sont remplis de mystères.
« Avant qu'il soit trop tard prévenons le danger;
« Souvenons-nous des lois, et tuons l'étranger. »

Ainsi parla Jedyr; une honte unanime
Monta sur tous les fronts comme le sang d'un crime.
« Le tuer ! » s'écria la foule, et Daïdha
Pressa sa main plus fort et de pleurs l'inonda.
« Le tuer ! le tuer ! s'écria chaque mère.
« Eh bien ! reprit Jedyr, que voulez-vous en faire ?
« Quel est cet inconnu, dites, le savez-vous?
« Pourriez-vous sans péril renvoyer loin de nous
« Un hôte que d'un sang ennemi Dieu fit naître,
« Qui connaît notre trace, et qui, vendu peut-être,
« Aux éternels bourreaux des enfans de Phayr,
« N'a paru nous sauver que pour mieux nous trahir ?
« Ou bien, si vous gardez libre dans votre race
« Cet enfant dont l'œil tue et dont l'aspect terrasse,
« Cet homme dont les bras sur vous seront levés,
« N'est-ce pas un tyran que vous vous réservez ?
« Faudra-t-il obéir au fils des étrangères ?
« Faudra-t-il lui donner les filles de nos pères,
« Afin qu'un germe impur, dans nos veines admis,
« Mette au cœur de nos fils le sang des ennemis?
« Et qu'en nos propres seins, rivales éternelles,
« Des races de lions se combattent entre elles!

« Non! répandons sur l'heure, en détournant les yeux,
« Le sang qui souillerait l'âme de nos aïeux! »
Namphi, Salem, Jorab, du regard approuvèrent;
Mais des femmes sur eux les clameurs s'élevèrent;
Et Saïd, en secret conseillé par Selma,
Prévoyant la tempête, en ces mots la calma :
« A qui parle de mort, honte sur sa pensée!
« De sang pour notre cause une goutte versée,
« Ce sang de l'étranger que notre terre a bu
« Doit consacrer le reste aux yeux de la tribu :
« De ce sang à nos fils Dieu demanderait compte;
« Leur signe serait meurtre, et leur nom serait honte!
« Cependant devons-nous livrer imprudemment
« Le salut de Phayr à son entraînement?
« Libre il serait danger, et mort il serait crime.
« Qu'il vive! mais, de peur que sa main nous opprime,
« Ou qu'il suive nos pas pour mieux les révéler,
« Ou qu'au nôtre son sang ose un jour se mêler,
« Qu'il vive! mais esclave au milieu des esclaves. »
« — Oui, qu'il vive! qu'il vive! Apportez les entraves! »
Crie en frappant des mains tout le peuple à la fois.
« Des fardeaux, de la tente, il portera le poids.
« Il combattra pour nous; de son fortuné maître,
« Sans crainte des lions les troupeaux iront paître;
« Et du père aux enfans il sera dans Sannyr
« L'onagre et le chameau des enfans de Phayr. »

Les sept chefs à ce cri se lèvent de leur siége,
La foule sur leurs pas se presse et les assiége.
On apporte à leurs pieds le honteux instrument,
Des esclaves d'alors torture et vêtement :
La cruauté de l'homme, en supplices féconde,
Les avait inventés dès l'enfance du monde;
Seulement dépourvu de ses arts d'aujourd'hui,
L'instrument en était barbare comme lui.
Du pasteur du Liban la race encor sauvage,

DEUXIÈME VISION.

Des métaux assouplis ignorait tout usage;
Et les maîtres encor n'avaient pas inventé
Le fer, cet ennemi de toute liberté!
Des liens de feuillage enchaînaient les esclaves;
Comme aux fronts des taureaux ces rustiques entraves
N'étaient qu'une liane où pour passer le cou
Le maître en la tressant laissait un large trou.
Lorsque dans ce carcan la tête était entrée,
Par un nœud éternel la liane serrée
Enfermait aussi fort qu'un carcan de métal
L'homme déshonoré dans le collier fatal.
Pour empêcher les mains d'élargir l'ouverture,
Un autre nœud liait le coude à la ceinture;
De sorte que l'esclave, avec ses avant-bras,
N'avait de tout le corps de libre que ses pas,
Qu'on pouvait l'avilir au plus indigne usage
Sans craindre contre soi sa force ni sa rage,
Et que pour se nourrir ou se désaltérer
Il lui fallait, ô honte! à terre se vautrer,
Et prendre avec les dents les viles nourritures
Que l'homme repu jette aux viles créatures.

Quand Jedyr et Znaïm, tout prêts à le lier,
Posèrent sur son cou leurs mains pour le plier,
A l'aspect d'un esclave, hélas! son triste emblème,
Il comprit d'un regard leur dessein sur lui-même;
Et secouant du bras les chefs, qu'il renversa,
Sous son genou courbé tous deux les terrassa.
La foule, s'écartant autour du jeune athlète,
Élargit de terreur son enceinte muette;
Et la vierge elle-même avec effroi fuyant,
Dans les bras de Selma s'abritait en criant.
Mais Cédar, c'est ainsi que du lieu de sa gloire
La foule avait nommé l'homme par sa victoire,
Cédar la voyant fuir et pleurer, son esprit
A ces signes d'effroi d'un coup d'œil la comprit;

Il ramassa lui-même avec dédain à terre
Les liens qu'il avait foulés dans sa colère,
Il les porta soumis aux pieds de Daïdha;
Il abaissa son cou sous sa main qu'il guida;
Semblable au fier lion dont l'enfant qu'il caresse
Adoucit l'œil de sang en regard de tendresse,
Il laissa sans frémir, de son corps garrotté,
Humilier la force avec la liberté,
Et suivit, humble et doux, la douce jeune fille
Qui le menait en laisse au roi de la famille.
Là, sur l'herbe accroupi, ses deux mains sur son front,
La femme et le vieillard l'attachèrent au tronc;
Et des vils animaux disputant la pâture,
Les glands tombés pour eux furent sa nourriture.

TROISIÈME VISION.

Or, les chefs rassemblés dirent le lendemain :
« Les chasseurs de ces monts ont tenté le chemin ;
« Ne voyant plus en bas leurs sept fils reparaître,
« Plus nombreux et plus forts ils monteront peut-être.
« La place où, sous les bois, ont brouté nos chameaux,
« Les fruits dont notre main dépouilla les rameaux
« Leur montreront la terre où nos dieux nous font vivre;
« Fuyons si loin, si loin, qu'ils ne puissent nous suivre.
« Le soleil, qui, des cieux, descend de mois en mois,
« N'attiédit plus assez l'air élevé des bois;
« Descendons avec lui sur les bords de l'Oronte,
« Et, cachés dans son lit, attendons qu'il remonte. »

Et les pasteurs, chantant le signal des départs,
Rassemblaient les troupeaux dans les herbes épars ;
C'était la chèvre errante aux flancs des précipices,
L'onagre patient, les fécondes génisses,
La brebis dont la laine amollit le repos,
Le chien qui veille l'homme et commande aux troupeaux,
L'éléphant presque humain, les plaintives chamelles
Qui laissent les enfans épuiser leurs mamelles;
Et les oiseaux privés, dont le chant entendu
Avertit l'homme à jeun du fruit qu'ils ont pondu :
Attirés par l'instinct des amitiés humaines,
Ils suivaient la tribu, sur les monts, dans les plaines,

Comme si le désir de la société
Eût compensé pour eux même la liberté !
C'étaient des amitiés secrètes, inconnues.
La grue, en escadron, suivait du haut des nues ;
L'hirondelle, quittant les rebords du rocher,
Venait, de halte en halte, aux tentes se percher.
Ils retrouvaient, près d'eux, aux termes des voyages,
Les mêmes voix dans l'air et les mêmes plumages ;
Tant ces doux animaux, pleins de l'instinct d'amour,
Se souvenaient encor des lois du premier jour !

Trouvant partout des fruits et partout des demeures,
Ces pasteurs chaque jour cheminaient quelques heures ;
Confiant, pour la route, au dos des éléphans,
Les images des dieux, les femmes, les enfans,
Et chargeant des fardeaux les chameaux et les ânes,
Ils serpentaient, à l'ombre, en longues caravanes :
Et les rives de l'onde et les dômes des bois,
De leur silence émus, tressaillaient à leurs voix.

Cédar, chargé du poids de ses lourdes entraves,
Suivait, mêlé lui-même au troupeau des esclaves,
Et, cherchant Daïdha de l'œil parmi ses sœurs,
Arrosait, sur ses pas, l'herbe de ses sueurs.
Ils marchèrent ainsi pendant trois fois deux lunes,
Tantôt sur ces sillons que l'onde élève en dunes
Aux bords grondans des mers, dont les flots à leurs yeux,
Dans un lointain confus, semblaient s'unir aux cieux ;
Tantôt dans des vallons aux falaises profondes,
Que des fleuves sans nom remplissaient de leurs ondes.
Ne sachant pas encor l'art de les traverser,
Ils remontaient au loin leurs flots pour les passer.
Enfin des monts boisés les croupes descendirent,
Sur un libre horizon leurs pentes s'étendirent,
Et l'Oronte, aussi bleu qu'un firmament du soir,
Épancha sous leurs pieds son radieux miroir.

Il coulait sous un cap dont les grottes profondes
Grossissaient par l'écho les plaintes de ses ondes;
A ces antres voilés de mousses, d'églantiers,
Les gazons dessinaient de faciles sentiers;
Et le sable lavé par le fleuve limpide,
Jusqu'à ses bleus contours glissait de ride en ride.
La tribu salua du regard et des cris
De ces antres secrets les antiques abris
Creusés dans ces rochers par les mains de leurs pères,
Tout pleins de souvenirs, de récits, de mystères;
Où les fils de Phayr avaient reçu le jour;
Où les mères avaient porté leurs fruits d'amour;
Où les vierges avaient changé leurs noms de femmes,
Où l'image des morts errait avec leurs âmes.
Chaque père guidait sa tribu vers le sien.
Le chameau, l'éléphant, l'âne, même le chien,
Au site accoutumé semblaient se reconnaître,
S'arrêtaient à l'entrée et devançaient leur maître.
Après avoir à terre étendu les fardeaux,
La tribu dispersée accourut aux tombeaux.
C'était un monticule, ou quelque énorme pierre,
Ou quelque tronc couché d'arbre couvert de lierre,
Qui marquaient sur la terre à la postérité
Le lieu des souvenirs par une âme habité.
Chacun en revenant des lointaines contrées
Accourait embrasser ces mémoires sacrées,
Et semblable à quelqu'un qui parle du dehors,
Collait sa bouche au sol et parlait à ses morts.

Une femme disait à l'âme de son père :
« O père! l'eau des yeux coule-t-elle sous terre?
« Est-elle donc là-bas amère autant qu'ici?
« Combien j'en ai versé si loin! Mais me voici.
« Que de rameaux des bois sont tombés dans les ondes!
« Que d'esprits sont allés visiter d'autres mondes!

« Ce qui s'est fait depuis que tu n'es remonté,
« Ceux qui sont descendus te l'ont-ils raconté ?
« Les flèches des géans ont sifflé sur nos têtes ;
« Nous avons habité sur le mont des tempêtes ;
« Selma, dans ces combats, a perdu son époux.
« Un homme de mystère est venu parmi nous,
« Les chasseurs sous sa main se renversent et meurent ;
« Les filles de Phayr le regardent et pleurent ;
« De leurs dons les plus chers nos dieux nous ont bénis,
« Nous revenons des bois les mains pleines de nids.
« Léa, ton doux regard et ta petite-fille,
« Les chasseurs l'ont ravie enfant à sa famille.
« Longtemps au fond des bois on l'entendit crier ;
« Ses cheveux n'ont servi, père, qu'à la lier !
« Et moi j'ai mis au monde un fils et sa jumelle,
« Leurs blanches dents déjà me mordent la mamelle.
« Dans les yeux de l'enfant aussi noirs que la nuit,
« Mon souvenir croit voir ton amour qui me suit !
« Regarde, il est couché près de moi sur la feuille,
« Arrachant de ses doigts ton herbe qu'il effeuille,
« Il essuie étonné ma joue avec sa main ;
« Nomme-le par son nom pour qu'il vienne demain. »

Non loin de là, pressant un tertre de pelouse,
A l'ombre de sa fille ainsi parlait l'épouse :
« Adda, fleur de mon sein, larme du cœur, c'est moi !
« Les hommes de dessous furent jaloux de toi,
« Ils te firent tomber dans l'envieuse couche
« Avant que mon doux lait fût tari sur ta bouche.
« Oh ! dis-moi, redis-moi, quel lait bois-tu là-bas ?
« Quelle mère en chantant te berce sur les bras ?
« De quel nom, mon Adda, plus doux t'appelle-t-elle ?
« Dis-le moi, pour qu'aussi de deux noms je t'appelle !
« Pour qu'en venant la nuit parler à ton gazon,
« Ton âme se réveille et réponde à ton nom !
« Enfant, as-tu grandi sous l'herbe où tu reposes ?

TROISIÈME VISION.

« Les enfans de la mort te tressent-ils des roses?
« Des grains rouges des bois te font-ils un collier?
« Il me semble parfois que je t'entends crier.
« J'ouvre mes bras la nuit, ma fille, pour te prendre!
« Car l'époux de mes nuits, hélas! a beau suspendre
« Tes frères à mon cou pour m'y faire penser,
« Des deux yeux de mon âme il ne peut t'effacer!
« Je suis l'oiseau plaintif à l'aile bleue et blanche
« Dont le courant du fleuve, en secouant la branche,
« A fait tomber du nid et rouler dans les flots
« Un petit, le premier de la couvée éclos :
« Il a beau réchauffer les autres sous sa plume,
« Du seul qu'il a perdu le souci le consume,
« Et tout le jour il crie et regarde dans l'eau
« Et porte sa becquée à son petit oiseau. »

Ainsi parlaient aux morts les hommes et les femmes,
En couvrant leurs gazons de présens pour leurs âmes.
Leurs pas, se détachant lentement de ces lieux,
Semblaient s'incorporer à ce sol des aïeux.
Tant peut sur les humains la mémoire chérie!
C'est la cendre des morts qui créa la patrie.

Après avoir ainsi versé l'eau de leurs cœurs,
Chacun tira ses dieux de leurs arches de fleurs,
Et les plaçant au seuil de ces antres sauvages,
Les pria d'habiter et d'aimer ces rivages.
C'étaient de vils objets où l'adoration
Profanait la pensée et la création :
Des plantes, des cailloux, des écorces bizarres,
Du lit séché des flots des coquillages rares;
Tout ce qui séduit l'œil et fixe le regard,
Ce qu'accouple un vain songe ou présente un hasard;
Du besoin d'adorer, d'espérer et de craindre,
Vil assouvissement que l'homme aime à se feindre.
Chacun avait le sien aux autres préféré,

Qu'on troquait, qu'on vendait, qu'on brisait à son gré,
A qui l'on prodiguait le respect ou l'insulte
Selon que le hasard vérifiait le culte.
C'était à qui d'eux tous adorerait le mieux.
Mais les esclaves seuls n'avaient jamais de dieux !
Leur main eût profané des idoles immondes ;
La malédiction leur fermait les deux mondes ;
Et sur les dieux volés si leur main s'étendait,
Sous mille bras levés la loi les lapidait !

Quand il eut du retour accompli les mystères,
Et rallumé le feu dans la cendre des pères,
Tout le peuple pasteur, à l'abri des méchans,
Sur les rives du fleuve et sur les prés penchans
Se répandit en paix, comme une ruche pleine
Se répand sur les fleurs autour d'une fontaine ;
Et ses jours s'écoulaient l'un à l'autre pareils,
Et quelques vieillards seuls en comptaient les soleils.

Les esclaves, la nuit, liés au tronc d'un hêtre,
Allaient paître, le jour, les troupeaux de leur maître,
Et, de peur des lions, les rassemblant en un,
Passaient leur dure vie à pleurer en commun :
Les uns se racontaient à quel vil prix vendue,
Leur liberté natale avait été perdue ;
D'autres se souvenaient comment, leur père mort,
Leur mère en servitude était tombée au sort,
Et, captive au milieu des brebis et des chèvres,
D'un lait aigri de pleurs avait nourri leurs lèvres.
Ceux-là montraient du doigt sur leurs membres flétris
Les sillons noirs du fouet qui les avait meurtris ;
Ceux-ci leurs bras liés et dont la ligature
Dans les veines avait tari la nourriture ;
Et s'épiant l'un l'autre afin de se trahir,
Ne conservaient d'humain que le cœur pour haïr !
Tous regardaient Cédar avec un œil d'envie,

Et de son infortune ils consolaient leur vie.
Lui, pourtant sans parole et ne comprenant pas,
Fuyait d'instinct les lieux que fréquentaient leurs pas,
Et guidant ses chameaux aux plateaux les plus rudes,
Ne hantait que les monts et que les solitudes,
Sans crainte des lions dont d'autres s'effrayaient;
Car à son seul aspect les lions s'enfuyaient.
Là, couché de longs jours près des sombres fontaines,
Dont le fuyant murmure emporte aussi les peines,
Ou debout sur des pics où mugissaient les airs,
Il regardait les cieux, les plaines et les mers;
Et les mille rayons partant de toute chose,
Où tombe la pensée, où le regard se pose :
La nature d'abord, vaste éblouissement,
Lui-même pour lui-même immense étonnement,
Du firmament profond les merveilleux spectacles,
La végétation et ses nombreux miracles;
Et les brutes et l'homme, et leurs divers rapports,
Venant dans son esprit converger du dehors,
Développaient en lui l'inerte intelligence
Comme un homme qui dort, qui s'éveille et qui pense;
Et tout cela semblait n'être qu'un souvenir
Que du fond de son âme il sentait revenir.
Mais lorsqu'il s'efforçait de renouer la trame
Du présent au passé, de ses sens à son âme,
Le rayon s'éclipsait et ne l'éclairait plus.
Sa mémoire fondait en nuages confus;
Il sentait sur sa tête une voûte abaissée
Qui comprimait son crâne et brisait sa pensée,
Et, le front tristement penché sur ses genoux,
Entre une nuit et l'autre il restait comme nous.

Il n'était arraché de cette rêverie
Que par le bruit des pas ou par la voix chérie
De Daïdha, venant traire au milieu du jour
Les chamelles d'Alphim qui broutaient à l'entour,

Et portant aux captifs leur pauvre nourriture
Comme aux oiseaux des champs on jette leur pâture.
Sitôt qu'il entendait l'harmonieuse voix,
L'appelant par son nom, résonner sous les bois,
Tous ses sens absorbés vibraient dans son oreille ;
Il se levait semblable à l'homme qui s'éveille,
Oubliait sa pensée et la longueur du jour :
Le jour c'était pour lui l'heure de ce retour.
Il s'élançait rapide à cette voix si douce
Dont son cœur recevait la soudaine secousse ;
Il brisait en courant les branches devant lui,
Ses pieds prenaient à peine à terre leur appui ;
Il semblait que son corps soulevé par une aile
L'emportait ; puis soudain, quand il approchait d'elle,
Quand de la pure enfant les célestes appas
Venaient à rayonner sur lui de quelques pas,
Sa force défaillant à son âme trop pleine
Dans son sein qui battait faisait manquer l'haleine,
Ses genoux vacillans sous lui se dérobaient,
Ses regards éblouis vers le sol retombaient,
Et debout, pâle et froid, comme un homme de marbre,
Il restait un moment appuyé contre un arbre.

Mais elle, s'avançant dans sa chaste candeur,
Courait rouge de joie autant que de pudeur,
Déposait à ses pieds pour ses heures brûlantes
Son rustique festin dans les feuilles des plantes ;
Élevant son amphore à ses lèvres de feu,
De l'écume du lait les abreuvait un peu ;
Essuyait de la main sur sa joue embrasée,
Ou la sueur brûlante, ou la froide rosée ;
Lui souriait des yeux, de la bouche et du cœur ;
Chargeait son doux regard de pitié, de langueur,
Et touchant ses liens qu'elle eût voulu détendre,
S'essayait par le geste à lui faire comprendre
Qu'elle eût voulu briser les chaînes de ses bras ;

TROISIÈME VISION.

Puis parlait, et voyant qu'il ne répondait pas,
D'un pied impatient elle frappait la terre,
Et devant lui restait immobile à se taire ;
Baissait son front voilé du midi jusqu'au soir,
Et Cédar l'entendait pleurer, mais sans la voir,
Et des secrètes pleurs qu'elle eût dû cacher toutes,
Ses pieds sentaient parfois ruisseler quelques gouttes.

Cédar alors, courant rassembler le troupeau,
Retenait par le cou le petit du chameau,
Pendant que Daïdha, sous la mère penchée,
Pressait entre ses doigts la mamelle étanchée.
Quand l'amphore était pleine et que le lait fumant
Débordait sur ses mains de son vase écumant,
Pour empêcher le lait de fuir par l'orifice,
Il cueillait dans les champs la rose et le narcisse,
Et, semant de ces fleurs le breuvage enfermé,
Le couvrait avec soin d'un bouquet parfumé.
A la place où la vierge avait trempé sa lèvre,
Il en buvait un peu comme un chevreau qu'on sèvre,
Puis élevant l'amphore avec ses bras nerveux,
Et sous le poids de l'urne amassant les cheveux,
Sur le front de l'enfant, dont le cou tremble et vibre,
Il posait doucement le vase en équilibre ;
Et l'enfant, relevant en anses ses deux bras,
Se tournait pour sourire et fuyait à grands pas.
Il semblait que son cœur s'en allait avec elle ;
Il voyait ses cheveux, soulevés comme une aile,
Glisser entre les troncs des platanes jaloux ;
Il la suivait des yeux, il tombait à genoux
Sur l'herbe où ses pieds blancs avaient laissé leur trace ;
De sa bouche muette il en pressait la place.
Comme un homme pensif qui se ferme les yeux
Pour suivre une pensée et qui croit la voir mieux,
Il restait quelque temps les deux mains sur sa vue,
Pour mieux voir dans son cœur l'image disparue ;

Il écoutait parfois si la brise en glissant
De la lointaine voix n'aurait pas un accent ;
Et quand, dans le désert que faisait son absence,
Tout redevenait nuit, solitude et silence,
De son départ trop prompt attristé tout le jour,
Son âme impatiente aspirait au retour.
Ainsi passait pour lui, du retour à l'absence,
De l'absence au retour, toute son existence,
Qui de ses durs liens perdant le sentiment
N'avait qu'une pensée, un plaisir, un tourment :
Ame qui, pour nourrir sa vie intérieure,
Au cœur n'a qu'une image et dans le jour qu'une heure.

Et cependant son corps avec l'âge croissait ;
De sa mâle beauté l'essor s'accomplissait :
Son âme à son insu dans sa forme divine
Rappelait par ses traits sa céleste origine ;
Dans ce corps garrotté d'un esclave avili,
Quelque chose, du ciel avait gardé le pli ;
Son regard calme et doux avait pourtant des flammes
Dont les éclairs voilés faisaient rêver les femmes.
Comme pour se venger de leur stupide affront,
Il dépassait déjà tous les hommes du front.
Tel qu'un aiglon captif de l'enfant qui le brave,
Même en l'humiliant ils admiraient l'esclave ;
Timides et jaloux, ils fuyaient son aspect ;
Leurs regards s'abaissaient de honte et de respect ;
Daïdha seule osait lui commander du geste ;
Il ne regardait qu'elle, il méprisait le reste ;
Et lisant dans ses yeux le regard commencé,
Elle était obéie avant d'avoir pensé.
Ainsi le fier taureau qu'une main d'enfant mène
Obéit à l'amour, et suit ses pas sans chaîne !

Cependant Daïdha sentait avec orgueil
L'empire qu'exerçaient sa voix et son coup d'œil,

Et, fière d'adoucir seule ce cœur sauvage,
Se faisait un bonheur de ce noble esclavage.
Elle lui commandait devant eux quelquefois,
Seulement pour montrer ce que pouvait sa voix ;
Et Selma rougissait de gloire pour sa fille,
Et Phayr triomphait de voir dans sa famille
Cet esclave muet, sa force et son honneur ;
Et la foule envieuse admirait son bonheur.

Or, un jour Daïdha se disait, triste et tendre :
« Oh! que serait-ce donc s'il pouvait me comprendre! »
Lorsque élevant les yeux à la voûte des bois,
Elle vit un bulbul à la liquide voix
Qui, posé sur la branche où son nid se balance,
De son chant qui ruisselle enchantait le silence,
Tandis que ses petits paraissaient s'essayer,
En écoutant son hymne, à le balbutier.
Ils chantaient, ils chantaient, mais leur langue inhabile
Pour saisir un passage en affaiblissait mille,
Et cependant leur voix par momens rappelait
L'écho mal éveillé de l'air qu'il redoublait ;
Et du nid où l'oiseau se plaisait à répondre,
Leurs accens et les siens paraissaient se confondre.
La vierge, en écoutant ces luttes de chansons,
Comprit que les oiseaux se donnaient des leçons,
Et que, du même accord multipliant l'étude,
Leur chant mélodieux n'était qu'une habitude.
A son esprit frappé Cédar vint à l'instant :
« Il est muet comme eux! si j'en faisais autant, »
Dit-elle; « si j'étais ce bulbul, doux symbole,
« Qui souffle à son petit le chant et la parole,
« Jusqu'à ce que, ce chant par leur langue épelé,
« Ils s'entendent entre eux l'un par l'autre appelé !
« Les mères aux enfans aussi comment font-elles ?
« Ils imitent des yeux les lèvres maternelles.
« Peut-être que Cédar n'eut point de mère, lui ?

« Oh ! si je la pouvais remplacer aujourd'hui !
« Si, déliant enfin sa langue avec la mienne,
« Le son de ma pensée allait toucher la sienne !
« S'il répétait les mots que ma mère m'apprit !
« Moi qui lui dois la vie, il me devrait l'esprit !
« Dans le fond de ses yeux je saurais ce qu'il pense,
« Nos âmes n'auraient plus entre elles ce silence !
« Que l'heure serait courte ensemble à l'écouter !
« Oh ! je veux dès demain en secret le tenter. »
Puis soupirant après son œuvre commencée,
Elle roula la nuit dans son front sa pensée;
Et quand sur les forêts le jour naissant eut lui,
Sans rien dire à sa mère elle courut vers lui.

Il était ce jour-là couché sur le rivage
Du fleuve, dont les eaux reflétaient son image,
Ravi d'étonnement, de peur et de plaisir,
Se penchant vers lui-même et voulant se saisir ;
Puis voyant que ses mains qui troublaient l'eau limpide
N'embrassaient que le flot qu'obscurcissait la ride,
Il pleurait cette image ; et pour mieux la revoir
Il laissait un moment s'aplanir le miroir.
Daïdha, souriant de l'erreur qui l'attache,
Pour surprendre Cédar, d'arbre en arbre se cache ;
Sur la mousse flexible, assourdissant ses pas,
En retenant son souffle elle marche tout bas,
Et suspendant ses mains aux verts cheveux d'un saule,
Penche le cou sur l'eau par-dessus son épaule.
Le fleuve un peu voilé qui coule au-dessous d'eux,
Au lieu d'un front charmant en a réfléchi deux.
Cédar, qui, tout à coup trompé par cette image,
Y voit de Daïdha briller le doux visage,
Pour la réalité prenant ce vain portrait,
Pousse un cri, tend les bras, s'élance comme un trait,
Croit que le fleuve emporte et roule dans les ondes
Ce beau corps qu'il irait sauver au fond des mondes,

TROISIÈME VISION.

Plonge pour la chercher sous la vague et la mort,
Y replonge trois fois, et ne revient au bord
Qu'aux cris de Daïdha, qui, ravie et craintive,
Passant du rire aux pleurs, l'appelait sur la rive.
Il vint; et de ce jour la fille de Selma
Comprit de quel amour il l'aimait, et l'aima.

Pour qu'il ne tentât pas une autre fois l'épreuve,
Assise à ses côtés sur la grève du fleuve,
Elle lui fit du doigt compter comment les eaux
Doublaient comme elle et lui les arbres, les troupeaux,
Des objets réfléchis vaine et vide apparence;
Mais lui, depuis ce temps, aimait de préférence
Le fleuve qui doublait Daïdha dans son cours;
Et des yeux même absente il l'y cherchait toujours.

Alors comme une mère avec son fils épelle,
En lui montrant le mot et l'objet qui l'appelle,
Ainsi de l'œil au mot sa bouche le guida;
Le premier mot qu'il dit ainsi fut Daïdha.
Daïdha! Daïdha! ce nom doux et sonore
Sur ces lèvres de feu cent fois venait éclore;
Et chaque fois qu'ainsi son cœur le prononçait,
Un sourire l'aidait et le récompensait.
Oh! de l'heureuse enfant qui peindra le délire,
Pour la première fois en entendant redire
Son nom, son propre nom par l'amour révélé?
Il semblait que d'un mot son être avait doublé,
Qu'elle vivait deux fois, par lui; d'abord en elle,
Puis dans le son de voix de l'ami qui l'appelle.
Par le nom de Cédar elle lui répondit;
Avec l'autre soudain ce mot se confondit.
Leurs lèvres mille fois les redirent ensemble,
Comme deux sons amis qu'un même accord rassemble;
Et quand le même instinct les faisait revenir,
Ils ne les prononçaient que pour les réunir!

Cédar, qui dans les yeux de Daïdha ravie
Lisait à chaque son sa joie épanouie,
S'apercevant déjà du bonheur qu'il donnait,
A ses douces leçons heureux s'abandonnait.
Et ce regard aimant et cette voix de femme
Par l'oreille et par l'œil gravaient tout dans son âme.

Ce que l'heureux amant le premier demanda,
Ce fut ce qui charmait ses yeux dans Daïdha :
Son front, ses traits, sa bouche et ses perles écloses,
Comme de son sourire entre ses lèvres roses?
Ses bras, ses pieds, ses mains, l'ombre qui la suivait
Qui s'en allait de lui quand elle se levait?
Et ce frémissement que causait sa présence?
Et cette tête lourde où pesait son absence?
Et sur l'herbe ou les fleurs l'empreinte de ses pas?
Et cette image après qu'il pressait dans ses bras?
Et tout ce qui dans l'œil, l'oreille ou la pensée,
Était elle présente ou même retracée?
Puis passant d'elle à tout ce qu'elle remplissait,
D'interrogations son geste la pressait;
Et son âme à sa voix s'éclairant à mesure,
Se portait à la fois sur toute la nature :
Le firmament, le jour, la terre qu'il foulait,
L'arbre où chantait l'oiseau, le fleuve qui coulait,
Les plantes, les troupeaux, les fleurs, et chaque chose
Où flotte la pensée, où le regard se pose,
Les ombres et le jour, le silence et le bruit,
Ce qui marche ou qui vole, ou nage, ou plane, ou luit,
Indiqué tour à tour par son regard de flamme,
Recevait son vrai nom et passait dans son âme;
Et de l'enfant nommant tous ces objets divers,
La parole semblait lui créer l'univers!
Daïdha, triomphante et frissonnant d'ivresse,
Lui payait chaque mot d'une chaste caresse,

TROISIÈME VISION.

Remerciait la bouche où la première fois
L'écho de sa parole avait créé la voix ;
Puis elle s'en allait à travers la campagne,
Lente, comme quelqu'un qu'une idée accompagne,
Roulant dans sa pensée et cachant dans son cœur,
Tel qu'un secret d'amour, sa gloire et son bonheur.
Et Cédar, resté seul rêveur sur le rivage,
Dans chaque mot appris repassait son image!...

Comme deux clairs ruisseaux qui coulent dans les prés ;
Par un étroit rivage en coulant séparés,
Réfléchissant chacun dans leur onde diverse
Leurs bords, leur firmament et ce qui les traverse ;
Si, par un jour d'été, la bêche des pasteurs
Fait écrouler entre eux la muraille de fleurs,
Leur onde emprisonnée et leurs flots qui s'appellent,
L'un vers l'autre attirés s'étendent et se mêlent ;
Sous leur commun cristal ils effacent leur bord ;
Leur course au même pas n'a plus qu'un même accord ;
Et comme pour leur lit il n'est plus qu'un rivage,
Dans leur vague mêlée il n'est plus qu'une image !
Ainsi ces deux enfans dont l'obstacle des sens
Séparait la pensée en deux, faute d'accens,
Quand par instinct parlée et par amour apprise,
La parole de l'un par l'autre fut comprise,
Reflétant en commun l'univers autour d'eux,
Parurent n'avoir plus qu'une âme au lieu de deux.

Daïdha, sur les monts ou sur les bords du fleuve,
Tous les jours depuis lors renouvela l'épreuve ;
Et l'esclave bientôt, enseigné par l'enfant,
Et de son ignorance à sa voix triomphant,
Posséda des humains ce sublime langage
Où chaque verbe était la chose avec l'image :
Langage où l'univers semblait se révéler,
Où c'était définir et peindre que parler

Car l'homme n'avait pas encor, dans son délire,
Brouillé ce grand miroir où Dieu l'avait fait lire,
Et, semant au hasard ses débris en tout lieu,
Mis son verbe terni sur le verbe de Dieu!

Alors leurs entretiens, plus longs et plus intimes,
S'élevèrent de terre aux choses plus sublimes!
Elle lui racontait, dans sa naïveté,
Les histoires du ciel et de l'humanité;
Histoire de l'enfance où tout était merveilles,
Où des rêves grossis d'oreilles en oreilles,
Colorés au faux jour de leurs traditions,
Frappaient l'esprit humain de mille illusions,
Comme avant que le jour illumine le monde
En fantômes trompeurs la nuit douteuse abonde.
Elle disait comment des familles de dieux
Avaient créé chacun quelque morceau des cieux;
Comment d'autres, tombés dans de célestes luttes,
Habitaient, exilés, la terre après leurs chutes;
Comment l'air, et la terre, et la flamme, et les mers,
Obéissent chacun à des maîtres divers;
Comment, jaloux sans cesse, ils s'arrachaient l'empire
Sur tout ce qui végète et tout ce qui respire;
Comment, s'entrechoquant dans des courroux affreux,
Sous forme d'élémens, ils combattaient entre eux;
Comment les uns aimaient les hommes comme frères,
Les autres leur faisaient d'inexorables guerres;
Que pour tromper les yeux, ils se cachaient parfois
Dans une herbe, une pierre, un vil morceau de bois;
Qu'on les y retenait enchaînés par des charmes,
Soumis par la colère, attendris par les larmes,
Et qu'excepté l'esclave, et l'onagre, et le chien,
Dans l'heureuse tribu chacun avait le sien.
Puis passant aux récits des familles humaines,
Elle lui révélait l'homme et ses phénomènes :
Comment le fils naissait du père et grandissait;

TROISIÈME VISION.

A des vierges, ses sœurs, comment on l'unissait :
Comment la jeune mère, en mettant l'homme au monde,
Avait dans sa mamelle une source féconde,
Que l'amour douze mois empêchait de tarir,
Jusqu'à ce que l'enfant pût parler et courir ;
Comment les dieux amis, dans toute la nature
Leur donnaient, sous des bois, asile et nourriture ;
Comment, s'ils échappaient aux flèches des géans,
Leurs vieillards, toujours verts, vivaient trois fois cent ans ;
Que la mort, se voilant d'un transparent mystère,
Était un long sommeil dans la couche de terre ;
Et que, sous le gazon, on faisait en dormant
Tout ce qu'on avait fait sous le bleu firmament ;
Que le petit enfant y caressait sa mère,
Que l'épouse y dormait sur l'épaule du frère,
Que les troupeaux nombreux y paissaient l'herbe en paix,
Mais que les fiers géans n'y descendaient jamais ;
Et qu'aux rayons amis d'une nuit souterraine,
Les dieux bons y régnaient vainqueurs des dieux de haine,
N'en permettant l'accès qu'à la voix des amis,
Parlant près de l'oreille aux mânes endormis.

Cédar, à ces clartés de la parole écloses,
Dans son intelligence acceptait toutes choses.
Avec ce que l'enfant simple balbutiait,
Confiant et crédule, il s'identifiait ;
Comme notre chair vient du lait de notre mère,
Enveloppé partout de l'humaine atmosphère,
Homme par la figure, à ces naïfs accens
Il devenait tout homme et de cœur et de sens ;
De leurs impressions il prenait l'habitude,
Et n'en différait plus que par sa servitude.
Distrait de ses récits, un jour il demanda
Une chose qui fit frissonner Daïdha :
« Des hommes, lui dit-il, les coutumes jalouses
« Aux esclaves jamais donnent-ils des épouses ?

« Si la vierge, sur eux abaissant ses regards,
« Consent à les aimer, que disent les vieillards ? »
A ces mots, Daïdha, baissant les yeux à terre,
Pâlit et fit d'horreur un geste involontaire :
« Les esclaves, dit-elle, est-ce qu'ils ont des dieux?
« Est-ce qu'ils ont des fils, eux qui n'ont point d'aïeux ? »
Et lui montrant du doigt un grand monceau de pierre,
Dans un site lugubre au bord de la rivière :
« Un jour, un jour, dit-elle en abaissant la voix,
« Les mères en passant me l'ont conté cent fois,
« Une fille... (son nom est devenu sa honte),
« La pierre sur son corps tous les jours tombe et monte ;
« Toujours détournant l'œil, et toujours maudissant,
« Chacun de nous y jette une pierre en passant,
« Et dit, en la jetant : Qui l'imite périsse
« Dans la même infamie et le même supplice!!! »
Cédar, depuis ce jour, quand Daïdha venait,
Pensif, dans son élan d'abord se retenait ;
On voyait, dans l'effort, lutter sur son visage
L'instinct ardent du cœur contre une sombre image ;
Souvent inattentif pendant qu'elle parlait,
De ses cils abaissés son regard se voilait,
Et l'on voyait sa peau, par un frisson ridée
Frémir comme nos fronts que traverse une idée.
Mais plus il était triste, et plus la douce enfant,
De sa feinte froideur heureuse en triomphant,
Par le son de sa voix et ses chastes caresses
S'efforçait de percer l'ombre de ses tristesses.

Si quelquefois, en vain, son amour l'essayait,
En face de Cédar, triste elle s'asseyait ;
Sur ses deux genoux joints elle appuyait sa tête,
Comme sur un appui qu'un frère aimé nous prête,
Et, craintive et muette, elle le regardait
Jusqu'aux pleurs, et le bord de ses yeux s'inondait,
Et, comme de deux fleurs que l'orage secoue,

Deux gouttes d'eau du cœur, en coulant sur sa joue,
Tombaient sur les genoux de Cédar, et brûlaient
La place où les cheveux sur sa main ruisselaient;
Et de son sein, gonflé sous le poids de sa peine,
Les soupirs soulevaient le voile à chaque haleine,
Comme des lis des eaux, qu'au vent ridé du soir,
La vague tour à tour submerge et laisse voir.
D'un ton bas et grondeur : « Pourquoi, lui disait-elle,
« Viens-tu si lentement maintenant quand j'appelle?
« Tu m'entendais bien mieux quand nous ne parlions pas;
« Au seul bruit de mes pieds tu venais à grands pas.
« Ta tristesse, ô Cédar, je voudrais la connaître!
« Peut-être languis-tu de ton exil? peut-être
« Que depuis que ton cœur s'est ouvert à ma voix,
« De ta captivité tu ressens plus le poids?
« Peut-être ce lien te blesse ou t'humilie?
« Oh! si c'est cela, viens! viens, que je le délie!
« Donne tes pieds, ton cou, tes épaules, tes bras :
« Te voilà libre, ô frère! oh! cours où tu voudras!
« Marche dans les forêts où ta mère t'appelle!
« Daïdha t'aimera si tu restes pour elle :
« Mais si tu ne viens pas reprendre tes liens,
« Frère, elle donnera ses membres pour les tiens.
« Reprends la liberté qu'on t'a pour moi ravie;
« Si ma mort t'affranchit, que m'importe ma vie? »
Et tout en lui parlant, elle avait déplié
Les liens aux sept nœuds dont il était lié,
Et Cédar, bondissant comme un taureau superbe
Dont le joug détaché roule à ses pieds sur l'herbe,
S'élançait dans sa grâce et dans sa liberté;
Sur ses membres meurtris par sa captivité
Effaçait, sous ses mains, la trace encore empreinte;
Écrasait des palmiers dans sa joyeuse étreinte;
Dans le fleuve, à grands cris, se jetait en courant,
Luttait contre la vague et contre le courant,
En ressortait couvert de sa fumante écume,

Aspirait l'air du ciel comme un coursier qui hume,
Et franchissant d'un bond les ravins, les sommets,
Semblait dans les déserts disparaître à jamais!
Daïdha, frissonnant de sa fuite imprévue,
Tendait vers lui ses bras, et le perdait de vue,
Quand, d'un pied plus rapide et plus souple qu'un daim,
Auprès d'elle à ses pieds il revenait soudain.
Et lui, posant ses doigts sur sa tête brûlante :
« Pourquoi, lui disait-il, es-tu toute tremblante?
« As-tu peur que je reste aux forêts où je cours?
« Que ton esclave échappe et parte pour toujours?
« Veux-tu pour te calmer me remettre ma chaîne?
« Tiens. Mais ce n'est pas elle, ô ma sœur, qui m'enchaîne :
« Va, je n'ai pas besoin de ces honteux liens;
« Ma chaîne, ô Daïdha, c'est tes yeux sur les miens!
« C'est le son de ta voix qui m'appelle sans cesse,
« C'est le frisson brûlant que ton toucher me laisse,
« C'est l'heure si pesante où j'attends ton retour,
« Et l'image de toi qui me luit tout le jour!
« Voilà le joug du cœur que je porte et que j'aime,
« Que tu ne pourrais pas, enfant, briser toi-même,
« Que je n'ai pas subi, que je n'ai pas reçu,
« Mais qu'avec mes pensers moi-même j'ai tissu!
« Va, rends-moi mille fois ma liberté ravie,
« Je reviendrai toujours t'agenouiller ma vie;
« Je reviendrai toujours, esclave, en ton chemin
« Mettre un pied sur ta trace, et mon cou sous ta main. »
Et Daïdha pleurait aux étranges paroles,
Et Cédar reprenait : « Oh! mes seules idoles!
« Toi, mon père et ma mère, et qui seule en ces lieux
« Remplaces pour Cédar la patrie et les dieux,
« Eau de ma soif du cœur, ombre de mes pensées,
« Soleil des jours de feu, lune des nuits glacées,
« Gazelle apprivoisée, et dont l'œil est si doux
« Que le lion la lèche, et n'a plus de courroux,
« Tiens, touche-moi! Tu vois! un geste me possède!

TROISIÈME VISION.

« A ton moindre désir comme aussitôt je cède !
« Comme du fond des bois à ton signe je viens
« Obéir à tes yeux, et baiser mes liens !
« Oh ! ne crains pas jamais que ton lion s'enfuie ;
« Que de sa servitude à la fin il s'ennuie ;
« Qu'à son nom une fois il ne réponde pas :
« Le désert est pour lui la place où tu n'es pas !
« Tes yeux sont à mon cœur ce qu'aux saisons brûlantes
« Le feu qui marche au ciel, le soleil, est aux plantes.
« Partout où tes regards s'abaisseraient sur moi
« Je m'enracinerais sous ces rayons de toi !
« Mais dis-moi seulement un seul mot de ta bouche,
« Ce que l'on dit au chien qui lèche et qui se couche ;
« Entre tes longs cils noirs entr'ouvre-moi mes cieux ;
« Donne-moi ce frisson du cœur délicieux
« De ta main sur ma main, geste dont tu me calmes,
« Comme un frisson du vent dans les fibres des palmes ! »
Et l'enfant qu'à sa voix le bonheur suspendait,
Faisait innocemment ce qu'il lui demandait,
Laissait de ses yeux bleus pleuvoir la flamme humide,
Lui commandait riante avec sa voix timide,
Passait dans ses cheveux son doigt aérien,
Le laissait à ses pieds se coucher comme un chien,
Courir sous les forêts après elle, ou l'attendre,
Ou par un tronc caché tout à coup la surprendre,
Et les heures ainsi n'étaient plus qu'un moment,
Et chaque jour rendait le même enivrement.
Puis quand l'ombre grandie au soleil qui s'incline,
En rasant les palmiers, penchait vers la colline,
De peur qu'aux yeux jaloux des enfans de Phayr
Ce secret de pitié ne vînt à la trahir,
Elle lui renouait, comme avant, ses entraves,
Et trempait de ses pleurs cet habit des esclaves.

Cependant sa beauté, que l'âge accomplissait,
De sa pure ignorance encor s'embellissait :
Mais déjà quelquefois sa vague inquiétude
Lui faisait du désert craindre la solitude.
Partout rêveuse et triste où Cédar n'était pas.
La crainte en approchant ralentissait ses pas.
Comme une âme pudique, et qui sent qu'elle est nue,
Une rougeur montait sur son front, à sa vue :
Sa voix la remuait et la faisait trembler;
Son accent se fêlait en voulant lui parler :
Elle restait muette, immobile et confuse,
Comme un enfant surpris et qu'une mère accuse,
Ou comme Ève devant le père des humains,
Tenant le fruit coupable encore dans ses mains.
Quelquefois, sans oser lui parler la première,
Elle posait le lait du jour sur une pierre
Sans rien dire, et, pendant qu'il ne la voyait pas,
Derrière les cyprès s'en allait à grands pas;
Puis cent fois, pour le voir, vainement retournée,
Emportait du malheur pour toute une journée.
D'autres fois, sous les ifs s'asseyant loin de lui,
Sa main à son menton servant de point d'appui,
Elle le contemplait des heures en silence,
Comme un être qu'on n'ose admirer qu'à distance;
Et son esprit absent, quoique ses yeux ouverts,
Semblait suivre du cœur des songes dans les airs;
Puis elle les baissait si tristement à terre,
Que Cédar ne pouvait s'éloigner ni se taire,
Mais que, s'approchant d'elle, et d'un son de voix doux,
Il parlait le premier, et disait : « Qu'avez-vous? »
Alors, comme quelqu'un qu'en sursaut on secoue,
Il lui tombait des yeux deux gouttes sur la joue:
Avec un faux sourire elle les essuyait,
Puis avec les pensers la tristesse fuyait;
Tout son cœur se noyait dans de douces paroles;

Sa tendresse enfantine avait des larmes folles,
Et semblait s'enivrer de son délire, exprès
Comme pour oublier que la mort était près.

Or la charmante enfant, pleine de sa pensée,
Marchait en revenant la paupière baissée,
Et, distraite au retour, ne s'apercevait pas
De l'admiration qu'excitaient ses appas;
Ou quand elle sentait des yeux d'homme sur elle,
Son dédain s'affligeait de leur paraître belle.
Elle eût voulu, cachée ou laide aux yeux d'autrui,
N'être visible au monde, et belle, que pour lui!
Mais ses rayons en vain voilés d'indifférence
N'en répandaient pas moins l'extase et l'espérance;
Et les fils de Phayr qui d'elle s'enivraient,
De son choix différé tous les jours murmuraient :
« Quand la fleur de la vigne a parfumé la plaine,
« Disaient-ils, que la grappe est colorée et pleine,
« On ne la laisse pas, aux pampres serpentans,
« Attendre une autre fleur et de seconds printemps.
« L'enfant lève les bras, la respire et la cueille,
« Sans quoi l'automne pâle en vient jaunir la feuille,
« Et les vents de l'hiver soufflent et font tomber
« Les grains que les oiseaux viennent lui dérober. »
Les pères mécontens à la fin s'entendirent
Pour parler à Phayr; trois vinrent et lui dirent,
Et tous hochaient le front pendant que l'un parlait :
« Quand la brebis regimbe et refuse son lait,
« Père! la laisse-t-on au gré de ses caprices
« Le perdre avec sa laine au flanc des précipices?
« Non : le berger soigneux approche son petit,
« Qui bêle à ses côtés de soif et d'appétit,
« Et, fléchie à sa voix, de sa blanche mamelle
« Le lait qu'elle retient entre ses doigts ruisselle.
« Quand la poule et le paon qui pondent à l'écart,
« Vont semer sous les bois leurs œufs faits au hasard,

« Les laisse-t-on ainsi sans nid et sans familles
« Semer pour le renard leurs fécondes coquilles?
« Non : l'enfant du foyer va les chercher au loin,
« Sur le duvet des bois les rassemble avec soin,
« Et la mère, le soir, qui revient et les trouve,
« Sous son cœur qui s'échauffe avec amour les couve ;
« Et bientôt les poussins par eux multipliés
« Se répandent dans l'herbe et gloussent sous nos piés. »

Le vieillard et Selma comprenaient ce langage,
Où le désir voilé ne parlait qu'en image ;
Et quand ils le voulaient eux-mêmes répéter,
L'enfant capricieux refusait d'écouter ;
Ou bien, plissant sa lèvre et relevant l'épaule,
Allait au bord de l'eau pleurer au pied d'un saule.

Chacun des prétendans vainement rebuté
Essayait à son tour de fléchir sa beauté,
Et, suivant de ces jours le poétique usage,
Interrogeait son cœur dans un muet langage.
Avant de révéler les vœux inaperçus,
Ils parlaient quelque temps en emblèmes reçus ;
Et la vierge, muette et répondant de même,
Acceptait, refusait, suspendait en emblème.

Asgor, fils d'Abniel, choisit dans le troupeau
Le plus doré de poil des petits du chameau,
Et le mettant la nuit parmi les jeunes bêtes
Dont la vierge au réveil devait compter les têtes,
Il se cache pendant que le sien défilait,
Pour voir si sa pitié lui donnerait le lait ;
Mais au lieu de mener le petit aux chamelles
La vierge l'écarta de toutes les mamelles,
Et le laissa tout seul, aux ronces d'alentour,
De tristesse et de soif crier tout un long jour ;

Et l'amant, le front triste et la vue offensée,
S'en alla sans parler, vaincu dans sa pensée.

Abna, fils de Kalem, dans un nid de roseau
Apporta près du seuil des œufs volés d'oiseau.
Si la fille, de l'antre en sortant vers l'aurore,
Recueillait ces œufs blancs pour qu'ils pussent éclore,
Et se montrant neuf jours soigneuse à les sauver,
Sous l'aile du ramier les regardait couver,
Le jeune amant savait qu'un regard favorable
Couverait son amour comme l'œuf dans le sable.
A la porte de l'antre il veillait incertain :
Mais la vierge distraite en sortant le matin,
Voyant les œufs posés dans le nid sur la mousse,
Leur donnant du pied gauche une forte secousse,
Les fit en se brisant rouler sur le rocher ;
Et le fils de Kalem n'osa plus s'approcher.

Zebdani, fils d'Ormid, vint, la nuit, à l'entrée
De l'abri de Phayr, place aux dieux consacrée,
Dans la poudre du seuil par Selma balayé
Imprimer en secret l'empreinte de son pié.
Si la vierge, au réveil, en s'échappant de l'antre,
Voyant ce pas écrit sur la place où l'on entre,
Le gardait sur le seuil au lieu de l'effacer
Et posait à côté le sien pour l'y tracer,
Le jeune homme de loin attendant ce symbole,
Entendait sans accens et lisait sans parole,
Et savait de lui-même, à ce signe épié,
Qu'un autre pas suivrait la trace de son pié.
Mais la vierge, au matin, en sortant la première,
Et voyant ce pas d'homme empreint sur la poussière,
L'effaça de son doigt sur ce sable mouvant,
Et d'un geste hautain jeta sa cendre au vent ;
Et Zebdani, voyant sa trace ainsi détruite,
Pleura son vain amour, rougit, et prit la fuite.

Les mères à Selma vinrent dire à leur tour :
« Peut-être que son cœur cache un secret amour,
« Et que, dans la pudeur dont la rougeur lui monte,
« Elle craint de nommer celui qui fait sa honte?
« Forçons-la d'avouer nous-même, à son insu,
« Parmi tous le désir que son œil a conçu ;
« Quand son visage aura révélé sa pensée,
« La flamme de nos fils sera récompensée. »
Et Selma consentit; et quand le jour baissa,
Sur le cœur de l'enfant l'épreuve commença.

Daïdha vers le soir, des troupeaux revenue,
Dans le fond de la grotte était debout et nue;
De son front ondoyant ses cheveux déliés
Tombaient de toutes parts de sa tête à ses piés :
Noyant de leurs flots noirs son sein et ses épaules,
Comme ces verts rameaux des frênes et des saules,
Qui, du sommet du tronc vers le sol refoulés,
Penchent jusqu'au gazon leurs jets échevelés,
Où les pleurs du matin distillent goutte à goutte,
D'une ombre transparente ils l'enveloppaient toute.
On eût dit une nuit sous son voile de jais,
Si le vent quelquefois, en soulevant le dais,
N'en eût fait par haleine ondoyer quelque tresse,
Et, découvrant un peu ce beau corps qu'il caresse,
N'eût laissé par éclair le rayon l'entrevoir,
Comme à travers la feuille une étoile le soir.
Or, sous ce noir réseau que perçait cet albâtre,
On entendait sa voix et son rire folâtre ;
Et sa mère lui dit : « Commençons, si tu veux? »
Et relevant de terre un pan de ses cheveux,
Elle les déplia des doigts en large voile,
Ainsi qu'un tisserand qui prépare sa toile,
Et qui noue au métier, avant de le tisser,
Le fil où sous le fil la trame va glisser.

TROISIÈME VISION.

Puis approchant des fleurs et des fibres trempées
Des feuilles du palmier par l'hiver découpées,
Et des perles du fleuve et des grains de carmin,
Elle les lui tendait en avançant la main ;
Et les recevant d'elle en se penchant, sa fille,
Dans l'épine au long dard qui lui servait d'aiguille,
Comme fait le pêcheur des mailles d'un filet,
Aux fibres du palmier toutes les enfilait ;
Et les glissant ensuite entre les fils d'ébène,
Si fins qu'ils frémissaient au tact de son haleine,
Passait et repassait son aiguille à travers.
Cette trame de fleurs et leurs dessins divers
Accomplissaient ainsi, des pieds à la ceinture,
Ce voile aérien donné par la nature.
A mesure qu'en nœuds la vierge les tressait,
Ce tablier flottant d'éclat se nuançait :
Son aiguille avec art, parmi les roses blanches,
Associait l'azur des yeux bleus des pervenches ;
Et les œufs du lotus et les boutons vermeils,
Et tous ces lis des eaux, étoiles ou soleils,
Et sur la nacre en feu des petits coquillages
Faisait de l'oiseau-mouche éclater les plumages.
Ainsi se façonnait l'unique vêtement,
Des femmes de ces jours le voile et l'ornement.
Tout ce qu'à son printemps la terre orientale,
De couleurs, de parfums et de lumière étale,
Servait à contenter cet instinct de beauté
Que la vierge reçoit de sa virginité ;
De plantes, de parfums et d'éclat revêtue,
Quand du jeune homme ainsi sa sœur frappait la vue,
On eût cru voir marcher un symbole de fleurs,
Et ce corps idéal, ces odeurs, ces couleurs,
D'un triple enivrement berçant les sens et l'âme,
Fascinaient la pensée et précédaient la femme.
Quand la dernière brise avait fané les lis
Dont ces tissus flottans odoraient embellis,

Quand la dernière rose y mourait sur sa tige,
On en renouvelait l'industrieux prestige :
C'était un jour de fête, où, fuyant à l'écart,
Les femmes pour charmer luttaient d'amour et d'art.
Mais pour broder ainsi sa trame fugitive
Il fallait la tenir d'une main attentive ;
Car si ce doux travail était interrompu,
Si des cheveux tissés un seul était rompu,
La trame, s'échappant des doigts de l'ouvrière,
Comme un filet sans nœud s'écoulait tout entière ;
Et la beauté soudain regardait toute en pleurs
A ses pieds ce monceau de plumes et de fleurs.

Or, au moment précis où la trame qui glisse
Demande plus de soin à la main qui la tisse,
A la porte de l'antre un grand bruit s'entendit ;
Une femme à grands pas se précipite, et dit :
« Asgor, fils d'Abniel, est tombé dans le fleuve ! »
Et Selma, qui feignait pour accomplir l'épreuve,
Levant les bras au ciel, fit un cri de douleur.
L'effroi sur Daïdha répandit sa pâleur :
Une larme roula, témoin de sa pensée,
Et sa main suspendit la trame commencée ;
Mais il ne tomba pas une fleur de sa main,
Et ses doigts tout tremblans la reprirent soudain.
Une autre vint, et dit : « Abna, j'en tremble encore !
« Dans le fond des forêts un lion le dévore !
« Ses frères, dont sa mort a glacé les regards,
« Pour les ensevelir cherchent ses os épars. »
A cet affreux récit les femmes se troublèrent ;
Les larmes, les clameurs, les gestes redoublèrent ;
Sur ses genoux émus l'enfant fléchit un peu,
Mais l'aiguille trembla sans rompre un seul cheveu.

Une troisième accourt ! « O jour, jour de misères !
« Pleurez, yeux de Phayr ! frappez vos seins, ô mères !

TROISIÈME VISION.

« De la race d'Ormid tout l'espoir est fini.
« La flèche des chasseurs a percé Zebdani! »
Et l'antre, déjà plein de silence et d'alarmes,
Retentit, à ce nom, de sanglots et de larmes;
Et Daïdha pleura ses trois frères chéris.
Mais ni le cœur brisé, ni les pleurs, ni les cris
Ne firent de ses doigts tomber toute la trame;
La terreur la laissa maîtresse de son âme;
Et chaque coup au cœur par la vierge reçu
Suspendait son travail sans briser le tissu.

Au peu d'impression des sinistres nouvelles,
Les mères sans parler échangèrent entre elles
Un regard scrutateur que l'enfant ne vit pas,
L'une d'elles sortit, et revint à grands pas :
« O perte de Phayr, dit-elle; les esclaves
« Dans la confusion ont brisé leurs entraves;
« Et Cédar, ô Phayr, ton trésor, ton appui...
« — Cédar! dit le vieillard, eh bien? — Il s'est enfui! »
A ces mots, à ce nom chéri, la jeune fille
De ses doigts entr'ouverts laissa tomber l'aiguille
Le tremblement du fil fit rompre les cheveux,
Les mailles sous leur poids coulèrent nœuds à nœuds,
Et foulant sous ses pieds la trame répandue,
Daïdha s'élança vers l'entrée éperdue;
Mais les femmes soudain ouvrant toutes leurs bras,
Et Selma courroucée, entravèrent ses pas :
« A l'opprobre, dit-elle, ô fille, sois moins prompte!
« Rentre! de tout cela rien n'est vrai que ta honte!
« Rien n'est vrai que le cri qui vient de te trahir,
« Cri qui refoule au cœur tout le sang de Phayr!
« Le fruit mûr de Selma pour la dent de l'esclave!
« O mères! écrasez la fille qui nous brave!
« Dieu, qui me trahissez, brisez-vous sur le seuil!
« Antres, tombez sur elle, et soyez son cercueil!
« Oh! cachez ce mystère, ô mères, à vos filles :

« L'horreur s'en répandrait dans toutes les familles ;
« Les sœurs en parleraient, et se diraient : Sais-tu
« Que pour un vil esclave un cœur libre a battu ?
« Et le sang des aïeux, s'il savait ce mystère,
« De honte et de courroux bouillonnerait sous terre !
« De ce seuil profané fuyez, et laissez-moi !
« Et toi qui fus ma fille et qui n'es plus !... et toi,
« Dans la nuit de la honte et de la terre rentre !
« Que jamais ton secret ne sorte de cet antre !
« Que jamais sur tes yeux ne tombe l'œil du jour
« Jusqu'à ce que ton fiel ait bu tout ton amour,
« Jusqu'à ce que tes pleurs rendant ta lèvre amère,
« Tu viennes à mes pieds, et me dises : Ma mère,
« J'ai lavé cette tache avec l'eau de mes yeux :
« Unissez votre fille au fils de vos aïeux ! »
Et prenant Daïdha par une longue tresse,
Comme un chien qu'aux forêts le chasseur mène en laisse,
Elle la conduisit au fond de l'antre obscur,
Où des racines d'arbre avaient fendu le mur,
Et par ses noirs cheveux aux racines liée,
Elle la laissa là comme une âme oubliée.

Aux genoux de Phayr, Selma dans son courroux
Cria : « Tuons l'esclave, ou l'opprobre est sur nous ! »
Mais le vieillard lui dit : « O cœur léger de femme,
« Quel crime a-t-il commis pour une mort infâme ?
« Si ma pierre aujourd'hui tombe, est-ce que demain
« Tes lèvres sans horreur pourront toucher ma main ?
« Est-ce un crime au lion d'étaler sa crinière ?
« Est-ce un crime au soleil d'éblouir la paupière ?
« Est-ce un crime à Cédar si son front prosterné
« A séduit d'une enfant le regard fasciné ?
« Ai-je donc tant vécu pour ignorer, ô femmes !
« Qu'un regard de pitié n'enlace pas vos âmes,
« Et que le cours du fleuve est moins capricieux
« Que le cœur d'une enfant pris d'amour par les yeux ?

TROISIÈME VISION.

« Crois-moi, ce qu'un vent porte, un autre vent l'enlève ;
« Chaque heure a sa pensée, et chaque nuit son rêve :
« L'âge éteint de lui-même un feu sans aliment.
« Sépare quelques jours la fille de l'amant :
« Envoyons-le garder sur la montagne sombre
« Ces troupeaux dont ses soins ont augmenté le nombre ;
« Tiens ta fille captive et seule, loin de lui,
« Jusqu'à ce que ses yeux aient noyé son ennui.
« Un autre amour naîtra ; car le cœur est une onde
« Qui jamais ne tarit, murmurante et profonde,
« Et qui, lorsque la main s'oppose à ses détours,
« Se creuse un autre lit et prend un autre cours. »
Puis touchant ses cheveux de sa main paternelle,
Comme un lion clément qui lèche une gazelle,
Avec de tendres mots dont l'accent la calma
Il assoupit le cœur et les yeux de Selma.
Le sommeil descendit dans l'antre de l'aïeule ;
Et, dévorant son cœur, Daïdha resta seule.

Cependant quand aux eaux le troupeau descendit,
Par des bouches de femme un bruit se répandit :
La perle de Phayr perdue et profanée !
Par l'œil de l'étranger Daïdha fascinée !
Un murmure d'horreur de toutes parts monta,
La foule vers Cédar courut et s'ameuta.
L'esclave poursuivi, sans armes et sans juge,
Près du seuil de Selma vint chercher un refuge.
Mais, devançant ses pas, les mères, les enfans,
Et de son front courbé ses rivaux triomphans,
Excités par la haine et par la jalousie,
Satisfaisaient sur lui leur lâche fantaisie.
« C'est donc toi, criaient-ils, qui de nos chastes sœurs,
« Vil chakal de la nuit, nous dérobes les cœurs !
« A toi, honteux muet qui n'es pas même un homme,
« Brute qui ne sais pas le nom dont on te nomme ;
« Toi sur qui le regard en tombant se salit,

« Que l'onagre et le chien chasseraient de leur lit ;
« A toi la fleur des yeux que notre âme respire!!!
« Daïdha! » Puis mêlant la rage avec le rire,
L'un à l'envi de l'autre inventait un affront,
Lui lançait la poussière ou la salive au front ;
Celui-là du rocher lui jetait une brèche ;
Celui-ci dans sa chair désaltérait sa flèche ;
Le lâche, se jouant de ses membres liés,
Le renversait à terre et le foulait aux piés,
Et n'osant par la mort satisfaire leur rage,
Chacun lui prodiguait le supplice et l'outrage.
Quand leur vil cœur enfin d'insultes fut vidé,
Il resta sur la terre à demi lapidé.
De la mort sur son front les blancs frissons glissèrent,
Et de haine assouvis les tigres le laissèrent.

Aux cris de ton Cédar sous la fronde abattu,
Pauvre vierge enchaînée, hélas! que faisais-tu ?
Sans oser réveiller sa mère qui sommeille,
Chaque insulte arrivait de loin à son oreille :
La raillerie amère et l'outrageux affront
La meurtrissaient au cœur et lui montaient au front ;
Son âme bondissait dans son sein de colère,
Comme un fruit qui remue au ventre de sa mère ;
Chaque coup que la roche entendait retentir,
Ses membres tressaillans croyaient le ressentir ;
Chaque élan que l'horreur donnait à sa poitrine,
D'une égale secousse ébranlait la racine ;
Et ses cheveux aux rocs, par sept nœuds attachés,
De secousse en secousse étaient presque arrachés.
Aux coups sourds, aux accens de cette voix plaintive,
Elle essayait en vain, de sa main convulsive,
De dénouer l'entrave où ses pas étaient pris ;
La sueur ruisselait de ses membres meurtris,
Et le nœud sous l'effort se serrait davantage.
Enfin, dans la fureur de son aveugle rage,

TROISIÈME VISION.

Comme un renard captif, par l'enfant entravé,
Qui lime avec ses dents l'anneau qu'on a rivé,
Rongeant entre ses dents sa noire chevelure,
Et de ses nœuds rompus déliée à mesure,
Elle coupa sa chaîne, et s'élançant dehors,
Un sourd gémissement la guida près du corps.

Sur la croupe des monts la lune à demi pleine,
Rasait la feuille sombre et débordait à peine,
Et les troncs noirs, coupant ses rayons encor bas,
N'étaient qu'un crépuscule où tâtonnaient ses pas.
Elle en adoucissait la chute sur la terre
Pour que l'herbe muette en gardât le mystère,
Et, la tête penchée et les bras en avant,
Marchait comme la biche en écoutant le vent.
Le souffle entrecoupé d'une haleine oppressée
Lui découvrit Cédar : vers la terre baissée,
Et relevant ses bras par l'horreur écartés,
Elle buvait des yeux ses traits ensanglantés.
L'esclave évanoui sur un monceau de pierres,
La pâleur sur le front, la nuit sur ses paupières,
Des flèches dans le corps, sous l'excès du tourment
Avait de la douleur perdu le sentiment.
Il était dans ce calme où du coup étourdie
Du sommeil à la mort l'âme nage engourdie.
D'une froide sueur ses membres découlaient,
Quelques filets de sang sur sa peau ruisselaient;
Et son chien, resté seul, flairant chaque blessure,
De sa langue d'ami les léchait à mesure.
Sur le corps de Cédar se penchant à demi,
Elle prêta l'oreille à son souffle endormi;
Et sentant son cœur chaud sous sa main battre encore,
Et voyant la couleur sous ses baisers éclore,
L'espérance rendit la force à son amour.
Elle arracha du corps les flèches tour à tour,
De ces dards sans tranchant blessure peu profonde;

Elle baisa la tempe atteinte par la fronde;
Dans le creux de sa main allant chercher de l'eau,
Des souillures du sang elle étancha la peau;
Elle cueillit dans l'herbe, aux rayons de la lune,
Des simples feuille à feuille; elle en étendit une,
Toute trempée encor du baume frais des cieux,
Sur chaque meurtrissure où pleurèrent ses yeux :
Elle les attacha comme un bracelet d'ambre,
Qu'une amoureuse main enlace à chaque membre;
Elle enleva tout poids de son sein comprimé,
Pour qu'au souffle de l'air il s'ouvrît ranimé;
Puis, à côté du corps, s'asseyant sur la mousse,
Soulevant dans ses bras la tête sans secousse,
Sur ses genoux tremblans soutenant ce doux poids,
Et rapprochant le front de ces lèvres sans voix,
Où l'ombre de son corps répandant un nuage,
Renfermait lèvre à lèvre et visage à visage :
« Cédar! lui criait-elle, oh! parle, éveille-toi!
« Les méchans sont partis, rouvre les yeux, c'est moi!
« Ton sang ne coule pas, ô l'époux de mes songes!
« Mes cheveux sont coupés et t'ont servi d'éponges,
« Mes genoux sont ton lit; ta tête est sur mon bras,
« Mon souffle est sur tes yeux : ne t'éveille-t-il pas? »

Qui n'eût pas réveillé la voix si près, si tendre?
Sans revivre à l'instant Cédar ne put l'entendre.
Un soupir lui rendit le regard et la voix :
« O Daïdha! dit-il, est-ce vous que je vois?
« Est-ce toi, cher regard, vent de lèvres de femme,
« Qui rends l'air à mon sein et le jour à mon âme?
« Est-ce toi dont la bouche... O ciel! fuis, enfant, fuis!
« Sais-tu ce qu'ils ont dit? d'où je viens? où je suis?
« Sais-tu qu'à leur courroux dénoncé par ta mère,
« Je mourais pour t'aimer; et tu meurs si... » — « Mon frère!
« Dit-elle en lui fermant les lèvres d'un baiser,
« Non, je ne fuirai pas, dût leur main m'écraser!

TROISIÈME VISION.

« Puisqu'à travers nos yeux la malice des femmes
« A découvert l'amour dans les plis de nos âmes,
« Cet amour que nos cœurs ne s'étaient dit jamais,
« Qu'il parle et que je meure! Oui, c'est toi que j'aimais!
« Oui, c'est toi, toi qu'avant d'avoir vu ton visage,
« Dans mes rêves d'enfant, j'embrassais en image!
« C'est toi que je voyais quand je fermais les yeux,
« Comme on voit dans la mort l'esprit de ses aïeux!
« Lorsque tu descendis, qui sait? du ciel peut-être,
« Sans t'avoir jamais vu, je crus te reconnaître.
« Je reçus de ta main le salut de mes jours,
« Sans m'étonner du bras qui vint à mon secours :
« A l'amour dont mon cœur ne sait pas la naissance,
« Le ciel n'ajouta rien par la reconnaissance;
« Mais la tendre pitié l'enfonça dans mon cœur,
« Comme en foulant la graine on fait germer la fleur.
« A leurs inimitiés opposant ma tendresse,
« J'égalais à leurs maux ma pitié vengeresse;
« Et plus ils t'écrasaient à terre devant moi,
« Plus dans mon cœur saignant je me donnais à toi!
« Quel lien l'un vers l'autre attire ce qui s'aime!
« Vers l'arbre où tu dormais mes pieds allaient d'eux-même;
« L'herbe ne sentait pas ces pieds légers marcher,
« Qui du sol, au retour, ne pouvaient s'arracher!
« Rentrée avec ton ombre au fond de nos demeures,
« Mon ennui dans le ciel comptait toutes les heures ;
« J'aurais voulu dormir ou retrancher du jour
« Celles qui séparaient le départ du retour!
« Je remplissais de toi ce vide des journées.
« Comme ces plantes d'or, vers le soleil tournées,
« Qui regardent toujours où leur astre est monté,
« Mon âme regardait toujours de ton côté;
« Les accens de ta voix restaient dans mon oreille
« Comme ceux de l'enfant que sa mère réveille.
« Dans le silence en moi toujours je t'entendais :
« Tu me disais!... que sais-je?... et je te répondais;

« Et dans ces entretiens tu me parlais de choses
« Qui sur ma joue en feu faisaient monter les roses !
« Et puis je regardais, le cœur tout suspendu,
« Si les autres aussi n'avaient rien entendu ;
« Si l'on n'avait pas vu rougir ma joue heureuse !
« Mais en venant vers toi, je me sentais peureuse,
« Et je ne trouvais rien à te dire, et souvent,
« Pour qu'il te le rendît, je le disais au vent !
« Oh ! n'en disait-il rien à ta tendre pensée ?
« Quand, relevant sur moi ta paupière baissée,
« Comme écoutant quelqu'un qui te parlait tout bas,
« Tu commençais des mots que tu n'achevais pas ?...

« Je n'étais qu'une enfant alors ! mais à mesure
« Que la lune, en changeant, rendait ma raison mûre,
« Tout ce bonheur partit et tout l'amour resta :
« Tu sais comme entre nous le regard s'attrista !
« Oh ! mais tu ne sais pas, je te cachais, ô frère !
« Que de pleurs ma pitié donnait à ta misère.
« Combien de fois, assise à l'ombre des forêts,
« Je me cachais de toi pour contempler tes traits !
« Épiant le regard, l'attitude, le geste,
« Les pas, le son de voix, et devinant le reste !
« En adorant des yeux ta céleste beauté,
« En voyant ce vil joug de ta captivité
« Peser sans l'avilir sur ton cou qu'il relève,
« Comme un piége rompu que l'aigle au ciel enlève ;
« En voyant profaner sous d'indignes liens
« Celui dont le regard faisait baisser les miens,
« Celui qui, dépassant les épaules mortelles,
« Semblait un dieu dont l'homme aurait volé les ailes :
« Je me disais, le front devant toi prosterné,
« C'est pour l'amour de moi qu'il languit enchaîné !
« C'est pour moi que ce front dont mes yeux sont le culte
« Obéit sans murmure à l'enfant qui l'insulte ;
« C'est pour moi qu'à jamais il se laisse fouler

TROISIÈME VISION.

« Par ceux que d'un seul geste il a fait reculer!
« Et mon cœur indigné se haïssait lui-même
« Pour avoir de son rang dégradé ce qu'il aime :
« Et j'aurais tout donné cent fois pour secouer
« Ces chaînes de ton corps, ou pour m'y dévouer.
« Tes bras ennoblissaient à mes yeux ces entraves,
« Et pour les partager j'enviais les esclaves!
« Et de ta servitude épuisant chaque affront,
« Sur mes genoux meurtris je me frappais le front ;
« Et mes yeux ruisselaient comme deux sources pleines,
« Et mon sein étouffait et coupait mes haleines,
« Et des soleils entiers je sanglotais tout bas
« Pour que tes pieds vers moi ne se tournassent pas!!!
« Et de peur d'éveiller contre toi d'autres haines,
« Je lavais au retour mes yeux dans les fontaines ;
« Derrière mes regards j'enfonçais mon chagrin,
« Et le nuage au cœur laissait mon front serein.

« Mais à quoi m'a servi ma prudence insensée?
« Mes mains à ton nom seul ont trahi ma pensée.
« J'ai méprisé leurs fils ; ils ont appris pourquoi ;
« Leur lâche inimitié va se venger sur toi :
« Ils ont déjà frappé de flèches et de pierres
« Ces membres tout baignés de l'eau de mes paupières.
« N'ai-je pas entendu ce qu'ils ont dit et fait?
« Ils reviendront demain achever leur forfait :
« La crainte de Phayr retarde ton supplice ;
« Mais ma mère au vieillard a demandé justice :
« Son orgueil veut couvrir par la mort et l'oubli
« La honte de son sang dans mon cœur avili.
« Tu mourras sous leurs pierres ou tu vivras d'outrages,
« Si la fuite à l'instant ne trompe tant de rages.
« Va, fuis sans regarder derrière, et sans retour
« Fuis, emporte avec toi ma vie et mon amour!
« Par la flèche des yeux mortellement blessée,
« Je mourrai vite ici des coups de ma pensée :

« Les gouttes de mes yeux étoufferont mon cœur
« Comme l'ondée abat et défeuille la fleur;
« Mais fidèle à ta trace, ô frère de mon âme,
« Nul enfant du désert ne m'appellera femme;
« Et s'il est sous la terre, au pays des aïeux,
« Une terre où l'esclave a des sœurs et des dieux,
« Échappant aux fureurs de leur haine jalouse,
« J'irai t'y préparer la couche de l'épouse,
« Et, rejoints pour toujours sous d'autres firmamens,
« Nous irons nous aimer dans le ciel des amans! »

En lui parlant ainsi les lèvres sur sa joue,
Entre les cils des yeux que le sanglot secoue
Les gouttes de ses pleurs filtraient comme un ruisseau;
Et Cédar sur son front sentant tomber leur eau
Par sa lèvre altérée ardemment recueillie,
De ce cœur qui se fond buvait jusqu'à la lie.
Au son de cette voix dans son âme entendu
Il demeurait muet, enivré, suspendu,
N'osant d'un mouvement, d'un coup d'œil ou d'un geste,
Arrêter de l'amour l'écoulement céleste;
Comme un homme altéré, qui trouve en son chemin
L'enfant qui vient du puits une amphore à la main,
Colle sa lèvre ardente, et sans reprendre haleine
Épuise jusqu'au fond la coupe toute pleine.
Par leur baume divin chacun de ses accens
Changeait en volupté l'angoisse de ses sens :
Son sang ne coulant plus de la moindre blessure,
Rappelé vers le cœur, s'arrêtait à mesure;
Il ne sentait pas plus ses membres douloureux
Qu'au retour du printemps le lion amoureux
Que le rugissement de la lionne appelle,
Bondissant sur ses pas, le feu dans sa prunelle,
Laissant aux rocs aigus sa crinière et son sang,
Ne sent, dans ses transports, l'épine dans son flanc.
Cet amour qu'il buvait sur sa lèvre glacée

Avait en un seul sens concentré sa pensée.
Mais quand la voix tremblante et muette eut tout dit,
Il ne se leva pas de la terre : il bondit.
Ses cheveux ondoyans comme sous la tempête,
Élevant ses deux mains au niveau de sa tête
Et les frappant ensemble au-dessus de son front,
Courant d'un arbre à l'autre, en embrassant le tronc,
Sans paraître écouter la voix qui le rappelle
Il décrivit trois fois un grand cercle autour d'elle ;
Puis se précipitant à ses pieds à genoux :
« Toi m'aimer, Daïdha ! dit-il, moi ton époux !
« Toi me parler d'amour la nuit, et moi t'entendre !
« Moi boire encor ces pleurs que tu viens de répandre?
« Moi reposer encor ma tête sur tes bras
« Pendant qu'ainsi toujours tu me regarderas?
« Moi sentir sur mon cou le frisson de ta bouche ?
« Comme l'eau qui frémit sous le vent qui la touche ?
« Moi m'enfoncer ainsi le front sous tes cheveux,
« Ton souffle dans mon souffle et mes yeux dans tes yeux?
« Et moi partir, et moi craindre les coups du lâche ?
« Oh ! béni soit cent fois le joug dont il m'attache !
« Que m'importent leurs coups? Tiens, vois, je suis guéri :
« Sous ta lèvre à l'instant tout mon sang a tari !
« A ce prix, Daïdha, que mille fois je meure,
« Car je vis mille fois dans une pareille heure !... »
Il arracha des mains et foula sous ses piés
Les feuillages de simples à ses membres liés ;
Mais portant les cheveux à ses lèvres brûlantes :
« Cheveux de Daïdha, soyez mes seules plantes !
« De mon terrestre Éden vous ombragez la fleur !
« Vous prenez pour grandir votre suc dans son cœur !
« Vous embaumez les airs du vent de ses haleines !
« Je vous arroserai du pur sang de mes veines ! »
De ses baisers de flamme il les couvrit cent fois,
Et comme des anneaux les noua sur ses doigts.

Passant à chaque mot de la mort au sourire,
Daïdha sans parler contemplait ce délire.
Dans ses bras recourbés il la prit triomphant,
Comme dans son berceau la mère son enfant;
Il l'enleva de terre en gémissant de joie,
Et ravi de montrer aux étoiles sa proie,
L'élevant à son cœur sans en sentir le poids,
Il la porta muette aux profondeurs des bois :
« Fuyons, lui disait-il à lèvres demi-closes,
« Pour que la lune au ciel n'entende pas ces choses.
« Son rayon sur les eaux semble épier nos pas;
« Fuyons, pour qu'à ta mère il ne les montre pas! »
Et la vierge en tremblant lui rendant ses caresses,
Nouait son cou robuste avec ses longues tresses,
Et croyait, en sentant son souffle sur ses yeux,
Que le vent emportait son esprit dans les cieux.
« O Cédar! disait-elle, ô que la mort est forte
« Quand on y court ainsi sur l'amour qui vous porte!
« O Cédar! disait-elle, emporte où tu voudras
« L'esclave de ton cœur, dont la chaîne est ton bras;
« Sauve-toi de leurs fers dans ce seul cœur de femme,
« Sois l'esclave de tous et le roi de mon âme!
« Oh! que n'ai-je, ô Cédar! cent cœurs et cent beautés
« Pour te rendre en amour tant de félicités! »

Loin du jour importun, de la lune jalouse,
Penchait aux bords du fleuve un tertre de pelouse,
Où des arbres géans dans l'onde enracinés
Répandaient sur son cours leurs rameaux inclinés;
La végétation, sous leur ombre féconde,
Que nourrissait la terre et désaltérait l'onde,
Fourmillait à leurs pieds de parfums, de couleurs;
Les pas disparaissaient sous le velours des fleurs;
Et Cédar, en marchant, fendant leur vert nuage,
En écartait les flots comme un homme qui nage.
Des lianes en fleurs qui s'enlaçaient aux troncs

TROISIÈME VISION.

Grimpaient de branche en branche et montaient jusqu'aux fronts,
Et retombant d'en haut en trame de verdure,
Comme un câble rompu tombe de la mâture,
A des câbles pareils noués s'entrelaçaient,
Et formaient un faux sol où les pieds enfonçaient.
A ces vastes tissus, des lianes moins grandes
S'accrochaient à leur tour pour porter leurs guirlandes.
La vigne y répandait ses pampres ; les citrons
Y dégouttaient de fleurs ; les jaunes liserons,
Resserrant du filet les mailles diaprées,
Pendaient, et retrouvaient leurs grappes séparées.
Le vent y secouait le duvet des roseaux ;
Et les plumes de feu des plus rares oiseaux,
Qui tombaient de la branche où leur aile s'essuie,
Parsemaient ces réseaux de leur flottante pluie ;
L'aile des papillons s'y brisait en volant ;
De la lune voilée un rayon ruisselant,
Comme à travers la mousse un filet des cascades,
Venait d'un crépuscule argenter ces arcades.
Au-dessus du gazon, la trame du filet,
Comme un hamac de fleurs, au moindre vent tremblait ;
Si l'oiseau s'y posait, elle s'ébranlait toute ;
Chaque humide calice y distillait sa goutte.
Un nuage odorant d'étamines de fleurs,
D'ailes de papillons, d'insectes, de couleurs,
Comme d'un pré trop mûr qu'un pied de faucheur foule,
Dans l'air éblouissant s'en exhalait en foule ;
Et l'haleine des nuits à travers les rameaux
Y soufflait l'harmonie et la fraîcheur des eaux.

Cédar, en s'enfonçant sous les rives du fleuve,
Parmi tous les secrets de cette terre neuve,

Avait seul découvert, et souvent admiré,
Les mystères de paix de ce lieu retiré;
Sur ce hamac de fleurs souvent couché lui-même,
Fermant au jour ses yeux pleins de l'ombre qu'il aime,
Son âme avait rêvé que dans ce nid d'odeur
Sa colombe écoutait les paroles du cœur.
Souvent en le cherchant sous les troncs des platanes,
L'enfant l'avait trouvé sous l'arche des lianes;
Souvent dans l'innocence, où s'égaraient leurs jeux,
Sur ce berceau flottant d'où pendaient ses cheveux,
Voyant parmi ces lis Daïdha renversée,
Au doux chant du sommeil sa main l'avait bercée;
Pendant qu'elle feignait de dormir un moment,
Puis jetait en fuyant le rire à son amant.

Je ne sais quel instinct vague de sa pensée
Le poussait vers ce lieu dans sa fuite insensée.
Était-ce un sentiment aveugle de l'amour,
Qui pour un tel bonheur voulait un tel séjour?
Était-ce qu'adorant jusqu'à l'idolâtrie
Il crût partout ailleurs son amante flétrie?
Et qu'il trouvât la terre indigne de toucher
Celle que sur un ciel il eût voulu coucher?
Mais, semblable au torrent qui roule sur sa pente,
Il fut en un clin d'œil à la verte soupente.
Ses bras parmi les fleurs posèrent Daïdha;
De parfums sous ce poids le berceau déborda;
Les calices fermés de baume découlèrent;
Les oiseaux endormis des branches s'envolèrent,
Et s'embarrassant l'aile aux lianes des toits,
Firent pleuvoir la feuille et les gouttes des bois.
Cédar la regarda les bras croisés de joie,
En homme qui dépose et ressaisit sa proie :
Puis se rapprochant d'elle, il s'assit sur le bord
Comme une mère heureuse auprès d'un fils qui dort;
Et le coude appuyé sur la couche embaumée

Que creusait sous son poids sa tête bien-aimée,
Il oublia, des yeux en couvant son trésor,
Qu'à la terre des pleurs ses pieds touchaient encor,
Et que la lune au ciel marchait... Ce qu'ils se dirent,
Les calices des fleurs, les mousses l'entendirent.
Les esprits dont l'amour au ciel est le seul sens
S'arrêtèrent d'envie à ces mortels accens ;
Et Cédar, aspirant le ciel dans sa parole,
Crut que le monde entier adorait son idole.

Quand les heures, pourtant qu'oubliait leur amour,
Firent à l'horizon blanchir les bords du jour,
Que les nuages d'or au levant se groupèrent,
Que sur le fond d'azur les pics se découpèrent,
Et que l'oiseau jaloux dont l'amant hait la voix,
L'alouette, en chantant s'éleva sur les bois,
Leur cœur se resserra : l'incrédule paupière,
Comme un coup sur les yeux, repoussa la lumière.
De cet oubli de l'heure il fallut s'arracher :
Cédar de ses liens se laissa rattacher,
Daïdha de baisers couvrit cent fois ses chaînes ;
Puis se glissant furtive entre le tronc des chênes,
Avant que le vieillard eût réveillé Selma,
Sous ses cheveux épars dans l'antre s'enferma.
Elle-même noua pour sa mère trompée
La tresse qu'en partant ses dents avaient coupée ;
Et pour son jeune époux suppliant tous ses dieux,
Le revit dans son cœur en refermant les yeux.

QUATRIÈME VISION.

Depuis le jour maudit de la fatale épreuve,
Les jours avaient coulé comme les flots du fleuve ;
Insensibles et purs, et rapides, pour tous,
Au désert, excepté pour l'épouse et l'époux.
Cédant avec douleur à Selma qui le brave,
Et pour sauver du moins les jours de son esclave,
Le vieux chef vainement regrettant son trésor,
Avait livré Cédar pour esclave à Zebdor :
Zebdor, le plus puissant des enfans de sa race,
Qui convoitait sa mort pour régner à sa place.
Pour arracher ce trait du cœur de Daïdha,
Sous ses yeux vigilans le vieillard la garda ;
Il sépara Cédar de la tribu jalouse,
L'éloigna pour jamais de l'ombre de l'épouse ;
Pour paître sur les monts les plus maigres troupeaux,
On le relégua seul sur de sombres coteaux,
Dévorés du soleil, et séparés du monde
Par des rocs escarpés et par le lit de l'onde ;
Et de peur que l'esclave en ces lieux oublié
Ne rompît les trois jougs dont il était lié,
Et de son dur exil franchissant la limite,
Ne s'approchât des bords que son tyran habite,
Zebdor et ses trois fils arrachèrent du sol
Un vieux tronc de palmier ouvert en parasol,
Et comme on lie un bloc au coursier qu'on entrave,

Attachèrent ce poids aux jambes de l'esclave ;
De sorte qu'en traînant avec effort ses pas,
L'arbre suivait sa trace et ne le quittait pas ;
Ou que pour traverser l'onde ou le précipice,
Il devait soulever l'instrument du supplice,
Et pressant dans ses bras le palmier oppresseur,
De son poids écrasé marcher à sa sueur.

Ainsi languissait-il de longs jours, seul au monde.
Mais la nuit de l'amour avait été féconde :
L'épouse d'un instant que la honte et le deuil
Renfermaient dans son antre ainsi qu'en son cercueil,
Se couvrant de pudeur comme d'un triple voile,
Ne laissait voir ses yeux qu'aux rayons de l'étoile.
Ne montrant qu'à la nuit sa touchante pâleur,
Comme un lis dont la lune épanouit la fleur,
Daïdha, du proscrit mystérieuse femme,
D'un ange dans son souffle avait aspiré l'âme :
Elle avait, de la mère éprouvant les langueurs,
Dans son sein étonné senti battre deux cœurs,
Et compris, à la fois affligée et ravie,
Qu'au fond de sa douleur germait une autre vie.
Au neuvième croissant de la lune d'été,
Sans témoin sur la mousse elle avait enfanté ;
Ainsi que la fleur double, en ces temps de prodige,
De deux fruits à la fois chargeait la même tige,
Deux jumeaux sourians, gage d'un même amour,
Au même cri de joie avaient reçu le jour,
Et de la vie offerte à leur lèvre jumelle
Sucé la double goutte à sa double mamelle.
L'un était une fille, et l'autre était un fils :
Quand les premiers baisers sur leurs lèvres cueillis
Eurent rassasié son regard de leurs charmes,
Que ses yeux à son lait eurent mêlé leurs larmes,
Qu'elle les eut nommés de deux noms dans son cœur,
L'un Sadir, l'autre Hella, disant joie et douleur ;

QUATRIÈME VISION.

Pour dérober leur vie, à l'ombre du mystère,
Au gouffre où l'on jetait les fruits de l'adultère,
Elle passa le fleuve à la nage deux fois,
Chaque fois de l'un d'eux son cou portant le poids,
Comme deux lionceaux que la lionne abreuve,
Sont portés par leur mère à l'autre bord d'un fleuve ;
Puis les pressant, trempés et crians, dans ses bras,
Les réchauffant du cœur et marchant à grands pas,
Se guidant, pour trouver Cédar aux sommets sombres,
Sur les mugissemens des troupeaux dans les ombres,
Aux pieds de son époux elle avait déposé
Ce fruit tombé du cœur et de pleurs arrosé.
« Tiens, avait-elle dit, cache-les ; l'heure presse :
« La mort les cueillerait jusque sous ma caresse ;
« Pour leurs lèvres déjà tout mon sang blanc coulait,
« Mais il faut que le roc s'arrose de mon lait,
« Et que de ton troupeau la plus douce gazelle,
« Écartant son petit, leur laisse sa mamelle.
« O Cédar ! couve-les la nuit sur tes genoux,
« Abrite-les du cœur, car ils sont nés de nous :
« Aime-toi dans leurs yeux, car ils sont ton image ;
« Revois-moi sur leurs fronts, car ils ont mon visage ;
« Dérobe-les à l'œil de leurs persécuteurs !
« Je fuis, le jour m'épie, et s'il me voit je meurs.
« Oh ! qu'ils boivent encore de ma vie une goutte !
« Et que ne peuvent-ils d'un trait l'épuiser toute !
« Cédar, dieu de mon cœur, ils sont beaux comme toi !
« Pour qu'ils m'aiment aussi, dis ! parle-leur de moi !
« Chaque vent de mes nuits qui souffle de la plaine
« Vous portera l'amour dont ma tristesse est pleine ! »
Et les posant à terre, et revenant dix fois,
Elle reprit enfin sa course dans les bois,
En couvrant de ses mains ses oreilles fermées,
De peur d'entendre un cri de ces voix trop aimées,
Et de ne pouvoir plus s'arracher à l'amour.
Avant que le vallon se colorât du jour,

Elle rentra furtive au seuil de ses alarmes,
Et la grotte trois jours but son lait et ses larmes.

Cédar, le cœur tremblant, et demeuré sans voix,
Regardait ces enfans sur la feuille des bois,
Et cherchant dans leurs yeux l'image de leur mère,
Pleurait et souriait dans une ivresse amère,
Osant de ses mains d'homme à peine les toucher,
Comme un lion surpris que l'agneau vient lécher.
Leurs cris, leurs petits bras qui cherchaient la mamelle,
Lui remuaient le cœur; il chercha la gazelle
Qui, dans la même nuit, sur l'herbe avait mis bas,
Éleva tour à tour les jumeaux sur son bras;
Au pis gonflé de lait il suspendit leur lèvre,
Comme un berger qui tient par la corne sa chèvre
Pendant qu'entre ses pieds les chevreaux nouveau-nés
Pressent les mamelons vers leur bouche inclinés.
Quand ils eurent trompé cet instinct de la mère,
Ensemble il les coucha sur la molle fougère,
Et, berçant du genou leur doux et court sommeil,
Rappela chaque fois leur nourrice au réveil.

Déjà, de son petit par ses soins séparée,
La gazelle accourait à leur voix altérée;
Et pendant qu'à flots blancs sa mamelle coulait,
De sa langue essuyait leurs mentons teints de lait.
Ainsi, grâce à l'instinct de la douce nature,
Les fruits tombés du nid trouvaient leur nourriture;
Et l'esclave, nourrice et mère tour à tour,
Leur refusait un nid couvé par son amour.

Or, c'était la saison où, l'herbe étant fanée,
Les familles comptaient les troupeaux de l'année.
Zebdor dit à ses fils : « Voici le jour! montons,
« Pour voir si nos chameaux, nos brebis, nos moutons,
« Ce rebut des troupeaux que le géant fait paître,

« Se sont multipliés loin du bâton du maître ;
« Et pour demander compte à l'esclave frappé
« De l'agneau mort de soif, ou du bouc échappé. »
Et les fils, irrités d'avance, le suivirent.
Aux sommets parvenus, avec surprise ils virent
Les maigres animaux à Cédar confiés
Brouter autour de lui, gras et multipliés.
Zebdor s'assit à l'ombre, aux marges des fontaines,
Admirant ses chameaux, qu'il comptait par centaines ;
Il fit signe à Cédar, en lui montrant le pui,
De les faire descendre et boire devant lui,
Afin qu'il pût de près les voir et les connaître.
Cédar tremblant comprend le signe de son maître ;
De sa lèvre renflée il approche à l'instant
Une corne qu'un buffle a brisée en luttant ;
Il y souffle le vent de sa bruyante haleine,
Que l'écho fait vibrer sur les monts et la plaine :
Les troupeaux altérés comprennent cette voix,
Sortent de tous côtés des profondeurs des bois ;
Au bord de la fontaine ils viennent à la file.
Zebdor suit, en comptant, leur ligne qui défile ;
Pendant que l'agneau broute ou que l'onagre boit,
Il les nomme à ses fils et les montre du doigt ;
Il flatte des regards les chevreaux qui bondissent,
Il mesure en espoir les petits qui grandissent :
Son regard, satisfait, pour Cédar s'adoucit,
Mais déjà des troupeaux la foule s'éclaircit ;
L'éléphant, dont la trompe en jouant brise l'arbre,
Vient le dernier, levant, comme un pilier de marbre,
Ses pieds dont chaque trace au sol s'approfondit ;
L'élan dont le sabot de roc en roc bondit ;
La biche vagabonde, ou l'errante gazelle
Qui n'entend que d'en haut la corne qui l'appelle,
Viennent, de loin en loin, du bassin écoulé,
Sous l'ombre de Zebdor, boire le fond troublé.

A la fin du troupeau, dont le compte s'achève,
Du malheureux Cédar la terreur se soulève.
De loin, sur la montagne, en entendant marcher,
En regardant d'en haut ses tyrans s'approcher,
Redoutant, mais trop tard, leur visite imprévue,
Pour sauver les jumeaux dérobés à leur vue,
A peine, près de lui, les avait-il cachés
Sous de larges rameaux au boab arrachés,
Tremblant qu'un pied distrait ne tombât sur leur couche
Ou qu'un cri de leur soif ne sortît de leur bouche.
Mais les enfans dormaient au verdoyant berceau,
Sans même soulever du souffle leur arceau;
Et Zebdor se levait déjà pour redescendre,
Quand derrière la branche un bruit se fait entendre.
Des gazelles c'était le bondissant troupeau,
Qui descendait des monts et venait humer l'eau.
Leur groupe gracieux lèche l'onde qui coule :
Une seule en flairant s'écarte de la foule ;
Inquiète et rétive, elle semble chercher
Ses petits qu'elle rêve et qu'elle veut lécher.
Cédar, pâle et tremblant, vainement la rappelle ;
Sourde aux cris du pasteur, la rapide gazelle,
Fouillant l'herbe profonde avec son long museau,
Découvre les enfans dans leur nid de roseau.
Le couple vagissant à demi se réveille ;
Les pasteurs confondus contemplent la merveille,
Et Cédar, fléchissant au trouble de son cœur,
Tombe comme frappé d'un coup intérieur.

Cependant les bergers, longtemps penchés à terre,
Lèvent leurs mains au ciel, parlent avec mystère.
Doutant si ces enfans sont des êtres humains,
Ils les tournent sur l'herbe avec leurs rudes mains ;
De l'horreur au respect leur œil longtemps hésite,
Comme près d'un serpent dont le tronçon palpite.
Mais Zebdor, à l'œil dur, au cœur plus affermi,

QUATRIÈME VISION.

Dans ses bras, à la fin, prend le couple endormi,
Et levant à la fois le nid avec la branche,
Dans les feuilles couchés, les porte sur sa hanche.
Tous le suivent, laissant à terre, au fond des bois,
L'esclave évanoui, sans regard et sans voix.

Pour répandre avant eux l'étonnante nouvelle,
On dirait que le vent leur a prêté son aile.
A peine de l'Oronte ont-ils touché le bord,
Que toute la tribu de ses demeures sort;
On vole au-devant d'eux, on les suit, on les presse;
Sur ses pieds, pour les voir, l'enfant même se dresse;
D'un cercle palpitant les ondulations
Les lassent à la fois d'interrogations.
Les mères à l'envi, de leurs mains curieuses,
Lèvent furtivement l'acanthe et les yeuses.
Sur la grève du fleuve, aux bords vaseux de l'eau,
On dépose à leurs pieds le délicat fardeau
Jusque dans le flot bleu, dont l'écume le mouille.
Des femmes, des enfans la foule s'agenouille.
Pour ce couple innocent qui palpite à leurs piés
Leurs surprises bientôt se changent en pitiés;
Elles tendent les bras à ces mains qu'ils leur tendent,
Aux mamelles déjà des mères les suspendent,
Et s'enviant des yeux les jumeaux à nourrir,
Les disputent au sein qu'ils sont prêts à tarir.
Mais Zebdor, arrachant les enfans à ces mères,
Et les apostrophant d'invectives amères:
« Créatures de lait et de pleurs! leur dit-il,
« Qu'un enfant de deux nuits mènerait par un fil;
« Lâches qui n'avez rien dans la tête, à toute heure,
« Que de l'eau pour pleurer avec tout ce qui pleure!
« Laissez vos maîtres seuls décider de leur sort,
« Et s'ils doivent mourir n'allaitez pas la mort!
« Savez-vous quel forfait ou quel monstre peut-être
« Les a conçus dans l'ombre et leur a donné l'être?

« Aveugles ! savez-vous si vous ne donnez pas
« Le lait sacré de l'homme aux scorpions sous vos pas ?
« Si ces serpens cachés sous des formes humaines
« N'empoisonneront pas votre sein de leurs haines ?
« Et si vous n'allez pas réchauffer d'un baiser
« La tête du géant qui doit vous écraser ? »
Puis, les chassant du geste et s'adressant aux hommes :
« Dieux, parlez-nous, dit-il, dans le doute où nous sommes !
« Des brutes du désert, ces enfans, vil rebut,
« Sont-ils pour notre perte ou pour notre salut ?
« Où les ai-je trouvés ? sous les pieds de l'esclave,
« D'un ennemi captif qui nous hait, qui nous brave !
« D'où les a-t-il reçus ? des démons ? ou des dieux ?
« Pourquoi les cachait-il sous l'herbe à tous les yeux ?
« Pourquoi nourrissait-il leur venimeuse engeance ?
« Est-ce pour notre perte, ou bien pour sa vengeance ?
« N'est-ce pas des géans quelque germe conçu
« Qui devait sous ses yeux grandir à notre insu,
« Pour égorger un jour la tribu tout entière ?
« Non ! qu'ils meurent avant, écrasés sur la pierre ;
« Que l'Oronte pour lait leur prodigue son eau !
« Noyons nos ennemis jusque dans leur berceau !
« — Oui, qu'ils meurent ! criait d'un même instinct la foule ;
« Que tout mal loin de nous avec leurs corps s'écoule !
« Des femmes sur nos fronts retombe la pitié ! »
Et Zebdor, à ces cris, poussant avec le pié
Le berceau, les enfans dans le courant de l'onde,
Comme on balaie au fleuve un nid de bête immonde,
De la vague à l'instant l'acanthe se remplit,
Et le couple dormant s'enfonça dans son lit.
On n'entendit qu'un cri de mille voix émues
Éclater de la foule et voler jusqu'aux nues.
On voyait mille bras tendus suivre du doigt
Le berceau disparu dans le fatal endroit ;
Quand, plus prompte que l'œil qui suit une pensée,
Du sommet d'un rocher une femme élancée

QUATRIÈME VISION.

Dans le courant profond plonge deux fois soudain,
Et revient chaque fois un enfant à la main.
« Daïdha !!! » s'écria la foule... C'était elle,
Qui, sous l'horrible poids d'une angoisse mortelle,
Au bruit de ce forfait, par son cœur entendu,
Était sortie au jour à ses pas défendu,
Et non loin de Zebdor, par un arbre cachée,
A chaque mot de lui l'âme au corps arrachée,
L'avait vu repousser ses enfants dans le flot,
Et s'était dans le gouffre élancée aussitôt.

Elle sortit soudain, par le peuple escortée,
Sur la rive où de l'eau le cours l'avait portée ;
Et couvrant de baisers, à genoux sur le bord,
Ses enfans, du regard disputés à la mort,
Elle leur réchauffait le corps de son haleine,
Comme une brebis chauffe un agneau sous sa laine :
Et les faisant sourire elle leur souriait,
Et de ses longs cheveux elle les essuyait.
Puis voyant tout à coup la foule rassemblée,
Et comme du néant au monde rappelée,
Elle jeta du cœur un si terrible cri
Que chaque cœur de mère en fut tout attendri,
Et levant ses jumeaux au-dessus de sa tête,
Comme on élève un signe au peuple qui s'arrête,
Ou comme on montre au ciel un sang qui fume encor,
En adjurant la foudre, au-devant de Zebdor
Elle courut, semblable à la biche forcée
Qui revient au chasseur dont le coup l'a blessée ;
Et debout devant lui : « Peuple, dit-elle, et toi,
« Lâche égorgeur d'agneaux, ces enfans sont à moi!
« Frappez ce sein coupable, et laissez-leur la vie!
« Est-ce sur l'innocent que le crime s'expie?
« Peuple, c'est votre sang qui coule dans le leur ;
« Remontez à sa source... ils l'ont pris dans mon cœur!
« Vengez-vous ! j'ai trompé votre haine jalouse ;

« Ils sont fils de Cédar !... et je suis... son épouse !... »
Par cent cris à la fois un cri multiplié
En exécration transforme la pitié,
De surprise et d'horreur Zebdor a fait un geste ;
On détourne les yeux comme d'un lieu funeste ;
Daïdha, qui les voit pas à pas s'écarter,
S'efforce de les joindre et de les arrêter ;
Et pressant les jumeaux d'un bras sur sa mamelle,
Comme pour les rentrer et les cacher en elle,
Déchirant aux cailloux ses genoux et ses flancs,
Ses cheveux de poussière et d'onde ruisselans
Collés contre son corps comme un voile qu'on trempe,
Appuyant d'une main ce groupe entier qui rampe,
De sa lèvre de marbre elle veut embrasser
Chaque pied tour à tour prompt à la repousser.
Devant elle partout la foule se disperse,
Sur son cou suppliant sa tête se renverse ;
Elle fond en sanglots, elle joint ses deux mains,
Adjure par leurs noms ses frères inhumains,
De sa mère à ses sœurs sur ses genoux se traîne :
« N'est-il donc parmi vous aucune qui les prenne ?
« Femmes, vos seins remplis laisseront-ils mourir
« Ces bouches que l'hyène aurait voulu nourrir ?
« Oh ! prenez et frappez !... qu'à vos seins je les voie,
« Mères ! du lait pour eux... et je meurs avec joie ! »
Mais les mères fuyaient et détournaient les yeux
De ces fils de l'esclave à leur race odieux.
Femmes, vierges, enfans, et Selma la première,
Lui jetaient sur le front l'opprobre et la poussière.
Tous les mots qu'en passant leurs bouches lui disaient,
Comme d'autant de coups de pierre l'écrasaient,
Et du supplice affreux que leur fureur devance,
Avec ses fils maudits la lapidaient d'avance.
Enfin à quelques pas le cercle se forma,
Et le conseil jugea la fille de Selma :
A mourir pour sa honte elle fut condamnée

Avec l'indigne époux qui l'avait profanée,
Et les coupables fruits de leur infâme amour,
Dont l'existence impie offenserait le jour.
Seulement, en faveur de ce vieux roi, son père,
On changea le supplice et non pas la colère ;
Et de peur que son sang ne tachât quelque main,
Elle fut dévouée à la tour de la faim.

C'était une prison, une tombe vivante,
Que l'on formait de boue et de pierre mouvante,
Et que l'on élevait comme une large tour,
Sans toit et sans fenêtre, et sans issue autour ;
De sorte qu'enfermé dans cette arche profonde,
Ce haut mur séparait le coupable du monde,
Et que les dieux du ciel, qui seuls voyaient son sort,
Ne pouvaient accuser personne de sa mort.
On condamna Cédar à périr dans l'Oronte
De la mort la plus vile et surtout la plus prompte ;
Et les tendres jumeaux, du fleuve préservés,
Aux lions du désert restèrent réservés.

A peine a retenti la fatale sentence,
Qu'à la mort de Cédar le peuple entier s'élance.
Sur le sol, sans haleine, on le trouve étendu,
Comme frappé d'un coup de plus haut descendu.
La foule, qui le voit sans couleur et sans vie,
Croit que les dieux vengeurs ont foudroyé l'impie ;
Elle insulte du pied ce corps sans mouvement ;
Puis, le traînant au bord de l'Oronte écumant,
Près d'un gouffre où le fleuve, au fond d'une vallée,
Gonflait en tourbillons son onde amoncelée,
Sans même détacher le tronc d'arbre du corps,
Dans l'abîme de l'onde on le pousse des bords ;
Mille imprécations suivent l'homme qui tombe,
Et le voile d'écume a recouvert sa tombe !

Comme un tigre qu'un meurtre altère encor de sang,
Par ce crime animé le peuple redescend :
On arrache du sein de la mourante mère
Les fruits de son amour qu'en ses bras elle enserre ;
Tout le peuple au travail à grands cris s'excitant,
Trace l'affreuse tour qu'il bâtit à l'instant ;
On vide de cailloux le lit de la rivière ;
A la maison de mort chacun roule sa pierre ;
Chacun veut, à l'envi, que le chef inhumain
Dans l'expiation reconnaisse sa main.

Autour de Daïdha, dans son sépulcre assise,
Déjà les blocs montaient assise sur assise ;
Son âme, à demi morte, entendait retentir
Les pierres du tombeau qui devaient l'engloutir ;
Ainsi que la victime au couteau s'abandonne,
Ses yeux, fixés au sol, n'imploraient plus personne ;
Son front lourd sur son sein tombait de tout son poids ;
Son visage glacé se cachait dans ses doigts,
Et l'ondulation des cheveux sur la mousse
De son cœur qui battait marquait chaque secousse.
Elle semblait avoir accepté son cercueil ;
Mais quand, baissant les mains, elle vit d'un coup d'œil
L'enceinte du rocher montant pour sa torture,
De ses frères bientôt dépasser la ceinture,
Comme un homme endormi qu'une vipère mord,
Elle bondit de terre avec un cri de mort ;
Elle tendit ses bras tout chargés de prières
Aux femmes des tribus, assises près des pierres :
« Oh ! dit-elle, arrêtez, arrêtez un moment
« Avant de refermer ce fatal monument !
« O ma mère ! ô mes sœurs ! ô frères de ma race !
« A mes derniers soupirs accordez une grâce :
« Laissez une fenêtre étroite à cette tour,
« Non pour que dans ma nuit il entre un peu de jour :

« J'ai honte du soleil et je hais la lumière !
« Mais pour que, si ma mort ne vient pas la première,
« Je puisse voir encore, et du sein allaiter
« Ces deux bouches d'enfans qui cherchent à teter,
« Afin que de leur mort mon lait retarde l'heure,
« Et qu'ils vivent du moins jusqu'à ce que je meure !
« Oh ! ne les sevrez pas du moins avant ma mort !
« Oh ! pendant que leur coupe est pleine jusqu'au bord,
« Laissez-moi jusqu'au fond la leur répandre toute !
« Qu'ils ne tombent de soif qu'à la dernière goutte !... »
Elle se tut, ses mains palpitaient : à ce cri
Des mères de Phayr le cœur fut attendri ;
Le fruit qu'elles portaient s'émut dans leurs entrailles ;
Elles firent laisser une fente aux murailles,
Promirent d'apporter les enfans ; et la tour
Monta de pierre en pierre et rétrécit le jour.
La foule, en s'éloignant de la prison mortelle,
En malédictions se répandit sur elle,
Et Daïdha bientôt n'entendit d'autre bruit
Que le courant du fleuve et le vent de la nuit.

Semblable, en son instinct, à la biche sauvage
Qui, les jours et les nuits, fait le tour de sa cage,
Flairant si les barreaux qui captivent ses pas
Sous le poil de ses flancs ne s'élargiront pas,
Elle tourna longtemps autour de l'édifice,
Cherchant avec les mains aux murs un interstice,
Se meurtrissant le sein aux angles du rocher,
Et de ses doigts saignans cherchant à s'accrocher ;
Mais les murs à ses mains ne donnaient point de prise ;
Ils ne laissaient filtrer dedans ni jour ni brise,
Et, comme ensevelie au bas d'un puits profond,
Chaque effort pour monter la replongeait au fond.
Lasse enfin de tenter un effort qui succombe,
La paix du désespoir descendit dans sa tombe,
Elle s'assit à terre, appuyée à sa tour :

« Mourir, dit-elle, ainsi! pour une nuit d'amour!
« Oh! oui, mourir cent fois! Cédar! œil de mon âme!
« Mourir cent fois ainsi, puisque je meurs sa femme!
« Que mille tours de faim montent, croulent sur moi,
« Avant que Daïdha rougisse d'être à toi!
« Avant que ma douleur se repente, ô ma vie!
« De ce crime d'amour que leur haine m'envie!
« Qu'ils exècrent ton nom, je l'adore au cercueil!
« Mon supplice est ma foi, ma honte est mon orgueil!
« Jusqu'au fond des enfers que ma tombe se creuse!
« Cédar, mourir pour toi c'est plus que vivre heureuse!
« O mort, que tardes-tu? Viens, viens nous réunir!
« Comme des pas d'amant, je t'écoute venir. »
Et puis, tout attentive, elle écoutait en elle
Si la soif de sa lèvre était bientôt mortelle;
Ou bien si de la faim la dernière langueur
Ne se trahissait pas aux battemens du cœur.
Mais dans ces premiers temps d'une forte nature,
Notre force longtemps vivait sans nourriture;
Et la jeune victime, interrogeant en vain,
Ne ressentait encor ni la soif ni la faim,
Mais, les sens soutenus de tendresse et d'alarmes,
Pour prolonger sa vie elle buvait ses larmes.

Les étoiles du ciel qui passaient tour à tour
Dans le morceau du ciel que laissait voir la tour,
La virent de là-haut, en traversant l'espace,
Dans la même attitude et dans la même place,
Aux pierres de la tour les membres appuyés,
Les mains jointes tombant sur ses genoux pliés.
Quand dans le blanc du ciel le jour revint éclore,
L'alouette en montant lui gazouilla l'aurore;
Une noire hirondelle au plumage d'azur
Parut et se percha sur le faîte du mur;
Aux blocs, en tournoyant, elle froissa son aile,
Et sur un plat rebord se posa tout près d'elle.

QUATRIÈME VISION.

Daïdha soupira : « Compatissant oiseau,
« Qui descends pour me voir dans mon morne tombeau,
« Ne les as-tu pas vus, dis-moi, couchés par terre,
« Comme des œufs brisés, mes deux petits sans mère?
« Riaient-ils? pleuraient-ils? me tendaient-ils les bras?
« Ne vas-tu pas les voir quand tu remonteras?
« N'as-tu pas vu, dis-moi, du bord où tu t'abreuves,
« Le beau corps de Cédar roulé dans l'eau des fleuves?
« Oh! dis-lui que je vais le rejoindre bientôt!
« L'amour ne va-t-il pas plus vite que le flot?
« Que tiens-tu dans ton bec, oiseau qui me consoles?
« Est-ce un brin de la mousse? est-ce un cheveu des saules?
« Ou de son front flottant, dis-moi, n'as-tu pas pris
« Un de ses cheveux d'or pour coucher tes petits?
« Oh! laisse-moi tomber ce fil que je t'envie,
« Un cheveu de sa tête! un rayon de sa vie!
« Un débris de sa mort! oiseau, laisse-le-moi!
« Je n'ai que ce cheveu! les forêts sont à toi!... »
Mais son geste et sa voix effrayant l'hirondelle,
L'oiseau vers le sommet remonta d'un coup d'aile,
Et de son désespoir le cri fit envoler
Le seul être de Dieu qui vînt la consoler.
De ce dernier commerce elle perdit les charmes,
Et son œil assoupi se ferma dans les larmes.

En songe quelque temps son âme sommeilla.
Comme un coup dans le cœur un cri la réveilla :
C'était ce cri de soif, insensible à l'oreille,
Mais auquel dans la nuit une mère s'éveille;
De ses pauvres petits le doux vagissement,
Qui venaient à sa mort demander l'aliment :
Deux filles de Zebdor les tenant par la hanche,
Les tendaient par la fente à sa mamelle blanche.
Tandis que Daïdha, dont le cœur ruisselait,
En les lavant de pleurs les abreuvait de lait :
« Buvez, mes blancs agneaux! bois, ma blanche colombe!

« Buvez l'eau de mon cœur qui coule de la tombe.
« Pressez ainsi, pressez, des lèvres, de la main,
« Cette source d'amour que va tarir la faim!
« Que ne peut d'un seul trait votre bouche assouvie
« Épuiser tout mon sang avec toute ma vie!
« Et que ne tombez-vous des mamelles, sevrés,
« Comme deux enfans morts, par la grappe enivrés!....
« Oh! que vous aurez soif lorsque je serai morte!
« Oh! ne souriez pas! ou bien qu'on vous remporte!
« Je puis vous voir mourir! oui, mais je ne puis voir
« La mort sourire ainsi dans vos yeux sans espoir!... »
En leur parlant ainsi, ses deux mains convulsives
Pressaient contre son sein ces deux têtes naïves,
Semait de longs baisers qu'entrecoupaient ses pleurs
Leurs lèvres de corail, leurs yeux, leur joue en fleurs,
Enlaçait à son cou leurs bras pour les suspendre,
Imprimait ses doigts blancs sur leur peau rose et tendre,
Se mirait dans leurs yeux comme dans un miroir,
Fermait les siens d'horreur, les rouvrait pour les voir,
Tandis que les enfans, que sa chaste mamelle
Attirait tour à tour et repoussait loin d'elle,
Prenant ces faux transports et ces pleurs pour des jeux,
Riaient en se jouant entre ses longs cheveux.
Quand du breuvage amer la source fut tarie,
Ces filles, sans pitié pour sa voix qui les prie,
Reportèrent ses fils dormans à la tribu,
Comme l'on trouble l'eau quand les agneaux ont bu!

Daïdha, du regard poursuivant chaque femme
Qui semblait emporter une part de son âme,
Du geste leur parla tant qu'elle put les voir.
Trois fois dans la journée ils tetèrent; le soir,
Quand les femmes du chef vinrent vers la fenêtre,
Elles ne virent plus Daïdha reparaître.
Leur voix, pour l'avertir, l'appela dans la tour,
Une mourante voix en sortit à son tour;

Ses jambes, fléchissant sous l'angoisse mortelle,
Ne pouvaient plus du sol se déplier sous elle.
Aux cris de ses petits, elle fit un effort;
Mais l'élan de son cœur ne put lever la mort :
Elle retomba faible au pied noir des murailles.
« Oh! par les fruits vivans ou morts de vos entrailles, »
Dit-elle en élevant encore un peu la voix,
« Par l'eau que vous buvez, par les pleurs que je bois,
« Passez-moi les agneaux dans l'étroite ouverture,
« Que je leur donne encore un jour leur nourriture.
« Le lait de ma mamelle à leurs cris monte et sort,
« Il coulera peut-être encore après ma mort;
« Oh! ne m'enviez pas cette joie éphémère :
« Laissez-les dans mes bras expirer sur leur mère;
« Au lieu des lionceaux, ce sera le vautour
« Qui viendra dépecer leurs membres dans ma tour?... »
Et les femmes, pensant au jour où l'on enfante,
Glissèrent en pleurant les petits dans la fente;
Daïdha les reçut en élevant la main,
Et la nuit descendit noire sur le chemin.

CINQUIÈME VISION.

Mais tandis que les murs couvrent ces cris funèbres,
Des pas entrecoupés rôdaient dans les ténèbres.
Qui donc, posant ses pieds muets sur le rocher,
De la tour de la mort ose ainsi s'approcher?
Pourquoi s'arrête-t-il de distance en distance
Comme pour épier, écouter le silence?
Pourquoi de toutes parts égare-t-il ses pas?
Quels noms entre ses dents murmure-t-il tout bas?
Quel sourd rugissement avec son souffle gronde,
Tel que l'airain en feu qui fait bouillir une onde?
Astre du firmament! en croirez-vous vos yeux?
Cédar! c'était Cédar, reparu sous les cieux!
Cédar, libre du joug qui comprimait sa force,
Brandissant d'une main un chêne avec l'écorce,
Et de l'autre, en avant, tâtant l'obscurité,
Prêt à frapper du front ce cachot habité.
Vers la tour meurtrière à grands pas il s'avance,
Muet, et se mordant les lèvres de vengeance;
On dirait qu'il revient par un doigt sûr conduit.
Mais comment sortait-il de sa mort, de sa nuit?
Lorsque son corps gisant à ses bourreaux en butte
Était tombé du roc, entraînant dans sa chute,
Comme une pierre au cou, le grand tronc de palmier,
Le bois para le corps en tombant le premier;
Les lianes, les joncs qui liaient l'homme à l'arbre

Se rompirent du poids sur les pointes du marbre;
Et quand du fond des flots le palmier remonta,
Par le tronc soutenu l'homme avec lui flotta.
A travers ses détours et ses gorges profondes,
L'Oronte bondissant les roula dans ses ondes.
En les perdant de l'œil sous un cap de son cours,
On les crut vers l'abîme entraînés pour toujours.
Cependant réveillé par la fraîcheur des vagues,
Recueillant lentement quelques souvenirs vagues,
En voyant devant lui fuir le ciel et le bord,
Cédar au sein des flots luttait contre la mort.
Embrassant le palmier d'une main convulsive,
Son instinct machinal le poussait vers la rive;
Mais plus fort que son bras inhabile à ramer,
Le rapide courant le portait à la mer.
Il entendait déjà du fleuve qui s'écoule
Les flots tumultueux lutter avec la houle;
Déjà les bords lointains échappaient à son œil,
Quand le courant brisé sur l'invincible écueil,
Que le reflux des mers contre son lit repousse,
Sur le sable des flots le jeta sans secousse.
Il resta quelque temps immobile, engourdi,
Tel qu'un homme, d'un coup de massue étourdi,
Rappelant fil à fil chaque image effacée,
Et comme un fer au sein retrouvant sa pensée.
Il dénoua des dents le reste de lien
Qui l'attachait encore au palmier, son soutien;
Tantôt marchant dans l'onde et tantôt à la nage,
Il regagna bientôt les forêts du rivage.
Sous l'instinct de l'amour son pied n'hésite pas,
Au rebours du courant il s'élance à grands pas.
Il lui semble de loin entendre dans son âme
Les cris de deux enfans et des sanglots de femme.
Du sort de Daïdha l'affreux pressentiment
Ne laisse pas son pied s'arrêter un moment;
Comme un homme éperdu qu'un cri de mort appelle,

CINQUIÈME VISION.

Il court deux jours entiers les bras tendus vers elle ;
Enfin par la vengeance et par l'amour conduit,
C'était lui qui montait à tâtons dans la nuit.
Il avait reconnu le camp, dans les ténèbres,
Aux aboiemens des chiens poussant des voix funèbres.
Il avait amorti ses pas pour les tromper,
Et, son arbre à la main, écoutait pour frapper.

Sur le front noir du ciel la tour muette et sombre,
Avant qu'il l'aperçût, jetait sur lui son ombre ;
Ses enfans sur son sein venant de s'assoupir,
Daïdha touchait presque à son dernier soupir ;
Du sommeil de la mort les délirans nuages
A ses sens affaiblis coloraient des images :
Voiles que la nature, avec ses douces mains,
Met pour cacher la mort sur les yeux des humains.
Elle voyait couler des fleuves d'eaux limpides
Dont les vagues montaient à ses lèvres avides ;
Des mille fleurs des champs qui croissent sous le ciel
Les ruches en rayons lui distillaient leur miel ;
Cédar, pour ses petits jouant parmi les herbes,
Lui cassait les rameaux chargés de fruits superbes.
Elle tendait vers lui leurs bras avec sa main,
Quand ses petits enfans crièrent de la faim.
« Ah ! dit-elle en frappant sa mamelle tarie,
« Quoi ! la nature est sourde à leur bouche qui crie !
« O ciel ! avant leur soif mon sein a pu tarir !
« Ah ! mourir la dernière, ah ! c'est cent fois mourir !
« Enfans, frappez ce sein qui vous tue et vous sèvre,
« A défaut de mon sein, collez-vous à ma lèvre !
« Dans mon dernier soupir, images de l'époux,
« Buvez toute mon âme, elle s'exhale en vous !
« Que ta mort, ô Cédar ! fut plus digne d'envie !
« Tu n'as pas exhalé trois souffles dans ta vie !
« Reçois-les, cher époux, ils s'exhalent pour toi :
« Ouvre ton sein, c'est eux ! ferme tes bras, c'est moi ! ! ! »

. . . .
. . . .
Cédar, aux premiers sons de cette voix plaintive,
Collant contre la tour son oreille attentive,
Avait cru de la pierre entendre s'exhaler
Une voix des tombeaux qui venait l'appeler.
Il n'avait pas d'abord reconnu dans la plainte
La voix de son amour, par l'agonie éteinte;
Mais au nom de Cédar par elle prononcé,
Frappé d'un jour terrible, il s'était élancé.
Arrêté par le mur, qui le frappe au visage,
Il cherchait à tâtons dans la roche un passage.
Trois fois les bras tendus, de la fatale tour,
Comme un tigre enfermé ses bras firent le tour,
Quand sa main vainement cherchant la porte absente,
Trouvant le vide étroit, s'engouffra dans la fente.
Il plongea tout le bras dans le noir souterrain :
Le front de Daïdha glacé glaça sa main :
Il palpa froid et mort, au fond du cachot sombre,
Tout ce groupe d'angoisse expirant dans son ombre.
L'horrible vérité jaillit à son esprit;
Tout ce qu'il ignorait son horreur le comprit.
Posant l'orteil tremblant sur le moindre interstice
Il gravit au sommet du muet édifice;
Et de peur d'écraser sous les murs son amour,
Par sa cime élevée il démolit la tour.
Son bras désespéré faisait voler la pierre
Comme le vent d'hiver soulève la poussière;
Des blocs qui de nos jours feraient fléchir dix bras,
Allaient tomber à terre et la fendre à cent pas.
Un tonnerre incessant faisait trembler la plage,
Et la tour sous ses pieds décroissait par étage :
Les cavernes de loin tremblaient du contre-coup.
Du désert à l'instant tout le peuple est debout,
Aux premières lueurs du ciel qui se déroule,
A cet étrange bruit ils accourent en foule;

CINQUIÈME VISION.

La fronde, la massue, ou la pierre à la main,
Ils volent à grands cris à la tour de la faim ;
Les uns pensent qu'un dieu, sous l'éclair et la foudre,
Démolit la prison et la réduit en poudre ;
D'autres, voyant un homme en débris la lancer,
Se consultent entre eux, hésitant d'avancer.
Auprès du monument les plus fiers se hasardent,
Du pied des murs en haut en rampant ils regardent,
Se refusent longtemps à croire, mais leurs yeux
Reconnaissant Cédar au faible jour des cieux,
Mille cris à l'instant jaillissent, mille frondes
Font voler à l'instant le lit roulant des ondes ;
Mille flèches de bois dans les flammes durci
Sifflent ; autour de lui l'air en est obscurci ;
Mille mains s'accrochant aux jointures des pierres,
S'efforcent d'arriver au sommet les premières,
Pour en précipiter l'esclave ravisseur
Qui vient à leur vengeance arracher une sœur.
Cédar, dont le regard replié dans son âme
Ne voit que Daïdha qui l'appelle et se pâme,
Dans son œuvre absorbé, d'abord n'aperçoit pas
Les ennemis cachés qui rampent sous ses pas.
Zebdani, le premier gravissant les murailles,
Le saisit par le corps de ses bras en tenailles,
Tandis qu'Abid et Kor secondent son assaut ;
Mais Cédar, revenant à lui comme en sursaut,
De leurs faibles mains d'homme arrachant sa main libre,
Sur ses orteils crispés conserve l'équilibre,
Les entoure du bras, les étouffe à ses flancs,
Enfonce dans leur chair ses ongles tout sanglans ;
D'une main tour à tour à l'aplomb les enlève,
Il les brandit, les fait tournoyer comme un glaive,
Puis, leur battant le crâne aux angles du rocher,
En écrase les mains qui veulent s'approcher ;
Sanglans et mutilés, il les lance à la foule,
Qui, sous leurs corps tombans, s'écarte en large houle.

Pour frapper sans péril les coups volent de loin ;
Mais de se préserver négligeant le vil soin,
Un bloc dans chaque main, Cédar, ferme à sa base,
Les fulmine d'en haut, les pile, les écrase :
A chaque coup qu'il lance un forfait est puni.
Il enfonce d'un bloc le cœur de Zebdani;
Sous un débris mortel de ses propres murailles,
Zebdor roule à leurs pieds et répand ses entrailles;
Sur le corps de son père Abna précipité
Va tomber sur le bloc qu'il avait apporté;
Élim, Zadel, Sélin, les sept fils de sa race,
Ne peuvent fuir la mort qui gronde sur leur trace ;
Chacun tombe à son tour sous ses carreaux broyé.
L'infatigable bras dont tout est foudroyé,
Des murs qu'ils ont bâtis pour un autre supplice
Abat ces criminels sous leur propre injustice;
Et les restes épars des enfans de Phayr,
Dispersés par la peur, cherchent la nuit pour fuir.

Cependant de la tour chaque pierre qu'il lance
Sert son brûlant amour, en servant sa vengeance ;
Chacun des blocs roulant de sa terrible main,
Du sommet à la base abrége le chemin.
Daïdha, que la voix de son époux ranime,
Lève vers lui ses bras du fond de son abîme.
Il s'y jette vainqueur comme un dieu dans l'enfer;
Dans ses embrassemens il craint de l'étouffer;
Pour mieux la savourer son cœur suspend sa joie ;
Sur ses bras assouplis il prend sa triple proie ;
Et, comme dans la feuille on emporte les fruits,
Sur le sein de leur mère il soulève ses fils.
D'un pied, dont ce doux poids redouble l'énergie,
Il foule les débris de la brèche élargie;
Il touche enfin la terre, il s'élance dehors;
De ses mille ennemis ses pieds pressent les corps;
Et portant Daïdha par ce sol du carnage,

CINQUIÈME VISION.

Dans son sein en passant il cache son visage.

Sur la scène d'horreur sans jeter un regard,
Sous la nuit des forêts il s'enfonce au hasard.
Il semble que son pied, que l'horreur précipite,
Ne peut loin de ces bords l'emporter assez vite;
Il voudrait enlever au ciel, heureux vainqueur,
Ces trois fronts adorés qui battent sur son cœur!
Chaque fois que son bras ou sa jambe chancelle,
Il puise dans leurs yeux une force nouvelle;
Vers de nouveaux sommets il reprend son essor,
Nul lieu n'est assez sûr pour cacher son trésor.
Depuis l'heure où la nuit se teint du crépuscule,
Jusqu'à l'heure où le jour suit l'ombre qui recule,
Il courut sans reprendre haleine un seul moment,
Sans parler, en serrant du bras ce cou charmant.
Enfin lorsque ses pas, dévorant la carrière,
Eurent laissé les monts, les plaines en arrière,
Quand son regard perçant vit un autre horizon,
Il posa son fardeau d'amour sur le gazon,
Regarda tout autour avec inquiétude,
Comme s'il soupçonnait même la solitude;
Puis riant et pleurant, et criant tour à tour,
En se frappant les mains il bondit à l'entour.

Daïdha, dont les pleurs arrosaient le sourire,
En lui tendant les bras contemplait son délire:
Il s'y jette cent fois, et les petits enfans
Répondaient par leur rire à ses bonds triomphans.
Quand il eut par ses cris évaporé son âme,
Comme un vase trop plein s'évapore à la flamme,
Il prit, sans les vider, sur la tige des lis,
Ces calices de fleur par la sève remplis,
Du baume de la nuit que leur urne recueille,
Aux lèvres de la mère en exprima la feuille.
Il secoua la branche où dans sa dure noix

Le palmier du désert contient le lait du bois ;
Contre le tronc de l'arbre il en brisa les houppes ;
A genoux, dans sa main tenant leurs demi-coupes,
Aux lèvres des enfans, que trompait la couleur,
Il fit teter la noix et savourer la fleur.
Joignant ses fortes mains en flexibles corbeilles,
Il apporta dedans des rayons d'or d'abeilles,
Dont le miel embaumé, par la fleur épaissi,
Semblait un lingot d'or dans le rocher durci.
Le gland, dont trois hivers ont mûri la farine,
Des plantes qui cachaient leur suc dans leur racine,
Et des roseaux sucrés, dont un miel blanc coulait,
Entassés en monceaux que sa main étalait.
Et dépouillés par lui de leurs rudes écorces,
D'un savoureux festin ranimèrent leurs forces.
Les enfans, endormis dans l'herbe, avec leur main
Pressaient encor ces fruits survivant à leur faim.

Déjà de Daïdha les forces renaissantes
Ranimaient sur son front les roses pâlissantes.
Cédar, ivre de joie et de paix, regarda
Longtemps et tour à tour les enfans, Daïdha.
Devant ce groupe heureux où son bonheur se noie,
Je ne sais quel besoin sollicitait sa joie
De répandre son cœur débordant de parfum,
De reporter plus haut son extase à quelqu'un ;
Mais de ce grand besoin son âme possédée
Avait l'instinct de Dieu sans en avoir l'idée ;
Sur toute la nature il promena ses yeux,
De la mousse aux troncs d'arbre et des troncs d'arbre aux cieux ;
Il leur montra la mère et les enfans du geste ;
Il écarta son corps, pour que du toit céleste
Un rayon du soleil, comme un regard d'amour,
Se réjouît aussi de les revoir au jour :
Il eût voulu des nuits déployer tous les voiles,
Pour la montrer aux yeux de toutes les étoiles :

Dans l'océan de joie où son cœur s'abîmait,
Il lui semblait que tout aimait ce qu'il aimait,
Que tout, autour de lui partageait son ivresse,
Et pour ces fronts sauvés n'était qu'une caresse !
Ses sens ne ressentaient ni fatigue, ni faim ;
Sur la mousse auprès d'elle il vint s'asseoir enfin.
Enivrant de plus près son âme de ses charmes,
Son regard dans ses yeux faisait monter des larmes ;
Mais ces larmes du ciel, au goût délicieux,
Trop-plein d'un cœur mortel qui coule par les yeux,
Voile humide et brillant que l'excès de la joie
Comme un nuage au ciel sur le bonheur déploie.
Le front de Daïdha s'abandonnant à lui,
Renversé sur son bras, prit son cœur pour appui ;
Leurs mains sur leurs genoux par leurs doigts s'enlacèrent,
Et parlant à la fois, ensemble ils repassèrent,
Pas à pas, mots à mots, depuis le premier jour,
Tous les sentiers saignans de leur céleste amour ;
S'épuisant en aveux, en demandes frivoles,
Se faisant mille fois redire leurs paroles,
Des lèvres l'un à l'autre à l'envi les buvant,
Dans les aveux de l'un l'autre se retrouvant.
Voluptueux retour de deux âmes ravies,
Qui pour se réunir remontent leurs deux vies,
Et du bonheur présent pour mieux sentir le goût,
Recueillant leur mémoire, et leurs larmes partout,
Dans la coupe écumante où leur lèvre s'abreuve,
Répandent comme un sel le fiel de leur épreuve.
Lentement dans leur cœur tout leur cœur se vida,
Jusqu'à ce que leur sein de bonheur déborda.
Par des inflexions plus lentes et plus molles,
Déjà la lassitude endormait leurs paroles,
Comme des gouttes d'eau qui tombent de ses bords
Le vase en s'épuisant abaisse les accords ;
Leur paupière, où pesait une si longue aurore,
Se fermait, se rouvrait pour se revoir encore ;

Leurs lèvres, où les mots ne faisaient plus qu'errer,
Comme en songe déjà semblaient les murmurer;
Leurs têtes, sous le poids du bonheur affaissées,
S'appuyaient l'une l'autre ainsi que deux pensées;
Et le sommeil touchant les yeux des deux amans,
Assoupit de leurs cœurs les derniers battemens.

SIXIÈME VISION.

Ainsi ces deux époux, seuls, possesseurs d'un monde,
Suivaient jour après jour leur route vagabonde,
Avaient devant leurs pas l'univers tout entier,
Et sans but que l'amour s'y traçaient leur sentier.
Ils semblaient seulement dans leur marche pressée
De leurs premiers tyrans vouloir fuir la pensée ;
Et, cherchant par instinct les plus tièdes climats,
Aux mers où meurt le jour ils dirigeaient leurs pas.
Ils pensaient qu'en marchant plus loin, plus loin encore,
Ils verraient mille fruits sous leurs désirs éclore,
Que les plus doux parfums qui soufflent sous les cieux,
Y donnaient à l'air même un goût délicieux,
Que les rocs ruisselaient du nectar des abeilles,
Et qu'un oiseau céleste y charmait les oreilles.
Nous nous arrêterons, se disaient-ils entre eux,
Aux lieux où le bonheur sera plus savoureux,
Aux bords où l'oiseau bleu va reposer ses ailes ;
Nous apprivoiserons les petits des gazelles,
Pour jouer sur la feuille avec nos deux jumeaux ;
Nous irons dérober les œufs sous les rameaux.
Nous aurons pour demeure une grotte de marbre
Fermée aux eaux du ciel, ou le tronc creux de l'arbre,
Dont les vastes rameaux sur son flanc repliés
Des cheveux de sa tête enveloppent ses piés.
Nous serons bons à tous, et pour que l'on nous aime,

Nous ferons alliance avec les lions même,
Avec l'oiseau du ciel et l'insecte des champs.
Mais avec l'homme, oh non! les hommes sont méchans!
A ces tableaux rians qu'ils coloraient d'avance,
Leur pas léger, semblable au vol de l'espérance,
Quoique lassé du jour, les portait en avant;
Cependant dans leur fuite ils s'arrêtaient souvent.

Tantôt les durs cailloux ou d'épineuses plantes,
Des pieds de Daïdha faisaient saigner les plantes;
Au cou de son amant elle nouait ses bras,
Et Cédar la portait sans ralentir le pas.
Ses fils sur une épaule et sur l'autre la mère,
Portant tout son bonheur, charge douce et légère,
Pressé de ces trois cœurs dont il était l'appui,
Il croyait emporter l'univers avec lui!
Et Daïdha soufflant à son front des caresses,
Essuyait sa sueur avec ses molles tresses!
Tantôt un roc pendant sur un ravin profond,
Se dressant comme un mur avec un gouffre au fond,
Entr'ouvert à leurs pieds, s'opposait à leur marche,
Si des arbres couchés n'y jetaient pas une arche.
Cédar laissait la mère et ses fils sur le bord,
Pour sonder le passage y descendait d'abord;
Puis s'assurant l'orteil sur d'étroits interstices,
Levait de là les bras du fond des précipices;
Des mains que Daïdha de plus haut lui tendait,
Recevait dans ses mains l'enfant qu'il descendait;
Le couchait dans les fleurs, remontait pour son frère,
Prêtait comme un degré son épaule à la mère;
Puis au fond du ravin tous les deux descendus,
Au mur de l'autre bord par les mains suspendus,
Et formant de leurs bras une mobile échelle,
Il élevait en haut l'enfant qu'il prenait d'elle.
Si des monts quelquefois le fleuve ou le torrent
Opposait à leurs pas son rapide courant,

Cédar, qui le premier le passait à la nage,
Déroulait en nageant la liane sauvage,
La tirait des deux mains, et comme un câble fort
La nouait par le bout au tronc de l'autre bord ;
Sur les flots écumans la liane tendue
Prêtait à Daïdha sa corde suspendue.
Retournant sur ses pas, un enfant dans la main,
Cédar, de nœuds en nœuds, lui traçait le chemin ;
Elle suivait, portant sur sa tête élevée
Sa blanche enfant, tremblante et d'écume lavée ;
Et, comme sur le sable un vol de blancs oiseaux
Qui font sécher leur aile, ils s'essuyaient des eaux.

Un soir qu'ils reposaient au fond des solitudes,
Leurs membres succombant à tant de lassitudes,
Cédar, que son amour éveillait à tout bruit,
Entendit comme un souffle et des pas dans la nuit ;
Soulevé sur le coude, immobile, il écoute :
Ces pas de leur abri semblent chercher la route.
Un souffle haletant, qui paraît s'approcher,
Fait frissonner d'horreur tous les poils de sa chair ;
Il croit qu'un lionceau, que le désert affame,
Vient dévorer ses fils sur le sein de sa femme,
Il crie : un hurlement lugubre lui répond ;
L'animal à ses pieds s'élance d'un seul bond :
La feuille était épaisse et la nuit était sombre,
Il voit contre ses flancs se lever comme une ombre.
Il s'élance au-devant de ce lion dressé,
Entre ses bras de fer le reçoit embrassé ;
Sans que son cœur défaille, il sent sur sa poitrine
L'ivoire de ses dents, le vent de sa narine ;
Dans sa gueule béante il plonge pour chercher
Sa langue, qui voulait tout son sang à lécher.
L'animal étouffé tombe, et ne fait entendre
Qu'un dernier hurlement mélancolique et tendre ;
Et Daïdha veillant sur le couple qui dort,

Sentit son cœur troublé par cet accent de mort.
Sur les bras de Cédar, en cherchant les morsures,
Sa main ne trempa pas dans le sang des blessures;
Le lion qu'à ses pieds Cédar avait couché,
Au lieu de le broyer, semblait l'avoir léché.
Le sommeil referma leur pesante paupière.
Quand elle se rouvrit enfin à la lumière,
Cherchant leur ennemi mort sous leur pied vainqueur,
A sa vue, un seul cri s'échappa de leur cœur;
Les amans consternés, mornes, se regardèrent,
Et d'attendrissement leurs regards s'inondèrent;
Ce lion, dont la langue avait soif de leur sang,
Des troupeaux de Cédar c'était le chien gisant!
De sa captivité compagnon volontaire,
Le seul ami longtemps qui l'aima sur la terre!
Que Daïdha flattait, qui léchait ses jumeaux.
Quand il eut vu son maître englouti dans les eaux,
Pour retrouver son corps longtemps suivant la rive,
Mais bientôt devancé par l'onde fugitive,
Hurlant de désespoir, il avait descendu
Le large cours des eaux vers son maître perdu,
Jusqu'au sable où la mer déferle sur la plage;
Il avait traversé l'embouchure à la nage;
Et, retrouvant enfin sur le limon foulé
Un pied d'homme récent dans le sable moulé,
Il avait pris sa course, en quêtant place à place;
Et perdant, retrouvant cent fois la même trace,
Sans flairer en passant les pieds de la tribu,
Aux eaux qu'il traversait sans avoir même bu,
Il était accouru, prompt à le reconnaître,
Mourir, pour son amour, de la main de son maître!

Que le pauvre Cédar eût donné de son sang
Pour le ressusciter sous son souffle impuissant!
Quel flot amer coula de leur œil taciturne!
Que Daïdha maudit la méprise nocturne!

SIXIÈME VISION.

Cherchant à ranimer en vain ses membres froids
Sur ses longs poils combien ils passèrent leurs doigts !
Notre cœur souffre tant de perdre qui nous aime !
Mais le punir d'aimer ! mais le tuer soi-même !
Pour le cœur des mortels l'amour est un tel bien,
Qu'il ne peut sans saigner perdre celui d'un chien !
Ils creusèrent sa tombe au pied d'un sycomore ;
Leurs yeux en le quittant s'y détournaient encore.
D'un nom cher et funèbre ils nommèrent ce lieu,
Et ce jour fut pour eux morne comme un adieu !

Déjà douze soleils avaient doré les nues,
Depuis qu'ils avançaient aux plages inconnues ;
Ils étaient descendus sur les bords de la mer ;
Ils avaient de ses flots goûté le sel amer,
Et, perdant leurs regards sur ce grand désert d'onde,
Pris ce fleuve sans bord pour la rive du monde.
Ils suivaient ce rivage aux gracieux contours
Où Tyr mille ans après se couronna de tours ;
Les vagues se jouaient sur son cap solitaire
Comme avant la moisson de blancs agneaux sur l'aire ;
Ces deux amans foulaient, ignorans, sous leurs piés,
Ces germes de cités plus tard multipliés,
Sans se douter qu'un jour des peuples innombrables
Devaient, au doigt de Dieu, se lever de ces sables !
Leurs regards fascinés suivaient cette eau sans fin,
Ils aimaient à marcher sur l'or du sable fin,
Que de longs flots ridés des brises de l'aurore
Pour leurs pieds fatigués amollissaient encore !
Ces palpitations de la mer dans son lit,
Ce mouvement sans fin d'un élément qui vit,
Des bords peints dans les eaux ces flottantes images,
Ces grands gémissemens accentuant ces plages,
Ces mystères du fond que l'œil peut traverser,
Avec leurs sens ravis tout semblait converser ;
Et, le cœur plein du bruit qu'écoutait leur oreille,

Ils marchaient, sur ses bords, de merveille en merveille.
Les bonds désordonnés de l'abîme mouvant,
Les grands chocs de la mer sous les fougues du vent,
Entre le velours d'herbe et les vagues limpides
N'étendaient pas encor ces lisières arides ;
Mais la vague endormie et le feuillage épais
Se touchaient sur la grève et se baisaient en paix.
L'arbre trempait ses pieds dans l'écume des plages,
Et les flots attiédis s'obscurcissaient d'ombrages.
Le couple voyageur savourait à la fois
Les doubles voluptés des ondes et des bois.

Déjà comme une tour que son sommet écrase,
Le Carmel devant eux s'affaissait sur sa base.
Dans le sein de la mer dont il brunit l'azur,
Son cap retentissant s'avançait comme un mur ;
De grands blocs détachés de sa rapide arête,
Bondissant sur sa croupe, avaient roulé du faîte,
Et, jusqu'au sein des flots par leur chute lancés,
Formaient autour du cap d'autres caps avancés.
La lame, impatiente, y brisant en fumées
Ses écumes sans fin par les brises semées,
Comme un vase qui bout, de ses bouillonnemens
Couvrait et découvrait ses rochers écumans ;
Un aigle y tournoyait dans l'éternel orage,
Et son aile en passant ombrageait leur visage.
La barrière semblait impossible à franchir :
A travers ces écueils, qu'ils regardaient blanchir,
Il fallait ou passer, ou tourner la montagne ;
Mais elle s'étendait si loin dans la campagne,
Que sa ligne d'azur, interceptant les cieux,
Leur opposait partout le même obstacle aux yeux.
Les jeunes fugitifs, pour tenter ce passage
Sans exposer leur vie aux dangers de la plage,
Voulurent dans ces flots d'abord seuls s'avancer.
Dans le cœur d'un palmier qui semblait les bercer,

SIXIÈME VISION.

Ils couchèrent bien haut la sœur avec le frère,
De peur que le chacal ne les flairât sur terre.
En inclinant vers eux le jeune arbre pliant,
Ils baisèrent deux fois le couple souriant ;
Puis, laissant échapper de leurs mains le tronc souple,
Sa cime dans les airs abrita le beau couple.

Cédar et Daïdha s'avancèrent alors
Sur l'humide corniche entre l'onde et ses bords ;
Tantôt posant à sec leurs pieds nus dans la grève,
Tantôt dans les torrens que la vague soulève,
D'un tourbillon d'écume ensemble enveloppés,
Repoussant de la mer les bonds entrecoupés.
Cédar, se suspendant aux rocs de la montagne,
Pressait de l'autre main les flancs de sa compagne,
De peur que du rocher le flot redescendant
N'emportât son amour dans l'abîme grondant.
La vague par moment, comme une blanche toile,
Se déroulant sur eux, les couvrait de son voile,
Puis déchirant aux rocs le vert tissu des eaux,
Sur leurs corps ruisselant retombait en lambeaux.
Pour avancer d'un pas sur la grève inégale,
Leurs yeux d'un flot à l'autre épiaient l'intervalle :
Leur mort ou leur salut dépendait d'un clin d'œil ;
Enfin, de gouffre en gouffre et d'écueil en écueil,
Tantôt les pieds au fond et tantôt à la nage,
Ils doublèrent le cap, et virent l'autre plage,
Qui déroulait au loin sur le flot attiédi
Sa verdure bronzée aux rayons du midi.

A je ne sais quel dieu dans leur cœur rendant grâce,
Les deux amans ravis revinrent sur leur trace ;
Et Cédar, arrivant à peine le premier,
Pour prendre les enfans incline le palmier.
Déjà se grandissant vers eux d'une coudée,
Daïdha de baisers les couvrait en idée,

Et sur l'orteil dressée et les deux bras tendus,
Attendait qu'à son sein Cédar les eût rendus;
Quand, au niveau de l'œil abaissant le tronc d'arbre,
Tout leur sang devint glace et leur front devint marbre :
Dans le cœur du palmier les enfans n'étaient plus!...
Ils remplissaient les airs de leurs cris éperdus!
Dans la confusion de leurs mille pensées,
Portant partout leurs pas et leurs mains insensées,
Ils allaient d'arbre en arbre; à la cime des troncs
Comme deux oiseleurs ils plongeaient leurs deux fronts,
Espérant que leurs yeux se trompaient de feuillage,
Et que de leur palmier un autre était l'image,
Quand un cri de détresse entendu dans les cieux
Vers la crête du roc leur fit lever les yeux.
L'aigle qu'ils avaient vu tournoyer sur l'abîme
Fendait maintenant l'air d'un trait calme et sublime;
Ses larges ailerons, tendus d'un vol dormant,
Leur cachait de son ombre un peu du firmament;
Et comme le ballon emporte la nacelle,
Tenant en équilibre un fardeau sous son aile,
Il nageait en pressant des ongles triomphans
Dans son aire emporté le dernier des enfans.

De peur qu'un cri d'effroi ne fît ouvrir sa serre
Et ne précipitât l'enfant broyé sur terre,
Daïdha, retenant son cri sourd dans son cœur,
A Cédar, de son doigt, montrait l'oiseau vainqueur.
Ils le virent nager vers l'immense ouverture
D'un antre qui du cap couronnait la ceinture,
Et, sans même plier ses ailes pour entrer,
Avec son cher fardeau dans l'ombre s'engouffrer.
Vers l'antre au même instant un cri porta leur âme.
Comme en un incendie on voit la jeune femme
Que le bras d'un époux arrache du trépas
Rassembler en tremblant ses petits sur ses pas,
Les compter front par front du doigt qui les dénombre,

SIXIÈME VISION.

Et touchant leurs cheveux, si l'un d'eux manque au nombre,
Avant d'ouvrir la bouche ou même de penser,
Dans sa demeure en feu rapide s'élancer,
Saisir le fer brûlant où le plomb fondu coule ;
Gravir l'échelle en feu qui sous ses pieds s'écroule,
Et jusqu'au toit fumant d'où l'homme même a fui
Retrouver son enfant ou périr avec lui ;
Telle, avant que son cœur réfléchisse et balance,
Sur les pas de Cédar sa compagne s'élance.
Le cap oppose en vain sa pente à leur élan,
Leurs pieds sûrs défiraient le chamois et l'élan ;
On dirait que leur cœur vers le ciel les soulève,
De corniche en corniche ils passent comme un rêve ;
Leur bouche ne prend pas le temps de respirer,
A peine sentent-ils leurs mains se déchirer :
Leur œil, sur qui l'amour jette un voile sublime,
Ne voit pas sous leurs pas s'approfondir l'abîme ;
Aux plantes par les mains suspendus quelquefois,
Et cherchant un appui du pied sur les parois,
Aux coups du vent des mers qui sur le cap se brise
Ils flottent balancés comme l'herbe à la brise.

Mais au-dessus de rocs qu'ils franchissent enfin,
La pente s'adoucit ; un sol à gazon fin
Entre un rempart et l'autre à leurs pieds se déroule,
En ruisseaux serpentans un filet d'onde y coule ;
Au-dessus du glacis d'où tombent ces ruisseaux,
Une large caverne élève ses arceaux.
Ils courent haletans, ils entrent sous la roche ;
Un aigle colossal s'envole à leur approche,
Et du vent de son aile à demi renversés,
Les précipite à terre éblouis, terrassés.
Mais le cœur maternel, tremblant pour ce qu'il aime,
Combattrait dans la nue avec la foudre même.
Rentrés dans la caverne, ils regardent au fond :
Un grand cri leur échappe, un autre leur répond ;

Daïdha, fléchissant sous sa joie imprévue,
Revoit ses deux enfans, et recule à leur vue !
Devant ces fils cherchés à travers le trépas,
Quelle puissante main arrêtait donc leurs pas ?
Qui donc clouait leur âme et leurs pieds à l'entrée ?
Pourquoi leur voix en eux était-elle rentrée ?
Qui les faisait ainsi balancer ? — Un regard.
Au fond de la caverne, un homme... un beau vieillard
Tenait dans ses genoux, comme une tendre mère,
Les deux jumeaux portés par l'aigle dans son aire ;
A leurs lèvres de rose il faisait ruisseler
L'ambre des pommes d'or qu'il venait de peler ;
Les deux enfans suçaient la goutte qui s'épanche,
En écartant des mains sa chevelure blanche ;
Et déjà la saveur, la voix douce et les ris,
De l'effroi sur leur bouche avaient calmé les cris.
Ce vieillard n'avait pas l'aspect rude et sauvage
Des hommes dont Cédar avait vu le visage,
Ce front bas comprimé par un brutal instinct.
Cet œil dardant la flamme ou par la ruse éteint,
Cette bouche acérée ou cette lèvre épaisse
Pour que l'injure y vibre ou la luxure y paisse :
Ses membres n'avaient pas ces muscles pleins et forts,
Sève ardente des sens dont végète le corps ;
Les ongles de ses mains, en brute carnassière,
N'étaient pas aiguisés pour fouiller la poussière ;
Et du regard d'autrui son mépris effronté
N'offensait pas les yeux avec sa nudité.
L'arche de son front large, en ovale élancée,
Semblait se soulever pour porter la pensée.
L'âge avait élargi l'orbite de ses yeux,
La lumière en coulait comme une aube des cieux ;
De son regard pensif l'égale et pure flamme
Dans un charbon brûlant ne dardait pas son âme ;
Mais la réflexion le tempérait un peu,
Comme une main qu'on met entre l'œil et le feu.

Ses lèvres, qu'entr'ouvrait le vent de son haleine,
Sur l'ivoire des dents se recourbaient à peine ;
D'un pli tendre et rêveur la molle inflexion
Adoucissait à l'œil sa mâle expression :
On sentait que l'orgueil ou l'injure farouche
N'avaient jamais froissé les plis de cette bouche,
Mais que cet air serein, par son souffle exhalé,
Avait entr'ouvert l'âme avant qu'il eût parlé.
Sa peau se nuançait des teintes des lis pâles,
L'intelligence auguste animait ses traits mâles.
Comme en forgeant l'outil la meule et les marteaux
Pour une œuvre plus haute aiguisent les métaux,
On lisait sur ses traits sillonnés de pensées
Les traces qu'en passant elles avaient laissées :
Dans leurs inflexions le temps avait écrit
L'effort mystérieux du travail de l'esprit ;
L'âme en mille reflets y répandait son ombre.
Les amans dont les jours étaient en petit nombre,
Qui n'avaient qu'une idée et qu'une passion,
Contemplaient, étonnés, leur sainte expression,
Et sur ce front pensif cette multiple empreinte
Les frappait de respect, de surprise et de crainte.
En voyant du vieillard le teint se nuancer,
Sa bouche réfléchir et son sourcil penser,
Sous l'éclair de ses yeux qu'un autre éclair efface,
Ils croyaient voir passer mille esprits sur sa face ;
Et craignant l'invisible, et n'osant approcher,
Ils demeuraient assis sur le banc de rocher.
Dans le pan d'un manteau d'une riche teinture,
Dont les lambeaux de pourpre entouraient sa ceinture,
Il couvrait les jumeaux jouant sur ses genoux ;
Il jetait sur le couple un regard triste et doux ;
Et les voyant frappés de crainte et de silence,
L'un à l'autre adossés se tenir à distance :
« Pauvres enfans ! dit-il, venez, voyez, touchez !
« Charmante fille d'Ève, et vous, homme, approchez !

« Sont-ce là vos petits? que l'aigle les remporte! »
La première, à ces mots, s'élançant de la porte,
Daïdha vers ses fils, les bras ouverts, courut
En appelant Cédar pour qu'il la secourût.
Mais le vieillard tendant leurs corps à ses caresses,
Les remit dans son sein, nid brûlant de tendresses.
La mère sur leurs yeux laissa ses yeux pleurer,
Et Cédar à genoux tomba pour adorer!

Ils n'osaient élever la voix en sa présence!
C'est un dieu, disaient-ils dans leur tendre ignorance;
Oui, c'est un dieu plus fort et meilleur que nos dieux;
Habitant du rocher, son corps est aussi vieux;
Il gouverne de là les monts, les flots, la plaine;
L'aigle est son messager, le vent est son haleine.
Que fera-t-il de nous? que nous veut son esprit?
Sans entendre ces mots, le vieillard les comprit :
« Relevez-vous, dit-il, jeune homme, jeune femme;
« Mon œil lit dans vos yeux ce que pense votre âme!
« Regardez! je ne suis qu'un dieu d'os et de chair!
« Un homme comme vous, que vous pouvez toucher,
« Un vermisseau vivant dans cette solitude,
« Et qui marche à la mort par la décrépitude.
« Que du seul Dieu vivant le terrible courroux
« M'écrase sous sa main si j'abusais de vous,
« Si, profitant du doute où mon aspect vous plonge,
« Je laissais vos esprits adorer un mensonge!...
« Mais vous, pauvres enfans! si tremblans et si nus,
« Fils errans du désert, race aux traits inconnus,
« De quelque nom caché qu'une tribu vous nomme,
« Qu'êtes-vous? parlez-vous la parole de l'homme?
« Jamais encor mes yeux n'ont vu, charmans époux,
« Des cœurs aussi naïfs sous des traits aussi doux!
« Jéhova cache donc ailleurs dans la nature
« De la source d'Éden quelque goutte encor pure?
« Parlez, d'où venez-vous? où vous menaient vos pas?

SIXIÈME VISION.

« Êtes-vous des mortels, ou des anges d'en bas?
« Une apparition d'innocence bannie?
« Un sourire du monde avant son agonie?
« Dites, ne craignez rien, l'homme du ciel est bon :
« Dieu soit dans votre bouche et dans mes yeux son nom! »

Rassurés par la voix, si pleine de tendresse
Que chacun de ses sons semblait une caresse,
Les deux adolescens, s'approchant du vieillard,
Sur lui de temps en temps hasardant un regard,
S'encourageant l'un l'autre à son divin sourire,
Répondant tour à tour, finirent par tout dire ;
Le vieillard, attentif, avec ravissement
Comprit tout, excepté le sort du jeune amant:
Il pensa que c'était quelque fruit du mystère,
Allaité dans les bois par un lait adultère.
A leur touchant récit sympathisant des yeux,
La pitié remuait son cœur silencieux ;
Et des larmes parfois coulant de sa paupière,
Ruisselaient de sa joue et roulaient sur la pierre.
Daïdha les voyant briller sur le gazon,
Se disait dans son cœur : « Puisqu'il pleure, il est bon;
Il ne remettra pas à Cédar ses entraves,
Ou nous prendra du moins tous deux pour ses esclaves. »
Et pressant sur son cœur ses fils furtivement,
Les baisait en idée à chaque battement.

Cependant le vieillard, comme quelqu'un qui pense,
Le front entre ses doigts demeurait en silence;
Puis il dit aux amans : « Couple innocent d'amour,
« Consacrez par vos pas mon sauvage séjour.
« Celui qui fait germer l'herbe où l'agneau doit paître,
« Vous amène sans doute ici pour le connaître ;
« Vous remplirez de joie et d'amour ce beau lieu.
« Dieu seul manque à vos cœurs, je vous apprendrai Dieu. »

Et prenant par la main la belle créature
Qui s'ombrageait du jour avec sa chevelure,
Comme Dieu conduisait son couple dans Éden,
Il les mena tous deux dans un riant jardin.
C'était un sol en pente aux flancs de la montagne,
D'où les yeux dominaient la mer et la campagne,
Et qu'un rocher glissant et droit comme un rempart
De son mur de granit cernait de toute part.
Une source tombant d'une grotte profonde,
Sur les fleurs en rosée y distillait son onde,
Puis humectant du sol les velours diaprés,
Allait un peu plus bas désaltérer les prés.
On l'entendait chanter, en épanchant sa gerbe,
Comme un vol gazouillant d'alouettes dans l'herbe ;
Tous les beaux animaux de notre race amis
Y buvaient, ou, couchés, s'y groupaient endormis.
Mille oiseaux, variés de voix et de plumages,
A l'envi de ces flots chantaient sous les feuillages,
Et des fruits inconnus de formes, de grosseurs,
Embaumaient l'air autour, de diverses saveurs.

Pour la première fois les fils de la nature,
Cédar et Daïdha, contemplaient la culture,
Et voyaient des forêts les trésors infinis,
Sous la main dans un champ par l'homme réunis.
Comme dans le festin qu'on prépare au convive,
La table réunit les dons de chaque rive ;
Ces fruits qu'on ne cueillait qu'en errant dans les bois,
A leur main sans effort s'offraient tous à la fois.
Les branches fléchissaient sous leurs cônes énormes,
La greffe avait doublé leurs saveurs et leurs formes ;
Et d'admiration surpris à chaque pas,
Cédar les revoyant ne les connaissait pas.
Nul arbre parasite à leurs rameaux fertiles
N'enlaçait au hasard ses branchages stériles ;
De distance en distance ils croissaient isolés,

SIXIÈME VISION.

Sur un champ où la brise ondoyait dans les blés ;
Les épis presque mûrs bruissaient sur leur paille,
Comme des feuilles d'or qu'un lamineur travaille.

Le vieillard sous ses doigts broyant l'or du froment,
En fit sortir le suc comme un lait écumant :
« C'est ce lait, leur dit-il, dont la glèbe féconde
« Nourrit dans les cités les grands peuples du monde ; »
Et sous la pierre ronde en écrasant le grain,
Sa voix leur expliqua la merveille du pain.
Au lieu des buis rampans, des stériles fougères,
Le sol faisait germer les plantes potagères :
L'igname, le melon dans sa coque moulé
Comme un énorme fruit qui de l'arbre a roulé,
La laitue en volute arrondissant sa feuille,
Les racines qu'on fouille ou celles que l'on cueille ;
Et l'on voyait auprès, sur un sillon couchés,
Les socs brillans du fer qui les avait bêchés.
Le vieillard de la main leur montrant ces merveilles,
Leur cueillait tour à tour la pêche aux chairs vermeilles,
La figue aux pleurs de miel, la poire aux sucs fondans ;
Et la sève en nectar ruisselait sous leurs dents.
Les oiseaux à leurs pieds se disputaient l'écorce.
Quand le frugal festin eut ranimé leur force,
« Beau couple, leur dit-il, habitez ce séjour :
« Une fleur y manquait, c'était le chaste amour ;
« Comme un parfum du cœur que Dieu l'y fasse éclore !
« Dormez sous le figuier ou sous le sycomore !
« Mangez les fruits de Dieu, goûtez son doux sommeil !
« Quand l'alouette aura chanté votre réveil,
« Je reviendrai vous voir, enfans, et vous instruire
« Du saint nom de celui que l'aurore fait luire !
« Vous saurez quel destin m'a conduit en ce lieu ;
« Aimez son serviteur, mais n'adorez que Dieu ! »

A ces mots, le vieillard les bénit d'un saint geste.
Du jour qui s'éteignait ils passèrent le reste
A se parler tout bas de ce visible esprit,
Et dans cet entretien le sommeil les surprit.

SEPTIÈME VISION.

LE PROPHÈTE.

Les vagues de la mer, sur leur écume rose,
Déroulaient à grands flots les feux de l'aube éclose,
Quand les jeunes amans, à ses tièdes clartés,
S'éveillèrent au sein de ces lieux enchantés.
Les tigres, les lions, les panthères, les aigles,
De leur féroce instinct interrompant les règles,
Couchés à côté d'eux sur des gazons épais,
D'un œil tranquille et doux les regardaient en paix ;
Et les enfans, baisant leur toison fauve et noire,
Mettaient leurs bras de lait entre leurs dents d'ivoire.

Cédar et Daïdha, ravis d'étonnement,
Ne comprenaient plus rien à cet apaisement ;
Ils se croyaient, à voir ces choses renversées,
Transportés par un songe au monde des pensées ;
Mais le vieillard tardif ne les appelant pas,
A travers le jardin ils firent quelques pas,
N'appuyant leurs pieds nus qu'à peine sur la terre,
Se montrant chaque objet du doigt avec mystère,
Comme on marche à pas sourds sur des parvis sacrés.
Le gazon incliné formait de grands degrés ;
Ils suivirent en bas la pente de verdure,
Et leurs yeux, du rocher, revirent l'ouverture.

Elle était large et haute, et le front d'un géant
N'aurait pu la toucher debout sur son séant :
On eût dit qu'une race antique et colossale
Avait à sa grandeur taillé l'immense salle.
Les grands vents de la mer, dans cette arche de sol,
En brisant sur le cap s'engouffraient à plein vol ;
Les parois en vibraient comme un orgue sonore.
Les rayons que le jour y suspendait encore,
Introduits à demi sous le roc habité,
En laissaient tout le fond dans son obscurité,
Et mêlaient les objets dans une demi-teinte
Où combattaient la nuit et la lumière éteinte.

Ils hésitaient d'entrer ; leur timide regard
Au fond de cette nuit cherchait le saint vieillard.
Les ténèbres encor leur cachaient sa figure ;
De ses lèvres pourtant le vague et sourd murmure
Des mots que prononçait dans sa distraction
Le prophète absorbé par l'adoration,
Le leur fit découvrir, dans le fond, en prière.
Le jour éblouissait, en entrant, sa paupière ;
Et leurs fronts abrités derrière un angle noir,
Bien qu'ils vissent sa face, il ne pouvait les voir.
Il était à genoux devant un bloc de pierre,
Le visage et le corps tournés vers la lumière,
Les deux bras étendus au-dessus de son front,
Semblables aux rameaux qui s'élèvent d'un tronc ;
Et de ses maigres mains les deux palmes dressées
Comme pour embrasser de célestes pensées !
Sous l'inspiration que son cœur lui versait,
Sur son cou replié son front se renversait,
Et son regard en haut se cherchant une route,
Semblait lire le ciel à travers cette voûte.
Sur le bloc de granit qui lui servait d'appui
On voyait tout ouvert un livre devant lui ;
A leurs yeux ignorans ce livre, obscur mystère,

SEPTIÈME VISION.

Semblait, prié par lui, le dieu du solitaire :
Quelquefois de sa lèvre, il baisait ce trésor.
Ce livre était couvert d'une enveloppe d'or ;
Comme un charbon ardent, une énorme escarboucle,
En nouant le fermoir, flamboyait sur la boucle.
Sur l'or sculpté du livre, admirable ornement,
Une colombe bleue aux yeux de diamant,
De l'inspiration mélodieux symbole,
Ouvrait ses ailes d'or comme un oiseau qui vole.
Ses pattes de rubis et son bec de corail,
Semblaient poser collés sur le dossier d'émail ;
Et ses ailes, de l'âme éblouissant emblème,
S'ouvraient et se fermaient avec le livre même.
Du merveilleux fermoir le vent, comme des doigts,
Entr'ouvrait à demi les angles quelquefois,
Et faisait frissonner les pages du volume
Comme à l'oiseau qui dort il enlève une plume.

Le vieillard, insensible à l'écho de leurs pas,
Les yeux sur ces objets, ne les soulevait pas.
Au passage muet de secrètes pensées,
On voyait remuer ses lèvres cadencées :
Et l'oreille entendait à demi des accens
Dont parfois le silence entrecoupait le sens.

« O père, disait-il, de toute créature,
« Dont le temple est partout où s'étend la nature,
« Dont la présence creuse et comble l'infini,
« Que ton nom soit partout dans toute âme béni !
« Que ton règne éternel, qui tous les jours se lève,
« Avec l'œuvre sans fin recommence et s'achève !
« Que par l'amour divin, chaîne de ta bonté,
« Toute volonté veuille avec ta volonté !
« Donne à l'homme d'un jour que ton sein fait éclore
« Ce qu'il lui faut de pain pour vivre son aurore !
« Remets-nous le tribut que nous aurons remis

« Nous-même, en pardonnant à tous nos ennemis.
« De peur que sur l'esprit l'argile ne l'emporte,
« Ne nous éprouve pas d'une épreuve trop forte;
« Mais toi-même, prêtant ta force à nos combats,
« Fais triompher du mal tes enfans d'ici-bas! »
. . . .
. . . .

A l'heure où tout parfum monte de la nature,
De l'âme de ce saint tel était le murmure,
Prière que plus tard révéla l'homme-Christ;
Où l'on entend gémir la chair avec l'esprit,
Où l'homme ose d'en-bas appeler Dieu son père;
Donne à ses ennemis le pardon qu'il espère,
Et dit, en proférant la double vérité :
A Dieu, miséricorde; à l'homme, charité!
Prière que sans doute, au principe des choses,
L'homme trouva du cœur sur ses lèvres écloses,
Dont, en se corrompant, les célestes accens
S'égarèrent perdus dans la rouille des sens,
Et qu'un Verbe fait chair, trouvant sous nos ruines,
Accentua plus haut de ses lèvres divines!...

Pétrifiés de peur, de doute et de respect,
Les amans se parlaient de l'œil à cet aspect.
A chacun des accens des lèvres du prophète,
L'éclair intérieur jaillissait de sa tête,
Et sans savoir à qui l'homme d'en haut parlait,
Devant l'éclat de Dieu leur âme se voilait.
Mais le vieillard surpris, en refermant la page,
Les vit dans sa lumière en levant son visage.
Comme on cache ses mains en portant un trésor,
Dans un pli de sa robe il prit le livre d'or,
Et marchant aux enfans fascinés par la crainte,
Les mena par la main hors de l'obscure enceinte.

SEPTIÈME VISION.

Sur un des verts plateaux du cap retentissant,
Où trois fûts de palmiers montaient en s'unissant,
A l'haleine des mers qu'éventait leur toit souple,
Il fit à ses côtés asseoir le jeune couple,
Sourit à Daïdha, pria le jeune époux
D'apporter les enfans, les mit sur ses genoux,
Les baisa sur le front, les remit à leur mère;
Comme si leur aspect, d'une mémoire amère
Avait dans son esprit remué les douleurs,
De sa paupière blanche essuya quelques pleurs;
Puis, effaçant bientôt de son mâle visage
D'un sourire attendri ce passager nuage,
Au beau couple, à ses pieds assis tout interdit,
D'une voix pénétrante et paternelle il dit:

« Que l'accent du Seigneur vibre dans mes paroles!
« Pauvres adorateurs de muettes idoles,
« Je parlerais en vain, s'il ne vous parle pas!
« Mais c'est lui dont le doigt a dirigé vos pas;
« C'est lui qui dans votre âme ordonne que je sème
« Ce nom qui dans nos cœurs s'était semé lui-même!
« Ce nom qu'a dispersé parmi les nations
« Le vent profanateur des superstitions;
« Pour qu'une race au moins sur cette terre infâme
« Gardât le sceau divin imprimé sur notre âme!
« O chers vases vivans d'innocence et d'amour,
« Ce que je verse en vous, versez-le à votre tour!
« Que je sois le charbon éteint qui se consume,
« Mais qu'on jette en mourant au bûcher qu'il rallume!
« Beaux enfans de la nuit, que vos yeux soient ouverts!
« Pour apprendre Dieu même, apprenez l'univers!

« Loin du ciel qui nous luit, des déserts où nous sommes,
« Il est sous le soleil une autre race d'hommes
« Qui s'est multipliée autant que les essaims

« Que les ruches du chêne épanchent de leurs seins.
« Dans ces grandes tribus qui débordent des plaines,
« La terre disparaît sous ces vagues humaines ;
« Les antres des rochers autrefois habités
« Ne leur suffisent plus ; mais d'immenses cités,
« De grands blocs arrachés aux montagnes, bâties
« Pour leur faire des nids, de terre sont sorties.
« Le marbre, le granit, d'éblouissans métaux,
« Fondus dans la fournaise ou taillés aux marteaux,
« Que la terre à vos yeux cache dans ses entrailles,
« Couvrent leur ciel de bronze ou forment leurs murailles.
« En contemplant de loin leurs immenses contours
« Où montent à l'envi les dômes et les tours,
« On croit voir s'élever du milieu des campagnes
« De fer, d'argent et d'or d'éclatantes montagnes.
« Comme un large incendie, en les frappant d'aplomb,
« Le soleil resplendit sur cette mer de plomb,
« Et l'haleine des feux qui sort des toits sans nombre
« Couvre un grand pan du ciel d'une atmosphère sombre ;
« Leur bruit dans leurs remparts ne peut se renfermer ;
« On les entend mugir de loin comme une mer,
« Et ce bruit formidable effraie au loin la terre
« Plus qu'un rugissement de tigre ou de panthère !
« La respiration s'arrête en l'écoutant ;
« On sent que l'on n'est rien devant ce bruit montant
« Qu'un brin d'herbe emporté dans le mont qui le roule,
« Ou qu'un sable des mers englouti sous la houle !

« Or, ces hommes, enfans ! pour apaiser leur faim,
« N'ont pas assez des fruits que Dieu mit sous leur main ;
« Leur foule insatiable en un soleil dévore
« Plus qu'en mille soleils les champs n'en font éclore.
« En vain comme des flots l'horizon écumant
« Roule à perte de vue en ondes de froment :
« Par un crime envers Dieu dont frémit la nature,
« Ils demandent au sang une autre nourriture ;

SEPTIÈME VISION.

« Dans leur cité fangeuse il coule par ruisseaux !
« Les cadavres y sont étalés en monceaux.
« Ils traînent par les pieds, des fleurs de la prairie,
« L'innocente brebis que leur main a nourrie,
« Et sous l'œil de l'agneau l'égorgeant sans remord
« Ils savourent ses chairs et vivent de la mort !
« Aussi le sang tout chaud dont ruisselle leur bouche
« A fait leur goût brutal et leur regard farouche.
« De cruels alimens incessamment repus,
« Toute pitié s'efface en leurs cœurs corrompus,
« Et leur œil qu'au forfait le forfait habitue
« Aime le sang qui coule et l'innocent qu'on tue.
« Ils aiguisent le fer en flèches, en poignard ;
« Du métier de tuer ils ont fait le grand art,
« Le meurtre par milliers s'appelle une victoire :
« C'est en lettres de sang que l'on écrit la gloire ;
« Le héros n'a qu'un but, tuer pour asservir !
« Le peuple les abhorre et meurt pour les servir.
« Ils poussent aux combats, sans colère et sans haines,
« Des bandes de vautours et des meutes humaines,
« Qui vont s'entr'égorger au signal de leurs yeux
« Pour savoir quel tyran les écrase le mieux !
« Oh ! si vous aviez vu ces grands champs de batailles
« Couverts de noirs corbeaux fouillant dans des entrailles,
« D'aigles désaltérés dans de noirs lacs de sang,
« D'un peuple tout entier dans son trépas gisant,
« De crânes décharnés où pend la chevelure,
« Où le reptile niche, où la brise murmure,
« Et d'ossemens blanchis aux fraîcheurs de la nuit
« Qui du sable foulé sous les pieds ont le bruit !!!
« Oh ! si vous aviez vu de grands troupeaux d'hyènes
« Emporter en hurlant ces nations humaines,
« Et l'herbe que le vent déroulait à grand pli
« Ondoyer sous les os d'un peuple enseveli !
« Vous frémiriez d'horreur et vous rendriez grâce
« D'être enfans du désert et nés d'une autre race !... »

Les amans frémissaient, et disaient au vieillard :
« Ces peuples de méchans vivent donc au hasard?
« Les pères décrépits des tribus insensées
« Ont donc dans leur esprit renversé leurs pensées? »
— « Les pères, reprit-il, de ces vastes tribus,
« Hélas! depuis longtemps ne les gouvernent plus;
« Ce doux pouvoir du sang, dicté par la nature,
« Abdiqua le premier sa sainte dictature.
« Naissant, mourant avec les générations,
« Il ne suffisait plus aux jours des nations;
« Le monde, en vieillissant, perdit ses lois prospères;
« Des enfans aujourd'hui nul ne connaît les pères!
« Oui, la famille même a brisé ses liens;
« La brute sait ses fils, l'homme ignore les siens.
« Les époux d'un moment, qu'un vil désir accouple,
« Par un désir nouveau forment un autre couple;
« Et de peur d'attacher leur âme pour toujours,
« Ils échangent entre eux leurs banales amours.
« Ainsi pères sans droits, fils sans reconnaissance,
« Tout sentiment humain a perdu sa puissance;
« Des feux sacrés du cœur le foyer est éteint.
« Nul n'a plus pour devoir que son brutal instinct,
« Et dans l'homme affranchi de toutes ces entraves
« Les tyrans sont plus sûrs de trouver des esclaves.
« Ils ordonnent : le fer suit le geste inhumain;
« Rien n'attendrit le cœur, rien n'arrête la main;
« Car pour soumettre un peuple au joug d'un maître infâme,
« Il faut de l'eau du vice empoisonner son âme! »

« — Leurs dieux, dit Daïdha, dorment-ils donc toujours?
« Ou sont-ils, ainsi qu'eux, insensibles et sourds? »
« —Leurs dieux! dit le vieillard; dans leurs affreux blasphèmes,
« Quelques hommes hardis se sont faits dieux eux-mêmes!
« De prestiges sacrés éblouissant les yeux,
« L'ignorance et la peur les reconnaissent dieux.

« Pour imposer leur joug au reste de la terre
« Ils cachent leurs secrets dans la nuit du mystère,
« Et sur l'esprit du peuple épaississant la nuit,
« Voilent le jour à ceux que leur fourbe séduit.
« Afin de conserver leur puissance funeste
« Ces dieux, en petit nombre, aveuglent tout le reste ;
« Répandant autour d'eux l'insulte et les affronts,
« Au-dessus de la foule ils élèvent leurs fronts.
« Des plus beaux des mortels leur caste se repeuple.
« Si quelque enfant d'élite est né parmi le peuple,
« Ils le font égorger pour la paix des tyrans,
« Ou pour se recruter l'admettent dans leurs rangs ;
« Et fier du nom divin dont la tourbe le nomme,
« Il apprend qu'il est dieu pour fouler aux pieds l'homme ;
« Il immole comme eux à sa divinité,
« Ainsi qu'un vil bétail toute l'humanité.
« Il vit de la sueur de la race asservie,
« Se lave dans son sang et joue avec sa vie ;
« Et ce n'est qu'à l'excès de forfaits odieux
« Que l'esclave frissonne et reconnaît les dieux.

« Ils habitent à part dans des demeures fortes
« Dont aux pas des humains la mort défend les portes.
« Comme l'aigle aux sommets des monts bâtit ses nids,
« Leur palais élevé sur des rocs aplanis,
« Couvrant de ses arceaux une immense colline,
« Voit fourmiller d'en haut la cité qu'il domine.
« Des murs de ce palais aux immenses contours
« Les fondemens massifs sont couronnés de tours.
« Du haut de ses remparts, où leurs foudres sommeillent,
« L'étincelle à la main leurs gardes toujours veillent.
« Leur bras tue à distance et frappe sans toucher
« Tout homme dont l'audace oserait s'approcher ;
« Et des globes de feu plus prompts que la pensée
« Portent la mort partout où leur œil l'a lancée.

« Ce qu'enferment, enfans, ces murs mystérieux,
« La parole ne peut le raconter aux yeux.
« On y marche sans fin dans des forêts de marbres
« Dont l'ombre et le murmure ont la fraîcheur des arbres ;
« Les feuillages d'or pur, taillés par le ciseau,
« Frémissent à la brise et tromperaient l'oiseau ;
« Des fleuves tout entiers, détournés de leur course,
« Remontent sous la terre et jaillissent en source ;
« De leur pluie écumante, en gerbes épandus,
« Ils arrosent les fleurs des jardins suspendus ;
« Élancés vers le ciel en colonnes liquides,
« Ils se voûtent d'eux-même en arcades limpides ;
« Miraculeux palais, dôme artificiel,
« Où l'œil à travers l'eau voit ondoyer le ciel,
« Où l'éclat du soleil, qui flatte la paupière,
« Des moires de la vague argente sa lumière,
« Et, brisant ses rayons en mille diamans,
« Enivre de fraîcheurs et d'éblouissemens.
« La nuit, quand des palais le phare se rallume,
« Ces dômes ruisselans étincellent d'écume ;
« Et du jour dans ces eaux multipliant les jeux,
« Ces fleuves enflammés semblent rouler des feux.

« Dans des palais bâtis de jaspe et de porphyre,
« Les élus couronnés de ce magique empire,
« Sous les lois d'un tyran dont ils forment la cour,
« Font trembler leurs sujets et tremblent à leur tour.
« A leurs goûts dépravés par l'excès monotone,
« Il n'est plus de plaisir qu'un crime n'assaisonne.
« Ils ne savourent plus l'amour ni la beauté
« Si l'horreur ne s'y mêle avec la volupté :
« L'atroce invention d'ineffables délices
« Leur donne des transports qui seraient nos supplices.
« Dans les infâmes jeux de leur divin loisir
« La torture de l'homme est leur premier plaisir :
« Pour que leur œil féroce à l'envi s'en repaisse,

SEPTIÈME VISION.

« Des bourreaux devant eux en immolent sans cesse.
« Tantôt ils font lutter, dans des combats affreux,
« L'homme contre la brute et les hommes entre eux ;
« Aux longs ruisseaux de sang qui coulent de la veine,
« Aux palpitations des membres sur l'arène,
« Rendant leur coupe vide aux mains des échansons,
« Leur front du vent des nuits savoure les frissons.
« Le râle des mourans est leur douce harmonie,
« Et leur œil dans leurs yeux boit leur lente agonie !
« Tantôt ils font brûler des hommes tout vivans,
« Pour voir la flamme bleue ondoyer à tous vents;
« Quelquefois aux lueurs de ces torches barbares,
« De cette mer de crime abominables phares,
« Ils écoutent vibrer dans l'airain ou le bois
« Ces bruits où l'art des sons imite notre voix,
« Et qui de longs accords charmant l'oreille pleine,
« Du vent qui les apporte harmonisent l'haleine;
« Et tandis que ces chœurs de voix et d'instrumens
« Les enivrent de sons et de ravissemens,
« Ils font, non loin de là, dans des tourmens infâmes,
« Déchirer sous les fouets des enfans et des femmes,
« Pour que les cris affreux qu'ils poussent dans les airs
« Par un concert de pleurs relèvent ces concerts,
« Et que par un plaisir où leur âme se noie
« L'accent du désespoir contraste avec leur joie !

« Vous frémissez sans doute, et vos cœurs innocens
« Bondiraient soulevés d'horreur à mes accens,
« Et mes hideux tableaux souilleraient vos pensées ;
« Et vous croiriez, enfans, mes lèvres insensées,
« Si j'achevais de peindre à vos yeux effrayés
« La sentine du crime où Dieu les a noyés !
« Si je vous les montrais, dans leurs sanglans repaires,
« Enviant leurs venins et leurs dards aux vipères,
« Sans fin l'un contre l'autre ourdir et conspirer,
« S'embrasser un moment pour s'entre-déchirer,

« Des sentimens humains ne nourrir que l'envie,
« Tuer, tuer toujours pour défendre leur vie,
« Se rompre et se nouer en sourdes factions,
« Se rouler dans les flots de leurs séditions,
« Cacher sous leur manteau des armes toujours prêtes,
« Se verser le poison dans la coupe des fêtes,
« Et pour goûter le fruit de crimes imparfaits
« Puiser dans leurs remords la soif d'autres forfaits !
« Tant l'homme qui s'est fait son seul dieu de lui-même
« Peut descendre à jamais sous un poids d'anathème ! »

Et les jeunes époux, échangeant un regard,
Involontairement s'écartaient du vieillard.
De leur peur, dans leur geste, il aperçut la trace :
« Oui, je suis né, dit-il, dans cette infâme race,
« Oui, mes pieds ont trempé dans ces iniquités ;
« Mais j'en ai secoué la souillure : écoutez !

« Dans ce cloaque impur j'ai reçu la naissance,
« La mère qui donna le lait à mon enfance,
« Captive et détestant cet odieux séjour,
« D'une tribu nomade avait reçu le jour ;
« Les souverains des dieux se disputaient ses charmes.
« Mais elle me mêlait le lait avec les larmes ;
« Car au sein des grandeurs dont s'offensaient ses yeux
« Elle se souvenait des tentes des aïeux,
« Elle se souvenait du saint Dieu de sa terre,
« Et son cœur s'abstenait de tout culte adultère.
« Quand, suivant de ces lieux l'abominable loi,
« On m'arracha du sein coulant encor pour moi,
« De peur qu'un jour le fils ne reconnût la mère,
« À son cœur déchiré cette heure fut amère ;
« Aux pieds de ses bourreaux elle alla se jeter,
« Demandant quelques jours de plus pour m'allaiter.
« Pendant ces jours comptés par l'avare indulgence,
« Cachant son crime saint à l'œil de la vengeance,

SEPTIÈME VISION.

« Elle me déchira de son ongle sanglant,
« En pleurant à mes cris, la peau de mon sein blanc ;
« Et du sang qui coulait figé de la blessure,
« Comme des dents du tigre on garde la morsure,
« Elle écrivit un nom, le saint nom de son Dieu !
« Puis avec moins de pleurs elle me dit adieu,
« Espérant à ce signe une fois reconnaître
« Dans l'homme enfin grandi l'enfant qu'elle fit naître !

« Sans qu'aucun œil comprît ce signe sur ma peau,
« Je grandis confondu dans le jeune troupeau,
« Exerçant du palais les serviles offices,
« Façonné par les dieux aux sanglans exercices,
« Instruit par leur exemple à fouler les humains,
« Allumant dans leurs tours leurs foudres de mes mains,
« Surpassant mes rivaux, et bientôt dieu moi-même.
« Cependant je ne sais quelle horreur du blasphème,
« Soit que ce fût l'effet de ce nom du Seigneur
« Que ma mère avait mis comme un sceau sur mon cœur,
« Soit que le sang plus doux d'une plus sainte race,
« En moi de ses vertus eût laissé quelque trace,
« Rendait ce ministère exécrable à mes yeux.
« Tout en les adorant, je haïssais les dieux ;
« Et disciple chéri, mais disciple farouche,
« Je vomissais du cœur ce qu'enseignait leur bouche !

« Un jour qu'atteint du fer dans un de ces combats
« Que les hommes d'en haut livraient à ceux d'en bas,
« Je gisais dans mon sang, et que l'oiseau de proie
« Tournoyant sur mon corps criait déjà de joie,
« Mort aux yeux des vivans, des hommes sans pitié
« En passant près de moi me retournaient du pié ;
« Une femme parut sur le champ de batailles ;
« Oh ! celle qui porta l'homme dans ses entrailles,
« Pour savoir si son cœur bat encor sous sa main
« Se détourne toujours, elle, de son chemin !

« Cette femme semblait interroger l'haleine
« Des cadavres sanglans épars sur cette plaine;
« Elle écartait du doigt leur vêtement de fer,
« Pour ouvrir leur poitrine et pour la réchauffer.
« On eût dit que ses yeux épiaient avec crainte
« Sur le sein de ces morts quelque fatale empreinte;
« De cadavre en cadavre enfin elle approcha,
« Sur mon pâle visage à son tour se pencha,
« Reconnut quelque souffle encor dans ma narine,
« D'une main convulsive entr'ouvrit ma poitrine,
« Et s'y précipitant en étouffant ses cris :
« Adonaï! dit-elle; oh! c'est toi! toi, mon fils!
« Toi que leur cruauté ravit à mes tendresses,
« Et que la mort, hélas! rend seule à mes caresses!
« Je sentais ses baisers, j'entendais ses accens,
« Une seconde fois je lui devais mes sens :
« Ce souffle palpitant de l'amour d'une mère
« Rappelait de mon front la chaleur éphémère;
« A défaut de la voix, que je cherchais en vain,
« Je répondais du cœur, du regard, de la main.
« Elle étancha mon sang avec des fils d'écorce,
« Et sur ses bras vieillis, qui retrouvaient leur force,
« M'enlevant dans la nuit à ce champ du trépas,
« Dans sa demeure obscure elle traîna mes pas.

« Hélas! c'était un pauvre et repoussant asile
« Dans un lointain faubourg, sentine de la ville,
« Où l'esclave, rebut des royales amours,
« Disputait aux pourceaux l'aliment de ses jours;
« Mais ce besoin d'aimer qu'a toute créature,
« Ce réveil de mon âme à la chaste nature,
« Cet amour maternel et ces baisers pieux
« Me firent préférer son toit aux toits des dieux!
« Rapidement guéri par les soins de ma mère,
« Détrompé de ces rois dont le culte est chimère,
Instruit secrètement du vrai nom du seul Dieu,

« Je résolus de vivre ignoré dans ce lieu,
« De nourrir de mes mains, esclave volontaire,
« Les vieux jours d'une femme en travaillant la terre ;
« Et pour rendre le poids des hommes plus léger,
« De connaître leur joug et de le partager.
« Le bruit de mon trépas couvrait mon imprudence.
« Caché sous les habits d'une vile indigence,
« Aux derniers rangs du peuple à mon tour descendu,
« Parmi ces vermisseaux je restai confondu.
« J'y vécus de longs jours de paix et de misères.
« Ma mère m'enseignait à soulager mes frères,
« A panser leur blessure, à porter leur fardeau,
« A leur distribuer l'huile ou la goutte d'eau.
« Pour ne pas augmenter ma misérable caste,
« Quoique jeune et brûlant, mon cœur demeura chaste ;
« Pour un amour plus saint je me sevrai d'amour.
« Rentré le soir près d'elle après le poids du jour,
« A l'abri des tyrans oppresseurs de notre âme,
« Nos prières montaient de ses lèvres de femme :
« Elle me racontait de moins barbares mœurs,
« Comment elle était belle entre toutes ses sœurs,
« Comment vers l'orient, aux tentes de ses pères,
« Tous les hommes, égaux, étaient amis et frères.
« Comment leur Dieu sans nom, un, immatériel,
« Ne parlait qu'à l'esprit, n'habitait que le ciel ;
« Comment, quoique ici-bas nommé par des paroles,
« Ses rites les plus purs n'étaient que des symboles ;
« Qu'aucun nom ne pouvait jamais le contenir,
« Que c'était l'outrager que de le définir !
« Que sa justice était sans foudre et sans colère,
« Et son unique encens le bien fait pour lui plaire !!!

« A ces saints souvenirs ensemble nous pleurions,
« Après des jours meilleurs tout bas nous soupirions ;
« Nous disions que ce crime et cette tyrannie,
« Ce règne du mensonge et de la zizanie,

« Sans doute sur la terre étaient près de finir ;
« Que nous verrions bientôt des temps plus saints venir,
« Et que le Dieu d'en haut, rassasié d'outrage,
« Pour le rectifier briserait son ouvrage !
« Puis, pour hâter des vœux l'aube des jours meilleurs,
« Nous versions devant lui nos âmes dans nos pleurs !
« Et du fond gémissant de cette mer de fanges
« Deux prières montaient, et consolaient les anges.

« Quand ma mère sentit son heure s'approcher,
« Dans le lit de sa tombe avant de se coucher,
« Son geste m'indiqua, sous sa natte de paille,
« Une pierre scellée au pied de la muraille.
« Vers ce trésor secret son bras nu s'étendit,
« Puis, d'une voix mourante et basse, elle me dit :
« — Quand je ne serai plus, soulève cette pierre :
« Le trésor du Seigneur est là, dans la poussière !
« Quand je fus enlevée aux champs de nos aïeux,
« De tout ce que leur tente avait de précieux,
« Comme un homme surpris cache ce qu'il dérobe,
« Je n'emportai, cachés dans les plis de ma robe,
« Que les feuillets épars par les anges écrits
« De nos livres sacrés du père au fils appris,
« Comme une voix natale aux plages étrangères
« Qui m'y reparlerait des choses de mes pères.

« Or, les livres, enfans, c'est en effet la voix,
« Aux hommes d'aujourd'hui, des hommes d'autrefois.
« Cette voix parle aux yeux dans des lignes tracées
« Où revivent sans corps d'invisibles pensées,
« Où, comme un pied humain dans le sable s'écrit,
« L'esprit voit à jamais les traces de l'esprit :
« Don des anges amis, invention féconde
« Qui rend l'âme mortelle immortelle en ce monde,
« Et par qui, des deux bords du temps, converseront
« Ceux qui furent un jour avec ceux qui seront !

« Prends ce livre divin, continua la femme :
« C'est l'esprit de mon père et l'âme de mon âme :
« A la main d'un mortel c'est Dieu qui l'a dicté,
« C'est le germe enfoui de toute vérité !
« C'est le froment du ciel, c'est la semence vraie
« Dont les épis un jour étoufferont l'ivraie,
« Afin que, sous le ciel, l'héritage de Dieu
« Traverse tous les temps et s'étende en tout lieu !
« Dérobe ce trésor aux tyrans de la terre ;
« Honte ! la vérité doit rester un mystère !
« Car du monde usurpé l'infâme souverain
« Avant qu'il fût semé foulerait le bon grain. —
« Elle dit, et fuyant de ses membres d'argile
« Son âme s'envola vers son céleste asile.
« Les ailes de la mort la ravirent aux cieux,
« Je la revis du cœur en la perdant des yeux.

« Quand dans la paix des morts je l'eus ensevelie,
« Ma main sous son chevet prit le livre de vie.
« Je lus : il me semblait que des milliers de voix
« Qui sortaient du passé me parlaient à la fois,
« Que mille vérités m'échauffaient la paupière,
« Et qu'un jour tout nouveau me baignait de lumière.
« Chaque parole était un éblouissement ;
« Moins d'étoiles la nuit sortent du firmament ;
« Ce livre racontait comment toutes les choses
« D'une parole unique en ordre étaient écloses,
« La naissance de l'homme et l'histoire des jours
« Qui du jour éternel jusqu'au nôtre ont leur cours.
« Il chantait quelquefois de saintes hymnes, comme
« De saints ravissemens chantent au cœur de l'homme.
« D'autres fois il pleurait comme une femme en pleurs
« Qui s'abreuve la nuit de l'eau de ses douleurs ;
« Et sa tristesse était si lugubre et si tendre,
« Qu'à ses sanglots parlés le cœur se sentait fendre.

« Plus souvent comme un maître il parlait à l'esprit ;
« Et chaque mot profond au fond de l'âme écrit
« Était plus plein de sens que l'homme à tête blanche
« Dont la sagesse antique en paroles s'épanche.
« Tout précepte était bon, toute ligne était loi,
« Et l'on sentait son cœur qui l'approuvait en soi.

« Or, pour les consoler dans leurs dures misères,
« Je lisais quelquefois dans ce livre à mes frères,
« Et nous nous entourions de mystère et de nuit,
« De peur qu'à nos tyrans l'air n'en portât le bruit.
« Nous apprenions ensemble à servir, à connaître
« Au delà de nos dieux le seul Dieu, le seul maître ;
« Un de nos fers tombait à chaque vérité,
« Et nos soupirs du moins montaient en liberté ;
« Ravis en écoutant la divine lecture,
« Leurs fronts se relevaient de la terre à mesure,
« D'un regard moins servile ils regardaient leurs dieux ;
« Ils sentaient qu'ils avaient un vengeur dans les cieux ;
« Et quelques mots déjà qu'ils ne pouvaient comprendre
« Couvaient dans les esprits comme un feu sous la cendre.

« Ces symptômes troublaient nos tyrans, effrayés
« De voir ces vermisseaux se dresser sous leurs piés.
« Ils cherchèrent longtemps quelle sourde espérance
« A leurs regards plus fiers donnait cette assurance :
« Ils surent qu'il soufflait un vent séditieux
« Qui nous enflait le cœur et dessillait nos yeux,
« Qu'un livre sur leur tête assemblait ces orages ;
« Ils jurèrent, jaloux, d'en déchirer les pages,
« Et de persécuter par le fer et le feu
« Dans le cœur des mortels tout nom d'un autre Dieu.
« Tous ceux qu'ils soupçonnaient de connaître le livre
« Subirent les tourmens et cessèrent de vivre ;
« Sous le tranchant du fer nul ne le confessa,
« De mourir pour son âme aucun ne se lassa.

SEPTIÈME VISION.

« Mais craignant que le nom en qui le monde espère
« Ne mourût à jamais avec nous sur la terre,
« Je m'enfuis en secret de l'infâme cité,
« Emportant sur mon cœur la voix de vérité ;
« Et lassant les bourreaux qui poursuivaient ma trace,
« Dieu m'ouvrit cet asile, et je lui rendis grâce !

« Avec le livre saint j'habitai dans la nuit ;
« Mais qu'est-ce qu'un flambeau, mes enfans, s'il ne luit ?
« Que me servait de vivre éclairé de ma flamme,
« Si mes frères mouraient dans la nuit de leur âme ;
« Si le nom du Très-Haut éteint sur l'univers
« Laissait le crime au trône et l'esclave à ses fers ?
« Je voulus conserver après moi dans le monde
« De ce livre divin la semence féconde ;
« A mes frères souffrans je voulus quelquefois
« Jeter de grands accens de l'immortelle voix,
« Afin que dans leurs cœurs un cri sourd d'espérance
« Leur annonçât de loin des jours de délivrance.

« Dès mon enfance instruit des arts mystérieux
« Qu'on enseigne dans l'ombre aux successeurs des dieux ;
« Sachant peindre les sons et graver les paroles,
« Écrire pour les yeux les choses en symboles,
« Découvrir le métal, le tailler au ciseau,
« Apprivoiser la brute et fasciner l'oiseau,
« Par tous ces arts secrets dont j'avais l'habitude
« Je voulus consacrer ma longue solitude :
« J'aiguisai les poinçons, je forgeai les marteaux,
« J'amincis sous leurs coups les lames des métaux.
« Comme on sculpte en jouant la feuille avec l'épine,
« J'y sculptai sous l'acier la parole divine.
« Le livre tout entier copié par ma main
« Passa, multiplié, dans mes pages d'airain.
« Mille fois je refis et refais mon ouvrage ;
« Dès que ma main pieuse en achève une page,

« L'aigle prend dans son bec la lame de métal :
« Dirigé par mon doigt au ciel oriental,
« Il franchit l'horizon sur ses ailes sublimes,
« Laisse derrière lui le Liban et ses cimes ;
« Attiré par l'éclat des dômes habités,
« Il plane dans les airs sur les grandes cités ;
« Il écoute mugir ce grand volcan des âmes,
« Comme du haut d'un cap nous entendons les lames :
« Il y laisse tomber de son bec entr'ouvert
« Le morceau de métal de symboles couvert,
« De ce livre sacré mystérieuse page,
« Qui semble de Dieu même un céleste message,
« Et qui, selon qu'il tombe en des bords différens,
« Fait espérer l'esclave ou trembler les tyrans.
« Ainsi la vérité, que par lambeaux je sème,
« Dans la corruption germera d'elle-même ;
« Et si je dois mourir inconnu dans ce lieu,
« J'aurai derrière moi laissé ce nom de Dieu !... »

. . . .
. . . .
. . . .
. . . .

Les amans confondus écoutaient ces merveilles,
Tout un monde nouveau vibrait dans leurs oreilles ;
N'osant s'interroger, leur timide regard
Passait du livre à l'aigle et de l'aigle au vieillard.
L'image du grand Dieu qui faisait ces miracles
Préparait en secret leur âme à ses oracles.
Daïdha, rougissant de ses vils dieux de bois,
Sous ses cheveux épars les cachait dans ses doigts ;
Et Cédar retrouvait aussi Dieu dans son âme
Comme un feu dont un vent ranimerait la flamme !
Ils brûlaient tous les deux d'entendre les accens
De cette voix sans bouche invisible à leurs sens,
De ce livre divin où le saint solitaire

Lisait les grands secrets du ciel et de la terre.
Le vieillard le tenait fermé sur ses genoux;
Il comprit dans leurs yeux le désir des époux,
Il le leur fit baiser des yeux et de la bouche
Comme, quand on révère, on baise ce qu'on touche;
Et l'ouvrant de sa droite il y lut au hasard,
Ici, là, page à page, où tombait son regard;
Et sa voix, en lisant, plus grave et plus sonore,
D'un ton surnaturel s'accentuait encore :
On eût dit une voix de l'orgue du saint lieu
Résonnant ici-bas des paroles de Dieu !

HUITIÈME VISION.

—

FRAGMENT DU LIVRE PRIMITIF.

« Dieu dit à la Raison : Je suis celui qui suis ;
Par moi seul enfanté, de moi-même je vis ;
Tout nom qui m'est donné me voile ou me profane,
Mais pour me révéler le monde est diaphane.
Rien ne m'explique, et seul j'explique l'univers ;
On croit me voir dedans, on me voit à travers ;
Ce grand miroir brisé, j'éclaterais encore !
Eh ! qui peut séparer le rayon de l'aurore ?
Celui d'où sortit tout contenait tout en soi ;
Ce monde est mon regard qui se contemple en moi.
. . . .
. . . .
. . . .
. . . .
« Si quelqu'un parmi vous, adorant sa pensée,
Dit : Des cieux, devant moi, la voûte s'est baissée,
L'invisible à mes yeux visible est apparu !
Agrandissez l'idée à ceux qui l'auront cru ;
Que ce soit en dormant, dans un songe de l'âme,
Dans la nuée en feu, dans l'onde ou dans la flamme,
Dans le frisson sacré qui fait transir la peau,
Au fond du firmament transparent comme l'eau,
Dans les lettres de feu qu'écrit au ciel l'étoile ;

De quelque nom divin qu'un fétiche se voile,
Quand pour me découvrir le ciel se fût fendu,
Dans l'œil matériel Dieu n'est pas descendu.
Celui qui contient tout dans sa nature immense
Ne descend qu'en rayon dans votre intelligence !
Le regard de la chair ne peut pas voir l'esprit !
Le cercle sans limite en qui tout est inscrit
Ne se concentre pas dans l'étroite prunelle ;
Quelle heure contiendrait la durée éternelle ?
Nul œil de l'infini n'a touché les deux bords.
Élargissez les cieux, je suis encor dehors !...

. . . .
. . . .
. . . .
. . . .
. . . .
. . . .

« Mais selon sa grandeur chaque être me mesure,
Les fourmis au ciron et l'homme à la nature,
Et les soleils, pour qui le siècle est un moment,
A ces mondes de feu, poudre du firmament !
Chacun, de mon ouvrage impalpable parcelle,
Réfléchit de moi-même une pâle étincelle ;
Je franchis chaque temps, je dépasse tout lieu,
Hommes ! l'infini seul est la forme de Dieu !

. . . .
. . . .
. . . .
. . . .
. . . .
. . . .
. . . .

« La pensée est la langue entre le monde et moi !...
Aucun être ne vit sans la porter en soi.
Mon être est le grand fruit de l'arbre de science

Que mon regard mûrit dans chaque conscience !
Plus elle l'illumine et plus j'y resplendis.
Dans l'esprit grandissant moi-même je grandis ;
Mais me connaître tout de l'orgueil est le rêve :
Le voile s'élargit d'autant qu'on le soulève.
Dans mes œuvres sans fin je me suis défini,
Et nul ne peut y lire, excepté l'infini !

. . . .
. . . .
. . . .
. . . .
. . . .
. . . .
. . . .
. . . .

« Ce que nous appelons le temps n'est que figure ;
Ce qui n'a point de fin n'a rien qui le mesure.
L'être de Jéhova n'a ni siècles ni jours,
Son jour est éternel et s'appelle toujours !
Son œuvre dans les cieux, qui n'est que sa pensée,
N'est donc jamais finie et jamais commencée ;
Pour qui n'a pas d'hier il n'est pas d'aujourd'hui,
Tout ce qu'il porte en soi ne date que de lui !
Le temps, qui n'a de sens qu'en la langue des hommes,
Ne nomme qu'ici-bas la minute où nous sommes ;
Mais au delà des temps et de l'humanité
Le nom de toute chose est un : Éternité !

. . . .
. . . .
. . . .
. . . .

« Les formes seulement où son dessein se joue,
Éternel mouvement de la céleste roue,
Changent incessamment selon la sainte loi ;
Mais Dieu, qui produit tout, rappelle tout à soi,
C'est un flux et reflux d'ineffable puissance,

Où tout emprunte et rend l'inépuisable essence,
Où tout rayon remonte à l'immense foyer,
Où dans son grand miroir on voit Dieu flamboyer,
Où la force d'en haut, vivante en toute chose,
Crée, enfante, détruit, compose et décompose ;
S'admirant sans repos dans tout ce qu'il a fait,
Renouvelant toujours son ouvrage parfait ;
Où le tout est partie et la partie entière,
Où la vie et la mort, le temps et la matière,
Ne sont rien en effet que formes de l'esprit ;
Cercles mystérieux que tout en lui décrit,
Où Jéhova s'admire et se diversifie
Dans l'œuvre qu'il produit et qu'il s'identifie.
Dans nos nuits de cristal ainsi le firmament,
Qui nous semble taillé d'un grand bloc seulement,
Qu'une même couleur d'une arche à l'autre azure,
N'est qu'un immense abîme, un vide sans mesure
Où se croisent sans fin les mondes et les cieux ;
Et ce bleu qui paraît sa couleur à nos yeux
N'est qu'un rayonnement dans la source commune
Des milliers de lueurs qui se fondent en une.

. . . .
. . . .
. . . .
. . . .
. . . .
. . . .
. . . .
. . . .

« Le sage en sa pensée a dit un jour : — Pourquoi,
Si je suis fils de Dieu, le mal est-il en moi ?
Si l'homme dut tomber, qui donc prévit sa chute ?
S'il dut être vaincu, qui donc permit la lutte ?
Est-il donc, ô douleur ! deux axes dans les cieux ?
Deux âmes dans mon sein, dans Jéhova deux dieux ? —
Or l'esprit du Seigneur, qui dans notre nuit plonge,
Vit son doute et sourit ; et l'emportant en songe

Au point de l'infini, d'où le regard divin
Voit les commencemens, les milieux et la fin,
Et complétant les temps qui ne sont pas encore,
Du désordre apparent voit l'harmonie éclore :
Regarde, lui dit-il; et le sage éperdu
Vit l'horizon divin sous ses pieds étendu.
Par l'admiration son âme anéantie
Se fondit, par le tout il comprit la partie.
La fin justifia la voie et le moyen;
Ce qu'il appelait mal, fut le souverain bien;
La matière, où la mort germe dans la souffrance,
Ne fut plus à ses yeux qu'une vaine apparence,
Épreuve de l'esprit, énigme de bonté,
Où la nature lutte avec la volonté,
Et d'où la liberté, qui pressent le mystère,
Prend, pour monter plus haut, son point d'appui sur terre.
Et le sage comprit que le mal n'était pas,
Et dans l'œuvre de Dieu ne se voit que d'en bas !
. . . .
. . . .
. . . .
. . . .

« Ne cherchez pas des yeux derrière le nuage,
Au fond du firmament, cette mer sans rivage,
Quel est le ciel des cieux habité, plein de Dieu?
Il n'est pour Jéhova ni distance ni lieu :
Ce qui n'a point de corps ne connaît point d'espace;
De ce qui remplit tout ne cherchez point la place,
Contemplez-le par l'âme et non pas par vos yeux :
L'ignorer ou le voir, c'est l'enfer ou les cieux.
. . . .
. . . .
. . . .
. . . .
. . . .

. . . .
. . . .
. . . .

« Trouvez Dieu : son idée est la raison de l'être :
L'œuvre de l'univers n'est que de le connaître.
Vers celui dont le monde est l'émanation
Tout ce qu'il a créé n'est qu'aspiration !
L'éternel mouvement qui régit la nature
N'est rien que cet élan de toute créature
Pour conformer sa marche à l'éternel dessein,
Et s'abîmer toujours plus avant dans son sein !
Le murmure vivant de la pensée entière
N'est que l'écho confus d'une immense prière :
De la mer qui mugit, aux sources du vallon,
Tout exhale un soupir, tout balbutie un nom ;
Ce mot, qui dans le ciel d'astre en astre circule,
Tout l'épelle ici-bas, l'homme seul l'articule.
L'Océan a sa masse et l'astre sa splendeur,
L'homme est l'être qui prie, et c'est là sa grandeur !

. . . .
. . . .
. . . .
. . . .

« La parole, sublime et divin phénomène,
Mystère où dans un son s'incarne une âme humaine,
Ne fut ravie à l'ange et prêtée à nos sens
Que pour incarner Dieu dans de mortels accens.
Si la langue n'eût pas proféré ce symbole,
L'inutile matière eût perdu la parole.
Mais du jour du grand mot jusqu'au dernier des jours
Le nom qui remplit tout la remplira toujours.
C'est l'instrument qui sert la parole immortelle,
Qui lit dans la nature et qui bénit pour elle.
Des entrailles du globe à ces lettres de feu,
L'œuvre du genre humain, c'est de trouver son Dieu !...

. . . .

HUITIÈME VISION.

. . . .
. . . .
. . . .
. . . .
. . . .
. . . .
. . . .

« A l'heure du matin, quand le rayon d'or entre,
Porté de feuille en feuille aux bords sombres de l'antre,
Quand les baumes des nuits que l'étoile a pleurés
Fondent des prés fumans par l'aurore effleurés,
Dans la calme splendeur de nos nuits d'yeux semées
Qui semblent regarder de loin des sœurs aimées;
Devant l'immensité de l'Océan uni,
Sans repos et sans bords comme un autre infini;
Sous la muette horreur des forêts aux verts dômes,
Où dans la nuit sonore habitent les fantômes;
Quand l'infini descend par quelque pore en nous,
Nous touche, nous foudroie et nous jette à genoux :
Lorsque vous pleurerez sur l'herbe du mystère
Vos pères des tombeaux endormis sous la terre,
Ou que vous porterez coucher sous le gazon
Ces fruits de votre amour mûrs avant la saison ;
De tristesse ou de joie universel emblème,
Ce nom sur votre bouche éclôra de lui-même.
Il semble que le cœur dans son immense sein
Puise ce qui lui manque ou verse son trop-plein.
Comme un métal touché qui résonne et qui vibre,
L'âme humaine au contact rend Dieu par chaque fibre.
La joie et la douleur et l'amour n'ont qu'un son.
De notre âme, ô Seigneur! le timbre, c'est ton nom!

. . . .
. . . .
. . . .
. . . .
. . . .

. . . .
« Selon le jour d'en haut que chaque âge ravive,
Qu'en son cœur plus avant chaque peuple l'écrive !
Enseignez à l'enfant le nom du Père au ciel,
Comme on met sur leur lèvre une goutte de miel,
Pour qu'ils goûtent, sortant du ventre de leur mère,
Quelque chose de doux avant leur vie amère !...
La mère à ses petits fera bégayer Dieu
En leur montrant du doigt l'invisible en tout lieu :
Et ce sera le mot, quelque son qui le nomme,
Par qui dans l'univers l'homme saluîra l'homme !
Le nom qu'appellera l'innocent en témoin,
Qui dans l'œil du coupable éclatera de loin,
Que le juste outragé, mais fort de confiance,
Frappera sur son sein comme une conscience,
Qu'opposera le faible à son persécuteur,
Que la veuve et l'enfant auront pour leur tuteur,
Le lépreux pour ami, l'esclave pour son juge,
L'indigent pour foyer, le banni pour refuge,
Que les infortunés, du fond de leurs douleurs,
Verront comme un rayon luire à travers leurs pleurs,
Et, quand l'homme expirant s'éteindra sur sa couche,
Que les anges viendront enlever sur sa bouche !

. . . .
. . . .
. . . .
. . . .
. . . .
. . . .

« Entre chaque soleil bénissez-le trois fois.
Rassemblez-vous plusieurs, et confondez vos voix ;
Non pour que cette voix, par le nombre grossie,
Aille frapper plus fort son oreille endurcie :
Lui dont l'oreille entend l'hysope végéter,
Et les pas des fourmis, et le cœur palpiter,
N'a pas besoin d'écho qui remplisse son temple ;

HUITIÈME VISION.

Mais pour que vous soyez l'un à l'autre en exemple,
Que l'adoration de tous brûle en chacun,
Que vous fondiez en lui vos âmes en commun,
Et que celui dont l'œil goûte mieux ses merveilles
Et dont plus de parfum embaume les corbeilles,
Prête à ceux dont la voix cherche en vain des accens,
La paille de son feu pour allumer l'encens!
. . . .
. . . .
. . . .
. . . .

« Choisissez entre vous les plus douces des âmes,
Les enfans, les vieillards, les malades, les femmes,
Ceux qui sentent le plus et gémissent le mieux,
Qui vers le firmament lèvent le plus les yeux :
Qu'ils parlent pour le peuple à l'invisible père,
Pour que sous le soleil la famille prospère
Et que sa volonté, dans la création,
S'accomplisse avec joie et bénédiction!
Qu'ils prennent à l'envi, pour former leurs cantiques,
Tout ce que la nature a d'accens magnifiques,
A la mer son murmure, au nuage l'éclair,
Et ses plaintes à l'onde et ses soupirs à l'air,
Et sa lumière à l'aube et son souffle à la rose;
Que leur enthousiasme anime toute chose,
Et présente liée, ainsi qu'un moissonneur,
Sa gerbe de parfums aux genoux du Seigneur!
. . . .
. . . .
. . . .
. . . .

« Il est parmi les fils les plus doux de la femme
Des hommes dont les sens obscurcissent moins l'âme,
Dont le cœur est mobile et profond comme l'eau,
Dont le moindre contact fait frissonner la peau,
Dont la pensée en proie à de sacrés délires

S'ébranle au doigt divin, chante comme des lyres,
Mélodieux échos semés dans l'univers
Pour comprendre sa langue et noter ses concerts :
C'est dans leur transparente et limpide pensée
Que l'image infinie est le mieux retracée,
Et que la vaste idée où l'Éternel se peint
D'ineffables couleurs s'illumine et se teint !
Ceux-là, fuyant la foule et cherchant les retraites,
Ont avec le désert des amitiés secrètes ;
Sur les grèves des flots en égarant leurs pas
Ils entendent des voix que nous n'entendons pas :
Ils savent ce que dit l'étoile dans sa course,
La foudre au firmament, le rocher à la source,
La vague au sable d'or qui semble l'assoupir,
Le bulbul à l'aurore et le cœur au soupir.
Les cornes des béliers rayonnent sur leurs têtes.
Écoutez-les prier, car ils sont vos prophètes :
Sur l'écorce, ou la pierre, ou l'airain, écrivez
Leurs hymnes les plus saints pour l'avenir gravés ;
Chargez-en des enfans la mémoire fragile,
Comme d'un vase neuf on parfume l'argile ;
Et que le jour qui meurt dise aux jours remontans
Le cri de tous les jours, la voix de tous les temps !
C'est ainsi que de Dieu l'invisible statue,
De force et de grandeur, et d'amour revêtue,
Par tous ces ouvriers dont l'esprit est la main,
Grandira d'âge en âge aux yeux du genre humain,
Et que la terre, enfin, dans son divin langage,
De pensée en pensée achèvera l'image !

. . . .
. . . .
. . . .
. . . .
. . . .
. . . .
. . . .
. . . .

« Or, le ciel et la terre, et ce que Dieu renferme
Dans un jour éternel, tout est né d'un seul germe;
Et ce germe est de Dieu la pensée ou la loi
Qui porte toute chose avec sa forme en soi.
De ce germe divin, que le temps ramifie,
Tout naît, tout se nourrit et se diversifie,
De sorte qu'à la fois tout est vieux, tout est neuf,
Qu'un monde décrépit d'un autre monde est l'œuf,
Qu'une chose accomplie enfante une autre chose,
Et que chaque existence est une apothéose
Où l'être produit l'être en se décomposant,
Où tout se perpétue en se divinisant!
Et l'homme est ainsi né, fruit vivant de la terre;
Non, comme Jéhova, complet et solitaire,
Mais de deux composé, mâle et femelle, afin
Que sa dualité lui révélât sa fin,
Et que cette union de l'homme et de la femme,
Qui féconde le corps et qui complète l'âme,
Fût le symbole en lui de la divine loi
D'amour et d'unité qui doit tout fondre en soi!
Loi profonde! par qui l'amour qui déifie
Peut seul, dès ici-bas, perpétuer la vie!
Et l'Éternel lui fit la voix pour le nommer,
La raison pour le voir, et l'âme pour l'aimer.
Pour être en harmonie avec son corps fragile,
Il lui donna des sens de limon et d'argile;
Et pour toucher plus loin que son œil limité,
Il lui donna le sens de l'immortalité!
C'est ce sens qui, plus clair à sa première aurore,
Aux jours où l'homme enfant ne faisait que d'éclore,
Illuminait ses yeux d'un flambeau si certain,
Qu'il voyait par la foi son éternel destin;
Car ce n'est point le temps que l'immuable habite.
De deux mondes ainsi rapprochant la limite,
Aux deux extrémités l'homme touche à la fois,
Et de ses deux destins subit les doubles lois;

Restituant au sol l'enveloppe grossière,
Il dépouille en mourant ses vils sens de poussière,
Et son sens immortel, par la mort transformé,
Rendant aux élémens le corps qu'ils ont formé,
Selon que son travail le corrompt ou l'épure
Remonte ou redescend du poids de sa nature !
Deux natures ainsi combattant dans son cœur,
Lui-même est l'instrument de sa propre grandeur ;
Libre quand il descend, et libre quand il monte,
Sa noble liberté fait sa gloire ou sa honte.
Quand il a dépouillé ce corps matériel,
Descendre ou remonter, c'est l'enfer ou le ciel !
La liberté nous porte entre ce double abîme
De bien pour la vertu, et de mal pour le crime ;
Mais la vertu s'élève et ne redescend pas,
Et le crime expié peut remonter d'en bas.

« La justice divine est féconde en mystère :
Ne la mesurez pas aux ombres de la terre ;
L'éternelle clémence à ses décrets s'unit,
Et, même dans l'enfer, c'est l'amour qui punit !
. . . .
. . . .
. . . .
« Le code social, à grandir destiné,
A dans notre nature un fondement inné :
Cet ineffable instinct de justice suprême
Qui proteste en secret en nous contre nous-même,
Invisible balance où pèsent ses desseins,
Dont la prière seule incline les bassins,
Depuis le corps sanglant du juste qu'on immole
Jusqu'au cheveu qui tombe et que le vent nous vole !
. . . .
. . . .
. . . .
. . . .

« Mais ce code que l'homme a transcrit de sa main,
Se transforme et s'étend avec l'esprit humain.
Notre raison, où Dieu reflète son image,
En s'élargissant plus en contient davantage.
La justice aujourd'hui peut être crime un jour.
Quand l'homme dans le ciel puisera plus d'amour,
Ce qu'il nomme à présent la loi de la justice
Préparera pour lui la loi du sacrifice,
Loi plus sainte, où l'instinct de la fraternité
Dévoûra librement l'homme à l'humanité !

. . . .
. . . .
. . . .
. . . .

« Or, voici de nos temps où la raison se lève,
La loi que le cœur dicte, et que le juste achève !

. . . .
. . . .

« Homme ! l'homme est ton frère, et votre père est Dieu :
Il te sera présent en tout temps ; en tout lieu ;
Tu n'auras d'autre fin que lui, ni d'autre guide :
S'il ne la remplit pas, ta vertu même est vide.
Tu feras triompher sur ton sens révolté,
Dans ton esprit soumis, sa sainte volonté.
Tu ne maudiras pas sa main dans la souffrance :
Tu n'éteindras jamais en toi ton espérance :
Il relève demain ce qu'il courbe aujourd'hui.
Tu diras : Tout est bon de ce qui vient de lui ;
Tu l'aimeras du cœur, au-dessus de toi-même,
Et toute chose en lui, car lui, ton père, il t'aime !
Et pour lui rendre gloire et bénédiction,
Tu mêleras ton nom à la création.

. . . .
. . . .
. . . .
. . . .

« Tu ne lèveras point la main contre ton frère,
Et tu ne verseras aucun sang sur la terre,
Ni celui des humains, ni celui des troupeaux,
Ni celui des poissons, ni celui des oiseaux :
Un cri sourd dans ton cœur défend de le répandre,
Car le sang est la vie, et tu ne peux la rendre.
Tu ne te nourriras qu'avec les épis blonds
Ondoyant comme l'onde aux flancs de tes vallons,
Avec le riz croissant en roseaux sur tes rives,
Table que chaque été renouvelle aux convives.
Les racines, les fruits sur la branche mûris,
L'excédant des rayons par l'abeille pétris,
Et tous ces dons du sol où la sève de vie
Vient s'offrir de soi-même à ta faim assouvie :
La chair des animaux crîrait comme un remord,
Et la mort dans ton sein engendrerait la mort!

. . . .
. . . .
. . . .
. . . .

« Tu boiras l'eau du ciel que la source distille,
Et tu n'exprimeras dans ta coupe d'argile
Ni les sucs du pavot qui verse le sommeil,
Ni le jus enivrant du pampre au fruit vermeil.
Entre l'âme et les sens, la sagesse infinie
A de son doigt divin établi l'harmonie.
Tu la respecteras, l'ivresse la détruit;
Quand la raison s'éteint, ton âme est dans la nuit :
Dieu ne se réfléchit que dans un œil limpide;
Qui la trouble en son sein, par l'âme est suicide !

. . . .
. . . .

« Quand ton père a parlé, sans murmure obéis,
Car, devant Dieu, le père est au-dessus du fils.
C'est de lui que tu tiens la vie et la parole;
De toute autorité qu'il te soit le symbole;

HUITIÈME VISION.

Va, s'il te dit d'aller; et viens, s'il te dit : Viens.
Mets ton cou sous sa main, mets tes pieds sur les siens;
Comme celle de Dieu, redoute sa colère;
Sers-le jusqu'au tombeau, serviteur sans salaire;
D'une piété tendre honore ses vieux ans,
Ta bénédiction est dans ses cheveux blancs;
Et quand il s'en ira dans la sombre demeure,
Prends sa place au soleil, baisse la tête et pleure!
. . . .
. . . .

« Et vous n'aurez de fils que d'une seule femme,
Et vous n'aurez à deux qu'une couche et qu'une âme;
Car Dieu vous a créé par couple un sort commun :
Homme, femme, à ses yeux ne sont pas deux, mais un;
Une loi symbolique, un visible mystère
Vous font en nombre égal multiplier sur terre;
Pour cette vie à deux chaque couple compté
N'aura qu'une pensée et qu'une volonté !
. . . .
. . . .

« Vous n'épouserez pas les filles de vos mères,
De peur de limiter le nombre de vos frères;
Et, pour que la famille au loin s'élargissant
Propage parmi tous les tendresses du sang,
Vous ne ferez jamais refluer dans sa course
Ce sang qui, dans vos cœurs, vient de la même source.
. . . .
. . . .

« Vous n'établirez pas ces séparations
En races, en tribus, peuples ou nations;
Et quand on vous dira : Cette race est barbare,
Ce fleuve vous limite, ou ce mont vous sépare,
Dites : Le même Dieu nous voit et nous bénit,
Le firmament nous couvre et le ciel nous unit.
. . . .
. . . .

« Vous n'arracherez pas la branche avec le fruit ;
Gloire à la main qui sème, honte à la main qui nuit !
Vous ne laisserez pas la terre aride et nue,
Car vos pères, par Dieu, la trouvèrent vêtue.
Que ceux qui passeront sur votre trace un jour
Passent en bénissant leurs pères à leur tour.
. . . .
. . . .

« Vous ne parcourrez pas la terre nourricière
En secouant après de vos pieds la poussière,
Comme les animaux qui ne travaillent pas
Et broutent en commun ce qui croît sous leurs pas.
Vous l'aimerez d'amour comme on aime sa mère ;
Vous y posséderez votre place éphémère,
Comme, au soleil assis, des hommes tour à tour
Possèdent le rayon tant que dure le jour.
. . . .
. . . .

« Vous la partagerez entre vous, à mesure
Que vous aurez besoin d'ombre et de nourriture ;
A ceux-là la colline, à ceux-ci le vallon ;
Vous la limiterez d'une borne et d'un nom,
Afin que sa vertu ne dorme pas oisive,
Mais qu'elle aime à son tour la main qui la cultive,
Et que l'arbre croissant pour la postérité
Dise aux petits enfans l'amour qui l'a planté !
. . . .
. . . .
. . . .
. . . .
. . . .
. . . .

« Croissez et pullulez comme des grains de sable,
Sans crainte d'épuiser sa source intarissable,
Ni que ses mamelons par vous multipliés
Tarissent sous vos mains ou manquent sous vos piés ;

HUITIÈME VISION.

Car celui dont le doigt compte ses créatures
Sait le nombre d'épis dans vos gerbes futures ;
Il sait combien de lait la mamelle contient :
Plus on presse le sein, enfans, plus il en vient.
Par un inconcevable et maternel mystère,
L'homme en la fatiguant fertilise la terre ;
Nulle bouché ne sent sa tendresse tarir :
Tout ce qu'elle a porté, son flanc peut le nourrir !
En êtres animés transformer sa substance
Semble l'unique fin de sa sainte existence ;
Et Dieu seul sait quel jour elle s'arrêtera ;
Et jusqu'alors toujours elle se hâtera.
La dernière parcelle en son sein enfouie
Doit produire à son tour les ressorts de la vie,
Afin que chaque atome et que chaque élément
A l'esprit à leur tour servent de vêtement,
Et, s'élevant à Dieu du néant jusqu'à l'ange,
En adoration transforment cette fange.
. . . .
. . . .
« Chaque fois qu'à la vie un homme arrivera,
Sur les coteaux sans maître on lui mesurera
Un pan du grand manteau de la mère commune ;
Sa femme aura sa part, et deux ne feront qu'une :
Et quand de leurs amours d'autres hommes naîtront,
Pour leur nouvelle faim ces champs s'élargiront,
Et vous leur donnerez à tous, un an d'avance,
La moisson, le troupeau, la bêche et la semence.
. . . .
. . . .
« Vous ne bâtirez point de villes dans vos plaines,
Ruches de nations, fourmilières humaines,
Où les hommes, du ciel perdant l'impression,
S'agitent dans le trouble et la corruption ;
Mais vous élèverez vos maisons ou vos tentes
Au milieu de vos champs, et des autres distantes,

Pour qu'au lit du vallon, au revers du coteau,
Chacun ait son soleil, et son arbre, et son eau!
Que vos corps trop voisins ne se fassent pas ombre,
Que vous multipliiez sans haïr votre nombre,
Et que sur votre tête un grand morceau des cieux
Des merveilles du ciel entretienne vos yeux!
. . . .
. . . .
« Ton sens contemplateur, ô sainte créature,
Doit se mêler sans cesse à toute la nature;
Pour s'élever d'en bas jusques au firmament,
Que l'homme fraternise avec chaque élément.
. . . .
. . . .
« Que l'homme en se cherchant jamais ne se coudoie;
Que le visage humain soit pour l'homme une joie;
La foule en se heurtant pervertit ses penchans,
Et les hommes trop près des hommes sont méchans.
. . . .
. . . .
« Vous vous assisterez dans toutes vos misères,
Vous serez l'un à l'autre enfans, pères et mères;
Le fardeau de chacun sera celui de tous,
La charité sera la justice entre vous.
Le pardon, seul vengeur, remettra toute injure.
La parole y sera serment sans qu'on la jure;
Votre ombre ombragera le passant, votre pain
Restera sur le seuil pour quiconque aura faim,
Vous laisserez toujours quelques fruits sur la branche,
Pour que le voyageur vers ses lèvres la penche;
Et vous n'amasserez jamais que pour un temps,
Car la terre pour vous germe chaque printemps,
Et Dieu, qui verse l'onde et fait fleurir ses rives,
Sait au festin des champs le nombre des convives.
. . . .
. . . .

« Vous ne déroberez jamais le champ d'autrui,
Car ce que l'homme a fait de sa sueur, c'est lui !
Vous ne porterez pas un désir sur sa femme,
Car la femme de l'homme est son corps et son âme ;
Dérober ce trésor de son cœur à ses bras,
C'est lui voler sa part de son ciel ici-bas !
. . . .
. . . .

« Vous ferez alliance avec les brutes même,
Car Dieu, qui les créa, veut que l'homme les aime :
D'intelligence et d'âme à différens degrés
Elles ont eu leur part, vous la reconnaîtrez ;
Vous lirez dans leurs yeux, douteuse comme un rêve,
L'aube de la raison qui commence et se lève.
Vous n'étoufferez pas cette vague clarté,
Présage de lumière et d'immortalité ;
Vous la respecterez, car l'ange la respecte.
La chaîne à mille anneaux va de l'homme à l'insecte :
Que ce soit le premier, le dernier, le milieu,
N'en insultez aucun, car tous tiennent à Dieu !
. . . .
. . . .

« Ne les outragez pas par des noms de colère,
Que la verge et le fouet ne soient pas leur salaire.
Pour assouvir par eux vos brutaux appétits
Ne leur dérobez pas le lait de leurs petits ;
Ne les enchaînez pas serviles et farouches,
Avec des mors de fer ne brisez pas leurs bouches ;
Ne les écrasez pas sous de trop lourds fardeaux.
Qu'ils vous lèchent la main et vous prêtent leur dos.
Du mammouth au coursier, de l'aigle à la vipère,
Tous ont la juste part du domaine du père.
Comprenez leur nature, adoucissez leur sort :
Le pacte entre eux et vous, hommes, n'est pas la mort.
Entre leur race amie et notre race humaine,
Votre seule ignorance a fait naître la haine :

La justice entre vous rétablirait la paix.
Cherchez à deviner pourquoi Dieu les a faits.
A sa meilleure fin façonnez chaque engeance.
Prêtez-leur un rayon de votre intelligence ;
Adoucissez leurs mœurs en leur étant plus doux,
Soyez médiateurs et juges entre eux tous.
Que du tigre qui rampe, au passereau qui vole,
Chacun se réjouisse à l'humaine parole !
Et les loups dévorans sortiront des forêts,
Et la chèvre et l'agneau se coucheront auprès,
Et de tout ce qui vit la sagesse infinie
Rétablira d'Éden la première harmonie !
. . . .
. . . .

« Vous n'établirez point de juges ni de rois
Pour venger la justice ou vous faire des lois ;
Car si vous élevez l'homme au-dessus de l'homme,
De quelque nom sacré que le monde le nomme
En voyant devant lui ses frères à genoux
Son orgueil lui dira qu'il est plus grand que vous ;
Il lira sur vos fronts le joug de vos misères,
Vous aurez des tyrans où Dieu voulut des frères.
. . . .
. . . .
. . . .
. . . .

« Si devant le Seigneur un homme fait le mal,
N'ayez pour le juger ni loi, ni tribunal
Pour venger par la mort la mort de la victime ;
Ne donnez point au juge un meurtre légitime,
Ne sachez pas le nom de cet homme de sang
Qui simule un forfait tout en le punissant !
Quand du bien et du mal tout cœur a la science,
Le juge et le bourreau sont dans sa conscience :
Jusqu'à ce qu'au remords le crime ait satisfait,
La peine du coupable égale le forfait ;

Et par la loi d'en haut, la justice outragée
Ne se tait dans son cœur que quand elle est vengée !
. . . .
. . . .
« En retour du pardon que le ciel nous accorde
Le plus beau don de l'homme est la miséricorde ;
Il la doit à son frère, à soi-même, à celui
Qui seul a droit de juge et de vengeur sur lui ;
La vengeance ou l'erreur inventa le supplice,
Ce monde vit de grâce et non pas de justice. »
. . . .
. . . .
. . . .
. . . .
. . . .
. . . .
. . . .
. . . .

Ainsi parlait ce livre au doigt obéissant
A qui le saint vieillard donnait son saint accent,
Et le juste, et le bon, et l'honnête, et le sage,
Sous ses yeux abaissés montaient à chaque page.
On eût dit un rayon du soleil réfléchi
Qui de chaque feuillet frappait son front blanchi,
Et qui l'illuminant d'une chaude auréole
En persuasion transformait sa parole.
Et les amans assis aux pieds du beau vieillard
Suivaient, sans respirer, ses lèvres du regard,
Et de ce monde neuf admirant les merveilles,
Croyaient entendre un rêve enseigner leurs oreilles ;
Et souvent le vieillard pour eux recommençait,

Et chaque fois en eux leur âme grandissait.
O délices sans fond de ce ciel sur la terre
Qu'ils savouraient à deux aux pieds du solitaire !
Dans leurs cœurs confondus recevoir à la fois
L'ivresse de la vie et les divines lois,
Se reposer d'aimer en tombant dans l'extase !
Ah ! c'est plus de nectar que n'en contient le vase,
C'est de quoi sur nos pieds le faire déborder,
C'est ce qu'aux deux amans Dieu semblait accorder !
. . . .
. . . .
Quand le divin lecteur avait fermé les pages,
Cédar et Daïdha rentraient dans les bocages,
L'un sur l'autre appuyés, ralentissant le pas,
Des célestes accens s'entretenant tout bas,
S'éclairant l'un pour l'autre avec reconnaissance
Ce qui restait obscur dans leur intelligence ;
Émerveillés d'amour pour un maître si doux ;
Devant l'ombre de Dieu se mettant à genoux,
Et l'un debout devant l'autre qui s'agenouille
S'essayant à prier comme l'oiseau gazouille ;
Puis, quand leurs yeux venaient à rencontrer leurs yeux,
Quand des saintes leçons le reflet sérieux
Par degrés sur leurs fronts commençait à s'éteindre,
Redevenus enfans et courant pour s'atteindre,
De rires et de jeux, de repos et d'amour
Ils enchantaient ces lieux et remplissaient le jour.
Ainsi coulait en miel leur vie intérieure,
Et, comme dans le ciel, le temps n'avait plus d'heure.
Oh ! pourquoi ces jours d'or ne durèrent-ils pas !
L'ange aurait envié leur exil d'ici-bas.

C'était l'heure où le soir fait tout pâlir et taire
Et semble dérouler la nuit d'un sanctuaire,
Où l'âme a, comme l'arbre, une ombre qui s'étend,
De ses impressions crépuscule flottant,

Où la pensée, en soi profonde et recueillie,
Dans l'intime entretien de l'esprit se replie,
Et semblable au parfum qui cherche à s'élever
Veut aimer, ou chanter, ou prier, ou rêver.

Les deux amans, lassés de joie et de caresses,
Balayant l'herbe en fleurs avec leurs longues tresses,
Et brisant, en passant, les rameaux lourds de fruit,
Se rapprochaient de l'antre à petits pas, sans bruit,
Comme deux saints enfans, en baissant leurs paupières,
S'avancent vers le seuil des maisons de prières.
Car c'était le moment où le saint prosterné
Leur faisait rendre grâce à Dieu du jour donné,
Et, bénissant leurs nuits sous ses yeux commencées,
Nourrissait leur sommeil de ses saintes pensées.
Jamais l'homme divin n'avait autant tardé
A venir au devant du couple intimidé;
Les jumeaux, assoupis sur la mamelle pleine,
Dormaient déjà; le son de leur paisible haleine,
Qui faisait de la mère ondoyer les cheveux,
Était l'unique bruit qui fît souvenir d'eux.
Les amans, étonnés de ce retard du sage,
Sans attendre l'appel s'approchaient davantage.
Du rocher par le soir jusqu'au fond éclairé,
S'encourageant l'un l'autre, ils montent le degré,
Et, l'épaule appuyée aux noirs piliers de l'antre,
Contemplent le vieillard assis à terre, au centre.

Sur ses maigres genoux le saint livre fermé,
Par l'inspiration son front pâle animé,
Des roses de la vie une légère teinte
Montant d'un cœur ardent à la pommette éteinte,
Comme ces feux plus vifs dont le soleil penchant
D'un fugitif adieu colore le couchant;
Au tremblement léger de sa lèvre plus blême
On voyait le vieillard se parler à lui-même.

Mais lui, comme un regard ébloui par le feu,
Ne voyait nul objet entre son âme et Dieu.
« Et maintenant, Seigneur, disait-il à voix basse,
« Ma journée est finie et mon vieux corps se lasse.
« Mes jours, oh! tu le sais, ont été longs et lourds!
« O père! oh! reprends-moi le fardeau de mes jours!
« Rappelle à toi, mon Dieu! ton serviteur qui tombe,
« Je ne descendrai plus tout entier dans la tombe;
« Je n'emporterai pas ton saint nom avec moi.
« J'ai là deux cœurs d'enfans pour hériter de toi :
« Ton nom, que j'ai sauvé seul du vaste naufrage,
« D'un monde rajeuni sera pour eux le gage.
« Comme ils sont nés de moi, des enfans d'eux naîtront.
« Aux fils de leurs amours, leurs fils les transmettront :
« Ta grâce sur le monde en étendra la trame,
« Et tes adorateurs seront fils de mon âme!!!
« C'est assez; c'est assez, brise le vil chaînon
« Par qui le monde au monde aura transmis ton nom!
« La terre est suspendue à cette seule idée!
« Elle ne mourra plus, Seigneur, l'urne est vidée!
« La terre a bu ta loi pour vivre et refleurir!
« Gloire à ton nom divin! tu vis! je puis mourir!... »

Comme il disait ces mots, et que ses mains dressées
Retombaient vers le sol du poids de ses pensées,
Dans l'immobilité d'un grand recueillement,
On entendit dans l'air un sourd frémissement,
Semblable au vol soudain des ailes de l'orage,
Quand la foudre et l'éclair luttent sous le nuage,
Et que dessous leur vol la mer écume et bout.
Le vieillard à l'instant sur le seuil fut debout,
Et pressant contre lui leur beau groupe qui tremble,
Les amans vers le ciel regardèrent ensemble.

Mais à peine avaient-ils cherché des yeux dans l'air,
Que d'un vol plus bruyant et plus prompt que l'éclair,

HUITIÈME VISION.

Un navire céleste à l'étrange figure,
Couvrant un pan des airs de sa vaste envergure,
Sur les marbres de l'antre à leurs pieds s'abattit.
Du choc du char ailé tout le mont retentit,
Et trois hommes sortant de ses flancs qui murmurent,
Des glaives à la main sur le vieillard coururent :
« Rebelle ! criaient-ils, confesse enfin les dieux,
« Le roc même n'a pu te cacher à leurs yeux :
« En vain, entre eux et toi tu mis cette distance :
« Tant que tu respirais pour nier leur puissance,
« Et que ta main gardait au monde inquiété
« Les semences du doute et de l'impiété ;
« Tant que tu lui jetais, du sommet des nuages,
« De ton livre infernal les exécrables pages,
« Leur ivresse était triste et leur sommeil troublé ;
« Cette heure raffermit leur saint temple ébranlé :
« Le livre ! donne-nous ou ta vie ou le livre !
« Monstre, invoque les dieux, ou tu cesses de vivre ! »

Par la gorge à l'instant saisissant le vieillard,
L'un d'eux sur sa poitrine élève le poignard,
Tandis qu'à la lueur du rayon pâle et terne
Les autres, parcourant l'ombre de la caverne,
Aperçoivent le livre à leurs pieds entr'ouvert,
Et le groupe tremblant dans le fond découvert.

Cédar, qui les prenait pour un pouvoir céleste,
D'un homme foudroyé gardait pour eux le geste,
Et, le front sur le roc à leurs pieds prosterné,
Attendait sans parler qu'ils l'eussent enchaîné.
Daïdha, s'enfonçant sous l'ombre qui l'abrite,
Et se collant au roc comme une stalactite,
Pressait si fortement ses jumeaux sur son sein,
Comme pour les couvrir du poignard assassin,
Qu'ils sentirent, dormant, l'étreinte maternelle,
Et que leur faible cri porta le jour sur elle.

Le premier qui la vit et qui la regarda
Resta comme ébloui des traits de Daïdha;
La torche entre ses mains trembla comme son âme
Devant cette beauté qui surpassait la femme,
Et qui, dans le limon d'un monde impie et vieux,
N'avait jamais brillé si céleste à leurs yeux !
Il appela de l'œil les autres sur sa trace :
Ils tremblaient d'approcher, tant rayonnait sa grâce,
Et tant leur œil charmé par l'éblouissement
De la haine à l'amour passait en un moment.
Oh! qui n'eût admiré la merveille imprévue
Dont l'apparition rayonnait à leur vue?

Voyant sous ses cheveux ses membres qui tremblaient,
Eux-mêmes rassurés s'avançaient, se parlaient :
« Ces êtres, disaient-ils, d'une race plus pure
« Sont-ils de notre fange et de notre nature?
« Est-ce une fille, un fils des hommes d'autrefois
« Dont quelques-uns, dit-on, errent au fond des bois,
« Et que d'Adonaï les magiques entraves
« Auraient pris dans le piége et retiendraient esclaves?
« Est-ce de sa magie une apparition?
« De son art infernal une création?
« Pour charmer son exil, ombres qu'il a fait naître,
« Et qui vont sous nos mains se fondre et disparaître?
« Oh! si nos bras osaient les ravir à ces lieux,
« Quels prix nous donneraient les reines et les dieux! »

Tout en parlant ainsi, leur audace enhardie
Entraînait Daïdha par la peur engourdie;
Et lui liant ensemble et les pieds et les bras,
Mais sans serrer trop fort ses membres délicats,
Comme fait l'oiseleur les pieds des tourterelles,
En tremblant de froisser le duvet de leurs ailes,
Ils remirent ses fils endormis sur son sein,
Et vinrent accomplir leur sinistre dessein.

HUITIÈME VISION.

Sous le poignard levé par la main meurtrière,
Paisible et l'œil au ciel tendu par la prière,
Adonaï semblait soupirer de langueur
Pour ce coup suspendu si longtemps sur son cœur.
Heureux que de son sang cette goutte suprême
Contre ces dieux menteurs fût un dernier blasphème,
Et tombât, tout brûlant de martyre et de foi,
Dans la main de celui dont il scellait la loi !
Irrités de son calme et de son assurance,
Essayant de tenter sa foi par l'espérance,
Les bourreaux de son sein écartaient cette mort.
« Non, lui seul, disent-ils, qu'il décide son sort !
« A lui-même qu'il soit son juge et son supplice. »
Le traînant à ces mots au bord du précipice,
A l'endroit où le roc, plus droit et plus profond,
Laissait l'œil mesurer l'abîme jusqu'au fond,
L'abîme où par la mer les roches inondées
Se blanchissaient d'écume à plus de cent coudées,
Et dont le seul aspect au regard fasciné
Faisait tourner l'esprit dans le front incliné,
Ils passent une corde autour de sa ceinture ;
A la crête d'un roc de bizarre structure,
Comme le câble au mât l'attachent par le bout ;
Et sur le bord glissant se tenant tous debout,
Ils repoussent du pied le corps, qui se balance
Sur le vide sans rive où la corde le lance.
Le câble, que le corps fait vibrer de son poids,
Vient heurter le vieillard aux angles des parois,
Et du cap mugissant l'éternelle tempête
Froisse contre le roc ses membres et sa tête.
Ils laissent mesurer longtemps au saint vieillard
La mer, la profondeur, cent morts dans un regard.
Ils contemplent ses mains par l'horreur écartées
Saisir des rocs aigus les dents ensanglantées,
L'instinct vital crisper ses vieux membres tremblans,

Et de son pâle front pendre ses cheveux blancs;
Puis, quand leur cruauté pense que la torture
A surmonté l'esprit et vaincu la nature,
Son glaive dans la main un d'entre eux se penchant,
De la corde qui vibre approche le tranchant,
Y plonge lentement la moitié de la lame :
« Adonaï, dit-il! à ce fer tient ton âme!
« Sur le gouffre et la mort d'un fil je te suspends!
« Ta vie est dans un mot : dis que tu te repens,
« Dis que nos dieux sont dieux, que le tien est un rêve,
« Ou j'enfonce à l'instant l'autre moitié du glaive! »
De son bras, à ces mots, une contraction,
Imprimant à la corde une vibration,
Fait rebondir trois fois, comme un poids qu'on secoue,
Le vivant, sur le vide où son âme se joue,
Et contre le rocher le ramène meurtri !
« Eh bien ! pour achever j'attends ton dernier cri.
« Parleras-tu, vieillard? Vois, la corde se broie,
« Et le gouffre vengeur mugit après sa proie! »
Mais le vieillard, levant un œil serein et doux :
« Qu'attendez-vous? dit-il; mon Dieu! je crois en vous!
« J'y croyais au séjour du mensonge et du crime,
« J'y croyais dans la vie, et j'y crois sur l'abîme.
« Que ce seul cri s'élève et revive après moi;
« Dans la mort que je sens, je tombe avec ma foi ! »

Dans la corde, à ce cri, la lame qui s'enfonce
Au généreux martyr est la seule réponse.
Les bourreaux, avançant la tête sur les bords,
Regardent s'abîmer et tournoyer le corps ;
Ses membres déchirés, ses cheveux, ses entrailles
Sèment de leurs lambeaux ces sanglantes murailles;
Ils attendent longtemps que de son dernier choc
Le bruit terrible et sourd ait remonté le roc;
Il remonte à la fin du fond noir de l'abîme,
Tardif, mais obsesseur, comme l'écho du crime :

HUITIÈME VISION.

Leur oreille l'entend comme tout autre son,
Sans plus de repentir et sans plus de frisson
Que le berger assis au penchant des collines,
Qui fait rouler la pierre au fond de leurs ravines,
N'entend monter d'en bas sur le gouffre profond
Le bruit d'un corps qui tombe et qui se brise au fond.
Déjà des noirs écueils une pointe avancée
Avait brisé là-bas la tête et la pensée;
L'écume de la mer, en jouant sur ces bords,
Menait et ramenait les restes de ce corps;
Et les aigles, broyant ce crâne séculaire,
Emportaient par lambeaux ses cheveux dans leur aire.

Dans la grotte muette ils rentrent un moment,
Rallument le bois sec dans le foyer dormant,
Jettent le livre saint page à page à la flamme,
Le regardent brûler comme un poison de l'âme
Qui, soufflant dans les cœurs justice et liberté,
Pouvait de son sommeil tirer la vérité.
Pour que toute lueur avec lui dispersée
N'en laisse pas revivre une seule pensée,
Ils en jettent la cendre aux quatre vents des cieux;
Mais le vent que Dieu souffle et qui trompe leurs yeux,
De cette cendre ardente où se brûlent ses ailes,
Emporte au monde entier les saintes étincelles,
Comme un semeur divin qui sème où Dieu prescrit
Pour les peuples futurs les moissons de l'esprit,
Et chaque nation que la terre renferme
Dans ses sillons, plus tard, en trouvera le germe...

Le couple cependant, du martyre témoin,
Du fond de sa terreur avait tout vu de loin :
La voix de la victime et le bruit du supplice
Leur étaient remontés du fond du précipice,
Ils attendaient pour eux les tourmens du vieillard,

Et leurs yeux se parlaient dans un dernier regard ;
Mais les hommes de sang, adoucissant leur rage,
Comme on prend deux oiseaux sans froisser leur plumage,
Ouvrant leurs rudes mains pour saisir ces beaux corps,
Les soulèvent de terre et les portent dehors,
Les couchent à leurs pieds au fond de la nacelle,
Et font bondir du sol leur esquif qui chancelle.
Cédar et son amante, en sentant fuir le sol,
Croyaient qu'un grand oiseau les emportait du vol,
Et ne comprenant rien à l'étrange mystère,
D'un éternel adieu se détachaient de terre.

Or ces chars, des mortels sublime invention,
Dans les âges voisins de la création
Où, sur les élémens conservant son empire,
L'art imposait ses lois à tout ce qui respire,
N'étaient qu'un art humain, sacré, mystérieux,
Comme un secret divin conservé chez les dieux,
Et dont, pour frapper l'œil de l'aspect d'un prodige,
Les seuls initiés connaissaient le prestige.
Dans la profonde nuit, de leur plus haute tour,
Des esclaves sacrés les dérobaient au jour :
Dans les solennités de leur culte terrible,
Le char, pendant la nuit, s'élevait invisible,
Puis dans l'air tout à coup de feux illuminé,
Planant comme un soleil sur le peuple étonné,
On le voyait s'abattre au-dessous des nuages
Comme apportant aux dieux de célestes messages ;
La superstition et la servilité
Assuraient le respect par la crédulité.
C'est cet art disparu que Babel vit éclore,
Et qu'après dix mille ans le monde cherche encore !
Pour défier les airs et pour s'y hasarder
Les hommes n'avaient eu dès lors qu'à regarder ;
Des ailes de l'oiseau le simple phénomène
Avait servi d'exemple à la science humaine.

A leurs flancs arrondis le char était pareil;
Dans sa concavité légère, un appareil
Pressait à flots cachés un mystère fluide
Plus léger que l'Éther et flottant sur le vide;
Du vaisseau dans les airs il élevait le poids
Comme sur l'Océan se soulève le bois.
Les hommes, mesurant le moteur à la masse,
S'élevaient, s'abaissaient à leur gré dans l'espace,
Dépassant la nuée ou rasant les hauteurs;
Et, pour frayer le ciel à ses navigateurs,
Pour garder de l'écueil la barque qui chavire,
Un pilote imprimait sa pensée au navire :
D'un second appareil l'habile impulsion
Donnait au char voguant but et direction.
Du milieu de la quille un mât tendait la voile,
Dont la soie et le lin tissaient la fine toile;
Sur le bec de la proue un grand soufflet mouvant,
Comme un poumon qui s'enfle en aspirant le vent,
Engouffrait dans ses flancs un courant d'air avide,
Et, gonflant sur la poupe un autre soufflet vide,
Lui fournissait sans cesse, afin de l'exhaler,
L'air dont, par contre-coup, la voile allait s'enfler.
Ainsi, par la vertu d'un mystère suprême
Un élément servait à se vaincre lui-même
Et le pilote assis, la main sur le timon,
Voguait au souffle égal de son double poumon.

Mais les amans assis sous le mât qui chancelle,
Et dépassant du front les bords de la nacelle,
Flottaient sans rien comprendre au double mouvement
Qui les engloutissait dans le noir firmament;
Et les sourds sifflemens de la brise nocturne
Battaient sans l'éveiller leur effroi taciturne.
Tantôt la nue en eau semblait les enfermer;
Comme un vaisseau qui sombre aux gouffres de la mer,

Ils fendaient, engloutis, ces ténèbres palpables;
L'écume des brouillards ruisselait sur les câbles;
Et leurs cheveux, d'horreur sur leurs têtes dressés,
Distillaient l'eau du ciel sur leurs membres glacés.
Tantôt, sortant soudain de la mer des nuages,
Les étoiles semblaient pleurer sur leurs visages;
Puis, au branle orageux des ondulations,
De constellations en constellations,
Les étoiles fuyant au-dessus de leurs têtes
Couraient comme le sable au souffle des tempêtes :
On eût dit que le ciel, dans un horrible jeu,
S'écroulait sur leur voile en parcelles de feu.
Mais la barque bientôt, retrouvant l'équilibre,
Sut planer, sans rouler, dans l'azur clair et libre.

A mesure qu'au but la voile s'avançait,
Des teintes du matin le ciel se nuançait.
Déjà comme un lait pur qu'un vase sombre épanche
La nuit teignait ses bords d'une auréole blanche,
Les étoiles mouraient là-haut, comme des yeux
Qui se ferment lassés de veiller dans les cieux;
Le soleil, encor loin d'effleurer notre terre,
Comme un rocher de feu lancé par un cratère,
Au lieu de se lever du nocturne plafond,
Montait, pâle et petit, de l'abîme sans fond,
Et ses rayons lointains, que rien ne répercute,
Du jour et de la nuit amollissaient la lutte.

Bientôt sous le navire, atteint de sa clarté,
Ils virent à leurs pieds, perçant l'obscurité,
Un globe pâlissant surgir des ombres vagues,
Comme une île au matin qu'on voit monter des vagues.
C'était la terre, avec les taches de ses flancs,
Ses veines de flots bleus, ses monts aux cheveux blancs,
Et sa mer qui, du jour se teignant la première,
Éclatait sur sa nuit comme un lac de lumière.

HUITIÈME VISION.

« Terre ! » dit une voix ; et par un art secret,
S'abattant comme un aigle où sa proie apparaît,
Le navire égaré sur ces flots sans rivage,
Sur les monts et les mers redressa son sillage,
Et, dirigeant sa proue aux pointes du Sina,
Sur la mer Asphaltite en glissant s'inclina.
Il entendit d'en haut battre contre ses rives
Les coups intermittens de ses vagues massives,
Sentit monter son vent dans sa voile fraîchi,
Au miroir de ses flots vit son vol réfléchi,
Et, suivant le Jourdain au rebours de sa course,
Avec Gad et Saphad s'éleva vers sa source.
Le saint fleuve déjà d'avenir bondissait,
Et de Génésareth le lac éblouissait !
On eût dit que leurs eaux pressentaient sous les âges
Les grands pas qui devaient sacrer leurs saintes plages.

Les cimes du Liban qu'ils avaient à franchir
Devant les nautoniers commençaient à blanchir ;
Ils entendaient grossir cet immense murmure
Qui sifflait nuit et jour parmi sa chevelure,
Comme un souffle lointain de l'inspiration
Que donnerait le cèdre aux harpes de Sion.
Ils voyaient ondoyer en bas, à grandes ombres,
La bruissante mer de leurs feuillages sombres ;
Leurs flèches frémissaient sous le sillon grondant ;
L'astre du jour déjà baissait vers l'occident.
Au-dessus d'une sombre et profonde vallée
La barque suspendit soudain sa course ailée,
Et, comme dans une anse à l'abri d'un rocher
Le corsaire d'Ydra plonge pour se cacher
Jusqu'à l'heure où la nuit obscurcira sa voile,
Le long du mât couché faisant plier sa toile,
Le pilote laissa son esquif onduler
Jusqu'au soir, sous la lune, au doux roulis de l'air.
Tandis que le vaisseau flottait à l'aventure,

Les matelots prenaient un peu de nourriture,
Et comme des oisifs, accoudés sur les bords,
D'un œil vague et distrait ils regardaient dehors
Écumer les torrents, pyramider les cimes,
Et les aiglons en bas tourner sur les abîmes.
Les lions seuls alors rugissaient dans ces lieux.
Quand la nuit renaissante eut obscurci les cieux,
Comme un oiseau qui part de la branche ébranlée
La barque s'éleva vers la voûte étoilée,
Doubla comme un grand cap dans le ciel menaçant
Du Sannim nuageux le sommet mugissant,
Du Liban qui décroît redescendit la pente
Vers la plaine profonde où l'Euphrate serpente,
Et dans les libres flots d'un transparent Éther,
Sur le ciel des géans commença de flotter.

Déjà comme un fanal qui sur l'écueil vacille,
Une vaste lueur ondoyait sur sa quille :
C'étaient les mille feux de l'immense Babel,
Comme un rouge volcan reflété dans le ciel.
L'esquif aérien, guidé par cette flamme,
De l'air sous son sillon faisait gronder la lame ;
Le timon frémissait dans la robuste main,
Il plongea lentement dans ce cratère humain ;
Comme de grandes mers qui battent leurs rivages,
Un bruit sourd et croissant montait jusqu'aux nuages.
Cédar et Daïdha regardaient autour d'eux,
Ne sachant d'où venait ce bruit tumultueux :
Involontairement au choc penchant leur tête,
Ils croyaient approcher d'une grande tempête,
Et s'étonnaient de voir dans un ciel de cristal
Le navire flottant bercé d'un souffle égal.
Par degrés cependant leur oreille assourdie,
Se penchant du côté de l'immense incendie,
Dans l'orageux roulis de ce bruit souterrain
Crut reconnaître l'âme avec l'accent humain ;

HUITIÈME VISION.

Et plus le bruit croissant grossissait dans les nues,
Plus leur âme sondait ces clameurs inconnues.

De ces grands murs remplis par une nation
C'était au soir d'un jour la respiration,
Ce bruit intermittent d'un million d'haleines
Dont les vagues de l'air sont sonores et pleines,
Lorsqu'une ruche humaine, avant de s'endormir,
Des passions du jour semble encore frémir :
Sourde ondulation de cette mer de vie
Où la vague de sons par une autre est suivie,
Où la longue clameur qu'un silence interrompt
Fait vibrer ou suspend les tempes dans le front ;
Où l'on entend mugir par lointaines bouffées
D'orageuses rumeurs sous d'autres étouffées,
Inextricable écho de sons, de cris, d'accens,
Dont on saisit le bruit sans comprendre le sens.
Tel s'élevait du sein de la ville lointaine
Le bruit qu'interrogeait leur oreille incertaine :
Pas d'un peuple nombreux sous qui le sol gémit,
Coups sonores du fer sur l'airain qui frémit,
Roulement éternel des chars dans la carrière,
Cours du fleuve encaissé dans ses marges de pierre,
Grands orchestres jetant dans l'air mélodieux
En métalliques voix les ivresses des dieux,
Monotone soupir de la faim qui mendie,
Appels retentissans au meurtre, à l'incendie,
S'élevant confondus dans le calme des airs,
Ne formaient qu'un seul son de tous ces sons divers.
Un retentissement de verges et de chaînes,
Des râlemens affreux de victimes humaines,
Cris d'angoisses de mère à qui l'on disputait
Pour le couteau l'enfant que son sein allaitait,
De la vierge arrachée aux piliers qu'elle embrasse
Pour aller assouvir la fureur qui l'enlace ;
Émeutes aux pas sourds, assauts, séditions,

Des applaudissemens, des imprécations ;
Déchiremens de voix, vastes éclats de rire.
Puis, du sein d'un silence où toute voix expire,
Comme au bord de la mer où le vent calme et sourd
Pousse à l'écueil grondant un flot égal et lourd,
Une neuvième vague, amoncelée en poudre,
Éclate sur l'écueil avec un bruit de foudre,
Une immense clameur s'élançant de la nuit
Montait du peuple entier en tempête de bruit,
Et faisant trembler l'air comme une onde sonore
Asphyxiait l'oiseau dans les feux de l'aurore.
A cette grande voix de ce monde nouveau,
L'esprit des deux amans tournait dans leur cerveau,
Et leur cœur tout tremblant, que la terreur resserre,
Sentait le contre-coup des clameurs de la terre ;
Leurs tempes oubliaient de battre, et le frisson
Sur leurs membres glacés courait avec le son.

Envolés de leur lac, ainsi lorsque deux cygnes,
Des précoces frimas voyant les premiers signes,
Pour dérober leurs fruits aux durs frissons du Nord
En traversant le ciel passent du bord au bord,
Si leur vol les conduit sur un champ de batailles
Où deux peuples armés déchirent leurs entrailles,
Sur la plaine de sang où leur couple s'abat
Ils entendent rugir les vagues du combat ;
Les cris des combattans, les éclairs de la poudre,
Du cratère vivant font remonter la foudre ;
Dans le lac où leurs flancs aimaient à se baigner
Leur œil avec horreur voit les vagues saigner ;
A ces globes de fer que le salpêtre allume
Jusque dans le nuage ils roussissent leur plume,
Et sur ces champs d'horreur, qu'ils ne peuvent quitter,
Leurs ailes sans ressorts n'osent plus palpiter.

NEUVIÈME VISION.

Cependant, descendu sur l'horrible tempête,
L'esquif des hautes tours rasait le sombre faîte.
On eût dit à leur foule, à leurs sommets pressés,
En aiguilles, en arcs, en minarets dressés,
Une forêt de pierre où les granits, les marbres,
Auraient germé d'eux-même et végétaient en arbres.
Pyramides, palais, dressés sur leurs séans,
Ponts immenses montant sur leurs cintres béans;
Arcs sur arcs élevant de larges plates-formes
Servant de piédestal à des monstres énormes,
Obélisques taillés dans un bloc seulement,
Arrachés de la terre ainsi qu'un ossement,
Et sans rien supporter s'amincissant en glaive,
Dans le ciel étonné se perdant comme un rêve!
Aqueducs où grondait le fleuve aux grandes eaux,
Jardins aériens portés sur mille arceaux,
Dont les arbres géans, plus hauts que nos idées,
Jetaient sur les palais l'ombre de cent coudées!
Colonnades suivant comme un serpent d'airain
Des coteaux aux vallons les grands plis du terrain,
Où des troncs de métal, prodigieuses plantes,
Portaient à leurs sommets des feuillages d'acanthes;
Des vases où fumaient des bûchers d'aloès
Pour embaumer, la nuit, la brise des palais,

Ou d'éclatans foyers, flammes pyramidales,
Qu'ondoyantes aux vents réverbéraient les dalles.

Le navire, voguant sur ces blocs en monceaux
Comme un aigle au milieu de cent mâts de vaisseaux,
Craignait à chaque instant de déchirer sa quille
Contre une pyramide, une tour, une aiguille.
A travers ce dédale il dirigeait son vol,
Aux mille cris d'effroi qui s'élevaient du sol,
Vers le centre éclatant, des dieux forte demeure,
Qui dominait de haut la ville intérieure.
Là, planant de plus bas sur le sacré séjour,
Où les chefs s'enfermaient dans leur jalouse cour,
Ils virent, aux clartés de cent torches errantes,
Dans un jardin coupé de sources murmurantes,
Aux brises sans repos d'accords mélodieux,
Un innombrable essaim de déesses, de dieux,
Les regardant tomber comme file une étoile,
Et d'un immense cri faisant trembler leur voile.

Mais avant que l'esquif, un moment suspendu,
Au niveau des remparts de marbre eût descendu,
Celui qui paraissait régner sur cette foule
Fit un geste : aussitôt, comme la feuille roule
Quand le vent du midi qui vient la balayer
L'amoncelle en courant et la fait ondoyer,
Par le geste écartés, ces hommes et ces femmes,
Montrant dans leur pâleur tout l'effroi de leurs âmes,
Sans oser vers le ciel détourner un regard,
Du jardin interdit s'enfuirent au hasard.
Le roi seul, entouré par un groupe céleste
De femmes, de géans, indique par un geste
Au pilote attentif le sommet d'une tour
Dont des créneaux d'ivoire enfermaient le contour :
Il y monte à pas lents d'étages en étages,
Et le navire enfin y descend des nuages !

NEUVIÈME VISION.

Sitôt qu'il eut touché terre comme un oiseau,
La voile s'abaissa sur son mât de roseau,
Et des flancs affaissés de l'obscure nacelle,
Comme des bords penchés d'un vaisseau qui chancelle,
Les géans descendus saluèrent leur roi;
Débarquant les captifs immobiles d'effroi,
Comme des chiens dressés traînent, souillés d'écume,
Ou le daim ou l'oiseau dont ils mordent la plume,
Ils portèrent meurtris, dans leurs bras triomphans,
Aux pieds du roi des dieux le couple et les enfans.

L'aspect inattendu de cette jeune proie
Arrache à tous un cri de surprise et de joie;
Un silence succède à ce ravissement.
Aux clartés d'un flambeau promené lentement,
Et dont chaque lueur flottant sur leur visage
Paraissait dépouiller un ange d'un nuage,
Les deux bras soulevés par l'admiration,
Les géans l'exhalaient en exclamation.
Ils contemplaient des yeux, ils caressaient de l'âme
Le torse aérien de cette jeune femme,
Ces membres qu'ombrageaient, de sa tête à ses piés,
Par l'haleine des nuits ses cheveux dépliés;
Ces épaules de marbre, où des frissons de crainte
De ses sensations faisaient courir l'empreinte,
Ces bras qui se tordaient d'horreur sur les carreaux,
Et d'un geste impuissant repoussaient les bourreaux;
Ce sein pur se froissant au pavé qu'elle foule,
Neige qui d'une coupe a conservé le moule,
Que ses doigts étendus et ses cheveux épars
Défendaient à demi contre ces vils regards;
Ce cou dont la tristesse allanguissait la courbe,
Comme un palmier pliant sous le fruit qui le courbe;
Cette bouche entr'ouverte, aux deux bords de vermeil
Grenade de Damas éclatée au soleil,

Et d'où semblait sortir avec sa faible haleine
D'espérance et de doute une âme toute pleine ;
Ce pli de la douleur entre ses deux sourcils,
Ces perles qui brillaient sur les bords de ses cils ;
La pâleur de l'effroi, la rougeur de la honte,
Répondant sur sa joue au regard qui l'affronte ;
Vers Cédar enchaîné ces soupirs étouffans ;
Ce sourire de mère à ses pauvres enfans ;
Et ces yeux où l'éclat de cette torche errante
Brillait comme un reflet de feu dans l'eau courante,
Et laissant voir au fond de leur morne splendeur
Comme un monde sans fond d'amour et de candeur !

Puis, arrachant leurs yeux de la céleste image,
Et portant la clarté sur un autre visage,
Ils contemplaient Cédar immobile à leurs piés,
Embrassant des deux bras ses genoux repliés,
Et comme pour cacher l'âme sur sa figure,
Laissant pendre en flots courts sa noire chevelure.
Sous le fer, en anneaux sur ses membres rivé,
Son beau corps s'affaissait ; mais s'il s'était levé,
On voyait que sa haute et robuste stature
Eût dépassé les dieux de toute la ceinture.
Les lourds anneaux de fer tordus par ses efforts,
De quelque tache bleue avaient souillé son corps ;
Mais de ce corps charmant la forte adolescence
Dont la grâce partout relevait la puissance,
De ses muscles naissans les palpitations
Dont le regard suivait les ondulations,
Dans un jeune olivier comme on suit sous l'écorce
Les membrures du tronc qui révèlent sa force ;
La blancheur de sa peau qu'un frissonnant duvet,
Comme une ombre ondoyante, à peine relevait ;
De son front foudroyé la beauté tendre et mâle,
La jeunesse et la mort luttant sur son teint pâle ;
Ce tronc qui semblait là du ciel précipité,

Sa taille, sa splendeur, son immobilité,
Le faisaient ressembler à la pâle statue
De quelque dieu de marbre à nos pieds abattue,
Dont les lézards rampans craignent de s'approcher,
Et qu'en le mesurant la main n'ose toucher.
Insensible au regard qui tombait sur lui-même,
Quand le géant orné du divin diadème,
Jetant sur Daïdha son regard de trop près,
De son désir brutal profanait ses attraits,
Relevant de ses mains son front mélancolique,
Contractant son sourcil sur son regard oblique,
On voyait dans son œil son esprit flamboyer :
Ce coup d'œil contenu paraissait foudroyer,
Et ses fers, secoués d'un bond involontaire,
Sonnaient comme un faisceau que le vent jette à terre :
Les reines pâlissaient de frissons, et le roi
Laissait tomber la torche et reculait d'effroi!
Tel quand un bûcheron dans un chêne encor tendre,
Après l'avoir coupé, met le coin pour le fendre,
Dans le tronc entr'ouvert s'il enfonce les doigts
Pour voir saigner la sève et se tordre le bois,
Les deux bords rapprochés de la profonde entaille
Saisissent tout à coup l'homme dans leur tenaille;
Vainement il secoue un bras désespéré,
L'arbre emporte la main qui l'avait déchiré.

DIXIÈME VISION.

Quand le maître des dieux, sur l'homme et sur la femme
Dans ce premier regard eut assouvi son âme,
Les bourreaux prosternés racontèrent comment,
Tel qu'un éclair vengeur tombé du firmament,
Sur la grotte où l'impie ourdissait ses blasphèmes,
Sa mort avait vengé leurs volontés suprêmes;
Comment ce nid obscur de malédiction
D'où sortaient le murmure et la sédition,
Avait vu dévorer en cendre par les flammes
Ce livre empoisonneur qui fascinait les âmes;
Et comment, du désert hôtes mystérieux,
Ces deux beaux étrangers avaient ravi leurs yeux,
Et portés par leurs mains dans la barque céleste,
Attendaient à leurs pieds leur destin d'un seul geste.

Au récit de la mort du traître Adonaï,
Voyant du souverain le front épanoui
S'éclairer comme un mont qui surgit d'un nuage,
Les bourreaux d'un tel crime imaginant le gage,
Savouraient dans leurs cœurs leur sublime forfait,
Et d'avance au service égalaient le bienfait.
« Ministres courageux des divines colères,
« Dit Nemphed, recevez vos trop justes salaires. »
En leur jetant ces mots, de son pied soulevé
De cinq coups convulsifs il frappe le pavé.

Au terrible signal qu'un sourd écho répète,
Sortent, en se courbant, d'une trappe secrète
Cinq colosses humains, exécuteurs cachés,
Monstres dressés au sang, par le sang alléchés,
Dont la langue arrachée assure le silence.
Un fer nud à la main, chacun des cinq s'élance
Sur un des cinq géans de l'esquif descendus :
Le fer plonge cinq fois dans leurs cœurs confondus ;
Le blasphème à la bouche, ils roulent sur les dalles
Aux pieds du roi des dieux, qui sourit de leurs râles ;
Leur âme sous ses yeux s'échappe en lacs de sang ;
Il joue avec l'orteil dans ce flot rougissant,
Comme au bord du ruisseau sur la grève qui fume,
Un pied d'enfant distrait badine avec l'écume.
Et quand toute leur veine a coulé de leur sein,
Les froids exécuteurs de son secret dessein,
Dans la mare de pourpre où leurs larges pieds glissent,
Prenant à quatre bras les cadavres qui gisent,
L'un par ses longs cheveux et l'autre par les piés,
Comme on lance une roche aux gouffres effrayés,
Du gigantesque effort que l'élan leur imprime
Par-dessus les créneaux les jettent dans l'abîme.
Du faîte de la tour, qui leur brise le front,
On voit s'entre-choquer les membres et le tronc.

« Maintenant, dit Nemphed, qu'ils parlent à la terre !..
« La mort seule et la nuit connaîtront ce mystère.
« Célestes confidens de mon sacré pouvoir,
« Qui pouvez seuls ici tout entendre et tout voir,
« Que ces secrets divins meurent dans vos pensées
« Par l'empire des cieux déjà récompensées !
« Nos fourbes ont conquis ce pouvoir incertain,
« Que la nuit rarement transmet jusqu'au matin :
« Par nos complicités habilement tramées,
« Sur les âmes des dieux soumises ou charmées
« Prolongeons à jamais ce suprême ascendant !

« De leurs séditions calmons le flot grondant !
« Le trône veut sans fin qu'on trompe ou qu'on opprime :
« Malheur à qui s'arrête un seul jour dans le crime !
« Un plus hardi l'atteint aux périlleux sommets.
« Que nos forfaits unis ne sommeillent jamais,
« Que la perversité d'en haut jamais ne s'use :
« Le prestige des dieux, c'est le crime et la ruse !
« Si d'un crime plus grand un autre est l'inventeur,
« L'empire nous échappe et passe à son auteur !...

« Adonaï n'est plus ; le peuple, qui sommeille,
« N'entendra plus d'en bas la voix qui le réveille.
« Voyez, j'ai fait le crime et j'ai coupé la main !
« De l'enfer et du ciel chef-d'œuvre surhumain,
« Le hasard m'a livré ces belles créatures
« Dont la perfection fait honte à nos natures ;
« Instrument de plaisir et de séduction,
« J'ai des moyens nouveaux de domination ;
« J'ai des projets sur eux qui ne font que d'éclore....
« Ils m'ont frappé l'esprit comme d'un météore.
« Allez, laissez-moi seul de mon vague dessein
« Couver sous le secret les ombres dans mon sein ;
« Et vous, allez jouir des célestes délices
« Que ma main vous assure à force de supplices ! »
Puis montrant aux muets par son doigt gouvernés
Les deux jeunes amans sur le marbre enchaînés :
« Emportez, leur dit-il, au palais des esclaves
« Ce jeune enfant des bois rivé dans ses entraves ;
« Qu'on prépare son corps avec précaution
« A subir des muets la mutilation.
« Pour énerver en lui cette audace virile,
« Avant de le dompter il faut qu'on le mutile ;
« Aux eunuques jaloux livrez le lionceau,
« Que sa virilité tombe sous leur ciseau ! »
Puis touchant les jumeaux du pied : « Qu'on les éloigne !
« Dit-il, et de son lait qu'une esclave les soigne.

« Qu'ils boivent quelques jours la vie avant la mort !
« Ma sagesse, plus tard, parlera sur leur sort !
« Quant à cette beauté qui les baigne de larmes,
« Portez-la comme un dieu sans regarder ses charmes,
« Devant moi, sous mes yeux, dans le sacré séjour
« Où j'abaisse ma main sur ces roses d'amour.
« Les rayons embrasés de la céleste flamme
« Relèveront du sein ce beau front qui se pâme.
« Mes regards l'ont choisie au milieu du troupeau :
« Qu'on rompe ces liens qui froisseraient sa peau !
« Que l'huile de la menthe et les larmes de l'ambre
« En rosée odorante inondent chaque membre,
« Qu'on égoutte les fleurs pour composer son bain,
« Que le lait soit son eau, que le miel soit son pain,
« Et que sur ses tapis elle n'ait pour entraves
« Que les bras complaisans de vingt belles esclaves ! »

Il dit. Obéissant à ses accens sacrés,
Et de la tour sonore inondant les degrés,
Les esclaves courbés accomplissent son ordre.
En vain de Daïdha l'on voit les bras se tordre,
En vain sa voix brisée invoque son amant :
Le rire répond seul à son gémissement.
Aux angoisses du cœur de sa charmante proie,
Aux soubresauts du sein sous les ondes de soie,
Aux palpitations de ses muscles souffrans,
Nul signe de pitié n'attendrit ses tyrans.
Des grâces du supplice ils repaissent leur vue,
Comme si cette femme était une statue.
Tant la perversité des coupables désirs
Peut changer la douleur en féroces plaisirs,
Étouffer la pitié sous des instincts infâmes,
Abrutir la nature et renverser les âmes !...

Nemphed, par ce spectacle et ces cris fasciné,
La suit jusqu'au palais aux reines destiné.

DIXIÈME VISION.

Il détache à regret ses yeux de ce visage ;
Puis, le front tout rêveur et chargé d'un nuage,
Faisant pâlir de loin ses ministres tremblans,
Sous ses portiques d'or il s'enfonce à pas lents ;
Et, le front dans ses mains, terrible et sombre geste,
Il s'assied au banquet sur le trône céleste.

Or au bruit de ces voix, aux vapeurs de l'encens,
Quelle distraction assourdissait ses sens ?
Aux éclats de plaisir des immortels convives,
Que roulaient dans leur front ces deux tempes pensives ?
De ce nuage obscur quel éclair sortirait ?

Nemphed de sa pensée avait seul le secret.
Adopté par les dieux dès sa première enfance,
Sans mère, sans amour et sans reconnaissance,
Dans l'intrigue des cours dès ce jour renfermé,
Nul sentiment humain en lui n'avait germé.
Son âme sans attrait n'était qu'intelligence ;
Ses passions, orgueil, ambition, vengeance :
Monter était pour lui l'univers tout entier,
Quel que fût sous ses pas l'abîme et le sentier ;
Et comme il avait vu, dans les célestes luttes,
Que les grands pas étaient suivis des grandes chutes,
Pour gravir du pouvoir le sommet escarpé
Sa sourde ambition dans l'ombre avait rampé.
Pour briser tout obstacle à sa fourbe sublime
Sa main au lieu du glaive avait saisi la lime ;
Soumettant à tout prix son orgueil déhonté,
De bassesse en bassesse il avait tant monté,
Il avait tant flatté les vanités pressées,
Avait tant infiltré sous terre ses pensées,
Tant servi, tant trahi de maîtres couronnés,
Pour des maîtres futurs d'avance abandonnés,
Il avait tant flairé sur des ondes limpides
Du vent encor dormant les invisibles rides,

De tant de dieux rivaux soufflé les passions,
Et tant vu remuer de flux de factions,
Qu'à chaque mouvement de la vivante houle
Un flot l'avait d'en bas soulevé dans la foule,
Laissé tomber, repris, laissé, repris cent fois,
Jeté comme une écume au piédestal des rois !

Nul sentiment humain, battant dans sa poitrine,
N'avait fait dans sa marche hésiter sa doctrine;
Dans son chemin couvert pitié ni repentir
N'avaient pu seulement d'un pas le ralentir.
Pour l'ami renversé, sans regard et sans honte,
L'homme n'était pour lui qu'un échelon qu'on monte,
Et dont on foule, après, le corps avec mépris.
Les hauteurs du pouvoir sont faites de débris.
Il riait dans son cœur de l'imbécile foule
Qui s'arrête à compter les corps morts qu'elle foule :
Quand au faîte escarpé l'on dirige ses pas,
Malheur, se disait-il, à qui regarde en bas !
C'est ainsi que, planant sur sa caste insensée
De toute la hauteur de sa froide pensée,
Jusqu'au trône céleste il s'était élevé.
Tel un miasme impur des marais soulevé,
Traînant dans les bas lieux sa masse infecte et sombre,
De la fange exhalé croupit longtemps dans l'ombre;
Puis de ce vil niveau par degrés s'élevant,
Salit de ses lambeaux les ailes de tout vent,
Et dans le ciel enfin, éclatant météore,
Y fait briller sa boue à l'égal d'une aurore !

Maintenant sur le faîte, et l'abîme à ses piés,
Il n'osait le sonder de ses yeux effrayés,
Et pour y résister au vent qui le secoue,
Il rampait sur le trône ainsi que dans la boue :
Son empire n'était qu'une ondulation
Aux chefs toujours déçus de chaque faction;

DIXIÈME VISION.

Et sur ce lac bouillant de sa ruine avide,
Il vivait de terreur, suspendu sur le vide !
Mais bien qu'il renfermât sa pensée en dedans,
Sa domination voulait des confidens :
Ministres corrupteurs d'infernales intrigues,
Pour épier les cœurs et déjouer les brigues,
Pour lire sous les fronts et sonder le terrain,
Pour serrer tour à tour ou ramollir le frein,
Pour garder du complot la fortune du maître,
Sa coupe de poison, et son sommeil de traître,
Des dieux inférieurs à sa grandeur vendus,
De ses nuits, de ses jours, compagnons assidus,
Fils secrets et brisés de sa sanglante trame,
Entraient dans sa pensée et surprenaient son âme.
C'est par eux qu'il tenait sous d'habiles niveaux
Les partis endormis l'un de l'autre rivaux,
Et que, séparant seul leur orageuse lutte,
En les voyant monter il retardait sa chute.
Saber, Azem, Akil, Serendyb, Asrafiel,
Étaient les confidens des hauts secrets du ciel ;
Chacun, feignant l'amour pour le tyran suprême,
Dans ce chef méprisé n'adorait que soi-même,
Épiant le moment de le précipiter
Du faîte où leur dédain l'avait laissé monter ;
Et lui, lisant du cœur leur haine dans leurs âmes,
Les tenait sous sa main comme un glaive à deux lames,
Qui défend la poitrine et blesse en défendant.

Son cœur dans un seul cœur se fiait cependant ;
C'était un cœur de femme encore enfant, ravie
A sa mère inconnue en venant à la vie ;
Fruit vert que mûrissait la prostitution,
Que, bien moins pour l'amour que pour l'ambition,
Nemphed, déjà glacé par les neiges de l'âge,
Avait soustraite jeune au banal esclavage,
A sa débile main préparée en appui,

Et jusqu'au rang suprême emportée avec lui.
Son nom était Lakmi. Sous sa douzième année
Sa joue était déjà légèrement fanée;
Car le miasme impur de cet air infecté,
Avant qu'elle eût fleuri, pâlissait la beauté.
Mais à la majesté de sa taille élevée,
A la splendeur des traits sur cette âme gravée,
Au marbre de sa peau sous les parfums poli,
A sa lèvre, où l'orgueil naissant traçait son pli,
Au tissu transparent de chevelure noire
Qui de l'épaule à nu laissait briller la moire,
A l'ovale élargi de ses grands yeux de jais,
D'où son âme en s'ouvrant illuminait ses traits,
On voyait qu'une grande et puissante nature
Avait marqué d'un sceau la noble créature,
Et qu'un germe d'amour l'accomplirait plus tard,
Si l'homme ne l'avait brûlée à son regard !

Mais Nemphed sous son souffle avait flétri la rose
Avant que du matin la feuille fût éclose;
Dans la corruption d'un soleil trop hâté
Il avait fait mûrir son âme et sa beauté,
Et, pressé d'en tirer un infernal usage,
Il avait corrompu lui-même son ouvrage;
Il avait détaché ce cœur de tout lien,
Pour l'arracher de terre et l'enchaîner au sien,
Et que de ses forfaits instrument ou complice,
Elle eût la même gloire ou le même supplice.
Il l'avait enlacée, elle aux membres de lait,
A ses membres vieillis, ainsi qu'un bracelet
Que rive à l'avant-bras la vierge de l'Asie,
Et qu'on n'arrache plus du corps qu'avec la vie.
Non que son cœur stérile aimât la tendre enfant
Que son souffle tuait tout en la réchauffant;
Mais il avait besoin, pour mieux filer sa trame,
De se l'incorporer en se vouant son âme :

DIXIÈME VISION.

Elle était le lézard espion du serpent,
Qui devance au soleil le reptile rampant;
Le chacal que le tigre en avant de lui lance;
L'appât que le pêcheur sur les ondes balance;
L'aspic au dard de feu, sur soi-même endormi,
Que sur les bords du Nil la main d'un ennemi
Glisse dans la corbeille et cache sous la rose,
Pour distiller la mort à la main qui s'y pose!

Dès ses jours innocens pervertie à dessein,
Lui-même avait versé ses poisons dans son sein;
Comme on élève une âme à la chaste innocence,
A la perversité façonnant son enfance,
Il avait renversé par cet art infernal
Dans ce cœur tout à lui le vrai, le bien, le mal,
Donné d'une vertu le nom à chaque vice,
A la sincérité préféré l'artifice,
L'audace à la pudeur, la haine à l'amitié,
La cruauté railleuse à la tendre pitié;
Et selon que l'enfant de poison allaitée
De malice et de crime était plus infectée,
L'instruisant par degrés de forfait en forfait,
Il la récompensait du mal qu'elle avait fait;
Et pour horrible prix de cette horrible escrime,
Il lui donnait la joie avec l'orgueil du crime!...
Mais le dernier degré de cette instruction
Était l'œuvre accompli : dissimulation.

Aussi l'âme enfantine à cet air exposée,
Suçant l'odeur du sang au lieu de la rosée,
Par l'émulation torturant ses penchans,
Couvrait d'un front naïf l'astuce des méchans.
De génie et de grâce également douée,
Belle, tendre, pensive et pourtant enjouée,
Savante à tous ces arts dont la corruption
S'efforçait d'exalter l'ardente passion,

A trouver dans les mots de si brillans symboles
Que la nature vit et sent dans les paroles;
A composer de sucs exprimés par ses mains
Des philtres qui versaient des songes surhumains;
A simuler du geste ou l'amour ou la haine
Qu'écrit la passion sur la figure humaine;
A passer de son gré du rire faux aux pleurs,
A tresser ses cheveux des haleines des fleurs,
A donner au contact de ses lèvres errantes
L'odeur et le frisson des brises enivrantes;
A fasciner tout œil tombé dans son regard,
A remuer le cœur, même au sein du vieillard.

Nemphed, qui de ces dons décorait son ouvrage,
Les faisait servir tous à son infâme usage.
Bien qu'il fît son jouet de cet être charmant,
Ce jouet dans ses mains était un instrument,
Instrument de forfaits, dont la grâce et l'enfance
Écartaient de l'esprit jusqu'à la défiance.
C'est elle qui semait, par de rusés discours,
La discorde et l'envie, atmosphère des cours;
Qui fomentait la haine et soufflait les cabales
Pour nouer ou briser des intrigues rivales.
C'est elle qui, sous l'air d'un enfant indiscret,
Laissait comme échapper de son cœur un secret;
Secret qui, du tyran servant l'hypocrisie,
Déroutait des rivaux la sombre jalousie,
Et détournant leurs yeux vers quelque faux dessein
Au véritable coup leur découvrait le sein.
C'est elle qui, du cœur épiant les ivresses,
Leur surprenait un mot fuyant, sous ses caresses,
Et, comme une tisseuse au doigt sûr et subtil,
Du seul bout de la trame ourdissait tout le fil;
Elle qui, préparant le piége où l'on trébuche,
Attirait en riant la victime à l'embûche,
Tandis que le poignard dans l'ombre suspendu

La frappait, sans briller, d'un coup inattendu ;
Elle qui, consommant des cruautés plus lentes,
Savait broyer la mort dans le venin des plantes,
Cacher entre ses dents l'imperceptible dard,
Qui d'un trépas soudain étonnait le regard ;
Car dans ce noir palais de ruse et de malice
Toute lèvre en buvant soupçonnait le calice ;
Et pour verser la mort il fallait, ô stupeur !
Qu'un enfant venimeux la lançât dans le cœur.

Par l'orgueil, et par l'or, et par mille délices,
Nemphed récompensait ces ténébreux services :
Elle jouait en reine avec son sceptre d'or,
Puisait, à son désir, dans le divin trésor,
Détachait de son front le sacré diadème,
Ou de son doigt jaloux l'anneau, signe suprême,
Et dont le seul aspect, du souverain des dieux
Faisait exécuter l'ordre silencieux.
Dans un palais touchant aux célestes demeures,
Cent esclaves choisis lui variaient les heures :
Les uns sous ses regards faisaient germer les fleurs,
Pour revêtir le sol de suaves couleurs ;
Les autres, de l'air même humectant les haleines,
Vidant et transvasant des urnes toujours pleines,
Ou des arbres trempés agitant les rameaux,
Donnaient au vent le froid et la senteur des eaux ;
Ceux-là faisaient pleuvoir, d'arcades en arcades,
Sur les gazons perlés les cheveux des cascades ;
Ceux-ci lui mariaient, au caprice des sens,
Les saveurs du festin tout embaumé d'encens ;
D'autres, pour la porter dans ses célestes chambres,
En corbeille animée assouplissaient leurs membres,
De peur que sous le poids de son corps étendu
Le muscle de leurs bras n'eût un pli défendu,
Et que ces chars vivans où son front se renverse
Ne lui fissent sentir le roulis qui la berce ;

D'autres enfin, servant l'idole de plus près,
Eunuques réservés aux mystères secrets,
Des parfums du matin que l'art savant distille
Sur ses membres baignés faisaient ruisseler l'huile;
Lui tressaient, pour vêtir son beau corps à ses vœux,
En les bordant de fleurs, des tissus de cheveux
Blonds ou noirs, par le fer enlevés dès l'aurore
A des fronts de quinze ans qui les pleuraient encore,
Comme nous enlevons, pour tisser nos habits,
La toison de l'hiver aux frissons des brebis.
Ces tissus d'Arachné, noués par la ceinture,
Pour diviniser l'art profanaient la nature.
Lakmi, s'enveloppant dans ces duvets soyeux,
Ne songeait plus aux pleurs qu'ils coûtaient à des yeux;
Mais comparant leur fil, leurs couleurs, leurs haleines,
Jouait avec le souffle en ces toisons humaines;
Et les entremêlant de bandelettes d'or,
Sous ses doigts frissonnans les sentait vivre encor.

Sa beauté ravissante, ainsi multipliée,
Au gré de la couleur tour à tour essayée,
Dans le cristal des murs où flottait son portrait
Et dans des yeux ravis longuement s'admirait;
Non que l'enivrement qu'elle avait d'elle-même
Fût ce besoin secret de charmer ce qu'on aime,
Mais ce besoin jaloux d'écraser d'un coup d'œil
Des rivales beautés la malice et l'orgueil.
Elle sortait de là séduisante et rieuse;
Éblouissant d'attraits la foule curieuse,
Abeille matinale à butiner son thym,
Couvrant son cœur profond d'un visage enfantin,
Elle errait à son gré dans ce palais des vices
Pour prendre tous les cœurs à ses vils artifices.
Tantôt elle tendait l'astucieux filet
De ses ruses de femme aux sens qu'elle troublait;
Dans les cœurs alléchés semait les espérances,

DIXIÈME VISION.

Affectait des penchans, montrait des préférences,
Jetait ces demi-mots dont le sens fait rêver,
Par ses adorateurs les laissait achever.
Tantôt, dans les accès d'un abandon folâtre,
Se donnant en spectacle à la foule idolâtre,
Par la danse ou le son du luth mélodieux
Elle enchantait l'oreille et captivait les yeux ;
Ame parmi ces corps, sa vive intelligence
Dominait les instincts de cette vile engeance.
Le sourire hébété l'applaudissait toujours.
Tantôt, s'interrompant par quelques fous discours,
Comme un enfant distrait qu'un vol de mouche entraîne,
Déposant, pour jouer, la majesté de reine,
Aux regards étonnés des femmes, des géans,
Elle allait se mêler aux plaisirs des enfans,
Se laissait défier à leur lutte, à leurs courses,
Jouait avec le sable ou l'écume des sources,
Trempait comme eux ses pieds, et de ses vêtemens
Semait sur les gazons l'or et les diamans ;
Comme si de ces jeux la présence et l'image
L'arrachaient à son rang et lui rendaient son âge !
Aussi toutes les voix partout la demandaient ;
Tous les fronts à ses yeux, sombres, se déridaient.
Sous la fausse couleur dont il gardait l'empreinte,
Le sien à force d'art écartait toute crainte.
On oubliait auprès de cet être charmant
Que l'ombre de Nemphed la couvrait constamment ;
On se laissait séduire à sa première vue :
Ainsi lorsque la foudre éclate dans la nue,
Incendiant la mer de la flamme des cieux,
D'enfans assis au bord un groupe insoucieux
Pour voir ce feu du ciel se penche du rivage,
Et joue avec l'éclair, qui n'est que son image !

A ces banquets des dieux, aux pieds du maître assise
Comme un oiseau privé, seule elle était admise,

Et Nemphed du pouvoir pour oublier le poids
Roulait de ses cheveux les ondes dans ses doigts.
Des autres confidens l'astucieuse troupe
S'écartait par respect du redoutable groupe,
Et, dieux inférieurs, sur les degrés du ciel
S'asseyaient à des rangs séparés. — Asrafiel,
Le plus grand, le plus beau de ces Titans célestes,
Les dominait du front, du regard et des gestes;
On voyait que la terre avait, en le formant,
De la matière en lui prodigué l'élément,
Et du feu des volcans que le tonnerre allume
En secouant sa torche animé cette écume.
La voûte de granit sentait sa pesanteur,
Sa taille des piliers égalait la hauteur;
Comme les nœuds du bois qui font renfler l'écorce,
Ses muscles au repos articulaient sa force,
Et sur sa nuque, égale aux nuques de taureau,
Au moindre mouvement palpitaient sous sa peau.
Ses bras nerveux, noués à l'épaule robuste,
Sur ses flancs onduleux pendaient le long du buste;
Ses larges pieds posaient au sol comme du plomb;
Et ses membres, gardant l'équilibre et l'aplomb,
Même quand sous son poids penchait son tronc de marbre,
Rassuraient le regard et ressemblaient à l'arbre
Qui, dans le roc profond sous terre enraciné,
Balance aux vents ses bras sur sa base incliné.

La foule des géans frissonnait à sa vue,
Sa main était l'étau, son poignet la massue;
Le peuple, à qui la forme imprime le respect,
Le craignait, l'admirait, s'ouvrait à son aspect,
Et ne comprenait pas comment ce corps superbe
Sous les pieds de Nemphed se courbait comme une herbe,
Servait sa perfidie et son ambition,
Ni comment le serpent enchaînait le lion.
Mais cette force était son âme tout entière;

Ses passions étaient celles de la matière :
Un seul doigt remuait ces immenses ressorts ;
Le seul feu des plaisirs couvait dans ce beau corps ;
L'inextinguible soif des voluptés obscènes
Allumait ses regards et desséchait ses veines ;
Et Nemphed s'assurait de sa complicité
En jetant la pâture à sa lubricité ;
Il apaisait son sang en nourrissant son vice,
Comme on gorge le tigre afin qu'il s'adoucisse.

De cette insatiable et vile passion
Ses traits désordonnés portaient l'impression ;
Son front sans profondeur et fuyant en arrière
N'ombrageait qu'à demi sa saillante paupière ;
Le globe de ses yeux, d'un azur pâle et clair,
Dont la lourde paupière amortissait l'éclair,
Bien que vaste et sortant comme à fleur du visage,
Semblait toujours trempé d'un humide nuage,
Et regardant à vide à travers ce brouillard,
En lui-même jamais ne rentrait son regard.
Dans ses canaux renflés sa sonore narine
Aspirait à grands flots le vent dans sa poitrine :
Sa joue, où de la flamme ondoyait la couleur,
Trahissait de son sang la brutale chaleur ;
Dans ses regards perdus, sur ses lèvres massives,
On voyait respirer ses images lascives :
Et sur son sein, le poil épais et chevelu
Flottait comme la soie aux flancs du bouc velu.
L'amour seul enflammait sa brutale énergie,
Et l'empire pour lui n'eût été que l'orgie.
Il regardait Lakmi jouant dans les genoux
Du souverain des dieux avec un œil jaloux,
Et son âme, en dedans savourant ses caresses,
Se noyant dans ses yeux, s'enchaînait dans ses tresses.

A côté d'Asrafiel, mais moins fort et moins grand,

Le féroce Sabher s'asseyait à son rang ;
Sabher, de tous ces dieux sous qui tremblait la terre,
De sang le plus gorgé, sans qu'il s'en désaltère.
Bourreau, sa main tuait, mais ne combattait pas ;
Ses pères les géans l'appelaient le Trépas.
Cœur de lièvre au combat, cœur de tigre au carnage,
Sa cruauté sans borne était son seul courage.
Nemphed en avait fait son glaive et sa terreur,
Et l'on avait pour lui le respect de l'horreur.
Des voluptés du meurtre il faisait ses délices,
Toute sa joie était d'inventer des supplices.
Pour savourer le coup prolongeant le tourment,
Il ne donnait la mort qu'avec raffinement ;
Il suçait la douleur dans les fibres humaines.
Goutte à goutte de sang il épuisait les veines,
Membre à membre il semait le mourant en lambeaux,
Brûlait à petits feux la victime aux flambeaux,
Déchirait la peau vive en saignantes lanières,
Des crânes décharnés arrachait des crinières ;
Et suspendant ainsi le squelette vivant
Aux créneaux d'une tour balancé par le vent
Jusqu'à ce que la peau du crâne détachée,
Du front qu'elle soutient fil à fil arrachée,
Abandonnant le corps, se rompît sous le poids,
Il le laissait tomber et mourir mille fois !

Cette panthère humaine en présentait les formes ;
Ses gigantesques bras étaient longs et difformes ;
Ses membres disloqués, mal attachés au corps,
S'emmanchaient pesamment à son buste distors ;
Son cou grêle rentrait dans ses épaules hautes ;
Ses flancs vides de cœur s'enfonçaient sous ses côtes ;
Son front, petit et bas, dégarni de cheveux,
Remuait agité d'un tremblement nerveux.
Sur son œil faux et gris sa paupière ridée,
Comme par la clarté du jour intimidée ;

DIXIÈME VISION.

Se fermant, se rouvrant, sans repos palpitait.
Un sourire indécis sur sa bouche flottait,
Et laissait éclater entre ses lèvres pâles
Des dents que séparaient de larges intervalles,
Et qui, faisant le bruit d'une bouche qui mord,
Semblaient broyer des os comme un tigre qui dort.
Le cou tendu, l'œil fixe, et l'oreille dressée,
Dans les yeux de Nemphed il plongeait sa pensée,
Cherchant à pressentir, comme un chien de boucher,
Quel sang lui jetterait son vil maître à lécher.

Serendyb, après lui, géant pensif et sombre,
Qu'une large colonne effaçait sous son ombre,
Écartant de la foule un dédaigneux coup d'œil,
Semblait s'envelopper d'un égoïste orgueil.
Par le pli du dédain sa lèvre rebroussée
Donnait l'air de l'insulte à sa forte pensée.
Son œil profond rêvait sous son épais sourcil;
Les soucis allongeaient et creusaient son profil;
La morne indifférence éclatait dans ses poses;
Son regard descendait de haut sur toutes choses,
Comme le pied superbe et qui ne daigne pas
Choisir dans la poussière où s'impriment ses pas.
Le mépris des humains était son âme entière;
Il ne voyait en eux qu'une vile matière
Qu'il fallait façonner à son ambition,
Plier, briser, pétrir sous son oppression,
Sans prêter plus d'oreille au cri qu'on leur arrache
Qu'on n'en prête au bois sec qui gémit sous la hache,
Ou qu'en foulant l'argile un stupide potier
N'en prête au vil limon pétri dans son mortier!

Sans avoir de ce peuple amour, terreur ou haine,
C'est sa main qui forgeait et qui rivait sa chaîne.
Il était l'inventeur des profanations

Dont ces Titans scellaient leurs dominations ;
C'est lui qui, soutenant leurs lois de son génie,
Avait en art savant écrit la tyrannie!...
Et sous le joug affreux qu'il appesantissait,
Courbait le front du peuple et l'assujettissait.

Segor, Azem, Jéhu, géans aux fronts sinistres,
De cette infâme cour courtisans ou ministres,
Et chefs inférieurs de sourdes factions,
Complétaient ce festin d'abominations.
D'un vice ou d'un forfait leur horrible visage
Dans la laideur des traits répercutait l'image ;
Car dans la race impie où le crime était grand,
Sur la scélératesse on mesurait le rang !...

Du nocturne banquet la gigantesque salle
Élevait sur leurs fronts sa voûte colossale ;
Les marbres, découpés en rameaux gracieux,
Semblaient y soutenir les étoiles des cieux,
Et la lune, y glissant comme sur un feuillage,
Dans des bassins tremblans y doublait son image.
A ce grand dôme à jour sous le bleu firmament,
A ces eaux qui jouaient dans le marbre écumant,
A ces murs entr'ouverts aux brises comme aux ondes,
Aux fûts aériens de ces colonnes rondes,
Où le vent, circulant comme sous les forêts,
Apportait des jardins le parfum et le frais,
On sentait que ces murs, ces palais du mystère,
D'un inutile poids écrasaient cette terre ;
Que leurs arches de pierre et leurs cintres béans
N'étaient dans ces climats qu'un luxe de géans ;
Et que par cette vaine et massive structure
Ils avaient par orgueil défié la nature !
Cent colonnes portaient le long entablement ;
Mais quand on contemplait l'étrange ameublement,
Quand on portait les yeux, du cintre jusqu'aux dalles,

DIXIÈME VISION.

Sur le luxe effréné de ces murs de scandales,
L'âme humaine fuyait sous le dernier affront,
Et les cheveux, d'horreur, se dressaient sur le front !...
Par des êtres vivans l'impie architecture,
Pour enivrer les yeux, remplaçait la sculpture.
D'une colonne à l'autre, en ornemens humains,
Des enfans suspendus se tenant par les mains,
Et de plis gracieux arquant leurs membres souples,
En guirlandes de corps enlaçaient leurs beaux couples :
Au lieu de chapiteaux, d'autres enfans groupés
Semblaient porter le ciel sur leurs dos attroupés ;
Et sous la rude acanthe accroupis dans leurs niches,
Cariatide en chair, ils bordaient les corniches.
Sur la frise mouvante en foule circulait
Un long groupe que l'art mêlait et démêlait ;
Femmes, enfans, guerriers, combats, plaisirs célestes,
D'autres acteurs changeaient d'attitude, de gestes,
D'un long fleuve de vie intarissables cours
Disparaissant sans cesse et renaissant toujours.
Muets comme le marbre, ils glissaient comme l'ombre :
Leur ondulation multipliait leur nombre ;
Rapetissés à l'œil par leur éloignement,
A peine voyait-on leur léger mouvement.
On eût dit, à les voir animer cette frise,
Entre l'être et la mort la matière indécise,
Sous l'art surnaturel d'un magique pouvoir
Avant de vivre encor forcée à se mouvoir.

Autour du fût poli des colonnes de marbre,
Comme court la liane autour du corps d'un arbre,
Qui s'enlace et serpente, et de nœuds festonnés
Cache la rude écorce aux regards étonnés,
Des enfans consacrés à revêtir la pierre
Imitaient en grimpant les spirales du lierre.
De la base au sommet ils garnissaient le tronc ;
L'un appuyait ses pieds où l'autre avait le front :

Leurs membres suspendus, leurs mains entrelacées,
Par l'effort sous leurs dos leurs têtes renversées,
Aux formes du granit leurs muscles s'accordant,
De leurs beaux fronts levés leurs longs cheveux pendant,
De gestes gracieux ces longues symétries,
De visages rians ces mille broderies,
Qui de chaque colonne enlaçaient le pourtour,
Et d'arabesque humaine en tressaient le contour,
Trompaient l'œil ébloui par l'infâme artifice,
Et faisaient ressembler le magique édifice
Au temple de la vie où tous les blocs mouvans
Seraient bâtis de chair avec des murs vivans!...

Pour mieux rassasier tous les sens assouvis,
A des fronts de seize ans de longs cheveux ravis,
Comme au cygne habillé de ses plumes nouvelles
Pour amollir sa couche on moissonne ses ailes,
Et tressés chauds encore en doux tissus soyeux,
S'étendaient en tapis sous les membres des dieux!
Sur ces moelleux duvets étendant leurs flancs rudes,
Ils étaient accoudés en molles attitudes,
Et de ces blonds tapis la seule impression
Leur donnait un plaisir à chaque inflexion.

Pour supporter le poids de cent mets délectables
Ils n'avaient devant eux ni lourds trépieds ni tables;
C'était pour leur orgueil un avilissement
Que d'étendre leurs bras vers le nectar fumant:
D'esclaves à genoux un admirable groupe
Sur leurs bras élevés leur présentant la coupe,
Avec leurs doigts de neige en corbeilles tressés
Imitaient devant eux des trépieds tout dressés,
Essuyaient sur le marbre, avec leur chevelure,
Du banquet ruisselant la lie ou la souillure,
Et, suivant attentifs les mouvemens du corps,
Au niveau de leur lèvre élevaient ces supports.

DIXIÈME VISION.

Car ces monstres d'orgueil, enivrés d'esclavage,
De leurs membres sacrés ne faisaient nul usage,
Craignaient en s'en servant de les prostituer,
Et ne levaient jamais leurs bras que pour tuer!

Pour leurs goûts dépravés profanant la nature,
L'art changeait en forfaits jusqu'à leur nourriture;
Demandant un tribut à tous les élémens,
Ils écumaient le sel de tous les alimens.
Pour charmer leurs festins, tuant par hécatombes,
La moelle des agneaux, la langue des colombes,
Tout ce qui broute, ou nage, ou vole sous le ciel,
A pour le vil palais de plus substanciel,
Composait l'aliment de ces banquets célestes,
Et le peuple affamé se jetait sur les restes;
Et la sève ravie aux rameaux mutilés,
Et des baumes en fleurs les parfums distillés,
Et les feux du soleil dont les liquides flammes
Des veines du pavot coulent dans les dictames,
Mêlés dans leur breuvage aux larmes de l'encens,
D'une ivresse éternelle incendiaient leurs sens.

Disputant ce service aux plus belles esclaves,
Et goûtant avant lui les mets les plus suaves,
Lakmi servait Nemphed, à ces festins sacrés,
De secrets alimens dans l'ombre préparés.
Le vieillard soupçonneux ne recevait que d'elle
Le breuvage effleuré par sa lèvre fidèle;
Sur la fin du banquet, quand les sens alourdis
D'ivresse et d'alimens paraissaient engourdis,
Que les regards distraits et la lèvre rougie
Semblaient préparer l'âme au comble de l'orgie,
Digne délassement de leurs affreux loisirs,
Un spectacle effréné variait leurs plaisirs.
Ce n'était pas ce jeu, cette feinte torture
Dont l'art sur le théâtre imite la nature,

Où le rire et les pleurs, le sang et le poignard,
Font frissonner la foule en trompant le regard,
Des scènes de la vie ingénieux emblème :
Leur spectacle, c'était la nature elle-même;
La nature surprise en ses impressions,
Avec ses cris réels, son sang, ses passions,
Ses plus intimes voix sous le coup éclatantes,
Et ses fibres à nu devant eux palpitantes !
Le peuple fournissait le drame et les acteurs.
Préparant la surprise aux divins spectateurs,
Un de ces vils tyrans, ourdissant cette trame,
Fatiguait sa pensée à composer le drame,
Et, choisissant pour scène un meurtre intéressant,
Le leur faisait jouer sous les yeux jusqu'au sang.
Pour que l'illusion fût le plaisir suprême,
Il fallait que l'acteur en fût dupe lui-même,
Et, victime ignorant l'artifice odieux,
Jouât sans le savoir son sang devant les dieux.

Ce jour-là, de ces jeux le prévoyant ministre
En avait surpassé l'invention sinistre :
C'étaient d'affreux combats de l'homme et des lions,
Des corbeilles d'aspics, des cuves de scorpions,
Où l'on faisait plonger parmi l'horreur du rire
Un bras d'homme trompé, crispé par son martyre,
Pour entendre éclater le cri de sa douleur,
Et de son front mourant savourer la pâleur ;
Des corps vivans jetés dans un brûlant cylindre,
Pour voir de bleus foyers s'allumer et s'éteindre ;
Des blocs de lourd granit qu'on forçait de rouler
Sur des ponts de roseaux tout prêts à s'écrouler,
Afin qu'à chaque pas, sous ce poids qui l'écrase,
La terreur en marchant sentît crouler la base;
Du fer qu'avec leurs dents on leur faisait scier,
Et des pavés tranchans armés de dents d'acier,
Où, pour fuir une mort plus horrible et plus sûre,

DIXIÈME VISION.

Des malheureux couraient tout hachés de blessure,
Entre d'horribles morts d'horribles options,
Et le rire insultant leurs hésitations.

Mais pour mêler aussi, dans ces scènes infâmes,
Aux tortures des corps la torture des âmes,
Des plaisirs du forfait l'ordonnateur brutal
Les avait combinés dans son drame infernal.

Il avait découvert, dans ce peuple servile
Que ces tyrans sacrés opprimaient dans la ville,
Deux amans qui dans l'ombre abritaient leurs beaux jours.
Un enfant de six mois, doux fruit de leurs amours,
Délices de tous deux, extase de la mère,
Complétait, en l'ornant, ce bonheur éphémère.
De l'asile où leurs sorts se croyaient si cachés,
Des bourreaux, le matin, les avaient arrachés :
Conduits séparément dans l'enceinte céleste,
Ils tremblaient l'un pour l'autre; ils ignoraient le reste;
La terreur et le doute écrasaient leur raison.
La scène était la cour d'une sombre prison,
Où les géans, du sein de leurs doux lits de roses,
Pouvaient sans être vus contempler toutes choses.
Là, du drame réel les funèbres acteurs
Agissaient sans soupçon de l'œil des spectateurs.

Ichmé, c'était le nom de la jeune captive,
Sur un banc, dans un angle, était toute pensive;
Ses yeux, rouges de pleurs, tour à tour regardaient
Son enfant endormi, les murs qui la gardaient,
Et le pan bleu du ciel où la touchante femme
Avec ses gros soupirs semblait lancer son âme.
Tâtonnant les murs froids dans une demi-nuit,
Elle tendait l'oreille au moindre petit bruit.
Tout à coup des pas sourds lui font lever la tête,
Quelqu'un monte à la tour et paraît sur le faîte;

Il incline son corps sur l'abîme profond,
Et son regard errant semble chercher au fond.
Un cri part à la fois du sommet, de la base;
Ichmé lève ses mains dans une folle extase;
C'est Isnel, son amant, c'est son ombre ou c'est lui;
Un éclair de bonheur dans ses larmes a lui!
« Ichmé, murmurait-il, oh! quel dieu nous rassemble?
« Quoi! c'est vous que je vois? Quoi! tous les trois ensemble!
« Oh! quelle nuit pourrait m'empêcher de vous voir?
« Mais, es-tu seule au fond de cet abîme noir?
« Nulle oreille des murs ne peut-elle m'entendre,
« Nul œil nous découvrir, nul piége nous surprendre?
« —Oh! parle! répondait la captive à l'époux,
« La distance et la nuit sont seules entre nous.
« Mon cœur abandonné s'élance à ta parole;
« Je te tends sur mes bras l'enfant, ta chère idole,
« Car sur mon sein tari, qui bat à ton accent,
« Il a souri de joie en le reconnaissant.
« De mon cachot obscur par une porte ouverte
« J'ai traîné mes pieds nus dans cette cour déserte,
« Pour faire respirer à notre pauvre enfant
« L'air qui tombe des nuits ici moins étouffant.
« Nul pas n'y retentit et nulle voix humaine;
« Mon oreille n'entend rien que la rude haleine
« Des lions enchaînés dans ces antres obscurs,
« Dont les rugissemens font frissonner les murs!
« — O moelle de mes os, quel tourment! quelle joie!
« Sans pouvoir vous sauver faut-il que je vous voie?
« Oh! comme l'hirondelle au sommet de ma tour,
« Que ne peux-tu monter au nid de notre amour?
« Si cette nuit n'est pas un songe, une chimère,
« J'irai ravir aux dieux les petits et la mère!
« Jusqu'à ces noirs créneaux où me cache la nuit
« De mon cachot ouvert des degrés m'ont conduit;
« J'en parcours librement la haute plate-forme.
« Aux pieds des murs déserts il semble que tout dorme.

DIXIÈME VISION.

« La tour sert de rempart à la cité des dieux ;
« Le fleuve coule en bas, et brille sous mes yeux ;
« Des lierres où le pied glissant peut se suspendre
« Jusqu'aux bords du courant nous laisseraient descendre ;
« Et je vous porterais au delà de ses eaux,
« Dans l'antre où le lion cache ses lionceaux !
. . . .
« Mais que vois-je ? en ces lieux des gardiens oubliée,
« Une corde de jonc en serpent repliée
« Semble nouée exprès aux créneaux de la tour
« Pour tromper leur vengeance et pour sauver l'amour.
« Ichmé ! ne tremble pas ! » Il dit et la déroule,
Le long des murs polis rapidement s'y coule,
Et, des astres du ciel seulement aperçu,
Entre des bras tremblans à terre il est reçu.
Oh ! qui peindrait à l'œil ces deux têtes pressées,
Ces palpitantes mains autour du cou tressées,
Ces lèvres se quittant pour se serrer plus fort,
Ces membres fléchissant sous le poids du transport,
Ces silences coupés de paroles rapides,
Et ces mains dans les mains, et ces regards avides,
Assauts multipliés des mille sentimens
Que peignaient aux regards les gestes des amans !
Ils auraient fendu l'arbre et fait pleurer la pierre.
Mais les dieux ! rien d'humain ne mouillait leur paupière !
« Arrachons-nous, dit l'homme, à ces embrassemens ;
« La lune court au ciel, profitons des momens.
« Sur la tour, où bientôt va poindre la lumière,
« Laisse-moi dans mes bras t'emporter la première,
« — Sauve d'abord l'enfant, dit la mère, et reviens
« De ses bras détaché me prendre dans les tiens ! »

Le jeune homme, à ces mots, dans une horrible transe,
Prend son fils sous l'aisselle, à la corde s'élance,
Le presse des deux mains en renversant le front,
Y colle ses pieds joints comme un pasteur au tronc,

Et sous le double poids dont cette échelle vibre,
En ménage avec soin l'ondoyant équilibre.
Ichmé les suit de l'œil et les soutient du cœur ;
Sa voix du jeune époux anime la vigueur.
Il atteignait déjà le tiers de la muraille ;
Soudain de pas humains le haut des tours tressaille :
L'ombre de corps géans s'y trace sur les cieux ;
La corde qui soutient le fardeau précieux,
Et dont le bout flottant traîne encor sur la terre,
Échappe, en remontant, à la main qui la serre,
Et, recevant d'en haut une vibration,
Décrit, en s'élevant, une ondulation.
O terreur !... au-dessous du créneau qui déborde
Une invisible force a replié la corde ;
De là, tenant son fils, le jeune homme éperdu
Se balance à cent pieds sur la mort suspendu.
Le féroce bourreau qui fait vibrer le câble
Imprime aux corps flottans un branle épouvantable ;
Les oscillations se doublent par le poids,
On dirait que l'on veut les briser aux parois.
Comme une main terrible au branle de la fronde
Fait siffler l'air froissé sous le caillou qui gronde,
L'élan du mur au mur les porte en bondissant ;
Isnel à chaque coup les tache de son sang ;
De peur que son enfant ne se brise aux murailles,
Son corps est un rempart, ses doigts sont des tenailles ;
Tous ses membres crispés se ramassent en bloc ;
Il présente son front pour lui parer le choc,
Prolonge sans espoir l'épouvantable lutte,
Et tombe mille fois pour disputer sa chute.

La mère cependant, levant vers eux les bras,
Les pieds cloués d'horreur, les regarde d'en bas :
Chaque fois que la corde éprouve une secousse,
Les murs tremblent d'horreur sous le cri qu'elle pousse ;
Elle suit, en courant, et du geste et des yeux,

DIXIÈME VISION.

La courbe que décrit son amour dans les cieux,
Croyant, à chaque bond, que des doigts de son père
Le corps de son enfant va s'écraser à terre.
Mais comme un fil tendu par la balle de plomb,
Le câble lentement a repris son aplomb,
Et le groupe, affermi sur le frêle pendule,
Entre la double mort le long des murs ondule,
On n'entend que le vent au sommet de la tour.
Cependant des bourreaux sont entrés dans la cour,
Et pendant que l'époux, par un effort sublime,
Son enfant dans les bras le dispute à l'abîme,
Martyrisant Ichmé de rires odieux,
Ces monstres effrénés l'insultent sous ses yeux.
Toutes les passions de la figure humaine,
Terreur, amour, pitié, rage, torture, haine,
Sur les traits contractés du père et de l'amant
Se peignent à la fois dans ce triple tourment.
Vingt fois ses doigts, crispés par l'horreur du supplice,
Sont prêts à s'entr'ouvrir sur la corde qui glisse;
Vingt fois, pour écraser le vil profanateur,
Il brandit son enfant sur eux comme un lutteur;
Mais chaque fois sa main, que la tendresse arrête,
Se refuse à lancer ce ceste sur leur tête.
Surmontant son horreur par un effort nouveau,
De la tour solitaire il atteint le niveau,
Et pour soustraire au moins son petit au carnage,
Il traverse le fleuve et repasse à la nage.
. . . .
. . . .
. . . .
. . . .
Ichmé, que la douleur prive de sentiment,
Semble à ses souvenirs renaître lentement.
Pour presser son enfant sur sa mamelle aride,
Son bras cherche à tâtons et se referme à vide;
L'affreuse vérité la réveille en sursaut.

Son corps sur son séant se redresse d'un saut;
Sa poignante pensée en éclair s'accumule,
Autour des sombres murs, penchée, elle circule,
Les deux mains en avant et n'osant les ouvrir,
Comme quelqu'un qui cherche et craint de découvrir!...
Aux soupiraux des cours elle colle l'oreille,
Où le fer enlacé se noue en forte treille :
Repaires souterrains, loges où les lions
Font vibrer en dormant leurs respirations.
L'œil ne peut pénétrer dans leur nuit sépulcrale,
Mais on sent leur haleine, et l'on entend leur râle.
Son cœur de mère, ô ciel! croit avoir entendu
Dans ces cachots de mort un pas sourd descendu :
Ce n'est pas un vain rêve, il approche, il redouble ;
De lourds gonds ont gémi, son oreille se trouble.
Avec l'œil de son âme elle croit voir au fond ;
Une confuse voix sort du gouffre profond.
Aux naseaux des lions qui mugissaient de joie,
Ces pas de pourvoyeurs font pressentir leur proie ;
Leur souffle impétueux frémit dans les barreaux :
« Isnel, l'enfant ou toi! répètent les bourreaux.

« Nos bêtes de ta chair veulent leur nourriture,
« Jette-s-y ton enfant, ou deviens leur pâture!... »
O comble de l'horreur! Isnel semble hésiter,
Les bourreaux aux lions vont le précipiter.
Mais quelque chose tombe au fond du noir repaire :
Doute atroce! est-ce, ô nuit, ou le fils, ou le père?.
Les lions couvrent tout de leur rugissement ;
Puis d'un enfant tombé l'affreux vagissement,
Et le bruit de ses os, que leur mâchoire broie,
A l'effroi de la mère ont révélé leur proie...
Le sein contre la pierre elle tombe d'horreur,
Ses membres convulsifs palpitent de terreur ;
Au cliquetis des os que les lionceaux mordent,
Ses bras désespérés sous sa tête se tordent;

DIXIÈME VISION.

Elle brise ses dents sur les barreaux de fer,
Et le cri de son cœur attendrirait l'enfer!
. . . .
. . . .
. . . .
. . . .

Cependant, descendu de la flottante échelle,
Isnel, pour l'emporter, reparaît devant elle :
Croyant voir de son fils le barbare assassin,
Son cœur, à cet aspect, se soulève en son sein.
Sa voix faiblit; son pied recule; elle s'écrie :
« Monstre, as-tu pu donner notre âme pour ta vie ?
« Un père aux lionceaux a pu jeter son fils!
« Et tu viens te montrer à la mère! et tu vis!
« Non! tu ne vivras pas du pur sang de mes veines. »
Elle dit : et levant un lourd faisceau de chaînes
Sur la tête d'Isnel à sa voix interdit,
D'un seul geste mortel le tue et le maudit!
Puis tournant contre soi cette main forcenée,
D'un tranchant de ces fers dont elle est enchaînée,
Elle s'ouvre la veine, et son corps pâlissant
S'affaisse en répandant le ruisseau de son sang;
Son beau front lentement tombe et se décolore,
Elle respire à peine, elle s'indigne encore.
. . . .
. . . .
. . . .
. . . .
. . . .
. . . .

Tout à coup des flambeaux apportés dans la cour
Sur la scène de mort jettent un affreux jour;
Des tortures du cœur le féroce génie
D'un dernier désespoir veut railler l'agonie!
De l'erreur de la mère un bourreau triomphant
Plein de vie à ses bras rapporte son enfant,

Son enfant altéré, qui l'embrasse et qui crie,
Et presse vainement sa mamelle tarie.
Des reproches mêlés d'affreux ricanement
Comblent son désespoir par son étonnement.
« C'était un jeu, vois-tu, jeune fille insensée !
« D'immoler ton amant pourquoi t'es-tu pressée ?
« Du repas des lions il était innocent.
« Quel lait aura ton fils? tiens, nourris-le de sang ! »
Les monstres, à ces mots, poussent un affreux rire :
D'une convulsion du cœur la mère expire,
Et les bourreaux, traînant le vivant et les morts
Vers l'antre des lions, leur jettent les trois corps !...

ONZIÈME VISION.

—

A chaque acte infernal de ce lugubre drame,
Le visage des dieux montrait leur joie infâme.
On lisait sur leurs fronts moites de cruauté
Que la douleur humaine était leur volupté ;
Et plus ce jeu féroce outrageait la nature,
Plus l'applaudissement égalait la torture.
Des battemens de mains la salle s'ébranlait.
Du féroce Nemphed le front seul se voilait.
Distrait, et sur les yeux la paupière abaissée,
Il roulait dans son front quelque lourde pensée :
Son empire glissant lui pesait dans la main,
Et son règne d'un jour penchait sans lendemain.

« Monté, se disait-il pendant l'horrible fête,
« Monté de ruse en ruse à ce sublime faîte,
« En équilibre ainsi mon pied s'y tiendra-t-il ?
« A de telles hauteurs tout vent est un péril.
« Sous l'adoration tout œil cache l'envie,
« Toute haine mesure et dévore ma vie.
« J'ai calmé jusqu'ici ce flot d'ambition
« En jetant une proie à chaque passion :
« Dans la mer de plaisir où ma ruse les vautre,
« J'ai, pour les amortir, opposé l'une à l'autre ;
« Et comme d'une voûte en buttant les parois,
« L'architecte soutient, par le seul contre-poids,

« Ces grands blocs menaçans suspendus sur le vide,
« Je marche en frémissant sous la voûte perfide
« De haines, de complots et de rivalité,
« Que soutient un moment ma seule habileté,
« Mais dont un seul regard, un seul mot, un seul geste,
« Détachant une pierre, entraînerait le reste,
« Et sous mon édifice écraserait mon front.
« Je les dominerai tant qu'ils se haïront,
« Tant que, tenus par moi dans cette ardente lutte,
« Ils craindront, moi tombant, de tomber de ma chute,
« Qu'ils croiront de mon règne avoir chacun leur part;
« Que leurs ambitions me feront un rempart;
« Et que pour m'assurer leurs bras et leurs services,
« J'aurai plus d'alimens qu'eux-mêmes n'ont de vices!

« En endormant ainsi leurs désirs assouvis,
« J'achète d'un forfait chaque heure que je vis :
« Mais leur instinct de sang, leur soif de tyrannie,
« A la fin, je l'avoue, épuise mon génie :
« Ils ont plus de désirs que le cœur de forfait.
« S'ils s'éveillent un jour, du repos c'en est fait!
« Si d'espoir en espoir et d'orgie en orgie
« Je cessais d'enchaîner leur brutale énergie,
« Mon trône sous leurs pieds croulerait en débris.
« Déjà de ma grandeur ils marchandent le prix.
« Déjà, sous le respect masquant leur insolence,
« De sourdes factions trament dans leur silence.
« Des coups d'œil, des sourcils, d'obscurs chuchotemens,
« D'un pouvoir qui s'ébranle intimes craquemens,
« M'indiquent qu'il est temps, sous cette onde dormante,
« De remuer du doigt la vase qui fermente,
« Si je ne veux laisser le miasme mortel
« S'échapper pour ma perte et gronder sur l'autel!

. . . .
. . . .
. . . .

ONZIÈME VISION.

. . . .
« Asrafiel, lui surtout, m'inquiète et m'ombrage !
« Je ne sais quel dégoût obscurcit son visage ;
« On dirait qu'assouvi de molles voluptés
« Par des désirs plus hauts ses sens sont irrités,
« Et que du rang suprême où ma faveur l'excite
« L'audacieux espoir enfin le sollicite.
« Point de retard, il faut dompter sous mon talon
« Par de poignans désirs ce superbe étalon ;
« De peur qu'à ces sommets son cœur oisif n'aspire
« Et que son pied rétif ne brise mon empire.
« Les dieux inférieurs tremblent tous devant lui :
« Il serait mon vainqueur s'il n'était mon appui.
« Contre ses attentats son vice me protége ;
« Son imbécillité le prend vite à tout piége,
« Pourvu que des soupirs l'y fassent trébucher ;
« Par un nouvel appât tâchons de l'allécher :
« Aux mains de la beauté mettons sur lui mes rênes,
« Jetons pour l'enflammer ce charbon dans ses veines ;
« Il ne tentera rien tant qu'il espérera.
« De ce poison des sens tant qu'il s'enivrera,
« De ce vil débauché l'ardente léthargie
« Occupera plus bas sa brutale énergie ;
« Et captif enchaîné dans d'ignobles liens,
« Deux faibles bras de chair m'assureront des siens !
« Vil marchepied du trône, où sa mollesse aspire,
« Que ce chien ronge un os, il oublie un empire !... »

Ainsi de sa grandeur Nemphed cuvait le fiel.
Puis d'un regard oblique effleurant Asrafiel,
Et feignant l'abandon d'une demi-pensée
Dans des âmes d'amis négligemment versée :
« Soutiens de mon pouvoir, dit-il à haute voix,
« Esclaves d'un seul maître, oui, mais esclaves rois !
« Et dont chacun, formé de la chair dont nous sommes,
« Marche au-dessous de moi sur la tête des hommes !

« J'ai noyé dans le sang du traître Adonaï
« De la sédition le rêve évanoui;
« Le peuple, qu'agitait la voix de son prophète,
« Va ramper quelque temps comme un serpent sans tête
« Qui fait frémir encor la poudre du sillon,
« Mais qui remue en vain et n'a plus d'aiguillon.
« Le cœur de tout ce peuple était dans sa poitrine,
« Son venin dans leur sang meurt avec sa doctrine.
« Nous allons de leur sein, du coup déconcerté,
« Extirper et jeter au vent la liberté;
« Et d'une égalité criminelle, insensée,
« Jusqu'en son germe impie étouffer la pensée !
« Mais ce germe infernal, ce vil poison du cœur,
« Du pied qui l'écrasa renaît toujours vainqueur.
« Pour l'arracher du sol nos tortures sont vaines,
« On dirait que le sang le roule dans les veines,
« Il n'est à ce venin qu'un seul contre-poison :
« C'est l'abrutissement de l'humaine raison;
« C'est l'éblouissement de ces races esclaves
« Qui leur fait à genoux adorer leurs entraves :
« Pour être plus grands qu'eux tenons-les à genoux !
« Ne les laissons jamais se mesurer à nous;
« Dépassons-les du front comme de nos idées;
« Que nos membres divins, mesurés par coudées,
« Leur impriment toujours le respect par les yeux.
« Tous leurs sens leur diront que nous sommes leurs dieux.
« Notre premier prestige est la beauté divine.
« Mais depuis quelque temps cette force décline;
« De la nature en nous je ne sais quel affront
« Presque au niveau des leurs abaisse notre front;
« La force des géans décroît avec leur nombre,
« Des Titans d'autrefois nous ne sommes qu'une ombre.
« La majesté du ciel pâlit dans notre aspect,
« Et l'œil déçu commence à douter du respect.
« Les empoisonnemens, les meurtres et la guerre
« Ont éclairci les rangs des maîtres de la terre,

ONZIÈME VISION.

« Tandis que de sa fange un peuple plus nombreux
« Ose pour les compter lever les yeux sur eux ;
« Et du temple énervé que notre bras décime,
« Avec étonnement voit décroître la cime.
« Tremblons qu'en contemplant sa dégradation,
« Il n'en tente plus tard la profanation,
« Que notre abaissement ne lui soit une amorce,
« Et qu'à notre faiblesse il ne sente sa force.
« Si ce jour se levait jamais, malheur à nous !
« La poudre de nos pieds nous engloutirait tous,
« Et de la liberté l'audacieux génie
« Ferait sur les tyrans crouler la tyrannie !...
« Mais la fatalité, ce seul dieu du plus fort,
« Et surtout mon génie, écarteront ce sort.
« Les secrets du pouvoir sont audace et prestige ;
« Nous ferons à propos éclater le prodige ;
« Nous les éblouirons pour mieux les asservir.
« La nature a changé ses lois pour nous servir ;
« Elle nous a livré, dans sa magnificence,
« Deux êtres où la terre épuisa sa puissance,
« Ravissement des yeux, chef-d'œuvre de ses mains ;
« Beauté qui fait pâlir la beauté des humains,
« Et dont le fier aspect et la grâce suprême
« Feraient fléchir d'amour les genoux des dieux même !
« Sur l'autel où languit la superstition
« Exposons-les au peuple en adoration,
« Que de nos majestés l'homme soit le symbole,
« Que la forme par nous transformée en idole,
« Et recevant ici l'encens de nos autels,
« Soit la beauté des dieux révélée aux mortels !
« Contre de tels attraits le cœur même est sans armes ;
« La persuasion coulera de ses charmes,
« Et ce peuple sur lui la voyant resplendir,
« De toute sa beauté nous sentira grandir ! »

. . . .
. . . .

. . . .
Des applaudissemens partirent de la tourbe.

« Mais ce n'est pas assez, continua le fourbe,
« Il faut dans mes desseins que cet être charmant
« D'un prestige plus sûr devienne l'instrument;
« Que ma bonté, l'offrant en espoir aux plus braves,
« La donne en récompense à mes heureux esclaves,
« Qu'il sorte de ses flancs un type colossal
« Où s'ennoblisse encor la race de Baal!
« Nous préviendrons ainsi que du rang où nous sommes
« La race des géans tombe au niveau des hommes.
« Pour mon amour jaloux je pourrais la garder,
« Mais aux vœux d'un de vous je daigne l'accorder.
« Ma volupté sévère est l'empire du monde;
« C'est l'hymen d'un héros qui la rendra féconde :
« Des exploits glorieux pour mon trône entrepris
« Qu'elle soit pour lui seul et le but et le prix! »

Il se tut : enflammant la luxure engourdie,
L'huile brûlante ainsi tombait sur l'incendie;
D'astucieux projets perfides confidens,
Les géans renfermaient leur pensée en dedans,
Approuvaient du regard, mais cherchaient dans leur âme
Sous le poli du fer le tranchant de la lame.

Cependant, comme à l'heure où s'approchent les nuits,
Les pâtres du désert assis au bord des puits,
Rappelant leurs chameaux de la plaine stérile,
Font passer devant eux leur troupeau qui défile,
Tandis qu'à côté d'eux les nombreux serviteurs
Dénombrent les petits au maître des pasteurs;
Ainsi du roi des dieux pour réjouir la vue,
De son peuple avili l'innombrable revue,
Courbant sous un seul doigt mille fronts asservis,
Défilait lentement par les sacrés parvis.

ONZIÈME VISION.

Sur le pavé muet que leur visage essuie,
Leurs pas silencieux ressemblaient à la pluie
Qui, découlant sans bruit sur les feuilles des bois,
Fait à peine frémir leurs sonores parois.
S'étendant, serpentant comme une énorme queue,
L'épaisse immensité se déroulait par lieue.
D'implacables pasteurs, des sceptres dans leurs mains,
Menaient, en les frappant, ces longs troupeaux humains;
Sérendyb de la voix les dénombrait; leur foule
Descendait, remontait en ondoyante houle,
Que fait enfler sans fin le lit des océans :
Écume qui fumait aux pieds de ces géans.
Leur avilissement, empreint dans leur posture,
De leurs profanateurs révélait l'imposture.
Ils ne redressaient pas leur front horizontal
Comme un homme qui voit dans l'homme son égal;
Leurs pieds ne portaient pas leur corps droit sur sa base.
Comme la brute immonde, et qu'un lourd bât écrase,
Sous les verges de fer dont les bouts les frappaient,
Les yeux sur la poussière en passant ils rampaient.
On sentait qu'énervés jusqu'à la pourriture,
Ils avaient dans leur moelle abdiqué leur nature,
Et descendu le vice à ce dernier degré
Où ce qui nous dégrade à nos yeux est sacré !

Ils passaient, séparés en innombrables groupes.
De vieillards décharnés d'abord d'affreuses troupes,
Vieux restes insultés, vils rebuts de troupeau,
Dont les os mutilés perçaient souvent la peau.
De noirs lambeaux troués, et souillés de vermines,
Par leurs mains retenus, laissaient voir leurs ruines.
Leurs côtes se comptaient sur leurs flancs amaigris;
Et les contours des seins, depuis longtemps taris,
Faisaient seuls reconnaître, à leurs ondes ridées,
Les mères sans enfans aux mamelles vidées.

Comme le vent d'hiver chasse à demi fondus
De blancs flocons de neige aux fanges confondus,
Où l'arbre a secoué les débris de ses branches,
Ainsi se déroulaient ces mille toisons blanches,
Qui laissaient entrevoir des crânes dépouillés,
Et les vieux dos sans chair des corps agenouillés.

Les dieux les bafouaient de paroles amères,
Sans penser que peut-être ils insultaient leurs mères ;
Un œil cruel et froid les jugeait en passant.
Dans leurs veines à sec ils calculaient leur sang ;
Et quand, à la langueur de leur morne attitude,
Aux signes précurseurs de la décrépitude,
On jugeait qu'un vieillard, par la peine vaincu,
Pour servir et souffrir avait assez vécu,
Comme on traîne aux égouts des carcasses immondes,
Séparé des vivans, on le jetait aux ondes ;
Et de leur proie humaine avertis par ses cris,
Les chiens sur le rivage attendaient ses débris !
Par ceux qui s'avançaient au milieu de la vie,
La troupe décharnée était bientôt suivie ;
De ces cruels pasteurs fort et rude bétail,
Dévoués par le fouet aux sueurs du travail ;
Hommes, femmes, groupés, confondus pêle-mêle,
Comme le bœuf ou l'âne, ou la brute qui bêle,
Sevrés de ces instincts, de ces doux sentimens,
Des cœurs liés par Dieu délicieux aimans,
Ne connaissant entre eux ni fils, ni sœurs, ni frère,
Pouvant fouler leur mère ou coudoyer leur père,
Sans qu'au fond de leurs cœurs la tendresse parlât,
Ou que la parenté du sang s'y révélât.

Nulle audace en leurs cœurs ne naissait de leur nombre,
Ils semblaient de leurs corps vouloir rétrécir l'ombre,
Ils étaient séparés au gré de leur tyrans,
Selon leur aptitude, en métiers différens.

ONZIÈME VISION.

Les uns, le dos courbé, accouplés de lanières,
Traînaient les chars pesans dans les rudes ornières;
Ou comme des taureaux saignans de l'aiguillon,
Fumaient sous le soleil dans le feu du sillon.
A leurs corps déchirés par d'horribles supplices,
Les yeux reconnaissaient leurs ignobles services;
L'habitude pliait leurs têtes et leurs cous,
Et leurs nuques gardaient les traces de leurs jougs.
Les autres, pour tailler ou pour scier les pierres,
Du marbre ou du porphyre excavaient les carrières;
Et pour les soulever, sous leurs corps en piliers,
Écrasés sous les blocs périssaient par milliers.
Bien des membres manquaient à ces bêtes de somme;
Leur corps n'était souvent que la moitié d'un homme.
Ceux-là, dressés par l'art à fondre les métaux,
A ciseler le bronze, à tailler les cristaux,
A forger en acier le glaive sur l'enclume,
A tisser en duvets ou la soie ou la plume,
A souffler dans l'airain des vents mélodieux
Pour enivrer de sons les oreilles des dieux;
A nuancer du doigt, sur les murailles peintes,
Pour leurs yeux enchantés, de merveilleuses teintes;
A donner, sous l'effort de leurs habiles mains,
Au marbre le visage et les contours humains;
A lécher, en rampant, sous leur langue avilie
Des pavés de leurs dieux la surface polie;
A découvrir la perle, à recueillir l'encens,
Inventeurs d'autant d'arts que le corps a de sens.

A ces travaux divers pliés par l'habitude,
Chacun de son métier conservait l'attitude;
On voyait qu'avec soin ces êtres abrutis
En outils animés étaient tous convertis,
Et que sous leurs tyrans l'imbécile esclavage
De l'image de Dieu faisait un vil rouage!
Ils passaient, ils passaient, squelettes de la faim,

L'instrument de leur art élevé dans la main.
Les dieux les regardaient, foule immonde et grossière,
Comme le haut rocher voit passer la poussière :
Distraits, d'un coup d'œil même ils ne recueillaient pas
Cette adoration qui montait de si bas.

Subalternes tyrans commis à cet usage,
Des dieux inférieurs les comptaient au passage.
Par leur œuvre et leur nom ils les connaissaient tous,
Mais quand ils leur parlaient, leur langue était des coups.
Pour mieux dompter le corps, ils persécutaient l'âme.
S'ils voyaient se former entre l'homme et la femme
Un de ces forts liens, un de ces saints amours
Qui des sens passe aux cœurs et les joint pour toujours,
De peur que ce lien que la nature serre
Ne fît naître les noms de fils, d'époux, de père,
Et, renouant l'instinct qu'ils brisaient en morceaux,
Des familles en eux ne formât les faisceaux,
Condamnant leur tendresse à l'amour de la brute,
Ils arrachaient l'amante au cœur qui la dispute,
La jetaient tour à tour aux bras d'un autre époux,
Pour qu'aucun ne connût le fruit commun à tous !

C'était le peuple : après cette innombrable armée
De tout rang, de tout art, de tout sexe formée,
Ainsi qu'une saison suit l'autre dans son temps,
Marchait l'immense essaim des vierges; doux printemps
Qu'attendait pour faner ces guirlandes qu'il fauche
Le souffle empoisonneur de l'impure débauche.
De longs voiles flottans qui traînaient sur leurs pas
Ornaient sans les cacher leurs pudiques appas.
Des instrumens plus doux, qui vibraient en cadence,
Imprimaient à leurs pieds la grâce d'une danse;
La musique réglait leurs génuflexions,
Leur file déroulait ses mille inflexions.
Telle on voit en automne une immense avenue

ONZIÈME VISION.

De pâles peupliers élancés vers la nue,
Sous l'aquilon qui passe ensemble s'abaisser,
Et comme un seul roseau soudain se redresser ;
Telles, en s'écoulant dans la divine enceinte,
Ces vierges s'inclinaient sous l'obscénité sainte.
Sur les tendres beautés victimes de leurs choix
Les dieux jetaient l'horreur en étendant leurs doigts :
A ce signe compris, d'impudiques matrones
En dévoilant leurs fronts les approchaient des trônes.
L'impure raillerie ou l'admiration,
Ces préludes honteux de prostitution,
Circulaient en riant parmi la cour céleste ;
Ils outrageaient de l'œil, ils profanaient du geste.
Les pleurs de ces beaux yeux étaient le seul encens
Qui semblât les distraire et chatouiller leurs sens.

Par des mères d'emprunt, devant les dieux conduite,
La foule des enfans, hélas ! venait ensuite ;
Misérable troupeau que chaque jour mêlait,
Que l'on faisait changer et de mère et de lait,
De peur que, s'attachant à ce fils éphémère,
La nourrice pour lui ne prît un cœur de mère.
Depuis l'âge où leurs dents tombent pour repousser
Jusqu'à l'âge où, cherchant la mamelle à sucer,
Suspendus à l'épaule ou sur les bras qu'on tresse,
Ils n'ont que le sourire ou le cri de détresse,
Cherchant encor l'aplomb de leurs pieds chancelans,
Groupes de molles chairs et de beaux membres blancs,
Muets devant les dieux, ils passaient sans haleine.
Tels que de blancs agneaux à leur première laine,
S'enchevêtrant sur l'herbe aux appels du pipeau,
Se traînent en bêlant derrière le troupeau,
Tels venaient les derniers, dans l'humaine revue,
Ces fruits piqués au cœur de la race déchue.
Et l'écho stupéfait du morne monument
Répétait après eux leur long vagissement !

. . . .
. . . .
. . . .
. . . .
Le peuple avait coulé tout entier comme un fleuve.
Voilà ce qui restait de cette race neuve
Dont le bassin du monde avait été rempli !
Voilà ce que de Dieu le criminel oubli
Et l'adoration des viles créatures
Avait fait de la chair tombée en pourriture !
Voilà, quand Dieu sondait cet abîme profond
Où l'homme était tombé, ce qu'il voyait au fond !
Ainsi de l'Océan quand le niveau s'abaisse,
Dans le cloaque impur que sa retraite laisse
L'œil découvre effrayé, sur le rivage à nu,
Les mystères d'horreur de son lit inconnu :
De rares flaques d'eaux, et des marais immondes
Dont le croupissement a corrompu les ondes,
Où le monstre marin dans la vase échoué,
Expire ; où le reptile au reptile est noué ;
Où, foulant le limon que son museau secoue,
L'hippopotame seul exulte dans la boue !
Lorsque cette poussière eut tombé sous leurs yeux,
Nemphed d'un œil muet congédia les dieux,
Et rentra pour dormir dans la tour inconnue
Comme la foudre rentre et couve dans la nue.

DOUZIÈME VISION.

La nuit, qui livre l'homme à ses réflexions,
Et qui laisse à son cœur mordre ses passions,
Pleine de perfidie et d'embûches secrètes,
Jetait sur les palais ses ombres inquiètes.
Le sommeil ne bénit que des fronts innocens ;
Leur lourd sommeil n'était que l'ivresse des sens,
Morne assoupissement, stupeur et léthargie
Du buveur effréné qui succombe à l'orgie.
Tous ces fronts, où la peur secouait le remord,
Ne rêvaient, assoupis, que le crime ou la mort :
De leurs cœurs, en dormant, ils écartaient des glaives,
Et la nuit sanglotait, pleine du bruit des rêves !

Sous ces toits convulsifs du palais endormi,
Deux êtres veillaient seuls : Asrafiel et Lakmi.
Asrafiel, repassant devant ses yeux l'image
De la femme céleste enlevée au nuage,
Ne pouvait effacer ni détacher de lui
Le doux rayonnement dont ce front avait lui.
Daïdha, dans la nuit seulement entrevue,
D'un éblouissement troublait encor sa vue.
Ses suaves contours, ses yeux, ses traits si purs,
Nageaient dans l'atmosphère et flottaient sur les murs ;
Et s'il fermait les yeux, plus présens à son âme,
Sous sa paupière ardente il enfermait la femme :

Jamais de la beauté le miasme vainqueur
N'avait ainsi passé de ses sens à son cœur.
Il sentait sur ses yeux, à cette seule image,
Le brasier de son sein se répandre en nuage ;
Il aurait préféré le vent de ses cheveux
A ces mille beautés qui devançaient ses vœux.
Pour la première fois cette âme sensuelle
D'un indomptable amour aspirait l'étincelle.
En tombant d'un regard, cette foudre du ciel
Allumait le limon dans le cœur d'Asrafiel.
Il avait entendu d'une oreille inquiète
Nemphed insinuer sa pensée indiscrète ;
Et des plus grands exploits pour son trône entrepris,
Aux Titans enflammés la promettre pour prix.
De désirs et d'orgueil d'abord l'âme inondée,
Il avait d'un espoir accueilli cette idée ;
Certain de conquérir par un facile effort
Sur ses faibles rivaux cette palme du fort.
Mais du fourbe Nemphed l'astucieuse adresse
Avait jusqu'au délire irrité cette ivresse,
Et le premier éclair des fortes passions
Lui faisait détester ces profanations.

« Exécrable vieillard, tyran lâche et caduque,
« Dont le vil sang croupit dans tes veines d'eunuque !
« Qui n'as jamais senti d'autre frisson au cœur
« Que celui de l'orgueil ou celui de la peur !
« Qui glacerait le feu sous ta peau de couleuvre !
« Ah ! le fiel de tes yeux souillerait ce chef-d'œuvre !
« Ah ! tu nous daigneras jeter avec mépris
« Ces célestes appas sous ton venin flétris ?
« Et cette fleur du ciel qui donne le vertige ,
« J'en aurais une feuille et tu tiendrais la tige ?
« Asrafiel à ce prix serait ton seul soutien ?
« Sublime invention d'un cœur tel que le tien !
« Prix bien digne en effet que ce bras fort se lève

DOUZIÈME VISION.

« Pour prolonger d'un jour ton règne qui s'achève,
« Et dispute au vautour, sous ton trône abattu,
« Ta carcasse divine où nul cœur n'a battu !...

« Moi plus fort et plus beau que tout ce qui respire !...
« Moi dont le front portait mes titres à l'empire ;
« Moi qui pour d'autres feux pouvant le dédaigner,
« Me sentais assez fort pour te laisser régner !
« Ah ! ton ingratitude à cet excès s'oublie !
« Tremble ! ce mot stupide a trahi ta folie !
« De ton trône ébranlé je retire le bras.
« Dans ton piége, à mes pieds, tyran, tu te prendras !
« J'ai rampé trop longtemps, lion, sous le reptile !
« Mes dents déchireront cette trame subtile
« Que ton hypocrisie et ton ambition
« Tissèrent de mensonge et de corruption.
« Je t'y veux secouer de ma main indignée,
« Comme à sa toile immonde on suspend l'araignée !
« Du peuple et des géans ces muscles sont l'effroi,
« Ma taille au-dessus d'eux m'élève maître et roi,
« Ma suprême beauté me désigne à la foule.
« Du trône humilié que ce monstre s'écroule !
« Qui d'entre mes rivaux oserait m'affronter ?
« Qui m'en arrachera si je veux y monter ?
« Montons-y ! vieil enfant ! qui croule avant la lutte,
« Tombe, puisque l'amour est au prix de ta chute ! »

. . . .
. . . .
. . . .
. . . .

En se parlant ainsi, tels que ceux d'un taureau,
Ses muscles palpitans se tordaient sous sa peau.
La veine de son front, renflée en diadème,
Semblait le couronner de sa colère même.
Dans la salle sonore il marchait à grands pas,
En redressant le buste et balançant les bras,

Comme un athlète armé du redoutable ceste
Se prépare au combat par la pose et le geste,
De ses membres d'aplomb éprouve la vigueur,
Et foule à vide l'air sous son genou vainqueur.
Ainsi mêlant tout haut la rage et la menace,
Son amour dans son âme enflammait son audace;
Et dans ce cœur de feu la double passion
Poussait par la débauche à la sédition.
Sans pouvoir s'assoupir dans sa veille farouche,
Son corps impatient se tordait sur sa couche.

Couchée aux pieds divins de Nemphed endormi,
Que faisait cependant la perfide Lakmi?
Dans un sommeil léger que le rêve entrecoupe,
Tenait-elle en esprit le poignard ou la coupe?
Ourdissait-elle en songe, en dévidant leurs fils,
Le sourire et la mort dans ses complots subtils?
Ses yeux savouraient-ils dans l'horreur des supplices
Les voluptés du sang versé pour ses délices?
Non : par un seul coup d'œil son cœur était changé;
Elle avait vu Cédar, le ciel était vengé.
Ce jeune homme si beau, cette humaine merveille,
Tenait ses yeux ouverts et fascinait sa veille :
Un seul regard l'avait dans son âme sculpté,
Comme un type inconnu d'immortelle beauté.
Ainsi l'éclair écrit la forme de la foudre
Sur l'arbre qu'il écorce ou sur le marbre en poudre!
Ses songes de douze ans ne l'avaient pas rêvé.
Ce buste sur un coude à demi soulevé,
Ces membres enchaînés, mais dont les anneaux même
Relevaient l'élégance et la grâce suprême;
Ce front qu'assombrissait l'humiliation,
Mais qui se redressait sous l'indignation;
Ces forêts de cheveux rejetés en arrière,
Roulant sur son épaule ainsi qu'une crinière,
Au mouvement du cou découvrant tour à tour

Du profil attristé l'attendrissant contour;
De l'oblique regard l'humide et chaste flamme,
Ces traits éblouissans de la beauté de l'âme,
Beauté dont sur les sens l'effet mystérieux
Touche et ravit le cœur de la splendeur des yeux,
Et dont sur cet enfant la lumière imprévue
N'avait jamais encore émerveillé la vue;
Ce désespoir vibrant, cette sainte douleur,
Dans ses bras affaissés, dans sa morne pâleur;
Ces pleurs silencieux, qui tombaient sur la pierre,
Que le courroux séchait aux bords de la paupière,
Ange que ces démons écrasaient sous leur pié;
Cette admiration qu'attendrit la pitié;
Tout avait remué ses entrailles de femme;
Troublé son ignorance et réveillé son âme.

Et puis ces longs regards de tristesse chargés,
Entre les deux amans devant elle échangés;
Ces yeux qui s'attiraient à travers leur nuage,
Ce visage toujours cherchant l'autre visage;
Ces lèvres de Cédar qui semblaient aspirer
Le vent que Daïdha venait de respirer;
Ces deux cœurs qui battaient à briser leur poitrine;
Ce langage sans mots que le regard devine,
Qui, dans un seul coup d'œil au profane interdit,
Concentrait plus d'amour qu'un siècle n'en eût dit;
Ces élans, ces soupirs, ces déchirantes poses,
Ces silences, ces bras tendus : toutes ces choses
Avaient à son esprit révélé par hasard
Tout un monde d'amour éclos dans un regard.
Amour qui l'étonnait et qui la troublait toute,
Qui rajeunissait l'âme à sa première goutte,
Et qui faisait tomber de ses doigts déhontés
Le calice affadi des lâches voluptés!
Elle avait d'un coup d'œil plongé dans les délices
De cet amour des cœurs que lui cachaient ses vices,

Et se disait, brûlant de l'inspirer aussi :
« Je donnerais le ciel pour être aimée ainsi !...
« Pour qu'un de ces regards qui font pâlir d'envie,
« Intercepté par moi, vînt tomber sur ma vie. »
Mais comparant d'un œil par l'amour éclairé,
Aux traits de Daïdha son front déshonoré,
Sa ruse à sa candeur, son astuce à sa grâce,
Sa pudique tendresse à sa virile audace,
La pâleur de sa joue aux neiges de son teint,
De son abaissement elle avait eu l'instinct :
Elle s'était sentie impuissante, éclipsée,
Rougissant d'elle-même au fond de sa pensée!
La jalousie avait, en entrant dans son cœur,
Empoisonné le dard de son amour vainqueur;
L'humiliation avait courbé sa tête,
Et tous ses sentimens n'étaient qu'une tempête!

Tel fermentait l'esprit de Lakmi, d'Asrafiel.
Ainsi quand un rayon vient à tomber du ciel
Sous la muette nuit de ces cachots funèbres
Où l'œil habitué se plaît dans les ténèbres,
Perçant la profondeur de ces voiles épais,
Le jour de cette nuit trouble la morne paix;
Il montre sur les murs, comme une sombre lampe,
Le poison qui suinte et le scorpion qui rampe;
Et l'homme du cachot, qui sèche de terreur,
Regrette que le jour lui montre son horreur!
Ainsi ces deux enfans de beauté primitive
Étonnaient cet égout de leur splendeur naïve,
Et dans ce monde infect leur apparition
Troublait dans son repos l'abomination.

Lakmi, dont cette image embrasait la pensée,
Flamme vive et légère, à tous les vents versée,
Sans attendre un moment, sans craindre, sans prévoir,
N'avait plus qu'une idée au fond du cœur : revoir !

DOUZIÈME VISION.

Revoir l'être inconnu dont le brillant fantôme
L'attirait, comme à soi l'astre attire l'atome.
Nemphred aurait placé la mort entre elle et lui,
Qu'elle eût couru plus vite où ce front avait lui.
Son sexe de la femme avait l'imprévoyance,
Son âge de l'enfant avait l'impatience :
Rien n'avait combattu dans son âme un désir :
Sa main n'avait qu'un geste : aspirer et saisir.

S'approchant doucement de son maître farouche,
Dont les bras nus pendaient en dehors de sa couche,
Elle arracha du doigt du tyran endormi
L'anneau, signe sacré que connaissait Lackmi,
Et que pour accomplir ses volontés sinistres
Elle faisait briller à l'œil de ses ministres.
Ce talisman suprême enfermé dans sa main,
Des palais du mystère elle prend le chemin :
D'une torche enflammée elle éclaire sa route,
De degrés en degrés descend de voûte en voûte,
Glisse sous les arceaux comme un songe léger,
En laissant sur les murs son ombre voltiger;
Sous le dédale obscur d'immenses avenues
S'enfonce à pas muets dans des routes connues;
Terrasse, en leur montrant le signe révéré,
Les eunuques, gardiens de ce cachot sacré;
Aux bourreaux étonnés défend avec mystère
D'accomplir sur Cédar leur affreux ministère;
Les écarte d'un geste, et, tremblant de respect,
Pour la première fois se trouble à son aspect!

Le cachot de Cédar était dans les entrailles
Des remparts épaissis par d'énormes murailles
Qui défendaient des dieux les sacrés monumens.
Leurs mains avaient voûté ces massifs fondemens
Pour cacher aux regards, dans les flancs de la terre,
L'abomination sous la nuit du mystère.

Sous ces temples géans de granit et d'airain
Régnait dans le silence un monde souterrain ;
Monde de l'imposture, où pour la tyrannie,
La superstition exerçait son génie ;
Des prodiges menteurs préparaient les ressorts ;
Torturait les vivans, engloutissait les morts ;
Instruisait à la fourbe, initiait aux crimes ;
Sous le fer et le feu mutilait ses victimes ;
Abîme où sous les pieds de ces fils de Baal
Plongeait jusqu'aux enfers la racine du mal.
Tout un peuple englouti dans ces antres funèbres
Habitait loin du jour ces sphères de ténèbres ;
Des desseins de Nemphed fourbes exécuteurs,
Alchimistes, bourreaux, prêtres, mutilateurs,
Faux prophètes, devins, artisans d'imposture,
Dans leurs fourneaux secrets profanant la nature,
Décomposant à l'œil, sous leurs coupables mains,
La sève de l'hysope et le sang des humains ;
Se vouant sous la terre à d'éternelles veilles
Pour imiter de Dieu les vivantes merveilles,
Lutter avec le feu, l'onde, la terre et l'air,
Frapper avec la foudre et luire avec l'éclair.
Les pierres de ces murs, en collines soudées,
Pesaient l'une sur l'autre en blocs de vingt coudées ;
Sur leur large épaisseur sept chars auraient roulé,
Et sous leur cintre immense un fleuve aurait coulé ;
Un torrent détourné sous ses arches profondes,
Dans ce lit sépulcral faisait mugir ses ondes ;
Du seuil de ce portique à son extrémité
L'œil n'eût pas d'un flambeau distingué la clarté.
Comme de grands rameaux partant d'un tronc immense,
Des souterrains s'ouvraient de distance en distance,
Et divergeant au loin sous le roc ténébreux,
En usages divers se divisaient entre eux.

L'un conduisait les pas aux gémissantes caves

DOUZIÈME VISION.

Où les bourreaux divins mutilaient les esclaves.
Du cachot de Cédar illuminant le seuil,
La torche de Lakmi plongea dans ce cercueil;
Sa lueur vacillante y glissa devant elle,
Et du jeune captif éblouit la prunelle;
De légers pieds de femme en discernant le bruit,
Il regarda sans voir du milieu de sa nuit;
Et Lakmi, tour à tour hardie, intimidée,
Reculant vers la porte à plus d'une coudée,
En revoyant ainsi cet être surhumain,
Laissa glisser d'horreur la torche de sa main.

Il était enchaîné par de pesantes mailles
A d'énormes anneaux scellés dans les murailles;
Une ceinture aux flancs, à la nuque un collier,
Le rattachaient encore aux boucles du pilier;
Des bracelets de fer noués sur sa peau tendre
Empêchaient ses deux bras et ses pieds de s'étendre,
Et laissaient seulement aux membres entravés
Assez de liberté pour joncher les pavés.
Comme un homme qui tombe abattu par la foudre,
Il était renversé sur le flanc dans la poudre.
Les chaînons de ses fers, qu'il ne soulevait plus,
Retombaient froids et lourds sur ses membres moulus.
Sur le dos de sa main à l'autre main croisée,
Le visage au pavé sa tête était posée;
Et ses cheveux épars, mêlés, souillés, tordus,
Flottaient en noirs flocons sur la terre épandus.

Tel qu'un homme en sursaut et dont le sang s'arrête,
Au bruit soudain d'un pas, il souleva la tête.
Étendant sous son corps son coude replié,
Il supporta son front dans ses doigts appuyé,
Et tourna lentement vers la pâle lumière
Son front tout ruisselant des pleurs de sa paupière.
Comme deux diamans, deux grosses gouttes d'eau

Brillèrent sur sa joue aux reflets du flambeau.
La douleur sans espoir peinte sur son visage,
Ce jour qu'il ne voyait qu'à travers un nuage,
Ce morne abattement donnant à sa beauté
La majesté du marbre et l'immortalité :
De l'ange de la tombe on eût dit la statue.
La clarté pas à pas pénétra dans sa vue ;
La figure debout de la fille des dieux
Avec le jour entrait plus claire dans ses yeux :
Ses traits d'étonnement s'imprégnaient à mesure,
Ses paupières s'ouvraient pour mieux voir la figure ;
Et sa lèvre aspirant cette apparition,
Palpitait de surprise et d'admiration.

Lakmi le regardait dans le même silence,
Comme un être indécis dont l'audace balance
Et qui craint de troubler un charme par sa voix.
En voyant ruisseler des pleurs entre ses doigts,
D'une douleur divine en contemplant l'image,
Cette douleur d'autrui passait sur son visage ;
Et sans savoir en soi quelle source coulait,
De chacun de ses yeux une onde ruisselait.
Tels, en se pénétrant d'un regard plein de charmes,
Les yeux de deux enfans se font monter les larmes.

Cédar, en découvrant ces signes de pitié,
Sentait changer sa haine en muette amitié.
Dans les traits de Lakmi, femme, enfant, démon, ange,
De splendeur et de nuit mystérieux mélange,
Son regard, où le doute avec l'espoir entrait,
Ne pouvait démêler la terreur de l'attrait :
De la couleuvre ainsi que sur l'herbe on admire
Le froid glace la main que la couleur attire.
Ils restèrent ainsi longtemps silencieux,
Tantôt se regardant, tantôt baissant les yeux.
Enfin, Lakmi cherchant dans le fond de son âme

DOUZIÈME VISION.

Tout ce qu'a de plus doux un son de voix de femme,
Accent que la pitié brisait de sa langueur
Et qui tremblait déjà du tremblement du cœur :
« O fils d'Adonaï, génie, ange sans aile !
« Dont les pleurs font pleurer ! qui pleures-tu ? dit-elle ;
« Pourquoi détournes-tu tes yeux puissans des miens ?
« Ne briserais-tu pas d'un désir tes liens ?
« Le ciel n'a-t-il pas mis dans ta mâle stature
« Une force semblable à ta grande nature ?
« Et si tu te levais libre sur ton séant,
« Ne passerais-tu pas de l'épaule un géant ?
« N'écraserais-tu pas un dieu dans chaque étreinte,
« Toi, dont l'œil est amour et dont le bras est crainte ?

. . . .

« Oh ! ces vers de la terre ont enchaîné leur roi ! »

. . . .

« Pourquoi me regarder de ce regard d'effroi ?
« Cédar ! si c'est ton nom, si l'humble créature
« Peut prononcer ce nom sans souiller ta nature,
« Pourquoi, sous mon regard, ce geste de stupeur ?
« C'est à toi de parler, c'est à moi d'avoir peur !

. . . .

« Va, de tes oppresseurs je ne suis que l'esclave,
« Mais esclave de nom, qui les trompe et les brave !
« Confidente, instrument du vil tyran des dieux,
« Quoique enfant, sous son nom je règne dans ces lieux.
« Au seul nom de Lakmi tout tremble ou tout s'incline ;
« Ce que mon front séduit, mon esprit le domine.
« Mon amour est le ciel, ma haine est le trépas !
« Tout ordre cède au mien, tout seuil s'ouvre à mes pas ;
« Je suis du roi des dieux le regard et l'oreille.
« Quand il parle, j'entends, pendant qu'il dort, je veille.
« J'ai son sceptre et sa vie entre mes faibles mains.
« Cet anneau du palais m'ouvre tous les chemins ;
« Je l'ai du doigt du maître enlevé tout à l'heure,
« Pour porter un rayon dans ta sombre demeure,

« Et détourner le fer déjà levé sur toi.
« Je ne sais quel instinct criait d'horreur en moi ;
« Je ne sais à tes pieds quelle main m'a poussée,
« Ni pourquoi j'entendais tes cris dans ma pensée !
« Mais Lakmi pour te voir marcherait sur le feu,
« Et croit en te sauvant sauver bien plus qu'un dieu ?

. . . .

« Oh ! ne repousse pas l'enfant qui te protége !
« Dans sa folle amitié ne rêve pas un piége.
« Ce cœur, qui n'a jamais palpité que pour soi,
« Infidèle à tout autre, est sincère pour toi.
« D'un coup d'œil à ton sort mon âme est asservie ;
« J'exposerais ce cœur pour préserver ta vie !
« Un mot doux de ta lèvre, un rayon de tes yeux
« Me récompenseraient de la perte des cieux !
« Si jamais tu disais : Lakmi, sois mon esclave !
« Oh ! ma gloire serait de porter ton entrave !
« Mon génie abaissé s'élèverait en moi,
« Et peut-être des dieux, captif, te ferait roi !

. . . .
. . . .

« Oh ! pourquoi pleures-tu, la tête ainsi baissée ?
« Toi pleurer ! homme-dieu, plus beau qu'une pensée !
« Toi pleurer ! Oh ! dis-moi ce que pleurent tes yeux ?
« Est-ce la liberté ? la lumière des cieux ?
« Les libres horizons où s'égarait ta course ?
« Les rameaux des forêts, la fraîcheur de la source ?
« Ces dômes murmurans où tes pas habitaient,
« Où t'embaumaient les fleurs, où les oiseaux chantaient !
« Va ! je puis d'un seul mot, dans bien d'autres demeures,
« Rendre à tes yeux ravis bien plus que tu ne pleures !
« Mais dis-moi seulement !... » Cédar la regarda :
« — Trompeuse illusion ! ombre de Daïdha !
« Toi dont le front d'enfant à mes sens la rappelle
« Comme un son de sa voix et comme un rêve d'elle !
« As-tu, céleste enfant, voulu lui ressembler

DOUZIÈME VISION.

« Pour m'envenimer l'âme ou pour me consoler!
. . . .
« Mais sa candeur naïve est-elle sur sa bouche?
« Tu dis, fille des dieux, que mon destin te touche?
« Tu demandes, au fond de cet enfer des dieux,
« Ce que roule mon cœur, ce que pleurent mes yeux?
« Non, ce n'est pas le jour, la montagne ou la plaine,
« Ni l'air pur des déserts qui manque à mon haleine,
« Ni l'espace sans murs, libre à mes pas errans,
« Ni les bois, ni les fleurs, ni les eaux des torrens,
« C'est elle! Daïdha, que tes dieux m'ont ravie!
« Mon jour est son regard, et son souffle est ma vie!
« Mon espace est l'empreinte où s'impriment ses pas!
« Mon empire est son cœur, et mes cieux sont ses bras!
« Ah! si tu me la rends, je te croirai sincère!
« Tes dieux seront mes dieux!... Cédar sera ton frère! »

En lui parlant ainsi, sur ses genoux pliant,
Et secouant ses fers de son bras suppliant,
Cédar dans chaque mot semblait darder son âme.
Lakmi sentit monter sa colère de femme;
Ce frénétique amour pour une autre beauté
Fit jaillir de son cœur l'instinct de cruauté :
Dans son amour jaloux, par l'amour offensée,
Avilir Daïdha fut sa vague pensée!
« Oui, je te la rendrai, se dit-elle tout bas,
« Rebut souillé des dieux que tu ne voudras pas! »
Mais se mordant la lèvre et dévorant sa rage,
Son astuce soudain composa son visage;
Et d'un sourire amer cachant le pli moqueur,
Elle attendrit sa voix comme on parle du cœur :
« Te la rendre, ô Cédar! hélas! que ne le puis-je?
. . . .
« Mais est-il pour Lakmi d'impossible prodige?
« Si, versant une fois tout ton cœur dans le mien,
« Tu fais de mes conseils ton unique entretien,

« Qui sait? peut-être? un jour!... L'amitié d'une femme
« Pour les infortunés est une seconde âme !
. . . .
« Mais écarte à présent ce songe de tes yeux :
« Elle vit réservée aux caresses des dieux;
« Mille amoureuses mains vont essuyer ses larmes.
« Les merveilles des doigts embellissent ses charmes,
« Cent esclaves, chargés de tromper ses loisirs,
« Pour les prévenir tous éveillent ses désirs.
« De ses maîtres ravis sa beauté la fait reine ;
« Dans ces enivremens dont le torrent l'entraîne,
« On ne laissera pas à ses yeux pleins de pleurs
« Le loisir seulement de pleurer ses douleurs! »

Elle lut dans les yeux de Cédar, que la lame
De ce poignard caché pénétrait dans son âme,
Et que de Daïdha l'inconstance et l'oubli
Passaient comme un soupçon sur ce beau front pâli.
Pour laisser ce serpent caché dans ses entrailles
Glacer son cœur transi du froid de ses écailles,
Sa ruse se hâta de changer de discours :
« Oh! que longues les nuits! Oh! que tristes les jours
« Pour l'habitant captif de cette nuit immonde
« Rongeant son cœur saignant, sans qu'un cœur lui réponde.
« Cédar! survivras-tu dans cet enfer vivant?
« Ah! laisse-moi venir t'y consoler souvent!
« Laisse-moi, quand Nemphed fermera sa paupière,
« Muette, à tes côtés m'asseoir sur cette pierre,
« Envelopper ton front de ma tendre pitié;
« De tes fers, de tes maux réclamer la moitié;
« Te dire tous les pas faits vers ta délivrance,
« Et, n'étant pas ta joie, être ton espérance! »

Ici la vérité, lui donnant son accent,
Prêtait à sa voix molle un charme attendrissant.
De l'âme de Cédar cette voix prit la route;

De pitié dans ses yeux il vit luire une goutte ;
Convaincu par ses pleurs, son regard s'attendrit.
Assise auprès de lui, dans l'ombre, elle reprit:
« L'étoile du matin n'incline pas encore ;
« Puisse durer la nuit et retarder l'aurore !
« Mais le jour ne doit pas me surprendre en ces lieux :
« Tout soupçon est un crime au cœur du roi des dieux.
« Profitons des momens que leur sommeil nous donne.

« O céleste étranger qu'un mystère environne,
« Si tu veux accepter mon dévoûment ami ;
« Éclaire, en lui parlant, les doutes de Lakmi ;
« Dis-moi ton nom divin parmi les créatures,
« Raconte à mon esprit tes tristes aventures,
« De tes jours peu nombreux monte et descends le cours ;
« Dis-moi ton ciel, ta vie, et surtout tes amours !
« Ouvre-moi les secrets de ta mélancolie
« Comme le lis son urne au doigt qui le déplie :
« Tout ce que tu diras tombera dans mon sein
« Sans bruit, comme une pluie au milieu d'un bassin,
« Et n'en fera jaillir, quoique je la retienne,
« Qu'un peu d'eau de mon cœur qui se mêle à la tienne ! »

Ému par ce langage et par ce son de voix,
Cédar, sentant tomber des gouttes sur ses doigts,
De la séduction d'une pitié si tendre,
Vaincu par le malheur, cessa de se défendre,
Et le front tristement sur ses mains appuyé,
Par le vent de la nuit l'œil souvent essuyé,
D'un son de voix tremblant que brisait sa mémoire
Il lui fit de son cœur la merveilleuse histoire,
Depuis le premier jour, où, né de l'inconnu,
Sous les cèdres divins il s'était trouvé nu ;
Où, voyant sous ses yeux une autre créature,
L'amour avait en lui complété sa nature ;
Son indomptable instinct vers la fleur de beauté,

Ses combats, ses amours et sa captivité ;
Les troupeaux de Phayr gardés sur les collines,
De la vierge et de lui les rencontres divines,
D'amour et de pitié ces fruits charmans éclos,
Le courroux des pasteurs, sa chute dans les flots ;
De la tour de la Faim Daïdha délivrée,
S'enfuyant avec lui vers une autre contrée ;
Ce vieillard du rocher, père mystérieux,
De leur âme au grand jour ouvrant leurs faibles yeux ;
De son livre divin les voix, au regard peintes,
Réveillant dans l'esprit des mémoires éteintes,
Et rappelant au dieu que l'impie a quitté
Le monde enseveli dans son iniquité ;
Leurs jours délicieux dans cet Éden céleste ;
Le char volant des dieux... Elle savait le reste.

A ces touchans récits ivre d'attention,
Lakmi laissait son sein sans respiration.
Vers l'être merveilleux la figure penchée,
Aux lèvres de Cédar la prunelle attachée,
S'étonnant, frissonnant, admirant tour à tour,
Par chacun de ses sens elle aspirait l'amour,
Elle voyait grandir et splendir à mesure
Du céleste captif la touchante figure.
Chaque mot dans son cœur l'avançait plus avant ;
Elle plongeait en lui son œil noir et rêvant.
Comme après l'avoir lue on relit une page
Elle l'interrompait au plus tendre passage,
Et lui faisait redire en recueillant sa voix
Des choses et des mots déjà redits cent fois,
De ses amours surtout la naissance et l'extase,
Comme après avoir bu l'on égoutte le vase.

Elle voulait savoir par quel attrait vainqueur
Daïdha de Cédar avait conquis le cœur,
Quels mots elle trouvait pour enchanter son âme ;

DOUZIÈME VISION.

Ce qui l'avait ravi dans sa beauté de femme ;
Et si son cœur, toujours d'un même amour rempli,
N'avait jamais trouvé la langueur ou l'oubli.
Sa bouche sans haleine attendait la réponse,
Comme un mourant attend le glaive qu'on enfonce.
A ces tendres élans d'ineffables amours
Toujours coulant du cœur et débordant toujours,
Amours dont jusque là son esprit, même en songe,
N'avait vu chez les dieux que le hideux mensonge,
Et dont en ces récits la chaste expression
Lui semblait d'autres sens la révélation,
Un nuage passait sur sa vue éblouie ;
Ses oreilles tintaient ; son âme évanouie,
De honte et de désir dans son sein rougissait,
Et de jaloux transports tout son cœur bondissait.
L'angélique miroir lui montrait tous ses vices ;
Et, ses yeux comparant ses impures délices
A cet amour céleste à ses sens inconnu,
Pour la première fois voyait son âme à nu.
Respirant l'air divin de ce magique monde,
Elle sentait l'horreur de sa nature immonde,
Et, comme d'un feu pur un impur aliment,
Son cœur sanctifié montait en s'enflammant.
Sous ce regard si chaste elle sondait sa fange,
Et se sentait trop bas pour ce commerce d'ange.

Mais, malgré sa nature et son abaissement,
Cet ange l'attirait d'un invincible aimant.
Elle éprouvait du cœur le supplice suprême :
Adorer, sans pouvoir monter à ce qu'on aime !
Oh ! si devant Cédar ce sein se fût ouvert,
Quel gouffre de l'enfer il aurait découvert !
Délire, abattement, jalousie, amour, rage !
Mais ce masque d'enfant dérobait ce visage,
Et sous ces traits empreints d'apparente pitié,
Son œil n'apercevait qu'innocente amitié.

A travers le réseau d'une étroite fenêtre,
La blancheur du matin, qui commençait à naître,
Interrompit trop tôt ces secrets entretiens.
Lakmi s'enfuit, trompant l'œil fermé des gardiens.
Avant que le sommeil qui pesait sur sa couche
Eût du maître des dieux quitté le front farouche,
De son pas sur la soie assourdissant le bruit,
Elle prit à ses pieds sa place de la nuit;
Et remettant l'anneau, tremblante, au doigt suprême,
Feignit, en méditant, de dormir elle-même.

TREIZIÈME VISION.

Mais sous ses yeux fermés son cœur ne dormait pas :
Elle eût rêvé Cédar sous la main du trépas.
L'amour qui l'embrasait pour le céleste esclave
Dans ses veines d'enfant roulait des flots de lave.
Sa tempe dans son front ne pouvait s'assoupir,
Sa respiration n'était qu'un long soupir.
La place où son regard était tombé sur elle
Brûlait sa peau dans l'ombre en ardente étincelle.
Le silence nocturne était plein de sa voix.
Les moments écoulés semblaient couler cent fois.
De l'aurore à la nuit son attente insensée
Dévorait les instans, d'heure à l'heure élancée ;
Et des siècles de nuits pleines de ses amours
Aux genoux du captif lui paraissaient trop courts.
En vain à ses genoux ses esclaves tremblantes
Essayaient d'animer ses langueurs indolentes,
Adoraient de son front la naissante beauté,
Relevaient par l'orgueil la fade volupté,
Lui parlaient à l'envi du pouvoir de ses charmes,
Briguaient sa confidence et pleuraient de ses larmes ;
En vain Nemphed, jaloux de devancer ses vœux,
Passait sur son beau front la main dans ses cheveux,
Et sur ses traits charmans découvrant un nuage,
Lui demandait quel songe attristait son visage.

Toute sa vie avait coulé dans un regard;
Elle se retirait de la foule, à l'écart,
Elle cherchait la nuit des arbres les plus sombres,
Le cèdre pour ses pas n'avait plus assez d'ombres;
Seule elle s'enfonçait sous leurs mornes rameaux,
Les quittait pour s'asseoir pensive au bord des eaux,
Regardait tout le jour, dans ses bassins de marbre,
Flotter le nénuphar, tomber la feuille d'arbre,
Écoutait fuir la brise ou la source pleurer;
Mais nulle part longtemps ne pouvait demeurer,
Et, d'un instinct sans but secrètement poussée,
Changeait à chaque instant de place et de pensée.
Les spectacles divins, les féroces plaisirs,
Dont ses regards cruels avaient fait ses loisirs,
Ne divertissaient plus sa morne léthargie;
Son cœur se détournait des horreurs de l'orgie :
On eût dit qu'un rayon qui décolorait tout
Lui faisait prendre enfin ses forfaits en dégoût.
En voyant ces Titans, monstres à face humaine,
Son adoration se transformait en haine.
Si la foudre avait pu s'enflammer à sa voix,
Son mépris les aurait écrasés à la fois!
Complice involontaire, elle exécrait leurs crimes,
Détournait ses regards ou plaignait leurs victimes :
Du moment où ce cœur flétri venait d'aimer,
Un germe de vertu semblait s'y ranimer,
Et le dégoût du vice, à défaut d'innocence,
Venait régénérer cette coupable enfance.
Mais haïssant les dieux, trop faible pour frapper,
Son dernier vice au moins était de les tromper :
Elle leur dérobait son cœur comme un mystère.

Chaque fois que la nuit enveloppait la terre,
Des cachots de Cédar reprenant le chemin,
Elle disparaissait la lampe dans la main,
Et venait savourer jusqu'à la blanche aurore

TREIZIÈME VISION.

La contemplation de l'être qu'elle adore :
Chaque absence d'un jour le lui rendait plus cher.
Son cœur fondait en elle avant de l'approcher.
Un mélange confus de respect, de tendresse,
Ralentissait son pas pressé par son ivresse ;
Et debout devant lui, le front baissé, sans voix,
Elle avait aussi peur que la première fois.
Elle admirait de loin, dans sa morne attitude,
Ces membres à leurs fers pliés par l'habitude,
Ce corps qui tressaillait aux reflets du flambeau,
Comme un dieu rajeuni qui sort de son tombeau ;
Ce corps que flétrissaient les taches de l'opale ;
Ce visage pensif, de jour en jour plus pâle,
Où le duvet naissant de l'homme à son été
Relevait de la peau le marbre velouté ;
Et l'éclair de ses yeux voilés par la paupière,
Dont la splendeur humide aurait fondu la pierre ;
Et ses lèvres s'ouvrant en volutes de lis,
Dont la mélancolie attendrissait les plis :
Et n'osant s'élancer vers ce sein qui l'attire,
Son amour contenu s'accroissait du martyre.

Jusqu'à ce que Cédar eût daigné lui parler,
Elle restait ainsi muette à contempler.
Telle au berceau d'un fils la jeune mère assise
Se penche et tour à tour se relève indécise,
Sent son âme voler à ce beau front vermeil,
Mais craint en le touchant de troubler son sommeil.

Cependant le captif, dont cette amitié tendre
Amollissait le cœur heureux de se détendre
Et qui dans cet enfant sur ses chaînes couché
Ne voyait qu'un ami de son malheur touché,
Par son propre malheur s'attendrissant lui-même,
Impatient d'avoir un mot sur ce qu'il aime,
De sentir dans sa nuit un rayon de pitié,

Commençait à livrer son âme à l'amitié.
Sans soupçon de l'amour sous cet âge modeste,
Plus près, pour mieux l'entendre, il l'attirait du geste;
Avec impatience il attendait le soir;
Sur les fers de ses pieds il la faisait asseoir.
Pendant qu'elle parlait, il sentait son haleine;
Ses doigts distraits jouaient dans ses boucles d'ébène;
Oublieux de son sexe, il n'apercevait pas
Le trouble dont Lakmi frissonnait sous son bras :
Son cœur attribuait à sa pitié naïve
Le soupir qui coupait sa parole craintive,
De sa voix qui changeait la tristesse et le son,
Et de ses doigts glacés l'étreinte et le frisson.
L'enfant en devenait plus cher à sa détresse.
Elle le consolait avec tant de tendresse,
Elle confondait tant, dans ses longs entretiens,
Sa pensée à la sienne et ses soupirs aux siens,
Qu'elle était devenue, en sa morne demeure,
Le seul doux intérêt qui lui fît compter l'heure :
L'amitié naît si vite au cœur des malheureux!
Des gestes familiers déjà régnaient entre eux;
Quelquefois il penchait son front sur son épaule,
Comme un bras fort de chêne appuyé sur un saule,
Et laissait en silence égoutter dans son sein
Les pleurs de son amour dont son œil était plein :
Pour la pauvre Lakmi voluptueux supplice!
Comme un lis qui se fane entr'ouvre son calice
Pour aspirer la brise et pour boire sans bruit
Les gouttes de sa soif que lui répand la nuit,
Elle sentait couler jusqu'au fond de son âme
Ces pleurs que lui versait l'amour d'une autre femme;
Et, de rage et d'amour tressaillant à la fois,
De sa lèvre en secret les buvait sur ses doigts!

Chaque nuit resserrait cette amitié perfide;
Et quelquefois Lakmi, dans ses vœux moins timide,

TREIZIÈME VISION.

A l'innocent plaisir que Cédar éprouvait
Croyait sentir un peu l'amour qu'elle y rêvait !
Elle quittait ses pieds mourante de tendresse,
Et brûlait tout un jour du feu d'une caresse.

Une nuit que Cédar, d'un ton plus languissant,
De l'amour à sa voix avait donné l'accent,
Et dans l'illusion dont l'erreur le domine,
Serré d'un geste étroit l'enfant sur sa poitrine,
Lakmi, qu'éblouissait sa folle passion,
Crut sentir son triomphe à cette pression.
Un cri, de son bonheur trahissant le mystère,
De son cœur éclaté jaillit involontaire.
Vers le divin visage elle leva son front,
S'enivra de ses yeux, et d'un élan plus prompt
Que l'élan de l'abeille à la fleur qu'elle vide,
Aux genoux de Cédar colla sa lèvre avide...
« Ah ! le feu de mon âme à la tienne enfin prend,
« Cédar ! s'écria-t-elle ; enfin il me comprend ! »
Mais lui, comme un serpent qu'avec horreur on touche,
D'un geste de dégoût écartant cette bouche,
Et retirant soudain ses membres repliés,
La fit tomber à terre et rouler à ses piés ;
Et, froissant de dédain sa superbe paupière,
La regarda d'en haut ramper dans la poussière.

L'humiliation, l'horreur, l'étonnement,
Les frappèrent tous deux de silence un moment ;
Tel qu'après un éclair échappé d'un nuage,
Un silence interrompt ou précède l'orage.
Mais Lakmi, reprenant sa ruse avec ses sens,
La première à la fin retrouva des accens,
Et pour baiser ses pieds se traînant humble et douce,
Comme un chien qui revient au pied qui le repousse,
Et craintive enlaçant ses jambes dans ses bras,
Levant sa joue en pleurs et lui parlant d'en bas :

« Être dont le mépris sous ton œil me terrasse,
« Pour le crime d'aimer n'aurais-tu pas de grâce?
« Si je t'ai profané par un tendre forfait,
« Ce crime de l'amour, est-ce moi qui l'ai fait?
« Oui, malgré moi, ma bouche a trahi ma pensée!
« Oui, mon souffle a terni ta splendeur offensée!
« Je devais le savoir, le ciel est entre nous!
« Les mortels ne devraient te parler qu'à genoux.
« Je devais à jamais étouffer dans cette âme
« Cet amour dont un geste a révélé la flamme,
« Et comme le charbon dans la main renfermé,
« Ne découvrir mon cœur qu'en cendre consumé!
« Mais n'as-tu pas toi-même au sein de ton esclave
« Encouragé du cœur cet amour qui te brave?
« N'as-tu pas relevé son front humilié
« Pendant qu'elle mettait sa tête sous ton pié?
« Sur tes genoux sacrés ne l'as-tu pas assise?
« N'as-tu pas rassuré sa tendresse indécise,
« Attendri ta voix mâle, et sur son pauvre corps
« De tes cheveux divins laissé flotter les bords?...
« N'as-tu pas approché de ton front qu'elle adore
« Ce cœur où l'étincelle était dormante encore?
« Ne l'as-tu pas soufflée à ton souffle de dieu?
« Est-ce ma faute, oh! dis, si la paille a pris feu?
« Si ton divin regard, qui consumerait l'ange,
« En tombant sur la terre a consumé ma fange?
« Tout mon crime, ô Cédar! c'est toi qui l'as commis!
« Mais moi, je l'expîrai d'un cœur humble et soumis.
« Frappe-moi! punis-moi du culte qui m'embrase!
« Je bénirai ton pied si c'est lui qui m'écrase!
« J'adorerai de toi jusques à ton mépris!
« Esclave sans espoir, je servirai sans prix;
« Je briserai moi-même au fond de ma poitrine
« Ce cœur qui profana la pureté divine,
« Comme de l'arbre d'or le ver ronge le fruit,
« Sans que l'oreille même en entende le bruit.

TREIZIÈME VISION.

« A quelque abaissement qu'un geste me ravale,
« Je mettrai mon orgueil à servir ma rivale!
« De mes mains, pour tes yeux, j'ornerai ses appas!
« Je serai devant toi le tapis de ses pas!
« Je t'en entretiendrai pour tromper mon attente;
« Tu me diras : Je l'aime, et je serai contente!
« Je trouverai ma joie où d'autres ont leurs morts.
« Mais ne me chasse pas de l'ombre de ton corps;
« N'écrase pas du pied ta rampante couleuvre!!!...
« Laisse-moi de ta fuite achever tout bas l'œuvre,
« Ronger comme un lézard les murs de cette tour,
« Te rendre à la lumière, aux déserts, à l'amour;
« Et de tes fers tombés brise après ton esclave,
« Comme on jette la lime en dépouillant l'entrave!... »

En lui parlant ainsi, ses bras nus enlaçaient
Les jambes de Cédar que ses lèvres pressaient :
De poussière à ses pieds elle souillait ses charmes,
Elle brûlait la place où ruisselaient ses larmes.
A ce feint repentir son courroux s'amortit.
« Sors en paix, pauvre enfant! » dit-il. Elle sortit...
Elle sortit, non pas telle qu'en sa présence
La ruse avait courbé sa fausse complaisance,
Mais le cœur bouillonnant de cet excès d'affront,
Précipitant sa marche et redressant le front.
Ivre de désespoir, d'amour, de jalousie,
En mots entrecoupés semant sa frénésie :
« Non, non, tu m'aimeras, disait-elle en montant;
« Tu m'aimeras, cruel, ne fût-ce qu'un instant!
« Quand je devrais mourir de son baiser suprême,
« Je saurai quel bonheur il donne à ce qu'il aime!
« Cet amour refusé, je le déroberai!
« Si je tombe... en tes bras du moins je tomberai!
« Tu n'échapperas pas au feu qui me dévore.
« Périsse avec Lakmi ce palais qu'elle abhorre!
« Que ces cruels Titans s'entr'égorgent entre eux!

« Que l'enfer montre au ciel leurs mystères affreux !
« Que dans ses fondemens leur Babel s'engloutisse,
« Pourvu que mon bonheur précède leur supplice,
« Et que Lakmi, mêlant sa joie à leur trépas,
« Emporte dans la mort son rêve entre ses bras ! »

Cependant le palais était mouvant d'intrigues,
Et Nemphed surveillait de l'œil toutes ces brigues.
A son regard partout de piéges occupé,
Les complots d'Asrafiel n'avaient pas échappé.
Il avait attendu que sa ruse plus mûre
Découvrît mieux au coup le défaut de l'armure :
Mais ses yeux avaient vu ces signes précurseurs.
Il fallait sous ses coups tomber sans défenseurs,
Ou, de ce furieux prévenant la colère,
Avant le bras levé lui donner le salaire.
Après un court sommeil dans la terreur dormi,
Sur ses genoux tremblans il attira Lakmi :
« Que l'œuf de mon courroux soit couvé dans ton âme,
« Toi qui d'un sûr trépas couvres de fleurs la lame !
« Bel enfant dont le front masque si bien la mort,
« Nuage du matin où mon tonnerre dort !
« Que ce secret divin meure dans ta poitrine :
« Asrafiel a creusé sous nos pas une mine.
« Si tu n'étouffes pas la mèche dans sa main,
« Mon empire et Lakmi seront à lui demain.
« Serendyb et Znaïm sont des fils de sa trame ;
« Ma vengeance ne sait où reposer mon âme.
« Sur ces conspirateurs si je lève le bras,
« Ma menace impuissante assure mon trépas ;
« L'arme qu'empruntera ma main contre ce traître,
« Contre mon propre sein se tournera peut-être.
« Dans ce péril suprême il n'est qu'un seul salut :
« Te jeter, bel enfant, entre l'œil et le but,
« Vers l'amour un moment attirer sa pensée,
« De tes bras faire un piége à cette âme insensée ;

« Dans l'embûche de mort attirer le lion,
« Et tuer dans le chef toute rébellion.
« Un de ses fils coupés, toute la trame coule;
« Sa force donne seule audace à cette foule.
« Lui tombé, leur complot est sans âme; et les dieux
« Me chercheront en vain un rival dans les cieux.
« Mon trône raffermi pèsera sur leur tête.
« Vengeance de Nemphed, au signal es-tu prête?
« Des venins de l'aspic as-tu rempli ton sein?
« Ce soir, pour déguiser mon perfide dessein,
« J'ai préparé pour eux la plus divine orgie
« Dont la voûte du ciel se soit jamais rougie.
« Pour laisser un moment leurs complots respirer,
« D'une ivresse de dieux je veux les enivrer.
« Pendant qu'anéantis d'infernales extases,
« Ces monstres de l'ivresse égoutteront les vases,
« Toi, le front rayonnant de la beauté du ciel,
« Dans tes perfides bras fais languir Asrafiel;
« Et du poison subtil que ta main sait dissoudre,
« Frappe entre deux soupirs son cœur comme la foudre!
« J'aurai l'œil à ton œuvre : au cri qu'il jettera,
« De mon sein endormi la foudre jaillira :
« Ses complices surpris, et se craignant l'un l'autre,
« Rouleront dans la lie où l'ivresse les vautre.
« Ces démons écrasés reconnaîtront leur dieu;
« Laisse-moi! tu comprends : sois mon tonnerre! adieu! »

Lakmi, comme un serpent privé, qui des mains glisse,
De l'infernal dessein feignit d'être complice;
Sur sa lèvre muette elle posa deux doigts,
Son cœur se souleva de son sein comme un poids,
Et du combat des dieux l'épouvantable image
D'une secrète joie éclaira son visage.
Elle sortit soudain; mais elle n'alla pas
Aux piéges de la nuit préparer ses appas,
Et comme une Laïs qui se fie à ses armes,

Faire aiguiser par l'art l'aiguillon de ses charmes ;
D'un pas dissimulé, négligent et distrait,
Elle alla rencontrer Asrafiel en secret :

« O le plus beau des dieux ! roi du cœur, lui dit-elle,
« Je suis l'heure du trône ou ton heure mortelle !
« Nemphed cette nuit même a juré ton trépas.
« Tu devais sur mon cœur le trouver dans mes bras :
« L'imbécile vieillard, qui n'ose te combattre,
« Par la main d'un enfant avait voulu t'abattre ;
« Mais dans son piége impur lui-même il se prendra :
« Oui, l'arme qu'il saisit de lui te défendra,
« Lakmi, de ta beauté secrètement ravie,
« T'adore, et pour sauver tes jours t'offre sa vie.
« Ces jours n'ont qu'un soleil, si tu ne le préviens ;
« Mets dans le crime enfin tes pas devant les siens.
« Trompe ce vil forfait qu'avec peine il soulève !
« Marche pendant qu'il dort ! frappe pendant qu'il rêve !
« Je m'offre pour guider, pour assurer tes pas :
« Sois ma vie, Asrafiel ! je serai son trépas !
. . . .

. . . .
« Au coup qu'il faut porter prépare tes complices.
« Que leurs cœurs vigilans se sèvrent de délices.
« Cette nuit, au moment où le tyran des dieux
« Pour m'indiquer ta mort m'appellera des yeux,
« Foudroyé du poison préparé pour toi-même,
« La pâleur de la mort sera son diadème.
« Son cadavre à tes pieds tombera devant toi !
« Silence ! audace ! amour ! un enfant t'a fait roi !... »
. . . .

. . . .
Asrafiel étonné la vit fuir sans attendre
Le mot qu'à son regard l'effroi semblait suspendre :
« Insidieux serpent ! reptile impur ! dit-il,
« Poignard empoisonné dont la ruse est le fil !

« Traîtresse qui faillit entre les mains d'un maître!
« Ver qui pique le cœur! chienne qui mord son maître!
« Oui, je te laisserai de ton infâme dard
« Vibrer tous les poisons qui sont dans ton regard;
« Rampe pour moi, serpent qui dans mes pieds s'enlace,
« Au trône où je prétends conduis-moi, fais-moi place!
« Mais ne crois pas, perfide, y monter sur mes pas :
« Toi seule y monteras, femme aux divins appas!
« De toutes ces grandeurs que ce grand jour m'apprête,
« Une femme sera la plus chère conquête!
« Ses bras seront mon trône, et toi mon marchepied!
« Oui, je t'aplatirai, vil scorpion, sous mon pied!
« Et comme le frelon sur le miel qu'il exprime,
« Va, je veux en montant t'écraser sur ton crime! »

Mais Lakmi déjà loin et sans penser à lui,
La rage dans le cœur, dans la foule avait fui.

Auprès de Daïdha furtivement conduite,
Dans ce palais des pleurs en mystère introduite,
L'amante infortunée était devant ses yeux.
Transformant à son gré son front insidieux,
Lakmi la contemplait, sans dire une parole,
De ce regard de sœur qui plonge et qui console,
Et donnant à sa lèvre un doux pli de pitié,
Semblait de cette peine aspirer la moitié.

A ses chers orphelins, à son amant ravie,
Mais dans un lieu céleste en déesse servie,
Daïdha n'était plus la naïve beauté
Dont les longs cheveux noirs paraient la nudité.
De ses membres captifs magnifiques entraves,
L'or, la soie et l'argent, tissés par ses esclaves,
En plis voluptueux répandus sur son corps,
De ses pieds embaumés venaient baiser les bords.
Des ondes de saphirs, de perles et de pierres,

Ruisselaient de sa tête en splendides rivières,
Et semblaient, de son teint relevant la pâleur,
Une dérision au front de la douleur.
On eût dit une iris sans soleil ni rosée,
Et se fanant dans l'or où la main l'a posée.
La veille desséchait ses membres amaigris;
De livides sillons tachaient ses traits flétris;
Sur sa joue où la rose avait éteint ses charmes
Deux rides indiquaient le lit séché des larmes,
Comme l'herbe abattue et le gazon foulé
Montrent à nu la place où la source a coulé.
Son regard fixe et froid s'attachait au visage
Comme un œil qui voit tout à travers une image.
Ses lèvres, qu'agitait un vif tressaillement,
Des paroles sans sons avaient le mouvement.
A l'ombre de Lakmi, sous son regard venue,
Son œil interrogeait la figure inconnue;
Et Lakmi prolongeant ses hésitations
Entendait de son cœur les palpitations.

Enfin d'un faux accent couvrant sa joie amère,
« Pauvre femme, dit-elle, hélas! et pauvre mère!... »
Sans distinguer des mots l'accent double et moqueur,
A ces mots Daïdha sentit fondre son cœur.
Elle tendit ses bras vers la fourbe cruelle :
« Oh! vous me plaignez donc, vous du moins! cria-t-elle;
« Vous avez donc une âme, une bouche, une voix!
« Vous n'êtes pas de fer comme ceux que je vois,
« Vous ne garderez pas cet odieux silence!
« Oh! oui, tant de beauté, de candeur et d'enfance,
« Ne servent pas de masque à des projets hideux.
« Que font-ils? où sont-ils? oh! vous, parlez-moi d'eux!
« Cédar?... mes doux agneaux? Eux?... lui? quelle mamelle
« Leur distille le lait?... N'est-ce pas qu'il m'appelle?...
« N'est-ce pas qu'ils sont beaux?... ah! parlez à la fois,
« Parlez-moi d'eux... de lui!... » L'ardeur coupa sa voix;

TREIZIÈME VISION.

Elle colla sa bouche aux mains de sa rivale.

Lakmi d'émotion mordit sa lèvre pâle :
« Pauvre femme ! dit-elle, oh ! oui, je les ai vus.
« Lui, des géans esclave ! eux, altérés et nus !
« — Esclave ! s'écria la malheureuse femme,
« Esclave ! lui le dieu du monde et de mon âme !
« Lui qu'à ce cœur brûlant ces bras seuls enchaînaient !
« Lui que des vils mortels les regards profanaient !
« Lui pour qui dans le ciel ces globes de lumière
« Briseraient leurs rayons pour être sa poussière !...
« Esclave ! lui dont l'œil eût foudroyé des dieux !...
« Quoi ! vous les avez vus ? quoi ! vus, touchés des yeux,
« Ces cygnes sans duvet qu'échauffait mon aisselle !
« Ils avaient froid et soif ? pas même une gazelle !
. . . .
. . . .
« Oh ! vos femmes pour eux n'ont donc point de genoux ?
« Point de sang, point de lait dans leur sein comme nous ?
« Oh ! pour nourrir d'amour ces fruits de mes entrailles,
« Tout le mien coulerait à travers ces murailles !
« Oh ! portez, portez-leur mon sang pour les nourrir !
. . . .
. . . .
« Monstres ! laisserez-vous ces deux anges mourir ! »

Lakmi sentit son cœur au cri de la nature :
« Ils ne périront pas faute de nourriture,
« Dit-elle ; tous les jours, les entendant pleurer,
« Quelque mère en secret vient les désaltérer,
« Et d'un reste de lait assouvissant leur bouche,
« Les soulève du sol et sur ses bras les couche.
« — Du sol ? cria la mère en se levant debout ;
« Du sol dur et glacé ? dites ! dites-moi tout !
« Quoi ! sur la terre nue ils ont jeté leurs membres !

« Quoi! pas même sous eux les tapis de ces chambres!
« Quoi! ces corps délicats dans mes bras amollis,
« Que de mon sein de mère auraient froissés les plis,
« Sont là sans vêtemens sur le sable ou le marbre,
« Comme des passereaux tombés du nid sous l'arbre!
« Nul duvet n'attiédit leur tendre nudité!
« — Hélas! non, dit Lakmi. — Monstres de cruauté!
« Hommes! dont la malice assassine les anges!
« Eh bien! de ces cheveux je leur ferai des langes!
« Oh! ne résistez pas au dernier de mes vœux!
« Vous, enfant! faites-leur un lit de mes cheveux!
« Étendez sous le corps de ce tendre et beau couple
« De mon front dépouillé ce duvet long et souple;
« Couvrez leur blanche peau de ces anneaux coupés,
« Je les ai si souvent de même enveloppés!
« Sous ces réseaux flottans qu'ouvraient leurs mains jumelles
« Ils se sont tant de fois assoupis sous mes ailes!
« Avec ses noirs anneaux qu'ils cherchaient à nouer
« Oh! j'aimais tant à voir leurs doigts de lait jouer!
« Qu'ils en reconnaîtront l'odeur! douce chimère!
« Et se croiront encore à l'abri de leur mère! »

Tout en parlant ainsi, sous le fil des ciseaux
Ses beaux cheveux coupés tombaient en longs réseaux;
Leurs ondes sous ses pieds s'accumulaient en foule
Comme les plis montans d'une robe qui coule.
Quand ils furent montés jusqu'à ses deux genoux,
Sur les bras de Lakmi elle les jeta tous :
« Oh! prenez, lui dit-elle, et portez, portez vite!
« Portez-les encor chauds de ce front qui les quitte!
« Laissez sur votre main mes lèvres se poser,
« Et revenez bientôt me rendre leur baiser! »
Lakmi, les bras chargés de l'ondoyante soie,
Sortit en déguisant son infernale joie,
Regagna son palais, et loin de tous les yeux
Cacha dans ses atours ce dépôt précieux.

TREIZIÈME VISION.

Mais à peine avait-elle enfermé sa parure,
Que, pressant les momens qu'un seul soleil mesure,
Et des géans trompés déroutant le coup d'œil,
Du cachot de Cédar elle touchait le seuil.
Humble et douce à ses pieds comme un tigre elle rampe.
« Homme pour qui mon cœur veille comme une lampe,
« Cédar ! ô le plus beau des songes de Lakmi !
« Toi que j'adore en dieu sous ce doux nom d'ami !
« Relève enfin ce front courbé sous l'infortune,
« Et bénis une fois ma tendresse importune !
« De tes membres sacrés l'esclavage est fini.
« Demain à Daïdha par mes soins réuni,
« Le soleil te verra libre, et prenant ta course
« Vers ces monts, fils du ciel, remonter à ta source !

« Ne perdons pas le jour en trop longs entretiens ;
« Ne m'interroge pas, mais écoute et retiens :
« Dans Balbek cette nuit un grand complot se trame.
« Nemphed assassiné commencera le drame.
« Sa mort mettra le glaive aux mains de nos tyrans,
« Leur sang empoisonné coulera par torrens,
« L'incendie à grands plis baignera ces murailles,
« Tous les dieux prendront part aux divines batailles,
« Et montant pour combattre aux sommets de leurs tours.
« Laisseront sans gardiens ces ténébreux détours.
« Dans la confusion de l'horrible mêlée,
« Une porte de fer dans le granit scellée
« Restera, pour ta fuite, ouverte sous ces murs ;
« Une esclave voilée, aux pas discrets et sûrs,
« Au signal de mes yeux t'y tracera ta route :
« Quand tes pieds de la porte auront franchi la voûte,
« Sous un bois de cyprès que tu traverseras
« L'esclave remettra Daïdha dans tes bras.
« Tu fuiras l'emportant le long des bords du fleuve,
« Sans lui dire un des noms dont sa pauvre âme est veuve,

« Sans suspendre d'un pas ton pied muet et prompt
« Pour poser seulement un baiser sur son front.
« Ton salut tout entier dépend de ce silence.
« Fuis comme le coursier que le tigre relance,
« Fuis tant que le fardeau serré contre ton cœur
« N'aura pas pour ta course épuisé ta vigueur.
« Tu ne t'arrêteras qu'une heure avant l'aurore,
« Vers un détour du fleuve, aux pieds d'un sycomore.
« Là, sûr de ton trésor, tu le déposeras,
« Et toujours sans parler assis tu m'attendras.
« Avant qu'au firmament le jour commence à poindre,
« Avec tes deux jumeaux je viendrai t'y rejoindre.
« Ton bonheur tout entier se pressera sur toi.
« Nous fuirons, nous fuirons ensemble, elle, eux et moi.
« Si vous voulez encor que Lakmi puisse vivre,
« Votre heureuse pitié me laissera vous suivre ;
« Ou tu me diras : Meurs ; et tu m'étoufferas
« Comme ce pauvre chien étouffé dans tes bras !
« Adieu, l'heure suit l'heure, et le temps nous dévore :
« Tu me remercîras au pied du sycomore. »
Elle dit, et jetant une lime à sa main,
Elle lui fit un signe, il comprit : A demain !

QUATORZIÈME VISION.

La nuit, pleine de crime et de flambeaux rougie,
Roulait avec horreur ses astres sur l'orgie.
Les constellations, du haut du firmament,
Regardaient cette scène avec étonnement,
Admirant comment Dieu dans son profond mystère
Laissait monter si haut les forfaits de la terre;
Et les anges chantaient d'un accent solennel :
Patient! patient! car il est éternel!

Les flots emprisonnés jaillissaient en cascades,
L'illumination serpentait en arcades.
De cent mortiers d'airain les tonnerres des dieux
Lançaient du haut des tours des astres dans les cieux,
Qui, dans leur parabole entrecoupant leur route,
Formaient sous la nuit pâle une seconde voûte,
Un ondoyant réseau de mobiles soleils
Aux feux d'or ou d'argent, bleus, perlés ou vermeils.
Comme le firmament que l'arc-en-ciel essuie,
Les uns, gouttes de feu, se divisaient en pluie;
Les autres dessinaient, suspendus dans les airs,
Des temples merveilleux illuminés d'éclairs.
Puis, éclatant là-haut avec des coups de foudre,
Semblaient des pans de ciel qui s'écroulaient en poudre.
La musique, jetant le bruit à grands accens,
Par l'air qu'elle ébranlait secouait tous les sens,
Et, leur donnant à tous comme une âme commune,

De mille impressions vagues n'en faisait qu'une ;
Emportant à la fois dans ses fougueux courans
Et l'âme de l'esclave et celle des tyrans.
Tout le peuple assistant aux splendeurs de ces fêtes
Couronnait les créneaux de membres et de têtes ;
Un geste s'imprimait à tous ces fronts mouvans.
Les pavés, les lambris, les murs semblaient vivans :
On eût dit, en voyant respirer les poitrines,
Que l'air du ciel allait manquer à leurs narines !
L'atmosphère élevant les miasmes du sol
Eût asphyxié l'ange étouffé dans son vol.

Se sevrant de la lie où se vautrait le reste,
Nemphed et son rival étudiaient leur geste,
Et, pour se préserver de l'invisible mort,
De leurs libations n'effleuraient que le bord.
Au moment où Nemphed, dans sa perfide adresse,
Croit voir son ennemi chanceler sous l'ivresse,
Et lui-même à son tour feignant d'être endormi,
Du forfait convenu fait le signe à Lakmi,
Celle-ci, s'approchant comme pour mieux entendre,
Au cou du roi des dieux par les mains vient se pendre ;
Et semblable à l'enfant qui, cherchant le baiser,
Entre l'œil et la bouche hésite où le poser,
D'un dard qu'entre ses dents cachait sa lèvre jointe
Dans la tempe du monstre elle enfonce la pointe.
La hache est moins mortelle et l'éclair est moins prompt :
Il tombe de son trône en se brisant le front.
Asrafiel de son sein tire soudain son glaive.
La foule à cet aspect se réveille et se lève ;
Trônes, tables, autels, s'écroulent en débris,
Le palais retentit d'épouvantables cris.
En groupes acharnés tous les dieux s'entr'égorgent.
Des restes des festins les esclaves se gorgent ;
Et pendant les horreurs de cette longue nuit
Tout se disperse et meurt, tout triomphe ou tout fuit.

Dans la confusion de la lutte insensée,
Comme un éclair de mort Lakmi s'est éclipsée ;
Les laissant disputer le trône ou le trépas,
Vers son palais désert elle court à grands pas :
A ses ordres secrets une esclave attentive
Prend les cheveux ravis au front de la captive :
Sa faible main à peine en soulève le poids.
Elle en lisse avec art les tresses sous ses doigts ;
Et les réunissant au sommet de la tête,
Elle pare Lakmi de sa riche conquête.
Lakmi, dans le cristal reflétant sa beauté,
Triomphe insolemment de ce charme emprunté,
Effile les cheveux, dans les parfums les lave,
Et fuyant les regards sort avec son esclave...
. . . .
. . . .
. . . .
. . . .
. . . .
. . . .
Cependant, comptant l'heure à ses pulsations,
Cédar est abîmé dans ses réflexions.
Avec la lime sourde il a limé ses chaînes,
Son sang impatient coule libre en ses veines ;
Il entend le combat sur son front retentir,
Il voit tous ses gardiens se troubler et sortir.
Seul au fond de l'abîme où son oreille écoute,
Il attend qu'une main lui révèle sa route ;
D'un pas léger de femme il distingue le bruit.
Elle approche, il s'avance ; elle marche, il la suit.
Sous les pas assoupis de sa muette escorte,
De l'épaisse muraille il a franchi la porte.
Son guide l'abandonne, il est libre, il est seul !

La nuit sur la nature étend son noir linceul.

On croirait qu'elle veut, de ce mystère instruite,
D'une ombre impénétrable envelopper sa fuite :
A peine aperçoit-il les têtes des cyprès
Sur l'horizon du ciel ondoyer à grands traits ;
Il avance à tâtons vers un arbre qu'il touche,
Un cœur est sur son cœur, un doigt est sur sa bouche !...
Il sent de Daïdha, sous l'haleine du vent,
Les cheveux l'entourer de leur voile mouvant.
Sur ses bras en berceau, muet, il la soulève ;
Il fuit en l'emportant plus légère qu'un rêve.
Au bruit grondant du fleuve il dirige ses pas,
Son haleine de feu ne se repose pas.
La brise apporte en vain un souffle sur sa joue,
En vain ce doux fardeau que la marche secoue,
De ses bras enlacés lui faisant un collier,
Se suspend à son cou que le poids fait plier ;
En vain sur son épaule une tête si chère
Bat comme un front d'enfant endormi sur sa mère ;
En vain ce front qu'il touche et qu'il sent frissonner
A ses embrassements semble s'abandonner ;
Il ne se baisse pas pour effleurer sa lèvre.
De son brûlant amour par amour il se sèvre,
Comme un cœur oppressé qui s'arrête un moment,
Afin de respirer après plus librement.
Rien ne peut ralentir sa course qu'il redouble ;
Chaque roseau lui semble un géant qui le trouble,
Chaque plainte de l'onde un cri qui le poursuit :
Il franchit un royaume en un quart de la nuit,
Et ne s'arrête enfin, le pied rapide encore,
Que sur le cap du fleuve, au tronc du sycomore.
Là, sur un vert tapis qui glisse au bord de l'eau,
Il dépose en tremblant son amoureux fardeau,
Et respirant enfin de son cruel martyre ;
Il s'assied auprès d'elle et sur son cœur l'attire.

Oh ! pourquoi de la nuit le dôme est-il si noir ?

Que ne lui laisse-t-il seulement entrevoir
Ces membres adorés, ce regard, ce visage
Qu'ont flétri la douleur et maigri le veuvage !
Son cœur d'époux éclate et se brise en sanglots,
Ses pleurs à ses baisers se mêlent à grands flots.
Il presse à le briser, d'une muette étreinte,
Ce corps tout palpitant de délire et de crainte.
Dans sa tremblante extase il redit mille fois
Les noms que des soupirs lui répondent sans voix ;
Son amour remplirait une nuit éternelle !
Tremblante de bonheur, Lakmi, car c'était elle !
Dérobant ce transport par une autre excité,
S'enivrait de terreur et de félicité.
Sur ce cœur qu'abusait sa malice infernale,
Elle brûlait du feu qu'allumait sa rivale ;
Et de peur de changer le délire en soupçon,
Du souffle sur sa lèvre elle enchaînait le son.
Rendant de son bonheur le silence complice,
Elle craignait qu'un mot, trahissant l'artifice,
Ne changeât en horreur ce court ravissement,
Et savait que la mort suivrait l'étonnement.
La lueur d'une étoile effrayait son audace,
Chaque regard d'amour était une menace :
Tel que dans la prairie un avide serpent
Aux flancs de la brebis se dresse et se supend,
Et trompant le pasteur qui vainement l'appelle,
Boit le lait de l'agneau mourant de soif loin d'elle,
Telle, aux bras de Cédar, l'astucieuse enfant
Savourait dans la peur son crime triomphant,
Et des noms les plus saints par sa bouche nommée,
Même en trompant l'amour, jouissait d'être aimée.
Cédar pencha son front sous un poids de langueur,
Et Lakmi s'endormit la tête sur son cœur.

. . . .
. . . .
. . . .

. . . .
. . . .
Quand Cédar s'éveilla, Lakmi dormait encore.
Aux premières blancheurs de la naissante aurore
Avant de regarder la lumière des cieux,
Sur l'astre de son âme il abaissa les yeux.
Il entr'ouvrit du doigt, pour revoir ce visage,
De ces cheveux épars le liquide nuage,
Ces cheveux dont l'odeur et dont la pression
D'un duvet d'ailes d'ange avaient l'impression.
« Éveille-toi, dit-il, ô jour de ma paupière! »
Et découvrant ce front sous son regard de pierre,
Mesurant d'un seul trait le forfait et l'erreur,
Il l'écarte du coude et se dresse d'horreur!

Réveillée à ce cri, Lakmi de ses bras roule;
Son bras s'attache en vain au pied qui la refoule.
Cédar, la secouant comme un pasteur blessé
Secoue en vain l'aspic à sa jambe enlacé :
« Exécrable instrument de vice et d'imposture,
« Vipère! criait-il, va! meurs sur ta piqûre! »
Et du front qu'il pressait sous son genou nerveux
D'une main indignée arrachant les cheveux,
« O voile de pudeur! disait-il, chastes ondes,
« Avez-vous pu flotter sur ces membres immondes! »
Et sur le bord à pic poussant toujours Lakmi,
« Va souiller, disait-il, l'enfer qui t'a vomi!... »
La pente, en cet endroit escarpée et profonde,
Dominait de cent pieds le lit grondant de l'onde;
Un pas de plus, Lakmi se détachait des bords :
Au moment de sa chute elle raidit son corps;
Et retenant Cédar d'une dernière étreinte,
Des ongles sur sa peau laissant l'horrible empreinte :
« Oui, lave, ange souillé, mon forfait dans ma mort!
« Frappe-moi sans pitié! brise-moi sans remord!
« Je savais à quel prix ma criminelle ruse

QUATORZIÈME VISION.

« Achetait cet amour que ton cœur me refuse !
« J'ai fait le pacte impie et ne m'en repens pas :
« Ce songe de l'amour valait bien un trépas !
« Ma vie est un orage, il devait se résoudre ;
« J'ai dérobé le ciel, et j'accepte la foudre !
« Qu'elle frappe à présent ! je la provoque ! adieu !
« J'emporte dans l'enfer la mémoire d'un dieu ! »
Elle dit, et, cessant l'épouvantable lutte,
Elle roula du bord, résignée à sa chute ;
Et comme une immondice enlevée à ses bords,
Teint de fange et de sang le flot roula son corps.

De haine et de stupeur, debout sur le rivage,
Cédar avec dégoût détourna le visage ;
Et, les cheveux au ciel élevés dans sa main,
Du pas d'un insensé revint sur son chemin.
Les roseaux ondoyaient au vent de sa narine,
Un sourd rugissement sortait de sa poitrine ;
Ses pas retentissaient sur le sol souterrain,
Comme les pas pesans d'un colosse d'airain.
Les lions des forêts fuyaient à son approche,
Et l'aigle épouvanté s'envolait de sa roche.
Agité par la honte et par le repentir,
On entendait les coups de son cœur retentir ;
Il sortait par momens entre ses dents grinçantes
Des paroles sans suite et des voix mugissantes.
Des muscles palpitans son cœur s'accentuait,
Son œil était l'éclair et son geste tuait.
Sa sueur, sur ses pieds pleuvant à large goutte,
D'une trace fumante enveloppait sa route,
Non la sueur du corps d'où coule sa vigueur,
Mais la sueur d'esprit qui fait saigner le cœur.
Ainsi qu'une machine à son œuvre lancée,
Vers son but en aveugle il marchait sans pensée ;
L'éclair de la vengeance éclairait seul ses yeux.

La nuit jetait déjà son ombre sur les cieux,
Quand du haut de ses toits le peuple au cœur servile
Le vit gravir de loin les sentiers de la ville.
« Quel géant, disaient-ils, monte par le chemin ?
« Où va-t-il ? d'où vient-il ? que tient-il dans sa main ?
« Il brandit vers le ciel une étrange bannière ;
« Des coursiers de la nuit on dirait la crinière !
« Son ombre sur le mur dépasserait l'oiseau !
« Un chêne sous son bras vibre comme un roseau !
« Les portes de nos tours feraient baisser sa tête !
« Est-ce le vent, l'éclair, la foudre ou la tempête ?
« Accourez !... le voilà !... tremblez !... n'approchez pas !...»
Et la foule de loin se pressait sur ses pas ;
Et s'ouvrant devant lui pour lui laisser la place,
En flots toujours grossis se fermait sur sa trace.
Lui cependant marchait, marchait, marchait toujours,
Comme un fleuve entraînant des ruisseaux dans son cours ;
Et levant dans sa main ces beaux cheveux de femme
Que le vent déployait en flottante oriflamme,
Il semblait secouer ce crime de Lakmi,
Tel qu'un réveil de feu sur ce monde endormi !
La foule aux pieds légers, qui vole où le vent vole,
Le suivait par instinct, sans souffle et sans parole.

Quand il vit tout ce peuple, autour de lui béant,
Que dépassait du front sa taille de géant,
Comme un mât qui se dresse au sein de la tempête,
Il s'arrêta terrible et retourna la tête ;
Et d'un geste de dieu, d'une voix dont l'accent
Aurait fait remonter un fleuve mugissant :
« Est-il quelqu'un de vous qui garde au fond de l'âme
« Du feu d'Adonaï quelque mourante flamme ?
« Est-il quelqu'un de vous qui conserve enfoui
« Dans les plis de son cœur le Dieu d'Adonaï,
« Ce Dieu des opprimés dont le nom est un glaive ?

QUATORZIÈME VISION.

« S'il en est un encor, qu'il parle et qu'il se lève !
« Ce Dieu vient à la fin en moi vous visiter,
« Affronter vos tyrans et les précipiter !... »

De la foule à ces mots de grandes voix montèrent,
Du livre dispersé mille pages flottèrent ;
Les disciples du juste, à la voix ralliés,
Brisèrent les vils jougs dont ils étaient liés,
Et du peuple étonné fendant la multitude,
Prirent des combattans le cœur et l'attitude.
Les lâches, par l'exemple à l'audace aguerris,
Secouèrent les fers dont ils étaient meurtris.
On n'entendit au loin qu'un cliquetis sublime
De chaînes qui tombaient sous l'enclume ou la lime :
Un million de bras s'étendit à la fois,
La liberté jaillit d'un million de voix !
Et l'esprit du Seigneur, qui souffle ces tempêtes,
Ondoya comme un vent sur cette mer de têtes.

Cédar, dont à leurs yeux la colère avait lui,
Sentit monter l'esprit de tout ce peuple en lui :
« Vile chair, car qui sait le nom dont on vous nomme ?
« Levez vos fronts, dit-il, et redevenez homme !
« Sous les pieds de vos rois, terre, remuez-vous !
« Et dans leur propre audace engloutissez-les tous !
« Secouez sur vos cous, lions, vos chevelures,
« Comme moi ces cheveux sacrés par leurs souillures !
« C'est le vivant drapeau qu'eux-mêmes nous ont fait,
« Leur dernière infamie et leur dernier forfait !
« Contre leurs fronts maudits que toute main se lève !
« Chacun de ces cheveux sur leur tête est un glaive !
« Ils en ont dépouillé la plaintive pudeur,
« Comme vous de vos droits et de votre grandeur !
« Ainsi que je rapporte à son front sa dépouille,
« Remettez ses saints droits à votre âme qu'on souille.
« Pour vous paraître grands, ils courbent vos genoux ;

« Ils ont jeté leur ombre entre le ciel et vous !
« Effaçant dans vos cœurs la foi de vos ancêtres,
« Ils en ont chassé Dieu pour en rester les maîtres !
« Mais nommez avec moi le nom du Dieu vivant ;
« Ils seront la poussière et vous serez le vent !...
« Contre l'humanité leur règne est un blasphème ;
« Venger l'homme avili, c'est venger Dieu lui-même !
« Abandonner ses dons, c'est le déshonorer ;
« Reconquérir ses droits, c'est encor l'adorer !
« C'est le culte de sang pour l'homme qu'on opprime !
« La tyrannie aussi de l'esclave est le crime !
« Se courber sous le joug, c'est presque le forger,
« Et subir les tyrans, c'est les encourager.
« Purifiez le sol dans le sang et les flammes,
« Renversez leurs palais, ces prisons de vos âmes !
« Remontez vers le ciel par ce sublime assaut !
« La liberté, la foi, le vrai dieu, sont là-haut !
« De vos desseins vengeurs leurs forfaits sont complices ;
« L'heure, l'occasion, les ombres sont propices.
« Ces monstres, déchaînant leur sourde inimitié,
« Ont déjà de votre œuvre accompli la moitié.
« Leurs temples sont remplis de leur lutte intestine ;
« Ils ne soupçonnent pas la nuit qu'on leur destine !
« Dans leur vil sang qui coule enfonçons les talons !
« Allons ! » — Le peuple entier s'élançant dit : « Allons ! »

Tel, quand le vent, changeant sur la plaine liquide,
Fait frissonner la mer d'une première ride,
Courant devant la brise, insensible d'abord,
A peine d'un murmure elle effleure le bord ;
Mais au souffle croissant du vent qui la déplie,
Par cent mille sillons elle se multiplie :
Sur l'horizon lointain qu'elle fait onduler
On voit le flot qui monte au flot s'accumuler ;
La ride devient vague, et la vague, colline.
Elle court en grondant battre un cap en ruine ;

Et dans la mer d'en bas qui n'osait l'approcher,
Avec ses bras d'écume entraîner le rocher.
Tel ce peuple, appelé par l'accent d'un seul homme,
S'éveillait en sursaut de son terrible somme,
Et lançant vers le ciel ses ressentimens mûrs,
Tout armé de ses fers, grossissait sous les murs.

QUINZIÈME VISION.

Cependant Asrafiel, vainqueur par sa complice,
De ses lâches rivaux débarrassant la lice,
Le pied sur un cadavre au trône était monté.
Pour lui le prix du sang était la volupté :
Et pour aiguillonner son audace assouvie,
Mêlant la mort présente aux excès de la vie,
De débauche altéré plus que d'ambition,
Remplissait ce séjour d'abomination.
Sur les parvis souillés du palais des scandales,
Le sang et les parfums se mêlaient sur les dalles;
Les hymnes effrénés, les sons des instrumens,
Y couvraient de la mort les derniers râlemens.
Des danseuses, nouant leurs trames fugitives,
Secouaient des flambeaux sur le front des convives;
La sueur, la fumée, obscurcissaient le ciel :
Cette atmosphère immonde était l'air d'Asrafiel;
On eût dit qu'effrayé du jour qui devait suivre
Des cinq sens à la fois il se hâtait de vivre.
Par ces hideux tableaux ses esprits excités
Trouvaient un nouveau sel à ses atrocités.
Les yeux de Daïdha brûlaient de loin son âme;
L'empire n'était rien pour lui sans cette femme :
Tous ses forfaits n'étaient que des forfaits ingrats
S'ils ne lui jetaient pas ce rêve entre les bras!
Il voulait, réservant pour lui ce prix céleste,

Être un amant pour elle, être un dieu pour le reste ;
Et, lui donnant sa part de sa divinité,
Faire de sa conquête une solennité !
Ces lieux étaient la scène et cette heure était l'heure.
Conduite de la nuit de sa morne demeure
A ce jour que lançaient les torches dans les cieux,
Daïdha, rougissant, était devant ses yeux.

Ses regards, étonnés par l'éclat de la flamme,
Dans l'éblouissement laissaient nager son âme ;
Pour abriter son corps contre cette splendeur,
Ses vêtements serrés couvraient mal sa pudeur.
La honte de son geste et sa tête baissée
Semblaient l'envelopper de sa chaste pensée ;
Son cœur pétrifié s'arrêtait de stupeur,
Sa peau se nuançait des frissons de la peur ;
Ses épaules à nu se serrant aux aisselles,
S'efforçaient de voiler son corps, comme deux ailes
Dont les duvets ravis par le cruel ciseau
Se referment en vain sur les flancs de l'oiseau.
Tantôt, elle couvrait de ses doigts en étoile
Les marbres de son sein enfermés sous leur voile ;
Tantôt, pour s'abriter du jour qui l'offensait,
De l'ombre d'un pilier elle se vêtissait.
Parmi tant de beautés aux regards immodestes,
Son tremblement, sa peur, l'attitude, les gestes,
Jetaient sur elle seule un voile de respect ;
Le regard déhonté rentrait à son aspect :
Tant la seule pudeur contre l'audace infâme
Peut recouvrir le corps du vêtement de l'âme !

Un silence d'extase et de ravissement
Donnait à tous les yeux les regards d'un amant.
Un murmure courait dans l'assemblée immense,
Comme dans les forêts la brise qui commence ;
Tandis que Daïdha, rouvrant ses chastes yeux,

QUINZIÈME VISION.

Qu'épouvantaient d'horreur les murs licencieux,
Par ces hideux tableaux toujours plus offensée,
S'enfonçait plus avant dans sa propre pensée,
Comme un vase d'amour et de dilection
Au fond de cette mer d'abomination.

Le tyran, aux splendeurs de cette beauté chaste,
Du vice à la vertu contemplait le contraste.
Ses regards malgré lui respectaient ses appas.
L'absence des cheveux ne la déparait pas;
Comme un jeune palmier dont la main qui le taille
En élaguant sa cime élève encor la taille,
Plus souple et plus léger son buste s'élançait,
Et la forme d'amour, que l'ombre nuançait,
Semblait se détacher et glisser sur la pierre,
Comme celle qu'un songe apporte à la paupière;
Fantômes que de loin l'œil seul peut adorer,
Et qu'en tendant les bras on fait évaporer.

« Viens, disait Asrafiel, ô perle de l'aurore
« Que la vague à mes pieds apporta pour éclore,
« Viens luire sur ce front où luit tant de grandeur;
« Tu feras dans ces lieux sa première splendeur!
« Étoile de la nuit, qui brillais inconnue
« Derrière les forêts ou derrière la nue,
« Des astres du matin viens effacer le jour!
« Le bonheur, de tes yeux, coule en rayons d'amour!
« Sur tes lèvres de nard un ciel entier respire!
« C'est pour te conquérir que j'ai conquis l'empire!
« Viens, couronnant mon cœur de tes chastes beautés,
« Me payer ma grandeur par mes félicités! »

En lui parlant ainsi, sa main rude et robuste,
S'assouplissant un peu, l'enlaçait par le buste,
Et dans ses forts genoux l'attirait vers son cœur;
Mais Daïdha bondit avec un cri d'horreur.

Il sourit, et dardant un regard de satyre :
« Biche à l'œil effrayé, qui fuit ce qui l'attire!
« Dit-il, charmante enfant, reviens à moi, reviens !
« Ton pied léger, vois-tu, traîne encor tes liens ;
« De quoi te serviraient la colère et la fuite?
« Plus vite sous ma main tu reviendrais réduite.
« Mais pourquoi t'enfuis-tu ? viens, tu ne sais donc pas
« Que l'œil d'un dieu lui-même adore tes appas?
« Qu'il veut, gardant pour lui sa volupté jalouse,
« D'esclave, sur son cœur te proclamer épouse?
« T'élever aussi haut sur celles que j'aimais
« Qu'aucun rêve d'orgueil ait aspiré jamais !
« Pour tapis sous tes pieds jeter toutes ces femmes ;
« Pour parure un empire, et pour jouets des âmes ?
« Oh! viens, folle beauté, sur le cœur d'Asrafiel
« De bonheurs inconnus étonner jusqu'au ciel !... »
Il se tut, et tendant les bras vers la rebelle,
Attendit un instant qu'elle y tombât... mais elle,
D'une voix dont la honte et l'indignation
Relevaient tout à coup la molle inflexion :
« Dieu seul est dieu, dit-elle, et le ciel de mon âme
« C'est le cœur de celui dont il m'a fait la femme !
« Cédar, mon saint amour! Cédar, mon seul époux !
« Un cachot avec lui plus qu'un trône avec vous !
« De vos pieds tout-puissans que dans mes pleurs je lave,
« Poussez-moi, jetez-moi, foulez-moi comme esclave;
« Mais rendez-moi Cédar, Cédar mon seul amour,
« Et mes petits enfans dont les yeux sont mon jour !
« J'embaumerai vos pieds d'éternelles caresses,
« Et vous serez un dieu, du moins pour mes tendresses...»

Comme si cette bouche eût blasphémé le ciel,
Un murmure d'horreur la couvrit. Asrafiel,
La repoussant du pied sur le marbre abattue :
« Ah! dit-il, c'est donc lui? Qu'on coure et qu'on le tue !
« Que l'on traîne à ses yeux ses membres torturés;

QUINZIÈME VISION.

« Qu'elle entende!... Mais non, reprit-il, demeurez!
« Avant que de sa vie un geste me délivre,
« D'un seul mot, Daïdha, tu peux le laisser vivre;
« C'est toi qui vas frapper, c'est toi qui le tueras!
« Viens chercher ton amant, sa vie est dans mes bras!... »
A ces mots, Daïdha, par la crainte éperdue,
Se jetait... Mais soudain par un pied suspendue,
Et rebroussant d'horreur son beau corps incliné :
« Non! non! qu'il meure avant son amour profané!
« Qu'il meure avant de voir son épouse avilie,
« Au prix de son honneur lui racheter la vie!
« Qu'il meure avant de voir mortes sous ton baiser
« Ces lèvres où son cœur du moins peut se poser!
« Frappe, mon choix est fait!...—Eh bien, non, dit l'hyène.
« Je suspendrai le coup pour que ta vie y tienne !
« Esclaves, apportez ses enfans par les piés
« Comme deux vils chevreaux pour le couteau liés.
« Par tous les sentimens de sa tendre nature
« Sur leurs membres sanglans donnez-lui la torture;
« Oui, respectez son corps et déchirez son cœur,
« Jusqu'à ce qu'elle tombe aux bras de son vainqueur... »
Les petits, à ces mots, arrachés de leur couche,
Chacun d'eux sur les bras d'un esclave farouche,
Sur le seuil du parvis sont apportés soudain ;
L'aboîment ne fait pas bondir plus fort le daim
Que le vagissement de ses fils qu'on apporte
Ne fait bondir d'amour la mère vers la porte.
Avant que des bourreaux son geste ait été vu,
Se jetant sur leurs mains d'un élan imprévu,
Elle arrache ses fils à leur cruelle serre,
Sur son cœur étouffé par l'étreinte, les serre,
Les laisse, les reprend, roule son front sur eux,
Les couvre sur leurs corps de baisers plus nombreux
Que l'orage du cœur n'a de gouttes de pluie ;
Les baigne de ses yeux, des lèvres les essuie.
Puis, les pressant sur elle à les faire crier,

D'un regard qui paraît défier et prier,
Regarde les bourreaux un moment en silence,
Aux genoux d'Asrafiel avec ses fils s'élance,
Contre son cœur transi les presse d'une main,
De l'autre le genou de ce monstre inhumain ;
De la foudre du cœur, que son coup d'œil lui darde,
L'attendrit, le foudroie : « Oh ! dit-elle, oh ! regarde,
« Regarde à tes genoux ces innocens agneaux !
« Des mères de tes dieux les fils sont-ils plus beaux ?
« Oh ! touche cette chair d'ivoire, où la tigresse
« Changerait, en léchant, sa morsure en caresse !
« Vois ces yeux où tes yeux se reflètent ; oh ! vois
« Comme ils touchent tes pieds avec leurs petits doigts !
« Comme dans tes genoux ils plongent leur visage,
« Ainsi que deux aiglons plongent dans le nuage !
« Oh ! tu n'es pas de pierre, oh ! tu t'attendriras !
« Tu les laisseras vivre, et moi tu me tueras !... »
Puis avec cet instinct rapide de la mère,
Aux lèvres d'Asrafiel voyant la joie amère,
Et comprenant soudain qu'il avait découvert
Le seul point sans défense où son cœur fût ouvert,
Du sol où se courbait sa face prosternée,
Relevant les enfans d'une main forcenée,
Et changeant tout à coup de figure et de voix,
Elle se retourna comme un cerf aux abois.

« Non, tu les frapperas ! je le vois dans ton rire !
« Monstre ! l'amour y raille et l'enfer y respire !
« Mais viens, tyran ! bourreaux, meurtriers, venez tous !
« Ma seule arme de mère est plus forte que vous.
« Essayez d'arracher du sein qui vous défie
« Ce couple que j'y rentre et que j'y pétrifie !
« Vous briseriez plutôt ces lourds câbles de fer
« Que ce nœud de mes bras qui va les étouffer !
« Vous ne les atteindrez qu'en perçant mes entrailles !
« Ce sang, avec le leur, rougira vos murailles ;

QUINZIÈME VISION.

« Et ce monstre obtiendra, pour prix de ses forfaits,
« Trois cadavres jetés à ses pieds satisfaits!...
« — Bourreaux! dit Asrafiel en haussant les épaules,
« Ouvrez, sans les briser, ces tendres bras de saules;
« Prenez ces fruits séchés avant que d'être mûrs,
« Et brisez à ses yeux leurs têtes sur les murs! »

Deux bourreaux, à ces mots, d'une invincible étreinte,
Déplièrent ses bras qu'entrelaçait la crainte,
Et de ses vains efforts sans peine triomphans,
Écartèrent la mère et prirent les enfans.
Chacun en saisit un comme un boucher sa proie,
Et lui lia les pieds d'une rude courroie.
Tel qu'un bloc qu'en tournant la fronde va lancer,
Chacun vers sa colonne on les vit s'avancer.
Déjà les airs sifflaient sous le vent des deux crânes;
Déjà le mur rasait leurs cheveux diaphanes :
Un pas de plus! leurs fronts éclataient en débris!
Le plus beau des jumeaux jette deux faibles cris;
A cette voix d'enfant, dont l'accent la déchire,
L'horreur de Daïdha monte jusqu'au délire;
Ah! le cœur d'une mère est enfin le plus fort!
« Pour sauver mes petits, j'embrasserais la mort! »
Dit-elle, et s'élançant comme l'air à la flamme,
Dans les bras d'Asrafiel elle tombe sans âme!...
. . . .
. . . .

Le monstre, se penchant sur son front sans couleur,
Sous d'odieuses mains rappelait la chaleur;
Il allait profaner sous son haleine immonde...
Quand un cri dont l'horreur ferait crouler un monde,
Un cri semblable au cri dont le terrible écho
Fit rentrer dans le sol les murs de Jéricho,
Un cri semblable au cri dont la puissance seule
Fait lâcher au lion la brebis de sa gueule,
Et de l'aigle tremblant ouvre la serre au ciel,

Fascina tout son sang aux veines d'Asrafiel,
Ouvrit ses fortes mains comme une main plus forte,
Et laissa retomber Daïdha demi morte!

Cédar, car c'était lui, du haut des escaliers,
Cédar montrant sa tête entre deux hauts piliers,
Cédar grand comme un dieu dont la mâle statue
Tombe du piédestal sur la foule abattue,
Les cheveux hérissés, le bras haut, l'œil béant,
Marche sur les corps morts au trône du géant.

Pendant que pour l'orgie ils désertaient les portes,
Du peuple débordé précédant les cohortes,
Précipitant ses pas, de la foule suivis,
Il s'était avancé jusqu'aux secrets parvis.
Comme avant de frapper l'orage plane et tonne,
Pour assurer ses yeux que la splendeur étonne,
Derrière une colonne un instant arrêté,
Par l'ombre du portique il s'était abrité;
Pendant qu'il suspendait ses combattans du geste,
Il avait vu ses fils balancés comme un ceste,
Et Daïdha, jetant son dernier cri d'effroi,
Tomber morte et souillée aux bras du monstre-roi!
A cet excès d'horreur, dans son sein condensée,
La foudre de son âme avait été lancée;
De l'orteil aux cheveux l'horreur avait jailli;
La racine du cœur en avait tressailli.
Tout ce qui sent dans l'homme, aime, frémit, abhorre,
En avait concentré le contre-coup sonore;
Rage, colère, amour, mort, indignation,
S'étaient multipliés dans sa vibration!
La voix de tout ce peuple, à sa voix confondue,
Des cieux qu'elle ébranlait paraissait descendue.
L'enfer n'aurait pas mis les tyrans à l'abri,
La vengeance du monde était dans ce seul cri!..

QUINZIÈME VISION.

Comme se courbe un front quand passe la tempête,
Les géans avaient mis les deux mains sur leur tête,
Et pareils aux épis par l'ouragan pliés,
Sous son bras ondoyant s'écartaient de ses piés.
Le peuple à flots pressés le suivait de sa foule.
Telle au milieu d'un lac, quand une tour s'écroule,
On voit le lac, grossi par les rocs éboulés,
Surmonter ses hauts bords de ses plis refoulés,
Et dépassant du flot les grèves du rivage,
Suspendre son écume au rocher qui surnage;
Telle, tombant au sein de ce monde avili,
Où de l'iniquité l'abîme était rempli,
La colère d'un homme et sa seule énergie
Avaient d'un peuple entier troublé la léthargie,
Et de ses murs sacrés qu'il n'osait regarder
Jusque sur ses tyrans l'avait fait déborder.

Armé de jougs brisés, de socs et de massues,
Il se précipitait par toutes les issues,
Entraînant dans son flux, noyant dans sa fureur
Ces dieux qu'une heure avant adorait sa terreur.
Nul n'osait se roidir contre ce grand déluge;
Tous tombaient ou mouraient, ou cherchaient un refuge.
La droite de Cédar agitait leur linceul.
Asrafiel pâlissant osait s'arrêter seul;
Et ne connaissant pas la force d'un bras libre,
Sur ses muscles tendus reprenant l'équilibre,
De toute sa hauteur se dressant en sursaut,
De Cédar qu'il défie il attendait l'assaut.
Daïdha de ses mains pressait encor sa jambe.
Cédar, venant à lui sur le corps qu'il enjambe,
Comme un bélier jaloux qui, pour abattre un tronc,
Incline obliquement les cornes de son front,
Le souffle du lion grondant dans sa narine,
D'un seul coup de sa tête enfonce sa poitrine.

Asrafiel, à ce choc qui le fait chanceler,
De ses côtes de fer sent les os vaciller,
La force de son bras manque au coup qu'il assène ;
Ses poumons écrasés font ronfler son haleine ;
Mais, pressant de Cédar la nuque entre ses doigts,
Ses deux coudes ouverts il l'écrase du poids,
Et, comme un sanglier plonge sa dent d'ivoire,
Dans son épaule nue enfonce sa mâchoire.
Tel on voit, pour ouvrir ses cinq ongles mordans,
Le dogue secouer le tigre avec ses dents.
Cédar, sans étancher son sang pur qui ruisselle,
Glisse son front rampant sous son immense aisselle,
Et par ses flancs charnus à son tour l'étreignant,
Emporte de sa côte un grand lambeau saignant.
On dirait qu'insensible au vil sang qui le souille,
Pour dévorer son cœur jusqu'aux côtes il fouille ;
Sa dent, qui sur ses os heurte sans s'ébrécher,
Enlève à chaque coup des lanières de chair ;
Un ruisseau de sang noir sur ses lèvres écume ;
Chaque quartier de corps sous sa mâchoire fume.
Sans ralentir sa rage il les secoue au vent,
Élargit sa morsure et plonge plus avant,
Et découvrant le cœur sous la chair déchirée,
Il y plonge en lion sa dent désespérée.
Le colosse à l'instant, frappé du coup mortel,
Croule avec son vainqueur aux marches de l'autel.
Les globes de ses yeux tournent sous sa paupière ;
Son front sonore est pâle et froid comme la pierre.
Cédar penché sur lui le prend par les cheveux,
Tend, pour le soulever, ses deux poignets nerveux ;
Et contre l'autel même où son forfait s'expie,
Comme un vautour dans l'œuf, brise son crâne impie ;
Puis, cherchant du regard ses autres ennemis,
Il voit tout, devant lui, mort, fuyant ou soumis.

Le peuple fluctuant, que la peur encourage,

QUINZIÈME VISION.

Pendant qu'il combattait, s'acharnant au carnage,
Avait, vengeant d'un jour tant de jours odieux,
Égorgé sans combat la moitié de ses dieux ;
L'autre moitié, fuyant le fer levé sur elle,
Avait, par des détours, gagné la citadelle ;
Tour qui montait au ciel, et dont les murs de roc,
Dressés en précipice et ne formant qu'un bloc,
Défiant des béliers la poutre la plus forte,
Recevaient l'air du ciel et n'avaient qu'une porte.
Pendant que leur vainqueur s'enivrait du succès,
De cette tour d'airain gardant l'unique accès,
Les dieux réfugiés dans cet antre de pierre,
En refermant la porte, avaient roulé derrière
Trois fragmens de granit dont la masse et le poids
Auraient épouvanté mille hommes d'autrefois,
Et que de la colline où leur masse est soudée
Trente siècles n'ont pu déplacer en idée !
Ce reste de tyrans couvert par ses remparts,
Du faîte des créneaux plonge en bas ses regards.
Le peuple, dont la rage à leur aspect s'allume,
Se brise sur ces murs en impuissante écume :
Sa fureur, qui ne peut si haut les assaillir,
Sur les corps mutilés des morts vient rejaillir ;
L'incendie au palais s'attache en longues lames ;
Le vent souffle engouffré dans des courans de flammes ;
Sous des vagues de feu le sol semble ondoyer ;
Tout roule et s'engloutit dans ce large foyer.
Il calcine la pierre, il effeuille le marbre ;
La colonne s'allume, ainsi que le tronc d'arbre,
Et comme des rameaux sur les herbes fumans,
Sème du haut des airs ses grands entablemens.
On dirait qu'un volcan allumé de lui-même
Dévore avec le sol ces temples du blasphème ;
De ces foyers vengeurs les feux semblent vivans.
Des siècles en un jour rendent leur cendre au vent.
L'œuvre d'impiété des siècles consumée,

Éteinte en un clin d'œil, se balaie en fumée.

L'ange de la justice et de la liberté,
Sur ses ailes de feu par les flammes porté,
Tel qu'un pasteur qui brûle une ruche d'abeilles,
Avec l'iniquité consume ses merveilles.
Aux sinistres éclairs des bûchers dévorans,
Aux bouillons de la lave, aux clameurs des mourans,
On voit courir le peuple ivre d'horrible joie,
Repousser dans la flamme ou disputer sa proie,
Battre des mains aux feux, encourager les vents,
Jeter sur les charbons les esclaves vivans,
Assouvir de leurs sens les vengeances brutales,
Du crime et de la mort mener les saturnales,
Et, d'agneaux égorgés devenus égorgeurs,
Surpasser les forfaits dont ils sont les vengeurs!...

Cédar, encor souillé de sang et de fumée,
Relevant Daïdha par sa voix ranimée,
Emportait loin du feu, sur ses bras triomphans,
Pressés contre son cœur, sa femme et ses enfants.
Ne pouvant s'arracher à leur tremblante étreinte,
Il s'assit à l'écart au pied d'un térébinthe,
Dont sur un grand bassin les immenses rameaux,
Par leurs feuilles courbés, se baignaient dans les eaux;
Tel qu'un buffle altéré lave ses crins immondes,
Il se plonge trois fois tout fumant dans les ondes,
Et trois fois, relevant sa tête sur les flots,
De son sang encor tiède il lave les caillots.
Le venin d'Asrafied sortit de sa morsure.
Daïdha de ses pleurs arrosa sa blessure;
Et dans son chaste sein restaurant sa vigueur,
Avec ses deux enfans se jeta sur son cœur.

Oh! de crainte et d'amour quels rapides échanges,
De mots inachevés qu'entendaient seuls les anges,

QUINZIÈME VISION.

D'éclairs d'une âme à l'autre éclatant tour à tour,
Illuminant d'un mot les doutes de l'amour,
Dans ce rapide instant absorbèrent leurs âmes!
Pendant que l'incendie en ses longs jets de flammes
Leur jetait par moment ses sinistres reflets,
Et que le sol tremblait aux chutes du palais,
Amant, père, vainqueur, enfant, épouse, mère,
Leur joie accumulée était leur atmosphère.
Le ciel aurait croulé sur le monde englouti,
Que le bruit dans leur cœur n'en eût pas retenti.

Cependant ce vil peuple, achevant son ouvrage,
Jusqu'après le triomphe étendait le carnage.
Cédar en eut pitié; la tête dans sa main,
Il pleura sur lui-même et sur le genre humain.
« O race, pensait-il, faite pour qu'on l'opprime,
« Vengeras-tu toujours le crime par le crime?... »
Il regardait fumer ces sinistres débris :
Un géant, que la foule assiégeait à grands cris,
Vint tomber aux genoux du vainqueur de sa race.
Où la force éclatait, il espérait la grâce :
« Sauve-moi, cria-t-il, de ce peuple assassin! »
Cédar lui fit contre eux un rempart de son sein;
De sa main étendue il protégea sa vie;
Le peuple abandonna sa victoire ravie,
Tel qu'à la voix de l'homme un tigre rugissant
Qui laisse et qui regrette une goutte de sang.
Mais Cédar indigné, les réprimant du geste,
Des tyrans poursuivis préserva quelque reste.
« Qui de vous, disait-il en détournant les yeux,
« Du maître ou de l'esclave, est le plus odieux?
« Oh! fuyons, Daïdha! ces races de vipères!
« Emportons nos enfans aux forêts de nos pères!
« N'est-il donc plus un juste au fond des nations? »
Et Daïha pleurant lui répondit : « Fuyons! »

Au sommet de la tour qui leur servait d'asile,
Les géans consternés regardant sur la ville,
Voyant cette pitié d'un vainqueur généreux,
Comprirent leur salut et parlèrent entre eux.
Dans ce monde pétri de mal et d'artifice,
Chaque vertu du juste est une arme du vice.
Quand l'incendie éteint languit sans aliment,
Et que l'épaisse nuit couvrit le firmament,
L'un d'eux par une corde aux créneaux suspendue,
Et du poids de son corps jusqu'aux fossés tendue,
Glissa le long du mur, et d'un pas indécis
S'avança vers Cédar sous le grand arbre assis.
Tombant à ses genoux et simulant la crainte,
Il pressait ses deux pieds d'une muette étreinte ;
Sa voix cherchait des mots et ne pouvait parler ;
Sa pensée en suspens semblait aussi trembler.
Comme un coupable enfin que son juge rassure,
Et sur les mots pesés composant sa figure :
« O divin étranger envoyé par le ciel
« Pour délivrer la terre et punir Asrafiel,
« De quelque nom caché que Jéhova te nomme !
« Puissante main d'en haut qui viens relever l'homme !
« L'homme qu'elle relève est indigne de toi.
« A leurs iniquités, ô juste ! arrache-moi.
« Tu vois devant tes yeux une de leurs victimes
« Respirant l'air impur qu'ils infectent de crimes,
« Buvant l'iniquité tout en la détestant,
« Et pour leur échapper épiant chaque instant.
« Du sommet de la tour où cette race impie,
« Comme l'aigle blessé, de son aire t'épie,
« Je t'ai vu tout à l'heure à ces hommes ingrats
« Ravir tes ennemis protégés par ton bras ;
« J'ai reconnu ma race à ta vertu sublime,
« J'ai mis ma confiance en ton cœur magnanime ;
« Et du haut des remparts glissant inaperçu,
« Comme l'ombre de Dieu ton ombre m'a reçu.

« Sauve-moi, choisis-moi de cette race infâme
« Que ma tribu déteste et que vomit mon âme !
« Mon nom n'est pas leur nom, mon dieu n'est pas le leur ;
« Jeune, ils m'ont pris au piége ainsi que l'oiseleur.
« Sous les palmiers sacrés la Mésopotamie
« M'enfanta d'une race à leur race ennemie ;
« Là, le nom des géans comme un crime est haï ;
« Là, règne seul au ciel le nom d'Adonaï !
« Là, le lait et le miel coulent d'un sol propice,
« Et du cœur des mortels l'amour est la justice ;
« Là tout homme, plantant ses tentes en tout lieu,
« A son frère dans l'homme et son père dans Dieu.
« Oh ! laisse-moi m'enfuir vers ces rives prospères
« Et reporter mes os aux tombes de mes pères ! »

Cédar le relevant en étendant la main :
« Saurais-tu de ces bords retrouver le chemin ?
« Pourrais-tu vers ce ciel me guider sur ta trace ?
« Parle ! oh ! parle ! dit-il, enfant d'une autre race.
« Si tu sais où trouver les fils de Jéhova,
« Mes pieds seront tes pieds, et tes yeux mes yeux : va.

« — Vers ces climats bénis où l'aurore a sa source,
« Neuf soleils, dit Stagyr, achèveront ta course.
« Nous marcherons d'abord par un profond vallon,
« La poitrine tournée au vent de l'aquilon.
« Nous passerons bientôt les ondes de l'Euphrate ;
« Nous entrerons après dans une terre ingrate
« Qui ne germa jamais herbe ni nations,
« Déserts touchés par Dieu de malédictions,
« Où, déroulant aux vents ses vagues infécondes,
« L'océan sablonneux laboure seul ses ondes.
« Là, pour ne pas mourir, sur les flancs du chameau
« Le patriarche errant charge deux sources d'eau.
« Après trois jours entiers du côté de l'aurore,
« La terre des palmiers commencera d'éclore.

« Un fleuve indiquera les bords que nous cherchons. »
Ainsi parla Stagyr, et Cédar dit : « Marchons ! »

Détournant ses regards de ce séjour d'alarmes,
Il prit sur chaque bras un des fils de ses larmes,
Appuya sur son cou la main de Daïdha,
Et suivit hors des murs l'homme qui le guida.
A la lueur des feux sur des monceaux de cendre,
De la cité du crime on le vit redescendre,
Et maudissant du cœur l'infâme nation,
Secouer de ses pieds l'abomination !
Il vit autour des murs errer une chamelle
Dont le petit suçait la pendante mamelle :
Stagyr, d'un geste adroit lui passant le licou,
En chassant son petit l'emmena par le cou.
Sur les marges du puits deux outres oubliées
Pleines d'eau, par Stagyr l'une à l'autre liées,
Du fleuve qu'ils fuyaient emprisonnant les flots,
Balancèrent leurs poids en liquides ballots.
Daïdha sur le dos de l'animal robuste
Prit sur ses bras ses fils pressés contre son buste.
Suivant d'un souple corps ses cahots ondulans,
Leurs pieds nus du chameau battaient les rudes flancs.
Cédar, qui du regard surveillait cette charge,
Lui prêtait pour soutien son bras solide et large ;
Les chemins admiraient ce beau groupe ondoyant.
La main de Daïdha sur Cédar s'appuyant
Essuyait de son front la sueur goutte à goutte,
Et son souffle d'amour rafraîchissait la route.
Quand un des deux enfans s'éveillait ou criait,
Dans le creux de sa main que leur lèvre essuyait,
Cédar faisant un peu ruisseler l'outre pleine,
Du vent sur leur visage en humectait l'haleine.
Ainsi, cherchant l'abri d'un Dieu juste et vengeur,
Fuyait vers l'Orient le couple voyageur ;
Et chacun de leurs pas rapprochant l'espérance,

QUINZIÈME VISION.

Semblait jeter un siècle entre eux et leur souffrance!
. . . .
. . . .
Ils marchèrent ainsi jusqu'au pâle matin.
Déjà le grand désert, rougissant le lointain,
Comme une flamme envoie un reflet au nuage,
Incendiait le ciel de sa livide image.
La vapeur que la nuit lui faisait exhaler
Aux rayons bas du ciel paraissait onduler.
Ses sillons accouplés fumaient comme une braise
Que la pelle remue aux bords de la fournaise.
Tout l'horizon flottait dans la confusion.
Seulement, par moment, un oblique rayon,
Rasant du sable d'or la crête qu'il allume,
Le faisait éclater comme un bouillon d'écume;
Puis, d'un sommet à l'autre avec le jour glissant,
Semait de points de feu le sol éblouissant,
Et noyant le regard dans ses horizons vagues,
De cette mer de flamme entre-croisait les vagues.
En entrant sous ce ciel par la vapeur terni,
On croyait tout vivant entrer dans l'infini.
Le doute et la terreur reposaient sur ces cimes.
En jetant leurs regards sur ces mouvans abîmes,
Cédar et Daïdha, l'un sur l'autre appuyés,
Sentirent tous leurs nerfs se crisper dans leurs piés;
Reculant sur leurs corps, d'un geste involontaire,
Leurs orteils contractés s'attachaient à la terre.
Mais se tournant vers eux, Stagyr dit : « Le voilà!
« Des hommes et de Dieu la terre est au delà! »

Sous l'haleine du feu que le désert apporte
Sur la terre déjà toute vie était morte.
Ils ne voyaient au loin que des troncs calcinés
Sous le poids du simoun et du sable inclinés;
Semblables à ces mâts, grands débris de naufrages,
Qu'en ses jours de courroux la mer jette aux rivages;

Et qui dressent de loin, à l'œil des matelots,
Leurs cadavres penchés et rouillés par les flots.
Ainsi sur les confins de la terre vivante
Le désert dépliait son écume mouvante ;
Et le sable en bouillons débordait de son lit
Comme une eau sur le feu qui bout et rejaillit.

Rassurés par les pas de l'homme qui les guide,
Les amans abordant cette arène liquide,
Comme un esquif se lance aux flots des océans,
Confièrent leurs pas à ses sables béans.
Les ondulations des premières collines
Leur cachèrent bientôt les campagnes voisines.
L'horizon décroissant s'affaissa sous leurs yeux ;
Ils ne voyaient au loin que la poudre et les cieux.
Leur route, serpentant de l'abîme au nuage,
D'un vaisseau qui talonne imitait le tangage.
Le gouffre dont à peine on les voyait sortir
Ne les rendait au jour que pour les engloutir.
Ils levaient un moment au sommet de ces lames
Leurs deux fronts que le jour colorait de ses flammes,
Comme l'on voit surgir et plonger tour à tour
La voile des pêcheurs teinte des feux du jour.
Le vent qui fraîchissait, soufflant à leur figure,
Ballottait de Cédar la noire chevelure,
Et la faisait fouetter et claquer sur son dos
Avec un bruit pareil au claquement des flots.

Depuis que leurs regards avaient perdu la terre,
De leurs impressions symptôme involontaire,
Ils marchaient en silence et n'osaient échanger
Une pensée entre eux pleine de leur danger :
Soit que la majesté de ce roulant abîme
Imprimât à leur lèvre une terreur intime ;
Soit que de leur péril le secret sentiment
Accumulât sa force en ce grave moment.

QUINZIÈME VISION.

Comme une caravane aux défilés entrée,
Aucun son ne troublait leur marche mesurée;
Le pied sourd du chameau ne retentissait pas :
Le sable buvait tout, jusqu'au bruit de leurs pas.
Seulement, par instant, sous leur corps qui chancelle
Ils entendaient un bruit comme d'eau qui ruisselle.
Leur oreille trompée, avec ravissement
Écoutait gazouiller ce doux ruissellement;
Au murmure de l'eau leurs yeux cherchaient la source;
Pour y tremper leur âme ils suspendaient leur course :
L'illusion au cœur bientôt se refoulait,
Ce n'était sous leurs pieds qu'un gravier qui coulait,
Comme si du désert cette arène tarie
Eût à l'aridité mêlé la raillerie.

De la terre et du ciel les rayons du soleil
Fondaient leur tête nue et leur brûlaient l'orteil;
Quelquefois sur le flanc d'un monticule sombre
Se collant sur la pente ils goûtaient un peu d'ombre,
Et de leurs fronts baissés laissant égoutter l'eau,
Ils reprenaient haleine et partaient de nouveau.
Ils marchèrent ainsi jusqu'à l'heure tardive
Où le soleil plongea dans ces vagues sans rive.
La brise de la lune enfin se fit sentir;
La longue ombre du soir commença de vêtir
La nudité du sol d'apparences plus douces,
L'œil trompé le voyait teint d'herbes et de mousses.
Le désert, que renflait quelque roc souterrain,
Affectait la rudesse et les plis du terrain ;
Les coteaux élargis arrondissaient leurs croupes;
Sur leurs flancs affaissés des monts nouaient leurs groupes :
Leurs formes découpaient l'azur plombé des cieux,
Les étoiles rasaient leurs pics audacieux.
L'illusion jetait aux crêtes de ces chaînes
Les profils nuageux des cèdres et des chênes,
On aurait pu se croire errer sur quelques bancs

Des rochers du Taurus ou des monts des Libans ;
Et des sommets ombreux de leurs cimes voilées
Voir leur neige écumer dans la nuit des vallées.

De ces illusions leur cœur se nourrissait,
Sur leurs pas ralentis la nuit s'épaississait.
Dans le creux d'un vallon de ces trompeuses pentes
Où les rideaux des nuits furent leurs seules tentes,
Les amans épuisés s'arrêtèrent enfin ;
Ils choisirent pour place un lit de sable fin.
Après avoir tiré le lait de sa mamelle,
Cédar remit en garde à Stagyr la chamelle.
Ils mangèrent des fruits portés pour le chemin ;
Se passèrent après l'outre de main en main ;
Et rendant grâce à Dieu de ces sobres délices,
Se couchèrent en paix aux flancs des précipices.
Stagyr de quelques pas s'était éloigné d'eux.
Après tant de misère ils étaient là tous deux.
Ils entendaient dormir les deux fruits de leur couche,
Un vent frais sur le front et du lait sur la bouche ;
Leur cœur contre le cœur et la main dans la main,
Leur veille se portait sur un long lendemain ;
Ils avaient retrouvé le ciel dans leur présence.

Il est dans les repos de l'humaine existence
De célestes momens, momens, hélas! trop courts.
Où dans le cœur trop plein le sang suspend son cours,
Où, des afflictions que le présent soulève
Sur l'esprit dilaté le poids n'est plus qu'un rêve ;
Où, comme la brebis au tournant des saisons,
L'âme se sent pousser de nouvelles toisons,
Et de ce lac de joie où Dieu l'a retrempée
Sort sans se souvenir de sa toison coupée !
Semblables à ces jours qu'au milieu des hivers,
Tout fumant de frimas, le soleil donne aux airs ;
Qu'au-dessus du brouillard qui ternit les campagnes

QUINZIÈME VISION.

Le voyageur rencontre au sommet des montagnes;
Où le rayon du ciel chauffe comme un manteau,
Où la lumière baigne et dore le coteau,
Où du brouillard des nuits le cèdre qui s'essuie
En rosée odorante égoutte aux pieds sa pluie,
Où le merle frileux siffle au bord du chemin,
Où rien ne manque au jour, hélas! qu'un lendemain!

Ainsi dans son repos ce couple solitaire
Se sentait vers le ciel enlevé de la terre;
Ils se laissaient bercer par leur ravissement,
Ainsi que le nageur par le flot écumant.
Leur âme, à qui la paix rendait la confiance,
Ne se fatiguait plus d'obscure prévoyance;
A ces regards du ciel qui les environnaient,
Comme leurs membres las, leurs cœurs s'abandonnaient.
Le front devant le front et les mains enlacées,
Leurs regards mutuels s'envoyaient leurs pensées.
Des étoiles du ciel les rayons amoureux
Enviaient les coups d'œil qu'ils échangeaient entre eux.
Des brises de la nuit l'haleine parfumée
En effleurant leur bouche en était embaumée;
Elle emportait leurs mots et leur âme en soupir;
Leurs touchans entretiens ne pouvaient s'assoupir;
Pour s'enivrer du son de leur voix retrouvée
Ils faisaient mille fois gazouiller leur couvée;
Pour retrouver l'épaule ou le cou de l'amant,
Daïdha dépliait son bras déjà dormant;
Cédar, pour écouter le souffle de sa bouche,
S'appuyait sur le coude au sable de sa couche.
Le sommeil du bonheur enfin ferma leurs yeux.

Astres, amis du cœur, qui regardiez des cieux!
De l'éclatante nuit brillantes providences,
Étoiles où montaient leurs chastes confidences!
Yeux ouverts du Seigneur sur l'ombre des déserts!

Esprits qui remplissez l'air, la terre et les mers!
Anges de tous les noms, mystérieux fantômes
Dont le monde invisible est plus plein que d'atômes ;
Saints ministres du père en tous les lieux vivant,
Qui luisiez dans ce feu, qui passiez dans ce vent,
Oh! pourquoi, déjouant des desseins sacriléges,
N'éloignâtes-vous pas ces beaux pieds de tous piéges!
Pourquoi laissâtes-vous jusqu'au réveil du jour
S'assoupir ces deux cœurs dans l'embûche d'amour?
N'avaient-ils point d'ami dans le monde céleste
Qui pût les éveiller d'une idée ou d'un geste?
Pour l'incompréhensible et sainte volonté,
La ruine de l'homme est-elle volupté?
Mais silence : envers Dieu la plainte est une offense,
Ses anges ne sont saints que par l'obéissance!...

. . . .
. . . .
. . . .
. . . .

Quand la barre de feu fendit le firmament,
Ils furent éveillés par le gazouillement
Des enfans assoupis dont la main étendue
Cherchait la coupe humaine à leurs lèvres rendue,
Mais que l'anxiété d'un sevrage cruel
Avait vidée, hélas! sur le sein maternel.
A ces doux cris, Cédar de son repos se lève;
Il promène d'en haut ses regards sur la grève.
Trois fois d'une voix forte il appelle Stagyr :
De chaque pli du sable il croit le voir surgir ;
Mais sa voix, du désert seulement entendue,
Expire sans réponse, et meurt dans l'étendue...

. . . .
. . . .

Son esprit est frappé d'une horrible lueur ;
Son front se couvre à froid d'une moite sueur ;
Il tourne sous l'assaut de confuses idées,

Son pied heurte en marchant les deux outres vidées,
Dont le sable stérile avait bu toute l'eau,
Et qui portaient aux flancs l'empreinte du couteau !
A ce témoin parlant de tant de perfidie,
Comme d'un coup mortel son âme est engourdie.
Aux yeux de Daïdha, pétrifiés d'horreur,
Ses yeux en se portant redoublent sa terreur.
Dans leur anxiété plus leur regard s'enfonce,
Plus à leur doute affreux la mort est la réponse ;
Dans ce regard muet, dialogue sans mots,
D'une longue agonie ils ont bu tous les flots.
Sous le poids de l'horreur leurs cous brisés se ploient ;
Pour mourir sur la place en silence ils s'asseoient.
L'aspect de leurs enfans les secoue et les mord.
Ils s'éveillaient riant à l'aube de leur mort.
A leur vue, en sursaut Cédar encor se lève ;
Les yeux sur la poussière, interrogeant la grève,
Il cherche à retrouver dans le sable mouvant
La route de Stagyr ; mais les ailes du vent
Qui se lève au matin sur ces vagues arides,
De l'océan de poudre ont nivelé les rides,
Et du guide infidèle enseveli les pas.
Le pied du passereau ne s'y connaîtrait pas.
Il revient épuisé de sa course inutile.
Daïdha se collant à l'arène stérile,
A la place où de l'eau le sol était imbu,
Cherchait à retrouver l'onde qu'il avait bu,
Mordait le sable sec d'une lèvre farouche ;
Approchant les enfans, leur y collait la bouche,
Espérant que le sol, de leur soif attendri,
Ne refuserait pas de la rendre à leur cri ;
Et bondissant sous elle ainsi qu'une panthère,
Comme pour se venger frappait du poing la terre.

Cédar, les bras levés, un moment regarda ;
Puis à ce vain délire arrachant Daïdha,

Et remettant au ciel un cœur transi de doute,
Pour qu'un guide invisible illuminât leur route,
Il prit un des enfans sur chacun de ses bras,
Et marcha sans savoir où le menaient ses pas.
Daïdha, regardant l'horizon et sa brume,
Le désert qui poudroie ou le brouillard qui fume,
Montrant avec un cri son espoir de la main,
Le faisait revenir cent fois sur son chemin ;
Voyait dans les vapeurs, de son regard de mère,
Surgir à l'horizon chimère sur chimère.
A tous ces buts changés leur force succombait ;
Sur chacun de leurs pas le doute retombait ;
Sans cesse un repentir ramenait en arrière
Leurs pieds dont les erreurs centuplaient la carrière ;
Puis saisi tout à coup d'un nouveau repentir,
On les voyait s'asseoir, se lever, repartir.
Le soleil cependant suspendu dans sa voûte
Marquait de leur sueur les haltes de leur route ;
De leurs membres trempés leur force ruisselait.
Daïdha se frappait les seins vides de lait :
Au lieu du blanc nectar dont son malheur les sèvre,
Arrachant à Cédar ses enfans, sur leur lèvre
Elle faisait couler, pour les désaltérer,
Ses larmes, lait du cœur, que les yeux font filtrer !
Mais le sel de ses pleurs, qui rend cette onde amère,
Détournait les petits des baisers de leur mère :
« Cœur qui les a portés, les laisses-tu mourir ?
« Sein qui les a conçus, ne peux-tu les nourrir ? »
Criait-elle en voyant toutes ses ruses vaines.
« Oh ! s'ils voulaient du sang, je m'ouvrirais les veines ! »
Et déchirant sa peau de son ongle impuissant :
« Que n'êtes-vous lions, vous lécheriez ce sang ! »
De ces cris maternels la douleur insensée,
En épuisant son corps, égarait sa pensée.
Cédar contre son cœur vainement l'appuyait ;
De ses bras contractés ce cher fardeau fuyait,

Et lassé d'un espoir qui sans cesse retombe,
Embrassait le désert, des bras, comme une tombe!

Les étoiles du ciel commençaient de jaillir,
La nuit de ses terreurs revint les assaillir ;
D'une étreinte mortelle, assis, ils s'embrassèrent,
Comme deux naufragés, et muets s'affaissèrent.
Nul n'osait de sa voix faire entendre le son;
Leurs cœurs ne se parlaient que par leur seul frisson :
En proférant le mot qu'il eût fallu répondre
Ils craignaient de sentir tout leur courage fondre.
Chacun d'eux dévorait ce que l'autre pensait.
Des enfans sur leurs bras le cri s'affaiblissait;
Leur cœur les réchauffait entre leurs deux poitrines :
A peine entendait-on le vent de leurs narines;
Comme la poule encor couve mort son poussin,
La mère réchauffait ces deux corps dans son sein.
Oh! durant cette longue et suprême insomnie
Combien le sable but de gouttes d'agonie!
La brise du matin les rafraîchit un peu;
Le soleil nu monta comme un charbon de feu;
L'aube, qui se jouait splendide sur leur tête,
Teignit le firmament de sa couleur de fête.
Cette gaieté semblait une insulte des cieux.
Pour y chercher secours, ils levèrent les yeux :
Une cigogne seule, à l'aile diaprée,
Sans doute, hélas! aussi de sa route égarée,
Comme une longue flèche à la fin de son vol
Fendait l'air résonnant à quelques pieds du sol,
Dans ses deux pattes d'or emportant avec elle
Un de ses chers petits à l'ombre sous son aile.
L'oiseau, comme étonné de l'aspect des humains,
S'approcha d'eux; Cédar éleva les deux mains
Comme pour arrêter cet ami dans sa course,
Et conjurer l'oiseau de lui montrer la source.
Le fort vent de son vol effleura ses cheveux;

Mais l'oiseau s'éloigna sans entendre ses vœux.
Ils suivirent longtemps, de colline en colline,
Son vol bas, jusqu'au bord où l'horizon décline,
Et marchèrent plus seuls quand l'oiseau disparut.
Le matin de ce jour, un des jumeaux mourut;
L'autre mourut le soir. Faux sourires de joie
Qui finit en sanglots et qu'une larme noie!
Cédar n'entendit pas mourir leurs souffles sourds;
Seulement il sentit leurs corps froids et plus lourds,
Et leurs têtes pendant du bras qui les supporte
Battirent sur son cœur comme une chose morte.
Son œil pétrifié sans pleurs les regarda,
Et de son seul bras libre enlaçant Daïdha,
Il s'enfuit emportant ses fils morts et sa femme,
Comme un spectre emportant les trois parts de son âme,
Ou comme la victime échappée au boucher
Qui traîne dans son sang les lambeaux de sa chair.

Il courut au hasard jusqu'au bout de sa laisse,
Tant que les nerfs tendus trompèrent sa faiblesse.
Ces pas pressés, ce poids, ce fougueux mouvement,
De ses maux à son âme ôtaient le sentiment.
Quand son pied s'arrêta, ses forces succombèrent;
Sur lui, de tout leur poids, ses fardeaux retombèrent.
Daïdha, de son sein, sur le sable glissa;
Ses enfans sur son cœur, lui-même il s'affaissa.
Précurseur de la mort, dont il était l'image,
Le sommeil sur ses yeux répandit son nuage,
Et, de songes trompeurs abusant sa raison,
De ruisseaux et de lacs inondait l'horizon.

Quand il se réveilla de cette léthargie,
Le matin à ses sens rendait quelque énergie;
La nature lutta plus forte que la mort;
Son œil crut du désert apercevoir le bord:
« Oh! lève-toi, dit-il, si ton cœur bat encore;

QUINZIÈME VISION.

« Je vois de hauts palmiers tout noyés dans l'aurore !
« Les anges du Seigneur ont eu pitié de toi.
« — Me lever ! me lever ! dit la mère, et pourquoi ?
« Ah ! tigre que je hais, plus que l'agneau sans tache
« Ne hait le nœud coulant qui le traîne à la hache ;
« Moi, me lever, te suivre, et marcher sur tes pas !
« Ah ! tu voudrais encor m'égarer, n'est-ce pas ?
« Tu voudrais, du désert m'infligeant les tortures,
« Faire mourir de soif mes pauvres créatures ?
. . . .
« Oh ! non, non, à mes bras le ciel les a rendus !
« Par ce cœur à jamais ils y sont défendus :
« Tu ne les auras plus, monstre, qu'avec ma vie !
« Viens me les arracher, viens, mais je te défie,
« Dieu les protége ici contre tes cruautés,
« Il les a de tout mal dans ces lieux abrités.
« Vois comme ils sont heureux aux bords garnis de mousses
« Où leurs petites mains puisent des eaux si douces !
« Comme du nénuphar l'ombre les rafraîchit !
« Comme du citronnier le rameau qui fléchit
« Roule à leurs pieds joueurs ses savoureuses pommes !
« Que de fleurs, que de miel, que de sucs et de gommes
« Distillent de l'écorce ou pleuvent des rameaux,
« Ou de la ruche pleine échappent en ruisseaux !...
« Qu'il fait bon en ces lieux, qu'un seul aspect offense !
« Que menace un seul mal ! tigre, c'est ta présence !... »
Et regardant Cédar avec ce long regard
Où l'œil de l'insensé semble rougir un dard,
Et reculant de lui sa tête renversée,
Et des coups de sa main lui lançant sa pensée,
Pressant contre son cœur, hélas ! ses enfants morts,
Elle les dérobait dans les plis de son corps !

En vain des plus doux noms conjurant ce délire,
Cédar cherchait ses yeux, leur parlait du sourire ;
Ses plus tendres regards n'inspiraient que terreur.

Elle n'avait pour lui que geste et cri d'horreur!
Ah! ce fut là le fond de son amer calice!
Dans la dernière goutte il but tout son supplice.
Dans ce sort à son sort par le trépas lié,
Son cœur fort jusque-là s'était multiplié :
Mourir, oui! mais mourir aimé de ce qu'on aime,
Attendrirait du moins l'embrassement suprême!
S'en aller réunis vers un plus doux séjour,
Cette agonie encore eût été de l'amour!
Mais n'être plus connu de cet œil fixe et sombre,
Du seul point lumineux qui restât dans son ombre!
Ne pouvoir rappeler du regard, de la voix,
Ce rayon dont l'amour l'inondait autrefois!
Frapper de sa parole une oreille de pierre,
Ne trouver qu'un abîme au fond de sa paupière!
Que dis-je? être soudain devenu pour ces yeux
L'objet le plus étrange et le plus odieux!
La voir tendre les mains afin qu'on l'en délivre!
Ah! c'est mourir cent fois par ce qui faisait vivre!
C'est voir le passé même échapper! c'est sentir
Le cœur où s'appuyait le cœur s'anéantir!
A l'horrible lueur de ce tourment suprême
Cédar douta de lui, d'elle, de Dieu lui-même.
Comme un homme qui sent finir tout sentiment,
Son âme eut du néant l'évanouissement.
Il roula dans son gouffre écrasé sur ses pointes.
Le cou plié, le pied en avant, les mains jointes,
Immobile il resta contemplant Daïdha,
Et la mer de douleurs flots à flots l'inonda.
Quand il revint à lui pour marcher vers l'aurore,
Il voulut dans ses bras la soulever encore;
Mais Daïdha nouant ses doigts comme attachés
Aux maigres filamens d'arbustes desséchés,
Et cramponnée au sol d'une étreinte farouche,
De poussière et de sang se remplissait la bouche;
Et couvrant contre lui ses enfans de son sein,

Dans son amant, hélas! voyait leur assassin.
Il ne put l'arracher, trop faible, de la terre
Où sa fureur cherchait une mort volontaire :
En allant quêter seul au loin la goutte d'eau,
En marchant plus léger sans son triple fardeau,
Il espéra trouver la source poursuivie,
Et devancer la mort en rapportant la vie.

Il partit vers la plage où l'espoir avait lui.
Le sable du désert disparaissait sous lui.
Ainsi qu'un fossoyeur qui mesure une tombe,
Et marche en enjambant la terre où son pied tombe,
Les anges le voyaient arpenter à grands pas,
Dans le deuil de son cœur, le champ de son trépas.
Son ombre le suivait comme une aile cassée
Que traîne sur le sol la cigogne blessée.
Les pentes du désert par degrés s'abaissaient;
Sous le sable déjà les pierres le blessaient;
Les têtes des palmiers d'une terre féconde
Sortaient de l'horizon comme les mâts de l'onde.
Sous le voile ondoyant de ses bords de roseaux
Le fleuve tout à coup lui déroula ses eaux.
Cet aspect lui rendit l'espérance et la force;
D'un palmier séculaire il déchira l'écorce,
Sa main en large coupe en déplia les bords;
Il descendit au fleuve, il y plongea son corps.
Écumante au niveau de sa lèvre altérée,
Flottait la brise humide et la vague azurée;
Il détourna de l'eau sa bouche et son regard
Avant que Daïdha n'en eût goûté sa part;
Il en remplit l'écorce, et reprenant sa route,
Tout tremblant que sa main n'en perdît une goutte,
Il courut le corps droit, les deux mains en avant,
Retrouva tous ses pas sur le terrain mouvant;
Et de son amour mort voyant de loin le groupe,
Dans ses mains en criant il éleva la coupe.

Hélas! à cette voix nulle ne répondit!
Vers les bras qu'il tendait nul bras ne s'étendit.
Daïdha sommeillait sur sa dernière couche.
L'air ne frémissait plus du souffle de sa bouche.
Le lézard s'approchait : la mouche et la fourmi
Parcouraient librement son visage endormi;
Sur sa lèvre entr'ouverte on pouvait encor lire
Le sourire insensé de son dernier délire.
Les enfants en travers sur elle étaient couchés,
Leurs visages charmans à son corps abouchés :
On eût dit, à la fin d'une longue journée,
Aux cris de ses enfans la mère retournée,
En leur donnant le sein, surprise de sommeil,
Et dormant avec eux, seule et nue au soleil!
A l'immobilité de ce funèbre groupe
Il reconnut la mort, et renversant la coupe,
Il regarda couler sa vie avec cette eau
Comme un désespéré son sang sous le couteau!
Puis, se roulant aux pieds des êtres qu'il adore,
Et frappant de ses poings sa poitrine sonore,
Pour courir autour d'eux, bientôt se relevant,
Tel qu'un taureau qui fait de la poussière au vent,
Il ramassait du sable en sa main indignée;
Et contre un ciel d'airain le lançant à poignée,
Comme l'insulte au front que l'on veut offenser,
Il eût voulu tenir son cœur pour le lancer!

« O terre! criait-il, ô marâtre de l'homme!
« Sois maudite à jamais dans le nom qui te nomme!
« Dans tout grain de ton sable, et tout brin de gazon
« D'où la vie et l'esprit sortent comme un poison!
« Dans la sève de mort qui sous ta peau circule,
« Dans l'onde qui t'abreuve et le feu qui te brûle,
« Dans l'air empoisonné que tu fais respirer
« A l'être, ton jouet, qui naît pour expirer!

QUINZIÈME VISION.

« Dans ses os, dans sa chair, dans son sang, dans sa fibre,
« Où le sens du supplice est le seul sens qui vibre!
« Où de la vie au sein les palpitations
« Ne sont de la douleur que les pulsations!
« Où l'homme, cet enfant d'outrageante ironie,
« Ne mesure son temps que par son agonie!
« Où ce souffle animé qui s'exhale un moment,
« Ne se connaît esprit qu'à son gémissement!
« Tout être que de toi l'inconnu fait éclore
« Gémit en t'arrivant, en s'en allant t'abhorre!
« Nul homme ne se lève un jour sur son séant
« Que pour frapper du pied et pleurer le néant!
« Que maudite à jamais, qu'à jamais effacée,
« Soit l'heure lamentable où je t'ai traversée!
« Que ta fange m'oublie et ne conserve pas,
« Une heure seulement, la trace de mes pas!
« Que le vent, qui te touche à regret de ses ailes,
« De nos corps consumés disperse les parcelles!
« Que sur ta face, ô terre! il ne reste de moi
« Que l'imprécation que je jette sur toi! »

Pour unique réponse à son mortel délire,
L'air muet retentit d'un long éclat de rire.
Derrière un monticule il vit de près surgir
Les fronts de cinq géans et du traître Stagyr.
« Meurs, lui crièrent-ils, vile brute aux traits d'ange!
« Ta force nous vainquit, mais la fourbe nous venge.
« Laissons cette pâture aux chacals des déserts;
« Sa mort nous laisse dieux, et l'homme attend nos fers! »
Ils dirent : et tournant le dos ils disparurent,
Et leurs voix par degrés sur le désert moururent.

Cédar, dont leur mépris fut le dernier adieu,
A cet excès d'horreur se dressa contre Dieu.
Tout l'univers tourna dans sa tête insensée :
Il n'eut plus qu'une soif, un but, une pensée,

Anéantir son âme et la jeter au vent.
Comme un gladiateur blessé se relevant,
Il cueillit sur les flancs des arides collines
Une immense moisson de ronces et d'épines ;
Autour du groupe mort où son pied les roula
En bûcher circulaire il les accumula.
Dans ce cercle funèbre il s'enferma lui-même,
Et pour hymne de mort vomissant le blasphème,
Sur ce mur inflammable, élevé lit sur lit,
Il frappa le caillou dont le feu rejaillit ;
Puis prenant dans ses bras ses enfans et sa femme,
Ces trois morts sur le cœur il attendit la flamme.

La flamme, en serpentant dans l'énorme foyer
Que le vent du désert fit bientôt ondoyer,
Comme une mer qui monte au naufrage animée,
L'ensevelit vivant sous des flots de fumée.
L'édifice de feu par degrés s'affaissa.
Du ciel sur cette flamme un esprit s'abaissa,
Et d'une aile irritée éparpillant la cendre :
« Va, descends, cria-t-il, toi qui voulus descendre !
« Mesure, esprit tombé, ta chute à ton remord !
« Dis le goût de la vie et celui de la mort !
« Tu ne remonteras au ciel qui te vit naître
« Que par les cent degrés de l'échelle de l'être,
« Et chacun en montant te brûlera le pié ;
« Et ton crime d'amour ne peut être expié
« Qu'après que cette cendre aux quatre vents semée,
« Par le temps réunie et par Dieu ranimée,
« Pour faire à ton esprit de nouveaux vêtemens
« Aura repris ton corps à tous les élémens,
« Et prêtant à ton âme une enveloppe neuve,
« Renouvelé neuf fois ta vie et ton épreuve,
« A moins que le pardon, justice de l'amour,
« Ne descende vivant dans ce mortel séjour ! »

. . . .

QUINZIÈME VISION.

. . . .
. . . .
. . . .
L'ouragan, à ces mots, se levant sur la plaine,
Souffla sur le bûcher de toute son haleine,
Et dispersa la cendre en pâles tourbillons,
Comme un semeur, l'hiver, la semence aux sillons.
L'immobile désert sentit frémir sa poudre,
L'Occident se couvrit de menace et de foudre;
Des nuages pesans, pleins de tonnerre et d'eau,
Posèrent sur les monts comme un sombre fardeau,
Et sur son front levé vers la céleste voûte
L'homme sentit pleuvoir une première goutte.
. . . .
. . . .
. . . .
. . . .

ÉPILOGUE.

Et le vieillard finit en disant : Gloire à Dieu !
Dieu ! seul commencement, seule fin, seul milieu,
Seule explication du ciel et de la terre,
Seule clef de l'esprit dont s'ouvre tout mystère !
Il étendit sa main pour l'invoquer sur nous !
Nous pliâmes, contrits, nos fronts et nos genoux ;
Comme un homme qui craint de renverser son vase,
Nous sortîmes, muets, de l'antre de l'extase.
Le navire aux mâts nus, endormi sur les flots,
Sous l'ombre du Liban berçait nos matelots.
Sous la vergue où le câble avait roulé les toiles,
L'hirondelle du bord en becquetait les voiles.
Le sifflet réveilla le pilote dormant,
Et le vaisseau reprit son sillage écumant.

DISCOURS.

CONTRE LA PEINE DE MORT.

AU PEUPLE DU 19 OCTOBRE 1830.

Vains efforts! périlleuse audace!
Me disent des amis au geste menaçant,
    Le lion même fait-il grâce
    Quand sa langue a léché du sang?
Taisez-vous! ou chantez comme rugit la foule!
Attendez pour passer que le torrent s'écoule
    De sang et de lie écumant!
On peut braver Néron, cette hyène de Rome!
Les brutes ont un cœur, le tyran est un homme :
    Mais le peuple est un élément;

    Élément qu'aucun frein ne dompte,
Et qui roule semblable à la fatalité;
    Pendant que sa colère monte,
    Jeter un cri d'humanité,
C'est au sourd Océan qui blanchit son rivage
Jeter dans la tempête un roseau de la plage,
    La feuille sèche à l'ouragan!
C'est aiguiser le fer pour soutirer la foudre,
Ou poser pour l'éteindre un bras réduit en poudre
    Sur la bouche en feu du volcan!

    Souviens-toi du jeune poëte,
Chénier! dont sous tes pas le sang est encor chaud,

Dont l'histoire en pleurant répète
Le salut triste à l'échafaud *.
Il rêvait, comme toi, sur une terre libre
Du pouvoir et des lois le sublime équilibre;
Dans ses bourreaux il avait foi !
Qu'importe ! il faut mourir, et mourir sans mémoire :
Eh bien, mourons, dit-il; vous tuez de la gloire;
J'en avais pour vous et pour moi !

Cache plutôt dans le silence
Ton nom, qu'un peu d'éclat pourrait un jour trahir !
Conserve une lyre à la France,
Et laisse-les s'entre-haïr ;
De peur qu'un délateur à l'oreille attentive
Sur sa table future en pourpre ne t'inscrive
Et ne dise à son peuple-roi :
C'est lui qui disputant ta proie à ta colère,
Voulant sauver du sang ta robe populaire,
Te crut généreux : venge-toi !

Non, le Dieu qui trempa mon âme
Dans des torrens de force et de virilité,
N'eût pas mis dans un cœur de femme
Cette soif d'immortalité.
Que l'autel de la peur serve d'asile au lâche,
Ce cœur ne tremble pas aux coups sourds d'une hache,
Ce front levé ne pâlit pas ;
La mort qui se trahit dans un signe farouche
En vain, pour m'avertir, met un doigt sur sa bouche :
La gloire sourit au trépas.

Il est beau de tomber victime,
Sous le regard vengeur de la postérité,
Dans l'holocauste magnanime

* Tout le monde connaît le mot d'André Chénier, sur l'échafaud : « C'est dommage, dit-il en se frappant le front, il y avait quelque chose là. »

De sa vie à la vérité !
L'échafaud pour le juste est le lit de sa gloire :
Il est beau d'y mourir au soleil de l'histoire,
    Au milieu d'un peuple éperdu !
De léguer un remords à la foule insensée,
Et de lui dire en face une mâle pensée,
    Au prix de son sang répandu.

    Peuple, dirai-je, écoute ! et juge !
Oui, tu fus grand, le jour où du bronze affronté
    Tu le couvris comme un déluge
    Du reflux de la liberté !
Tu fus fort, quand, pareil à la mer écumante,
Au nuage qui gronde, au volcan qui fermente,
    Noyant les gueules du canon,
Tu bouillonnais semblable au plomb dans la fournaise,
Et roulais furieux sur une plage anglaise
    Trois couronnes dans ton limon !

    Tu fus beau, tu fus magnanime,
Le jour où, recevant les balles sur ton sein,
    Tu marchais d'un pas unanime
    Sans autre chef que ton tocsin ;
Où n'ayant que ton cœur et tes mains pour combattre,
Relevant le vaincu que tu venais d'abattre,
    En l'emportant tu lui disais :
Avant d'être ennemis, le pays nous fit frères ;
Livrons au même lit les blessés des deux guerres ;
    La France couvre le Français !

    Quand dans ta chétive demeure,
Le soir, noirci du feu, tu rentrais triomphant
    Près de l'épouse qui te pleure,
    Du berceau nu de ton enfant !
Tu ne leur présentais pour unique dépouille
Que la goutte de sang, la poudre qui te souille,

Un tronçon d'arme dans ta main ;
En vain l'or des palais dans la boue étincelle,
Fils de la liberté, tu ne rapportais qu'elle :
　　Seule elle assaisonnait ton pain !

　　Un cri de stupeur et de gloire,
Sorti de tous les cœurs, monta sous chaque ciel,
　　Et l'écho de cette victoire
　　Devint un hymne universel.
Moi-même dont le cœur daté d'une autre France,
Moi, dont la liberté n'allaita pas l'enfance,
　　Rougissant et fier à la fois,
Je ne pus retenir mes bravos à tes armes,
Et j'applaudis des mains, en suivant de mes larmes
　　L'innocent orphelin des rois !

　　Tu reposais dans ta justice
Sur la foi des sermens conquis, donnés, reçus ;
　　Un jour brise dans un caprice
　　Les nœuds par deux règnes tissus !
Tu t'élances bouillant de honte et de délire :
Le lambeau mutilé du gage qu'on déchire
　　Reste dans les dents du lion.
On en appelle au fer ; il t'absout ! qu'il se lève
Celui qui jetterait ou la pierre ou le glaive
　　A ton jour d'indignation !

　　Mais tout pouvoir a des salaires
A jeter aux flatteurs qui lèchent ses genoux,
　　Et les courtisans populaires
　　Sont les plus serviles de tous !
Ceux-là des rois honteux pour corrompre les âmes
Offrent les pleurs du peuple, ou son or, ou ses femmes,
　　Aux désirs d'un maître puissant ;
Les tiens, pour caresser des penchans plus sinistres,

Te font sous l'échafaud, dont ils sont les ministres,
Respirer des vapeurs de sang!

Dans un aveuglement funeste
Ils te poussent de l'œil vers un but odieux,
Comme l'enfer poussait Oreste,
En cachant le crime à ses yeux!
La soif de ta vengeance, ils l'appellent justice :
Eh bien, justice soit! Est-ce un droit de supplice
Qui par tes morts fut acheté?
Que feras-tu, réponds, du sang qu'on te demande?
Quatre têtes sans tronc, est-ce donc là l'offrande
D'un grand peuple à sa liberté?

N'en ont-ils pas fauché sans nombre?
N'en ont-ils pas jeté des monceaux, sans combler
Le sac insatiable et sombre
Où tu les entendais rouler?
Depuis que la mort même, inventant ses machines,
Eut ajouté la roue aux faux des guillotines
Pour hâter son char gémissant,
Tu comptais par centaine, et tu comptas par mille!
Quand on presse du pied le pavé de ta ville,
On craint d'en voir jaillir du sang!

—Oui, mais ils ont joué leur tête.
—Je le sais; et le sort les livre et te les doit!
C'est ton gage, c'est ta conquête,
Prends, ô peuple! use de ton droit.
Mais alors jette au vent l'honneur de ta victoire;
Ne demande plus rien à l'Europe, à la gloire,
Plus rien à la postérité!
En donnant cette joie à ta libre colère,
Va-t'en; tu t'es payé toi-même ton salaire :
Du sang, au lieu de liberté!

Songe au passé, songe à l'aurore
De ce jour orageux levé sur nos berceaux ;
Son ombre te rougit encore
Du reflet pourpré des ruisseaux !
Il t'a fallu dix ans de fortune et de gloire
Pour effacer l'horreur de deux pages d'histoire.
Songe à l'Europe qui te suit,
Et qui dans le sentier que ton pied fort lui creuse
Voit marcher, tantôt sombre et tantôt lumineuse,
Ta colonne qui la conduit !

Veux-tu que sa liberté feinte
Du carnage civique arbore aussi la faux ?
Et que partout sa main soit teinte
De la fange des échafauds ?
Veux-tu que le drapeau qui la porte aux deux mondes,
Veux-tu que les degrés du trône que tu fondes,
Pour piédestal aient un remord ?
Et que ton roi, fermant sa main pleine de grâces,
Ne puisse à son réveil descendre sur tes places,
Sans entendre hurler la mort ?

Aux jours de fer de tes annales
Quels dieux n'ont pas été fabriqués par tes mains ?
Des divinités infernales
Reçurent l'encens des humains !
Tu dressas des autels à la Terreur publique,
A la Peur, à la Mort, dieux de ta République ;
Ton grand-prêtre fut ton bourreau !
De tous ces dieux vengeurs qu'adora ta démence,
Tu n'en oublias qu'un, ô peuple ! la Clémence !
Essayons d'un culte nouveau.

Le jour qu'oubliant ta colère
Comme un lutteur grandi, qui sent son bras plus fort,
De l'héroïsme populaire

Tu feras le dernier effort;
Le jour où tu diras : Je triomphe et pardonne!...
Ta vertu montera plus haut que ta colonne
    Au-dessus des exploits humains;
Dans des temples voués à ta miséricorde
Ton génie unira la force et la concorde,
    Et les siècles battront des mains!

    « Peuple, diront-ils, ouvre une ère
« Que dans ses rêves seuls l'humanité tenta,
    « Proscris des codes de la terre
    « La mort que le crime inventa!
« Remplis de ta vertu l'histoire qui la nie,
« Réponds par tant de gloire à tant de calomnie!
    « Laisse la pitié respirer!
« Jette à tes ennemis des lois plus magnanimes,
« Ou, si tu veux punir, inflige à tes victimes
    « Le supplice de t'admirer!

    « Quitte enfin la sanglante ornière
« Où se traîne le char des révolutions;
    « Que ta halte soit la dernière
    « Dans ce désert des nations;
« Que le genre humain dise en bénissant tes pages :
« C'est ici que la France a de ses lois sauvages
    « Fermé le livre ensanglanté;
« C'est ici qu'un grand peuple, au jour de la justice,
« Dans la balance humaine, au lieu d'un vil supplice,
    « Jeta sa magnanimité. »

    Mais le jour où le long des fleuves
Tu reviendras les yeux baissés sur tes chemins,
    Suivi, maudit par quatre veuves,
    Et par des groupes d'orphelins,
De ton morne triomphe en vain cherchant la fête,

Les passans se diront en détournant la tête :
    Marchons, ce n'est rien de nouveau !
C'est, après la victoire, un peuple qui se venge ;
Le siècle en a menti ; jamais l'homme ne change :
    Toujours, ou victime, ou bourreau !

DISCOURS.

SUR

L'ABOLITION DE LA PEINE DE MORT.

DISCOURS PRONONCÉ A L'HOTEL-DE-VILLE, A PARIS,

LE 18 AVRIL 1836,

A L'OCCASION DU CONCOURS OUVERT PAR LA SOCIÉTÉ DE LA MORALE CHRÉTIENNE SUR L'ABOLITION DE LA PEINE DE MORT.

Messieurs,

Longtemps avant que le législateur puisse formuler en loi une conviction sociale, il est permis aux philosophes de la discuter. Le législateur est patient, parce qu'il ne doit pas se tromper ; son erreur retombe sur la société tout entière. On peut tuer une société à coups de principes et de vérités, comme on la sape avec l'erreur et le crime. Ne l'oublions jamais ; ne nous irritons pas contre les timides lenteurs de l'application. Tenons compte au temps de ses mœurs, de ses habitudes, de ses préjugés même. Songeons que la société est une œuvre traditionnelle où tout se tient ; qu'il n'y faut porter la main qu'avec scrupule et tremblement ; que des millions de vies, de propriétés, de droits, reposent à l'ombre de ce vaste et séculaire édifice, et qu'une pierre détachée avant l'heure peut écraser des générations dans sa chute. Notre devoir est d'éclairer la société, et non de la maudire ; celui qui la maudit ne la comprend pas. La plus sublime théorie sociale, qui enseignerait à mépriser la loi et à se révolter contre elle, serait moins profitable au monde que le respect et l'obéissance que le citoyen doit même à ce que le philosophe condamne.

Ceci, Messieurs, était nécessaire à dire pour bien établir notre situation. Nous ne sommes que des consciences individuelles cherchant à s'éclairer : nous faisons l'enquête de la peine de mort.

Le genre humain a une conscience comme l'individu. Cette conscience a, comme la nôtre, ses doutes, ses troubles, ses remords. Elle se replie de temps en temps sur elle-même, et se demande si les lois qui régissent l'instinct social sont en rapport avec les divines inspirations de la religion, de la philosophie, de la science. Et c'est là, Messieurs, que nous ne pouvons assez admirer cette toute-puissance des convictions innées que rien ne peut étouffer, qui se soulèvent en nous contre nous-mêmes, qui cherchent à agir ou dans les livres, ou dans les assemblées délibérantes, ou dans les sociétés libres comme celle-ci, et qui, pour des intérêts qui leur sont étrangers, où elles semblent complétement désintéressées, forcent des hommes d'opinions, de religions, de nations diverses, à s'entendre d'un bout de l'Europe à l'autre. C'est là ce qui devrait prouver aux plus incrédules qu'il y a dans l'homme quelque chose de plus fort, de plus irrésistible que la voix de son égoïsme ; quelque chose de surhumain qui crie en lui contre ses propres mensonges, et qui ne lui laisse aucun repos jusqu'à ce qu'il ait restauré dans ses lois le principe que Dieu a mis dans sa nature. Nous sommes à une de ces époques d'examen social. Il n'est donc pas étonnant que cette conscience publique recommence à s'interroger sur une des plus terribles anxiétés de sa législation ; et qu'elle se demande s'il est vrai qu'il y ait une vertu sociale dans le sang versé ; s'il est vrai que le bourreau soit l'exécuteur d'une sorte de sacerdoce de l'humanité ; s'il est vrai que l'échafaud soit la dernière raison de la justice. Son horreur du sang, son mépris du bourreau, lui répondent : laissons-la réfléchir, ou plutôt aidons-la à réfléchir. Tel est l'objet du concours que vous avez établi et que vous allez juger.

Mais avant d'entrer dans l'examen rapide des nombreux et brillans travaux que ce concours a suscités, permettez à votre rapporteur d'établir sa pensée sur la peine de mort. Vous jugerez mieux des progrès que ce concours aura fait faire à vos propres convictions.

Nous ne voulons fausser aucune vérité pour en redresser une. Nous ne pensons pas que la société n'ait jamais eu ou cru avoir le droit de vie et de mort sur l'homme. Nous pensons, et il n'est pas besoin de vous dire que nos pensées ici sont tout individuelles, qu'elle ne l'a plus. La société étant, selon nous, nécessaire, elle a tous les droits nécessaires à son existence; et, si dans les commencemens de son existence, dans les imperfections de son organisation primitive, dans son dénûment de moyens répressifs, elle a pensé que le droit de frapper le coupable était sa raison suprême, son seul moyen de préservation, elle a pu frapper sans crime, parce qu'elle frappait en conscience. En est-il de même aujourd'hui? et dans l'état actuel d'une société armée d'une force suffisante pour réprimer et punir sans verser le sang, éclairée d'une lumière suffisante pour substituer la sanction morale, la sanction corrective, à la sanction du meurtre, cette société peut-elle légitimement rester homicide? La nature, la raison, la science, répondent unanimement : Non. Les plus incrédules hésitent. Pour eux, au moins, il y a doute. Or, le jour où le législateur doute d'un droit si terrible, le jour où, en contemplant l'échafaud ensanglanté, il recule avec horreur et se demande si, pour punir un crime, il n'en a pas peut-être commis un lui-même, de ce jour la peine de mort ne lui appartient plus. Car qu'est-ce qu'un doute qui ne peut se résoudre qu'après que la tête a roulé sur l'échafaud? qu'est-ce qu'un doute auquel est suspendue la hache de l'exécuteur, et qui la laisse tomber sur une vie d'homme? Ce doute, Messieurs, s'il n'est pas encore un crime, il est bien près d'être un remords?...

L'homme peut tout faire, excepté créer. La raison, la science, l'association, lui ont soumis les élémens. Roi visible de la création, Dieu lui a livré la nature; mais, pour lui faire sentir son néant au milieu des témoignages de sa grandeur, Dieu s'est réservé à lui seul le mystère de la vie. En se réservant la vie, il a dit évidemment à l'homme : Je me réserve aussi la mort. Tu ne tueras pas, car tu ne peux restituer la vie. Tuer est un attentat à moi-même. C'est une usurpation de mon droit divin. C'est une violence faite à ma création. Tu pourras tuer, car tu es libre; mais pour mettre le sceau de la nature à cette inviolabilité de la vie humaine, je donne à la victime l'horreur de la mort, et un cri éternel au sang contre le meurtrier.

Cependant le sceau de la nature fut rompu par la première mort violente. Le meurtre devint le crime de l'homme pervers; et, il faut le dire, il devint la défense de l'homme juste. Comme droit de défense ou de préservation, il devint déplorablement légitime. Il appartient à l'homme contre l'homme, comme il appartient au tigre contre le tigre. La société venant à se former, et encore à ses premiers rudimens, en déposséda l'individu et se chargea de l'exercer elle-même. Ce fut un premier pas. Mais la société confondit, en s'emparant de ce droit, la vengeance avec la justice, et consacra cette loi brutale du talion qui punit le mal par le mal, qui lave le sang dans le sang, qui jette un cadavre sur un cadavre, et qui dit à l'homme : Regarde, je ne sais punir le crime qu'en le commettant! Et cependant cette loi fut juste; je me trompe, elle parut juste, tant que la conscience du genre humain n'en connut pas d'autre. Cette loi fut juste; mais fut-elle morale? Non, Messieurs, ce fut une loi charnelle; une loi d'impuissance; une loi de désespoir. Elle ne fit qu'établir la société vengeresse de l'individu et meurtrière du meurtrier; la société avait une mission plus sainte : préserver l'individu du crime sans donner l'exemple du meurtre;

faire respecter et triompher la loi morale sans violer la loi naturelle; restaurer l'œuvre de Dieu et proclamer contre tous et contre elle-même ce grand, social et divin principe, ce dogme éternel de l'inviolabilité de la vie humaine.

Un instinct sourd lui révélait ce besoin de s'élever à la sociabilité morale, et de substituer le respect de la vie à la sanglante profanation du glaive. L'histoire est pleine de ces tentatives. Un adoucissement sensible des mœurs les signala partout. La Toscane, la Russie, le témoignent encore. Le christianisme enseigna enfin à l'humanité le dogme de sa spiritualisation. Le mal et le crime devinrent les seules victimes à immoler. La société, dans l'esprit du christianisme, remettant toute vengeance à Dieu, n'eut plus que deux actes à accomplir : garantir ses membres des atteintes ou des récidives du crime, et corriger le criminel en l'améliorant. Cette divine révélation du mystère social, dont le premier acte fut la miséricorde d'un juste pardonnant à ses meurtriers du haut d'une croix, n'a plus cessé depuis de pénétrer les mœurs, les institutions et les lois. Il y a lutte sans doute encore entre la chair et l'esprit, entre les ténèbres et la lumière; mais l'esprit triomphe, mais la lumière va croissant; et des tortures, des chevalets, jusqu'aux prisons pénitentiaires où le supplice n'est plus que l'impuissance de nuire et la nécessité de travailler et de réfléchir, il y a un immense espace, il y a un abîme que la charité a comblé. Cet espace, nous pouvons le contempler avec satisfaction pour le présent, avec espérance pour l'avenir. Les efforts que nous faisons nous-mêmes ici, secondés par tant de sympathies au dehors, sont un nouveau témoignage de cette impulsion unanime qui travaille la société dans le sens de sa complète moralisation. Les applications de la peine de la mort s'effacent de huit articles de nos codes, les supplices douloureux disparaissent; les échafauds, spectacle autrefois des rois et des cours, se construisent honteusement la nuit pour échapper à l'horreur du peuple; vos places, vos rues les vomissent, et de dégoûts en dégoûts, ils se replient jusque dans vos faubourgs les plus écartés, qui bientôt les repousseront encore. Que reste-t-il donc à la société, Messieurs, qui l'empêche de laver pour jamais ses mains? Ce qui lui reste! une erreur, un préjugé, un mensonge : l'opinion que la peine de mort lui est encore nécessaire.

Et d'abord, nous demanderons si ce qui est atroce est jamais nécessaire; si ce qui est infâme dans l'acte et dans l'instrument est jamais utile; si ce qui est irréparable devant un juge soumis à l'erreur est jamais juste; et enfin, Messieurs, si le meurtre de l'homme par la société est propre à consacrer devant les hommes l'inviolabilité de la vie humaine? Aucune voix ne s'élèvera pour nous répondre, excepté la voix paradoxale de ces glorificateurs du bourreau, qui, attribuant à Dieu la soif du sang, au sang répandu une vertu expiatoire et régénératrice, préconisent la guerre, ce meurtre en masse, comme une œuvre providentielle, et font du bourreau le prêtre de la chair, le sacrificateur de l'humanité. Mais la nature répond à ces hommes par l'horreur du sang, la société par l'instinct moral, la religion par l'Évangile.

Reste donc l'intimidation qui, si elle était affaiblie, selon nos adversaires, par l'abolition de la peine de mort, laisserait, selon eux, déborder le crime. Ils croient avoir besoin de la mort comme sanction de la justice.

Sans doute, Messieurs, il faut une sanction à la loi; mais cette sanction est de deux espèces : une sanction matérielle, une sanction morale. Ces deux sanctions doivent concourir, et satisfaire ensemble à la société. Mais selon que cette société est plus ou moins avancée dans ses voies de spiritualisation et de perfectionnement, cette sanction de sa loi participe davantage de l'une de ces deux natures de pénalités, c'est-à-dire qu'elle est plus matérielle ou plus morale, plus afflictive ou plus corrective; que la peine infligée par la loi s'applique davantage à la chair, ou davantage à l'esprit. Ainsi les législations primitives tuent, les législations chrétiennes et avancées retranchent le glaive ou le font briller plus rarement à l'œil du peuple, puis enfin le brisent tout à fait et substituent au supplice sanglant la détention qui préserve la société, la honte qui marque au front le coupable, la solitude qui le force à réfléchir, l'enseignement qui l'éclaire, le travail qui dompte la chair et l'esprit du criminel, le repentir enfin qui le régénère.

Voilà, Messieurs, les deux natures de sanction entre lesquelles nous avons nous-mêmes à choisir. Or, pour choisir, nous n'avons qu'à prononcer si, dans notre état actuel de garantie et d'administration sociales, nous n'avons pas, indépendamment de l'échafaud, une force défensive et répressive surabondantes, pour prévenir et pour intimider le criminel.

Ces forces se divisent en deux natures, forces matérielles et forces morales. En forces matérielles de préservation, la société a d'abord son organisation même, son gouvernement, œil toujours ouvert, main toujours étendue sur elle pour agir, défendre, pourvoir. Elle a des armées permanentes, force présente partout pour contraindre ce qui résisterait. Elle a des polices patentes ou secrètes, des surveillances centrales et municipales investies du droit de protection et de vigilance sur le dernier hameau du territoire. Elle a ses gendarmeries, armée toujours en campagne contre le malfaiteur. Elle a des tribunaux disséminés dans tous les chefs-lieux de ses provinces pour donner organe, interprétation, efficacité à la loi. Elle a enfin des routes surveillées, des rues éclairées, des murs, des clôtures, des foyers inviolables, des déportations, des prisons, des bagnes, vaste arsenal de forces défensives matérielles.

En forces morales la société est-elle plus désarmée? Voilà d'abord la religion, communion des esprits et des consciences, législation de famille dont le code punit le crime d'une pénalité éternelle. Elle est présente partout, même dans la nuit, même sur les routes désertes, et fait entendre dans la solitude et dans le silence la voix intérieure de ses enseignemens, de ses promesses, de ses menaces. Voilà la législation avec ses codes, ses poursuites d'office, ses jurys, corps redoutés même de l'innocent, et devant qui c'est déjà une peine que d'avoir à comparaître. Voilà l'opinion, ce juge mutuel des hommes entre eux, ce juge d'abord prévenu, plus tard infaillible, qui supplée la religion et la loi, et rétribue chacun selon ses œuvres. Voilà la honte, ce supplice de l'opinion, qui poursuit, flétrit, torture le criminel même acquitté, et qui, s'il échappe au juge, lui fait un juge de chaque regard. Voilà la presse, et la publicité qu'elle multiplie, qui écrivent partout le nom, l'acte, la peine, et donnent au châtiment humain l'ubiquité de la vengeance céleste. Voilà les lumières progressives, l'enseignement universel, la moralité croissantes, forces nouvelles de la société morale contre les agressions du crime.

Qui osera dire que cet arsenal est insuffisant? La routine seule, ou la peur.

Examinons la situation d'esprit du criminel qui médite un attentat. Le crime n'a jamais qu'une de ces deux causes : une passion, ou un intérêt. Si c'est la passion qui pousse l'homme au crime, l'intimidation de la loi n'agit plus sur lui. La passion, aveugle de sa nature, exclut le raisonnement, elle se satisfait à tout prix; elle ne recule pas devant la chance de la mort; au contraire, souvent l'idée de braver la mort donne une sorte de féroce excitation au criminel, et il se croit presque justifié à ses propres yeux, en se disant qu'il joue sa passion contre la mort. Qui de nous niera qu'il y ait pour la mystérieuse nature humaine une tentation dans le péril, comme il y a un vertige dans l'abîme?

Ou c'est l'intérêt, et alors le criminel qui calcule à froid, qui sait la chance qu'il encourt et qui poursuit néanmoins son œuvre homicide, a pesé son crime contre sa peine, et puisque l'énormité de cette peine ne l'arrête pas, c'est apparemment que l'intimidation n'agit plus sur lui. Il n'est pas besoin d'ajouter que l'intimidation par toutes les autres peines, la honte, la réclusion, l'isolement, la pénitence à vie, n'agiraient ni moins ni plus que la peine de mort. Les duels, les innombrables suicides, les attentats commis journellement dans les bagnes, dans l'unique but d'obtenir la mort, sont une preuve que la peine de mort n'est pas toujours pour le criminel le plus effrayant des supplices, et que la vie est pour beaucoup d'hommes plus difficile à supporter que l'échafaud.

On a de tout temps effrayé l'imagination d'un débordement de crimes à chaque adoucissement des supplices; les supplices, les tortures ont été abolis, et la statistique du crime est restée à peu près la même. L'état de la société a eu sur le nombre ou la rareté des crimes plus d'influence que l'état de la législation. La Toscane a supprimé la mort, et a vu réduire à rien les crimes contre les personnes. A Naples et à Rome, l'introduction des pénalités françaises a réduit les assassinats à trente pour cent. En Russie où, pendant les quatre-vingts dernières années, il n'y a eu que quatre exécutions capitales, les crimes contre la vie diminuent chaque jour. En France, nous avons porté la peine de mort contre l'infanticide, et l'infanticide n'a pas diminué. La statistique démontre que les crimes diminuent en raison de l'éducation et de l'aisance des populations, et que la sobriété des peines tempère la férocité du crime.

Les lois sanglantes ensanglantent les mœurs. Là est le vice de ces lois d'intimidation par le meurtre. A les supposer même efficaces, que fait le législateur si, pour intimider quelques scélérats, il déprave par l'habitude de la mort, par le goût du sang, l'imagination de tout un peuple? s'il lui fait respirer le sang? palper le cadavre? Non, Messieurs, le danger n'est pas dans l'absence de ce honteux spectacle; il est dans l'espérance trop fondée de l'impunité que l'inappréciation des lois de mort inspire au criminel. Il se dit avec raison : La peine de mort répugne à mes juges; j'ai cent chances contre une qu'on ne me l'appliquera pas, et pour éviter de me l'appliquer, on m'acquittera. C'est la peine de mort qui me préserve, c'est mon immunité; commettons le crime.

Mais on nous fait une objection grave. Cette objection est

sans réplique, parce qu'elle exclut le raisonnement : Vous croyez-vous plus sages que vos pères? pensez-vous que la justice date de vous ? la peine de mort est l'instinct de l'humanité, la peine de mort est l'instinct de la justice divine ; car partout l'homme l'écrivit sous l'inspiration de sa nature ; le code de toutes les nations semble avoir été écrit avec la pointe d'un poignard.

Nous répondons : Cela est vrai. La peine de mort est l'instinct brutal de la justice matérielle, l'instinct du bras qui se lève et qui frappe parce qu'on a frappé. Et c'est parce que cela est vrai pour l'humanité à l'état d'instinct et de nature, que cela est faux pour la société à l'état de raison et de moralisation. Quelle a été l'œuvre de la civilisation? de prendre en tout le contre-pied de la nature, de constituer une nature spirituelle, divine, sociale, en sens inverse de la nature brutale ; de faire faire à l'homme et à la société, image collective de l'homme, précisément le contraire de ce que l'humanité charnelle et instinctive aurait fait. Les religions, les civilisations ne sont autre chose que ces triomphes successifs du principe divin sur le principe humain. Écoutez en tout ce que dit la nature et ce que dit la loi. La nature dit à l'homme : La terre est à tes besoins ; voilà un arbre chargé de fruits ; tu as faim, mange ! La loi sociale lui dit : Meurs au pied de l'arbre sans toucher au fruit. Dieu et la loi vengent la propriété. La nature dit à l'homme : Choisis au hasard parmi ces femmes dont la beauté te séduit, et quand cette beauté sera fanée, délaisse-la pour t'attacher à une autre. La loi sociale lui dit : Tu n'auras qu'une compagne pour que la famille se constitue et se resserre par un nœud indissoluble et assure la vie, l'amour, la protection aux enfans. La nature dit à l'homme : Demande le sang pour le sang, tue ceux qui tuent. Une loi plus parfaite lui dit : La vengeance n'est qu'à Dieu, parce que lui seul est infaillible ; la justice humaine n'est que défensive ; tu ne tueras pas ; et moi, pour conserver à tes yeux le dogme de l'inviolabilité de la vie humaine, je ne tuerai plus.

Aussi, Messieurs, voyez relativement au crime la différence des deux sociétés, selon qu'elles adoptent l'un ou l'autre de ces principes. Un juge déclarant le fait sans l'apprécier; un bourreau que l'on mène tuer en public pour enseigner au peuple qu'il ne faut jamais tuer; une foule aux pieds de laquelle on répand le sang pour lui inspirer l'horreur du sang : voilà la société selon la nature! Un juge appréciant le crime et graduant la peine au délit; la vengeance remise au Juge suprême et à la conscience du coupable; un peuple dont l'indignation contre le crime ne se change pas en pitié pour le supplicié; un cachot qui se referme pour défendre à jamais la société du criminel, et sous les voûtes de ce cachot l'humanité encore présente, imposant le travail et la correction au coupable, Dieu lui inspirant le repentir et la résignation, et le repentir lui laissant peut-être l'espérance : voilà la société selon l'Évangile, selon l'esprit, selon la civilisation. Choisissez! Pour nous, notre choix est fait.

Il y a, dit-on, des embarras et des périls d'exécution. La transition d'un système à l'autre exige une pénalité nouvelle, et la société ne peut se résoudre à une épreuve pendant laquelle elle aurait quelques chances contre elle! La transition, Messieurs!... Elle n'est autre chose que l'emprisonnement provisoire des condamnés dans nos maisons de détention, jusqu'à ce qu'on ait construit un certain nombre de *maisons du crime*, de prisons pénitentiaires en France ou dans une de nos colonies lointaines. C'est une dépense de quelques millions à répartir en peu d'années, c'est-à-dire une dépense insensible, une dépense qui, je ne crains pas de l'affirmer, serait couverte en peu de jours par une souscription volontaire, la plus glorieuse, la plus sainte des souscriptions, la souscription du rachat du sang. Je ne vois que le bourreau qui y perdrait; mais il y reconquerrait son droit d'homme! Quant aux chances de péril que la société aurait, dit-on, à courir au premier moment par une recrudescence de crime, je n'y crois pas; ce serait la première fois que la générosité inspirerait la vengeance. Mais à supposer même qu'il y eût un moment, non de danger, mais d'inquiétude dans le pays, cette chance ne vaut-elle pas qu'on l'encoure? La société et le criminel se regarderont-ils éternellement pour voir lequel des deux cessera le premier d'être féroce? Ne faut-il pas que quelqu'un commence? Peut-on espérer que ce sera le crime qui donnera le premier l'exemple de la vertu et de la mansuétude, lui, ignorant, brutal, sans foi, sans lumière, sans courage? N'est-ce donc pas à la société de commencer? et n'est-ce pas mentir à la providence sociale que de lui faire appréhender un crime de l'exercice d'une vertu?

Non, Messieurs, elle n'a de danger à courir que par l'hésitation de son système actuel qui garde la mort sans conviction, le glaive sans frapper; et pour réaliser ce noble instinct qui la travaille, elle n'a qu'une chose à faire : un acte de foi en elle-même, un acte de confiance en ce Dieu qui lui inspire et qui l'aidera à réaliser une des plus saintes phases de sa régénération.

Passons au concours.

La société en avait ouvert deux : l'un pour des mémoires, l'autre pour des articles de journaux propres à populariser la doctrine de l'abolition de la peine de mort par la presse périodique.

Le concours des articles de journaux est prorogé au 31 décembre de cette année.

Nous n'avons à nous occuper aujourd'hui que du concours des mémoires manuscrits.

La pensée de la Société a été puissamment communicative. Elle a remué au loin des pensées sympathiques. Son action n'a pas été bornée à la France. L'Europe entière a répondu. Soixante-un mémoires attestent cette vibration d'un sentiment presque unanime. L'Allemagne, l'Italie, la Suisse, Genève, ont envoyé des travaux remarquables, dignes représentations de ces nations diverses à ce pacifique congrès d'humanité. La Société a distingué surtout deux mémoires italiens, dont l'un est un hommage que le fils du célèbre Fabroni, de Florence, a fait d'un mémoire imprimé de son père. Elle a distingué aussi un mémoire allemand-français de M. le docteur Grohmann, professeur à Dresde. Une médaille d'argent est décernée à ce mémoire, où les plus saintes sanctions de la religion sont invoquées en faveur de la raison et de la science.

La commission a distribué les soixante mémoires en trois catégories. Les uns, au nombre de quarante, presque tous satisfaisans par les vues, les intentions, le talent, mais que des excentricités de rédaction, des imperfections de formes, des théories trop aventureuses, l'ont à regret forcée d'écarter, tout en payant à leurs auteurs le tribut de reconnaissance et souvent d'admiration qui leur est dû.

Les vingt autres mémoires ont longtemps balancé ses suffrages. Dans l'impossibilité de donner autant de médailles qu'il y avait de concurrens, elle en a éliminé encore dix par des considérations préjudicielles de forme et de style, et elle a partagé ainsi entre les dix mémoires restans les encouragemens dont elle avait à disposer.

Les six mémoires jugés dignes de la médaille de bronze sont : le n° 33, dont l'auteur est M. l'abbé de Vic, curé d'Houdainville (Oise). Au nom d'une religion qui a enseigné l'immortalité de l'âme et le pardon, il s'élève contre une peine qui, dans son énergique expression, *prêche le matérialisme*.

Dans le n° 24 nous découvrons l'âme et le génie d'une femme, madame Eugénie Niboyet.

M. Morel, pasteur de Gorgemont en Suisse, auteur du mémoire sous le n° 18, s'adresse surtout au sentiment français, et semble, au nom de tant de glorieuses initiatives prises par notre nation, nous commander la sainte initiative de l'abolition de la mort dans nos lois.

On trouve, avec un intérêt que ne peuvent altérer des inégalités de diction, les plus larges développemens de logique et de faits dans le n° 14, dont l'auteur est un ingénieur des ponts-et-chaussées, M. Morderet.

Un raisonnement sévère et des impulsions de la plus haute

moralité distinguent le n° 57, ouvrage de M. Laurent, maire de Saverdun (Ariége).

Les quatre mémoires n°ˢ 7, 59, 10 et 17, ont obtenu chacun la médaille d'argent. La commission n'a point classé ces quatre mémoires entre eux; elle s'est bornée à les couronner en commun et à mérite à peu près égal, distinguant seulement l'un de l'autre par des qualités de pensées et de style qui lui étaient spéciales. Ainsi le n° 7, dont l'auteur est M. Poupot, professeur à Sorrèze, par l'énergie et la profondeur de la touche; le n° 59 par l'émotion et la contagion du sentiment, émotion qui trahissait le cœur d'une femme dans les convictions de l'écrivain (cette femme est madame Élisabeth Celnart, de Clermont en Auvergne); le n° 10, par l'économie du plan, la complète exposition des preuves, des inductions, des documens (l'auteur est M. Doublet de Boisthibaut, avocat à Chartres); le n° 17, dont l'auteur est M. Giron de Busaringues, par l'éclat et la chaleur de l'expression [*].

Telles sont, Messieurs, les rémunérations bien insuffisantes que la Société décerne à ceux des concurrens qui sont le mieux entrés dans la lettre et dans l'esprit de son programme; quelques médailles données par des hommes de zèle à des hommes de bien. Mais la Société de la Morale chrétienne ne se dissimule pas que la valeur de ces prix, qui n'est rien devant les hommes, sera grande un jour peut-être devant l'humanité et devant Dieu. Ce n'est pas l'espoir d'une rémunération en or ou en gloire qui sollicite de tels écrits. Ces pensées vivent et se rétribuent d'elles-mêmes; de tels ouvrages sont des actions plus que des livres.

Aux actes les plus héroïques, aux dévouemens les plus sublimes, la société civile n'a pas de prix à donner. Elle se contente de les signaler par une marque de distinction sans valeur, et qui a bien moins pour objet de payer la vertu dans celui qui l'a pratiquée que de l'inspirer aux autres par l'exemple. Et si une humble médaille de cuivre suffit à la

---

[*] On voit qu'il n'a pas été décerné de médaille d'or.

récompense du courageux pilote qui a sauvé une vie au péril de la sienne, si cette médaille passe après lui, comme un titre de vertu, à ses enfans; quel prix n'auront pas à nos yeux, Messieurs, ces médailles décernées à des écrivains, à des philosophes, à des ministres de l'Évangile, à des femmes, dont les efforts aujourd'hui obscurs auront concouru cependant à préserver non pas une vie, mais des milliers de vies humaines? Ces médailles, Messieurs, elles passeront de générations en générations dans les familles de ceux qui les reçoivent; elles signaleront à des descendans plus heureux la sainte pensée de leurs pères; elles seront le denier impérissable, le denier que nous devons tous à cette œuvre collective de l'amélioration et de la moralisation des hommes.

D'heureux symptômes nous présagent le but glorieux de nos efforts. Montesquieu, ce prophète des sociétés, dit quelque part que l'adoucissement des peines est un symptôme certain et constant du développement de la liberté chez les peuples, tant la liberté et la moralité sont jumelles dans les pensées de la Providence. Eh bien! la liberté a grandi de mille ans chez nous en un demi-siècle. Espérons que la parole de Montesquieu ne sera pas vaine, et que la spiritualisation de nos mœurs va se montrer proportionnellement dans nos lois. Il n'a pas tenu à un de nos plus dignes amis, M. de Tracy, un de ces cœurs où se résument tous les bons instincts d'une époque, que la peine de mort pour cause politique ne fût effacée de nos codes par la main encore palpitante de la révolution de Juillet, et que les passions populaires ne fussent enfin désarmées d'une pénalité dont elles s'entre-tuent depuis tant de siècles. Cette pensée ne dort ni dans son cœur ni dans le nôtre. Une grande pensée est-elle jamais morte en France?

Heureux le jour où la législation consacrera enfin dans ses codes ces saintes inspirations de la charité sociale! Heureux le jour où elle verra disparaître, devant la lumière divine, ces deux grands scandales de la raison du dix-neuvième siècle : l'esclavage et la peine de mort! Heureux le jour où la société humaine pourra dire à Dieu, en lui restituant ses générations tout entières : Nous rendons intactes à la nature toutes les vies qu'elle nous a confiées. Comptez, Seigneur ! il n'en manque pas une. Si le crime a répandu encore quelques gouttes de sang sur la terre, nous ne l'avons pas lavé dans un autre sang; nous l'avons effacé sous nos larmes. Nous avons rendu son innocence à la loi. La société est une religion aussi ; mais son autel n'est pas un échafaud. Elle reçoit l'homme de la nature pour transformer et sanctifier l'humanité, et, à la place du crime et de la mort, elle renvoie aux pieds du Juge suprême le repentir et la réparation. L'Évangile est à la fois son inspiration et son modèle, et la législation ne sera complète qu'autant que chacune des lois humaines sera une traduction et un reflet d'une des lois de Dieu. C'est le génie du législateur de les découvrir, c'est sa vertu de les écrire, et ce sera votre seul et modeste honneur, Messieurs, de l'avoir inspiré de vos efforts et devancé de vos désirs.

SUR

L'ABOLITION DE LA PEINE DE MORT.

SECOND DISCOURS

PRONONCÉ LE 17 AVRIL 1837, DANS LA SÉANCE ANNUELLE
DE LA SOCIÉTÉ DE LA MORALE CHRÉTIENNE.

Quoique des circonstances dont il est inutile d'affliger de nouveau les esprits aient fait proroger à une autre année le prix offert par la Société aux Mémoires sur l'abolition de la peine de mort, vous continuez votre œuvre en sollicitant toutes les forces de l'intelligence et de la conscience de votre époque à concourir avec vous à l'abolition de la peine de mort. De tous les points du monde pensant, on s'associe à vos pieux désirs; on vous adresse des vœux, on en adresse aux chambres législatives, on en adresse au ciel même pour cette réhabilitation *de nos Codes*, où on lira d'autant plus la sainteté de la justice, qu'on en aura davantage effacé le sang. Mais pendant que tant de voix vous répondent : Oui ; d'autres voix, nombreuses, consciencieuses, convaincues aussi, vous crient : Non; votre entreprise est un blasphème contre la loi de Dieu, un attentat contre la société.

Depuis le jour où, dans cette même enceinte, vous couronniez les nombreux Mémoires que votre concours européen avait fait naître, et dont quelques uns vous avaient tellement émus, que, si vous eussiez été une assemblée de législateurs, la peine de mort eût été abolie comme elle doit l'être, dans un généreux mouvement de magnanimité et d'enthousiasme; depuis ce jour, et comme par un dernier effort, les adversaires de l'abolition de la peine de mort ont eu presque seuls la parole; et, disons-le avec regret, la presse périodique, cette presse qui devrait porter les idées et les sentimens toujours en avant de la législation, comme l'enfant court devant l'archer pour lui poser le but et l'attendre; cette presse, pour cette seule fois trop lente et trop timide, n'a enregistré contre nous que les objections du doute ou les murmures de la société alarmée. Parmi ces murmures, parmi ces objections, il en est qu'il faut dédaigner, car elles ne sont que l'écho de la peur ou de la superstition du passé; mais il en est d'autres qui, par la sincérité de leur doute, par l'élévation de leurs motifs, par la dignité de leur expression, méritent de nous une attention sérieuse, et une réponse pleine de mesure et de respect. De ce nombre sont celles d'un jeune et savant procureur général, M. Hello, qui nous a combattu en grand magistrat, en grand écrivain*. Entre de pareils adversaires et nous, Messieurs, il n'y aura jamais d'autre haine que celle qui existe entre une erreur et une vérité; et encore cette erreur et cette vérité se touchent-elles, car l'erreur chez de tels hommes est aussi sainte dans ses motifs, est aussi humaine dans ses désirs, que la vérité. Permettez-moi donc de discuter un moment contre un adversaire que nous serions si heureux de convaincre, et dont l'âme et le cœur sont déjà de notre côté. Je ne relèverai que les deux ou trois principales objections qu'il nous oppose. Ce sont celles que l'opinion publique garde comme une dernière armure, pour résister à l'entraînement qui la pousse à demander avec nous l'abolition des lois de sang.

* M. Hello, procureur général près la Cour royale de Rennes, avait répondu au premier discours de M. de Lamartine par un article inséré dans la *Gazette des Tribunaux*, le 25 mai 1836.

Et d'abord, Messieurs, de quoi nous accuse-t-on? de vouloir détruire la justice? La justice! est-ce que nous pourrions la détruire? Est-ce que c'est nous qui l'avons faite? Est-ce que ce sont nos lois qui l'ont écrite? Est-ce que quelqu'un pourrait nous dire ici qui a inventé la justice? Est-ce que nous pourrions remonter assez loin dans les fastes de l'humanité pour découvrir un jour où la justice ne fût pas déjà le cri de l'opprimé, le remords du méchant, le code ineffaçable écrit dans le cœur et dont tous les autres n'ont fait que dériver? Rassurons-nous donc, nous ne détruirons pas la justice. Ah! si quelque chose pouvait la détruire, ce seraient les jugemens humains; mais supprimez toutes les peines, elle les remplacera toutes; effacez tous les codes, elle les suppléera tous. Elle n'a pas besoin de codes, elle est la loi vivante et immortelle; elle n'a pas besoin de bourreau, elle est le vengeur suprême et partout présent; il n'est pas donné à l'homme de prévaloir contre elle; tous les peuples n'ont-ils pas dit : *la Justice de Dieu?*

Mais qu'est-ce donc, selon nos éloquens adversaires, que la justice pénale? c'est, disent-ils, l'expiation. C'est l'expiation, ajoute M. Hello, qui constitue la légitimité de la peine de mort. Si nos adversaires entendent ainsi la pénalité, nous ne nous étonnons plus d'être séparés d'eux par une question de vie et de mort, par un bourreau, par un échafaud. Il y a un abîme d'erreur ou de malentendu entre nous.

Je demande un moment d'attention sérieuse à l'auditoire, et je réponds à M. Hello.

Vous dites que la justice pénale est l'expiation. Oui, si vous entendez parler de la justice dans ses rapports avec Dieu; Dieu étant la justice suprême, le juge infaillible, l'appréciateur sans erreur, celui qui pèse à poids rigoureusement juste, celui qui compte jusqu'au cheveu tombé de la tête pour en demander justice et le restituer, c'est envers lui, c'est devant lui, c'est par lui seul que la justice est expiation; c'est-à-dire qu'elle demande au coupable de se repentir et de réparer, dans une proportion rigoureusement égale, un crime et un dommage qu'il a commis. Dans l'ordre religieux et surnaturel, la justice est donc en effet l'expiation; et ce repentir qui refuse de s'absoudre soi-même, ces pénitences, ces réclusions, ces macérations volontaires que dans toutes les religions le coupable s'inflige pour redevenir juste aux yeux de son juge invisible, ne sont que l'expression instinctive de cette justification par la peine. Mais dans l'ordre purement social, en est-il de même? la justice est aussi là l'expiation sans doute, en ce sens que la société dit au coupable : Tu souffriras en public, dans ta liberté, dans ton esprit, dans ta chair, pour que ta souffrance soit en exemple à tes frères, et conserve parmi les hommes la pensée visible de cette rémunération *à chacun selon ses œuvres* qui s'appelle *peine* ici-bas, *justice* seulement là-haut. Mais cette expiation du coupable envers la victime ne pouvant jamais être que fictive et approximative, puisqu'elle ne peut ni réparer ni indemniser réellement, il s'ensuit qu'elle est illusoire, et que ce n'est pas elle qui constitue principalement la justice pénale. La justice pénale a trois objets : indemniser la victime, corriger le coupable, et défendre la société contre les tentatives ou les récidives du crime.

Voilà les trois conditions constitutives d'une justice pénale digne de Dieu, du temps et des hommes.

Indemniser la victime? En matière d'homicide elle ne le peut pas par la peine de mort. Tout le sang qu'elle verserait ne restituerait pas une goutte de celui qui a été répandu.

Corriger le coupable? Elle ne le peut pas si elle le tue. Le glaive qui frappe le corps n'atteint pas l'âme; en ôtant la vie et le temps au criminel, elle lui enlève la seule chance de repentir et de régénération morale dont il puisse racheter devant les hommes le mal que sa perversité leur a fait.

Défendre la société contre les tentatives ou les récidives du crime, voilà donc la seule excuse au maintien de la peine de mort. Toute la question est de savoir si la société en a besoin pour sa défense. C'est la question que nous avons examinée l'année dernière, et que nous avons résolue jusqu'à l'évidence en démontrant :

Que la substitution de la sanction pénitentiaire à la sanction de l'échafaud était aussi efficace et moins immorale que le sang versé par le bourreau;

Que le dogme social de l'inviolabilité de la vie humaine, consacré par la législation contre elle-même, était la plus puissante sanction que la société pût donner à la vie de l'homme par l'exemple, en augmentant l'horreur du crime par le religieux respect du sang;

Enfin, que la société, instituée, armée, fortifiée par la civilisation, la religion, l'enseignement, les mœurs, les lois, les tribunaux, la police judiciaire et administrative, les prisons pénitentiaires, les colonies pénales, les bagnes, les exils, les déportations, l'opinion, la publicité, avait en moyens moraux comme en moyens matériels une force plus que suffisante pour répudier aujourd'hui une peine qui avait pu lui paraître légitime tant qu'elle se l'était cru nécessaire, mais qui devenait criminelle du jour où il y avait doute sur son indispensabilité. Nous avons dit et nous répétons : Qu'est-ce qu'une peine irréparable que le juge prononce en hésitant, dont l'opinion flétrit l'exécuteur, et qui ne sait laver le sang qu'avec du sang? Qu'est-ce qu'un doute auquel est suspendue la hache de l'exécuteur, et qui ne peut se résoudre qu'après que la tête a roulé sur l'échafaud? Nous renvoyons ces preuves à vos souvenirs, et nous passons à un autre ordre d'objections.

Vous voulez, nous dit-on, constituer une justice pénale non sanglante, et vous oubliez que tous les législateurs, toutes les nations, toutes les époques n'ont écrit la mort dans leurs lois que sous la dictée de leur instinct inné de justice, qu'on a appelé la loi du talion : œil pour œil, dent pour dent, vie pour vie. Nous pourrions ajouter crime pour crime!

Non, Messieurs, nous ne l'oublions point; mais nous disons que cette loi du talion, que vous prenez pour une loi éternelle, et que les législations primitives ont prise pour une révélation divine, n'était qu'une loi de colère, une loi d'ignorance, une loi de brutal instinct, la loi du bras qui se lève et qui frappe parce qu'on a frappé. Ce fut dans l'enfance des institutions humaines une sorte de satisfaction légale accordée au besoin de vengeance de l'homme ; la loi que nous vous demandons, nous, est la satisfaction donnée à l'humanité et à la raison : et si vous nous dites que ce sont là de belles mais vaines paroles; que le talion étant le cri de la nature, il ne peut tromper le législateur, et qu'il faut le rédiger éternellement en loi pénale comme vous l'avez fait jusqu'ici, nous vous répondrons que l'œuvre du perfectionnement et de la spiritualisation des sociétés humaines n'est que le triomphe de la raison contre l'instinct, de l'esprit contre la chair, de la mansuétude contre la passion, et que cette loi du talion, cette loi qui frappe où l'on a frappé, cette loi qui fait le mal qu'on a fait, n'est pas la justice, mais la passion brutale de la justice, c'est-à-dire la vengeance !

Voulez-vous juger l'arbre à son fruit ? la loi à ses conséquences ? Écoutez :

Un meurtre a été commis. La loi antique du talion appelle le plus proche parent de la victime, et lui dit : Tue le meurtrier. Voilà déjà deux vies d'hommes perdues pour une ; voilà le sang qui coule deux fois au lieu d'une : voilà le hideux et dépravant spectacle de la mort donnée de sang-froid qui pervertit l'œil et trouble la conscience du peuple ; voilà le dogme de l'inviolabilité de la vie humaine deux fois atteint, violé deux fois au lieu d'une, aux yeux des hommes. Mais derrière ce meurtrier légal, il y a la famille, les amis, les enfans peut-être du premier meurtrier. Bien que ce meurtre légal se commette au nom de la justice, ils connaissent l'homme qui a demandé et obtenu la vie de leur père, ils gardent leur vengeance dans leur cœur, ils l'épient, ils le tuent : c'est leur talion à eux. Il faut une autre vengeance, la loi l'accorde : voilà trois homicides jetés déjà sur un premier homicide et dérivés de lui; où cela finira-t-il? Il n'y a aucune raison pour que la mort, et la vengeance de la mort, et la vengeance de la vengeance de la mort s'arrêtent; et de talion en talion, l'un légitime sans doute et sanctionné par la loi, l'autre illégitime et motivé par la vengeance et la haine, l'homme tuera l'homme qui aura tué l'homme, et sera tué par l'homme, qui aura à son tour un autre meurtrier et un autre vengeur, jusqu'à ce que l'homicide légal ou illégal s'étende indéfiniment dans une épouvantable multiplication de cadavres, où chaque crime devient la raison d'un autre meurtre, et chaque meurtre le prétexte d'un nouveau crime. Voyez ces nations où le talion a passé dans les mœurs! Je le demande à ces glorificateurs du talion : une telle loi peut-elle être une loi divine? peut-elle rester une loi sociale?

Dans notre système, au contraire, qu'arrive-t-il? un crime est commis, un meurtre a lieu; le coupable est saisi, il est jugé; la société lui inflige une peine qui satisfait à la moralité publique sans rien accorder à la vengeance individuelle, et qui prévient à jamais toute récidive de la part du criminel. Si elle a droit sur sa vie, elle lui remet magnanimement sa vie; à l'instant tout est consommé, tout s'arrête. On ne sème pas la mort sur la mort, le sang sur le sang, pour éterniser la vengeance; la société ne dit pas à l'homme, comme la loi brutale du talion : Fais aux autres comme ils t'ont fait. Elle lui dit comme ce législateur du pardon dont le code illumine enfin tous vos codes : Rends le bien pour le mal; on a tué ton frère, ne demande pas le sang de son meurtrier, mais pardonne. Encore une fois, laquelle de ces deux lois est la loi de Dieu? laquelle de ces deux lois mérite de devenir la loi des hommes? Vous avez déjà mille fois prononcé.

Mais ce n'est pas la conviction qui manque à la société politique, c'est le courage. Le même écrivain nous l'avoue. Vous voulez, nous dit-il, faire une expérience dont on ne se détrompe qu'entouré de cadavres et bourrelé de remords. Vous ouvririez l'abîme où la société tient enfermé l'homicide.

Ah! qu'il nous serait aisé de répondre, avec une trop juste

mais trop sanglante ironie, à ces menaces d'effrayante responsabilité, si, ouvrant d'une main le code des peines et de l'autre les archives du crime, nous établissions par ce hideux parallèle que les pénalités exorbitantes, l'infernal génie des supplices, les tortures, les bûchers, les roues, les chevalets n'ont pas diminué d'une mort le chiffre du meurtre. Montrez-nous donc, pourrions-nous dire à notre tour à ces écrivains qui nous menacent du péril de l'humanité, de la responsabilité de l'indulgence, montrez-nous donc sur quels témoignages vous assumez la responsabilité de la mort? Quant à nous, nous vous répondons de deux manières : par les faits et par le raisonnement. Les faits? ils vous prouvent que les crimes contre les personnes se multiplient si peu en raison de l'intimidation décroissante et de l'adoucissement des supplices, que vous avez successivement aboli tous les supplices cent fois plus intimidans que la mort pour l'imagination des criminels, sans qu'il en soit résulté aucun débordement d'homicides, aucun accroissement sensible dans le nombre des crimes. C'est que la peine de mort a été abolie plusieurs fois pendant de longues années chez des peuples plus nombreux et de mœurs moins douces que vous, et que le chiffre de la criminalité s'est abaissé au lieu de s'élever pendant ces rares *jubilés* de l'humanité. C'est que l'heureuse Toscane, placée en contact avec des populations où l'homicide est en quelque sorte endémique, c'est que l'immense empire de Russie, formé de populations neuves, diverses, barbares, ont vu à la suite de l'abolition de la peine de mort l'homicide s'abolir presque entièrement aussi. C'est qu'enfin la peine de mort n'a jamais été rétablie après ces heureuses et concluantes expériences, par la nécessité de sévir contre une recrudescence du crime, mais par des passions politiques ou par le féroce fanatisme des routines. Ce serait là, sans doute, des épreuves de quelque valeur pour rassurer la société, à qui l'on donne la peur pour une raison; mais la logique est plus rassurante encore que les faits.

Eh bien! je ne crains pas d'affirmer, après un examen

approfondi de la statistique morale de l'homicide, que, sur dix meurtres dont nous analysons les causes, il y en a huit sur lesquels l'intimidation par la peine de mort est complétement inefficace comme moyen de répression; c'est-à-dire dans la perpétration desquels la considération du risque que l'on va encourir en les commettant n'entre absolument pour rien, et pour lesquels, par conséquent, la peine de mort est comme non avenue.

Quelles sont, en effet, les principales causes de l'homicide? C'est la colère, la vengeance, la jalousie, la haine, le fanatisme religieux, le fanatisme politique, la cupidité, et la crainte d'être découvert, qui fait tuer pour ensevelir un moindre crime dans un plus grand. Eh bien! prenez les comptes-rendus de vos tribunaux, assistez aux drames révélateurs de vos cours d'assises, décomposez les élémens constitutifs de ces crimes, déroulez les replis de l'âme du criminel, entrez dans sa pensée au moment de l'acte ou au moment de la fiévreuse préméditation qui précède l'acte, demandez-lui de vous rendre compte, de se rendre compte à lui-même de la nature et de la force de l'impulsion qui le pousse à son crime; mesurez cette force brutale, aveugle, frénétique d'impulsion avec la force de résistance que l'intimidation par la mort peut opposer à sa pensée ou à sa main: en quelle proportion trouverez-vous l'impulsion et la résistance? la pensée présente, absorbante, consumante du crime, et la pensée éloignée, incertaine, inaperçue du supplice? Sera-ce dans la colère? Mais le bouillonnement du sang enivre toute pensée, trouble tout calcul; mais la vibration physique des nerfs soulève et brise tout obstacle; on a frappé avant de savoir que la passion a levé et armé la main. Est-ce dans la jalousie? Mais la jalousie, c'est deux passions dans une, c'est l'amour et la haine, tellement confondus dans une horrible lutte, qu'on ne sait plus si c'est la haine ou l'amour qui frappe, et que, chacune des deux passions se multipliant par l'autre, il en résulte une force d'entraînement tellement délirante, que l'homme hait ce qu'il adore et adore ce qu'il tue. Dites à l'insensé que cette double frénésie possède, qu'il y a une peine de mort. Eh! que lui importe! ne se donne-t-il pas mille morts à lui-même, en la donnant à celle sans laquelle il ne veut ni ne peut supporter la vie? Est-ce la haine? Mais quand elle est poussée jusqu'à cette antipathie délirante et pour ainsi dire physique, ne se satisfait-elle pas à tout prix? Est-ce la vengeance? Mais son premier acte est de se dire : « Je m'immole moi-même à cette horrible joie d'immoler mon ennemi. » Est-ce l'ambition? Elle voit l'impunité assurée dans le triomphe, et le succès même de son crime est sa garantie contre la peine. Est-ce le fanatisme politique? Il voit son immortalité dans son supplice et sa fausse et atroce gloire dans son échafaud. Vous l'aviliriez en l'en privant; comment le craindrait-il? Enfin est-ce le fanatisme religieux? Il voit le ciel pour récompense, et son supplice, il l'appelle martyre; le prix qu'il attend est infini; comment le mettrait-il en balance avec cette mort qu'on ne souffre qu'une seconde et qui lui conquiert une éternité! Vous voyez donc que dans aucun de ces crimes, lorsque les passions qui les produisent sont poussées à ce délire qui est le crime lui-même, la peine de mort ne peut agir ni n'agit réellement comme intimidation répressive et spécifique, car toutes ces passions sont plus fortes que la mort; et que la proportion n'existe plus entre l'incitation au crime et la prétendue intimidation du criminel. L'équilibre est rompu d'avance entre la pénalité et la passion. S'il ne l'était pas, la passion n'aurait pas la force du crime, et elle ne serait plus la passion, le crime ne s'accomplirait pas.

Restent donc les crimes commis par cupidité. Mais la cupidité n'est pas de sa nature une passion martiale et homicide. Les passions sociales ont quelque chose de moins énergiquement atroce que les passions naturelles. La lâcheté, la bassesse, la ruse, qui les caractérisent, leur font enfanter plus de vices que de crimes. Cependant un certain nombre de crimes contre les personnes appartiennent à la cupidité. Nous convenons que dans ces cas la peine de mort peut agir souvent comme intimidation. Mais dans ces cas-là même, n'agit-elle pas aussi quelquefois comme incitation? c'est-à-dire le criminel qui a poussé le vol, le guet-apens, la violation du domicile jusqu'à la violence contre la personne, ne donne-t-il pas souvent la mort précisément pour enlever toute possibilité de témoignage et de constatation à son crime? c'est ce qui nous est confirmé, non-seulement par la nature et l'analyse du crime, mais par l'aveu même d'un grand nombre de coupables.

Que résulte-t-il de cette anatomie des passions homicides ? Que la peine de mort peut intimider efficacement dans les cas d'homicide par cupidité, bien que dans ces cas-là même elle puisse aussi pousser quelquefois à la consommation du meurtre; mais que, dans presque tous les autres cas d'homicide par passions, l'intimidation n'agit pas. C'est-à-dire que dans dix hypothèses d'homicide il y en a huit pour lesquelles la peine de mort est non avenue, et deux où l'effet de la peine est incertain.

Et c'est pour un si faible et si douteux résultat d'intimidation que vous vous obstinez à maintenir une peine qui répand le sang comme l'eau, qui déprave l'œil, qui aguerrit la main et l'instinct du peuple à l'homicide, qui lui enlève, autant qu'il est en vous, cette prévoyante et instinctive horreur que la nature lui a donnée pour la mort violente! Vous craignez l'expérience, dites-vous ; mais comptez-vous donc pour rien comme préservatif, comme moyen de moralisation, par la toute-puissance de l'exemple, ce magnifique élan de législateurs d'un grand peuple qui, pour consacrer socialement ce dogme de l'inviolabilité de la vie humaine, briseraient le glaive et diraient au peuple : Regardez ! le sang de l'homme est si sacré que nous, qui aurions le droit et la force de le répandre en expiation, nous nous interdisons à jamais d'en verser une goutte, même celui du criminel. La vie de l'homme n'appartient à personne, ni à vous, ni à nous, ni à l'homicide, ni au juge de l'homicide; elle n'appartient qu'à Dieu. Malédiction sur celui qui attentera à cette propriété du seul auteur de la vie! Qu'est-ce donc, se dirait l'homicide, que cette vie de l'homme devant laquelle l'humanité tout entière s'arrête?

Et cependant, Messieurs, ne nous faisons pas d'illusion, même pour un si miséricordieux résultat. Le crime ne disparaîtrait pas de la terre, il serait seulement plus lâche et plus odieux. En accroissant l'horreur pour le criminel, ne dépopulariseriez-vous pas le crime? ne le rendriez-vous pas plus rare? Du moins la pitié pour le coupable ne viendrait pas comme aujourd'hui atténuer au pied de l'échafaud l'exécration contre le meurtrier. Non, le crime ne disparaîtrait pas, mais il ne serait plus crime. Le crime ne disparaîtra jamais de la terre, tant que le feu des passions, que le Créateur a allumé pour échauffer et féconder la nature humaine, se nourrira des élémens incendiaires que la société jette dans le cœur de l'homme. Le crime ne disparaîtra pas de la terre tant que la société ne sera pas parfaite. C'est dire assez qu'il durera autant qu'elle. Loin de nous ce rôle facile et banal de blasphémateur de la société! loin de nous la pensée de rejeter sur l'ordre social toute la responsabilité des perversités qui l'affligent et le déshonorent! Si ces hardis démolisseurs, qui font si bon marché de l'œuvre des siècles et qui voudraient subvertir jusqu'à la dernière pierre cet édifice des législations humaines pour le reconstruire avec des passions ou des rêves, faisaient leur compte avec cette société qu'ils calomnient; s'ils se demandaient : Qui serions-nous sans elle? qui serions-nous si nous n'avions trouvé préparés par elle, ni la paternité, ni la famille, ni l'état, ni la religion, ni la propriété, ni le travail, ni l'hérédité, ni les traditions, ni les mœurs, ni les lois, ni l'enseignement? leur révolte se changerait en respect et leur invective en reconnaissance. Cependant nous sommes loin de nous dissimuler aussi que les vices, les ignorances, les égoïsmes de la société ne soient pour beaucoup dans les crimes qui la souillent; qu'en se réformant elle-même elle ne puisse réformer l'individu, et qu'en faisant entrer par exemple une seule vertu du christianisme dans ses législations, la charité, elle ne supprimât cent fois plus de crimes que les échafauds n'en épouvantent. Pourquoi donc hésitons-nous tant? pourquoi, tandis que la mort, qui frappait deux cents fois par année sous la Restauration, n'a frappé que vingt-cinq fois en 1835; pourquoi, tandis que le dégoût populaire repousse de faubourg en faubourg l'instrument de mort qu'aucune place ne veut plus porter; pourquoi continuons-nous à préconiser la mort comme un dogme, l'échafaud comme un autel, le bourreau comme un expiateur public? La société est-elle une divinité plus implacable que ces dieux de sang auxquels vous immoliez autrefois des victimes humaines, et qui ne vous en ont plus demandé du jour où vous avez eu l'audace de leur en refuser? Pourquoi? Ah! c'est que la loi pénible du travail existe pour l'esprit comme pour le corps; c'est que la société ne se modifie qu'à la sueur de son front; c'est que la confiance généreuse qui fait accomplir les grandes choses manque aux peuples, parce que la foi leur manque dans l'assistance de cette providence sociale qui ne leur demanderait qu'une vertu pour leur faire réaliser des miracles; c'est que la vérité en tout genre, quand elle veut s'introduire dans le monde, trouve toujours un mensonge ou un préjugé établi qui lui dispute sa place au soleil; c'est que Galilée fut obligé de passer par l'exil et par les cachots pour démontrer une vérité astronomique qui ne semblait devoir déplacer quelque chose que dans le firmament, comme le Christ fut obligé de passer par la tombe pour déplacer le polythéisme et l'esclavage de cette terre où il apportait Dieu et la charité.

Ceci nous dit, Messieurs, que nous devons travailler sans découragement et sans impatience à l'œuvre sainte que vous avez entreprise, et où tant de nobles sympathies vous suivent du cœur et vous fortifient. Il y a sur la terre deux genres d'erreurs contre lesquelles les innovations ont à lutter. Les unes qui s'incarnent dans le monde en intérêts pour ainsi dire matériels : celles-là ne se dépossèdent jamais d'elles-mêmes; les combats qu'il faut pour les vaincre s'appellent des révolutions, et les révolutions elles-mêmes s'arrêtent rarement dans la justice. Les autres sont des préjugés, des superstitions de la pensée, qui n'ont leur racine que dans nos ignorances, et qui ne demandent pour tomber que le contact d'un rayon de lumière et un souffle de la parole de l'homme. Eh bien! l'erreur que nous combattons est de cette nature. La peine de mort, enlevée à la loi, ne dépossédera que le bourreau. L'horrible propriété de l'échafaud ne sera revendiquée par personne. Ce sera le champ du sang que personne ne voulut ni acheter ni ensemencer. Nous n'aurons besoin, pour abattre la machine de mort qui consterne le sol de son ombre, ni de la hache ni du marteau des révolutions, et si le Dieu qui juge nos pensées daigne bénir nos efforts, elle s'écroulera d'elle-même au faible vent de nos paroles et au bruit de vos applaudissemens.

SUR

L'ABOLITION DE LA PEINE DE MORT.

DISCOURS

PRONONCÉ A LA CHAMBRE DES DÉPUTÉS, SÉANCE DU 18 MARS 1838.

La différence profonde qui existe entre l'honorable orateur auquel je succède et moi, consiste surtout en ceci : que l'honorable préopinant veut conserver la peine de mort dans nos lois, précisément comme signe, comme intimidation, et en faire le moindre usage possible dans sa terrible application, et que nous, au contraire, par un sentiment, par un désir identique, nous voulons préserver autant que lui la société par une autre sorte d'intimidation et d'exemple ; mais nous croyons, et j'espère vous démontrer succinctement tout à l'heure, que l'abolition systématique de la peine de mort dans nos lois serait une intimidation et un exemple plus puissans contre le crime, que ces gouttes de sang répandues de temps en temps, si stérilement, vous en convenez vous-mêmes, devant le peuple, comme pour lui en conserver le goût.

Jamais, je l'avoue, je n'ai éprouvé plus d'émotion en montant à cette tribune, et la Chambre doit le comprendre, car, s'il est des occasions où le législateur voulût donner à sa parole toute la gravité, je dirais presque toute la sainteté du sujet soumis à sa délibération, à coup sûr c'est celle-ci ; c'est quand il tient entre ses mains la vie ou la mort de ses semblables, et que le vote qu'il va porter peut devenir, pendant de longues années peut-être, un arrêt dans la bouche du juge et un glaive dans la main de l'exécuteur.

Eh bien! nous sommes dans ce cas aujourd'hui, et les sympathies ou les répulsions que nous allons montrer pour ou contre les pétitionnaires vont encourager ou décourager les sentimens d'un grand nombre d'hommes qui ont couvert ces pétitions de dix-huit mille signatures ; signatures qui n'ont pas été extorquées, qui n'ont pas été mendiées comme on vient de vous dire, mais qui ont été apposées sur ces pages avec ce respect qu'on apporte à un acte religieux.

Je passe aux objections présentées tant par M. le rapporteur de la commission que par l'honorable M. Parès.

Et d'abord, je prierai la Chambre d'être assez juste pour ne pas me prêter, non plus qu'à la plupart des principes que je soutiens, l'opinion hasardée, et même, je le dirai, profondément coupable, si justement repoussée et flétrie par le rapporteur et l'honorable préopinant. M. de La Rochefoucauld le disait tout à l'heure, nous ne sommes en rien solidaires des termes dans lesquels certains pétitionnaires se sont exprimés. Il fallait séparer ce qu'il y a de téméraire dans la manière dont ils ont exprimé un bon désir, d'avec ce qu'il y a de modéré, de préservateur, de pratique, de profondément religieux, dans les autres. Eh bien! je vais essayer de le faire.

Quelques-unes des pétitions semblent vouloir renouveler ces doctrines immorales de fatalisme dont le vice et le crime aiment à se couvrir contre le remords et la peine, et rejeter, sur les imperfections de la société, les désordres et les attentats qui la souillent. Eh bien! Messieurs, nous protestons les premiers contre ces expressions coupables. Il serait trop commode, pour les méchans, de renvoyer à la société la responsabilité de leurs crimes et de dire : J'aurais été vertueux, honnête, si la société de mon temps eût été mieux faite. Ce n'est pas l'état de la société seul, c'est la liberté morale de l'homme qui constitue le crime. Il y a sans doute réaction de la société sur l'individu et de l'individu sur la société, mais les imperfections de l'un n'excusent pas les crimes de l'autre, et c'est sous des sociétés plus vicieuses, plus corrompues que la nôtre, que le crime et la vertu ont mérité leurs noms!

On vient de soutenir encore que la société n'avait pas droit de vie et de mort sur ses membres. Messieurs, telle n'est point notre opinion. La société, étant nécessaire, a reçu évidemment de son auteur tous les droits nécessaires à sa conservation, et si, dans les premiers temps, dans son imperfection, dans son dénûment de moyens répressifs, elle a cru ne pouvoir se défendre ou défendre ses membres sans la peine de mort, certes elle a pu l'exercer légalement alors, elle a pu tuer en conscience.

Mais la question n'est plus là. Au point de civilisation où nous sommes parvenus, la peine de mort est-elle encore nécessaire à la société, et, par conséquent, la peine de mort est-elle encore légitime? Voilà la question, la seule que je pose, la seule utile à poser, et, si nous la posons, c'est déjà une preuve qu'il y a doute dans un grand nombre d'esprits. Or, du moment qu'il y a doute, le législateur ne doit-il pas s'abstenir? car, ainsi que je le disais il y a deux ans, dans une occasion semblable, qu'est-ce qu'un doute qui ne peut se résoudre qu'après qu'une tête a roulé sur un échafaud? Qu'est-ce qu'un doute auquel est suspendue la hache de l'exécuteur? Si ce n'est pas un crime, c'est bien près peut-être d'être un remords.

On vient de nous dire : Mais il faut une sanction à la loi, et la mort a été de tout temps cette sanction terrible, cette sanction suprême, qui seule a pu défendre le monde des agressions du crime. N'enlevons pas cette clé de voûte de la société, ou la société s'écroulerait dans le sang. Messieurs, il y a là une erreur de date, un anachronisme législatif que je vous demande à réfuter une fois pour toutes. J'ose vous demander un peu d'attention pour une discussion qui touche à la philosophie même des lois.

Et nous aussi, nous ne nous faisons pas une humanité chimérique, obéissant à la loi parce qu'elle est loi, et n'ayant besoin ni de coercition au bien, ni d'intimidation ni de pénalité contre le mal. Et nous aussi nous voulons une sanction à la loi ; mais nous disons, et l'histoire est notre témoin, et les transformations, les adoucissemens, les suppressions de pénalités le prouvent, nous disons qu'il y a à la loi deux espèces de sanction de nature différente, et qu'à mesure que le genre humain se civilise, que les législations se perfectionnent, la société se défend davantage par l'une ou par l'autre de ces sanctions pénales. Je m'explique : il y a une sanction matérielle, brutale, inflictive, sanglante, que vous appelez la loi du talion, qui punit l'homme dans sa chair, qui frappe parce qu'on a frappé, qui jette un cadavre sur un cadavre, qui lave le sang dans le sang ; cette sanction aboutit à la peine de mort ; que dis-je ! elle ne s'arrête pas là : elle va jusqu'à ces supplices, jusqu'à ces tortures, jusqu'à ces morts multipliées par les mutilations qui font mourir cent fois le coupable ou le condamné, et qu'il faudrait regretter et rétablir si vous vouliez aller loyalement aux conséquences de votre principe d'intimidation par la mort.

Mais il y a une sanction nouvelle, une sanction morale, une sanction non charnelle, non mortelle, non sanglante, aussi puissante, mille fois plus puissante que la vôtre, sanction que la société substitue graduellement à l'autre, à mesure que la société se spiritualise et se moralise elle-même davantage. Celle-là consiste dans l'impuissance où l'on met le criminel de récidiver, dans la correction qu'on lui inflige, dans la solitude qui le force à réfléchir, dans le travail qui dompte les passions, dans l'instruction qui éclaire, dans la religion qui change le cœur, enfin dans l'ensemble de ces mesures défensives et correctives qui préservent la société et améliorent le criminel : entre ces deux systèmes, il y a tout l'espace parcouru des bûchers et des tortures, un système pénitentiaire. Eh bien! nous disons, nous, que vous êtes arrivés à ce point de spiritualisation et de moralisation sociales, que vous devez faire le dernier pas et supprimer la mort que vous n'appliquez déjà presque plus. Du moment où vous reconnaissez le principe de la régénération morale de l'homme, et vous allez le mettre en fait dans l'organisation du système pénitentiaire, la peine de mort devient une inconséquence et une impiété!

Vous craignez encore pour la société; vous affirmez qu'elle a encore besoin de la mort et que notre système serait insuffisant. D'abord, nous pourrions vous répondre : Notre système n'est pas une expérience. Il a été tenté chez plusieurs peuples, à plusieurs époques, surtout à ces époques où le christianisme, entré dans les mœurs, avait répandu partout la mansuétude et son esprit divin de charité. Sous Constantin, pendant un demi-siècle, sous les empereurs chrétiens, en Russie, en Toscane et partout, il a eu les effets les plus heureux, et partout il a adouci les mœurs et diminué les crimes, à ce point qu'en Toscane, des populations de quarante mille âmes, sous le même soleil, avec les mêmes passions, avec les mêmes races, les mêmes mœurs que les populations de l'État romain, si féroces, deux sbires ou deux gendarmes suffisent à la police de répression.

Mais nous vous répondrions surtout par la revue de toutes les forces défensives dont la société actuelle est pourvue contre les agressions du crime. Eh quoi! n'avez-vous pas votre organisation même, vos gouvernans, votre force armée, vos polices, vos gendarmeries, vos tribunaux, vos poursuites d'office, vos prisons, vos déportations, vos bagnes? N'est-ce pas assez de défenses matérielles? Et, en défense morale, êtes-vous plus désarmés? La conscience, la religion, seconde conscience, et dont le code punit le crime d'une pénalité éternelle? L'instruction plus répandue, la moralité croissante? Enfin, l'opinion publique, qui est devenue une force réelle, la plus efficace peut-être de toutes les forces sociales, et qui, au moyen de la publicité, affiche le nom et le crime, multiplie la honte et la réprobation, et devient le plus inévitable de tous les supplices? Je dis qu'avec tous ces moyens de préservation, la vie humaine est aussi garantie qu'elle peut l'être, et que la peine de mort n'ajoute rien à la sécurité des citoyens.

Mais je vais plus loin, et je dis que la peine de mort, d'une part, ne réprime ou ne prévient pas le meurtre, et, de l'autre part, accroît les dangers de la société en entretenant la férocité des mœurs.

Examinez l'état d'esprit du criminel prêt à commettre un meurtre. Son crime, je l'ai déjà dit, n'a que deux motifs : une passion violente, ou un intérêt cupide. Si c'est une passion, le criminel est déjà dans le délire, dans la démence, et la crainte de la pénalité disparaît pour lui : il assouvit sa passion à tout prix; il ne recule pas devant la mort, au contraire.

J'entends un de mes collègues dire que c'est là du fatalisme. Eh! Messieurs, n'est-ce pas moi qui viens de protester d'avance contre cette imputation en flétrissant ces doctrines d'impulsion irrésistible au crime, dont les criminels se couvrent contre leur conscience et contre la loi ? Je ne parle pas ici de l'état du criminel avant que son intelligence ait été subjuguée et obscurcie par la pensée du crime, mais du coupable déjà coupable par la perpétration de son acte, et je dis que la nature humaine est ainsi faite que souvent l'idée de jouer sa passion contre sa vie et de la mort est une sorte d'excitation féroce au crime, et qu'il se justifie à lui-même sa perversité en se disant : Je risque ma vie contre celle d'un autre. Et si c'est un intérêt, comme le criminel est à froid et qu'il pèse son crime contre son risque, s'il persévère à tenter le crime, c'est qu'évidemment la peine de mort, lointaine, incertaine, douteuse, n'agit plus sur son esprit. Dans les deux cas, l'intimidation est donc nulle.

Non, croyez-le, Messieurs, l'intimidation par la peine de mort a sans doute quelque efficacité dans un petit nombre de cas; mais cette intimidation est bien faible dans un temps où les convictions religieuses affaiblies ne laissent voir dans la mort qu'une seconde de douleur, à peine sentie, sans conséquence au delà du tombeau; dans un temps où le suicide, la mort choisie, la mort volontaire, est tellement multiplié, que l'homme joue avec sa vie comme avec une chose vile; où il verse son sang comme l'eau, où il invente tous les jours des moyens rapides et doux de quitter la vie comme on quitte un supplice. Croyez-moi, croyez-en les faits, dans un temps pareil, ce n'est pas la mort qu'il faut apprendre à craindre, c'est la vie qu'il faudrait apprendre à respecter!

On nous parle aussi d'expiation. Messieurs, un mot sur l'expiation. Est-ce devant Dieu, est-ce devant les hommes, que la justice pénale est une expiation? Si c'est devant Dieu, je vous comprends: oui, devant l'être infaillible, qui peut seul proportionner la peine au délit, il y a, il doit y avoir expiation; mais, devant les hommes, la justice pénale ne peut avoir qu'un de ces trois objets en vue : indemniser la victime, corriger le coupable, préserver la société. Indemniser la victime : par la peine de mort, vous ne le pouvez pas; tout le sang que vous verserez ne restituera pas une goutte de celui qui aura été répandu. Corriger le coupable : vous ne le pouvez pas, si vous le tuez. Préserver la société : je viens de vous démontrer que la peine de mort n'agit presque pas dans huit cas sur dix, et que la société est pourvue de forces suffisantes pour sa préservation.

Mais je dis plus. Je dis que l'abolition de la peine de mort que nous vous demandons sera la préservation la plus puissante que vous puissiez procurer à la société contre l'homicide. Oui, je dis que quelques gouttes de sang répandues de temps en temps sous les yeux du peuple, comme pour lui en conserver le goût, seront moins efficaces que cette proclamation sociale de l'inviolabilité de la vie de l'homme, que vous ferez à la face du monde en abolissant l'échafaud. C'est un dogme auquel votre exemple donnera une autorité toute-puissante. Qu'est-ce donc, se dira l'homme pervers, que cette vie de l'homme devant laquelle la société tout entière s'arrête? Le sang de l'homme est donc sacré, puisque la société, qui a le pouvoir de le répandre en expiation, s'abstient d'en verser une goutte, même de celui qui a donné la mort! Sans doute, vous auriez encore des crimes, mais ils seraient plus infâmes, plus déshonorés, plus rares; et la pénalité corrective et pénitentiaire, mieux appliquée, parce qu'elle serait plus douce, ne donnerait plus ces scandales de l'impunité, encouragemens au crime. Car je ne vous demande l'abolition que le jour où vous aurez le système pénitentiaire : vous allez le discuter. Un système pénitentiaire est le préambule indispensable de la loi sur l'abolition de la peine de mort.

N'hésitons donc pas davantage, Messieurs; rendons-nous à ces symptômes évidens de l'opinion publique, à ces pétitions signées avec un religieux sentiment, à cette horreur du peuple pour l'échafaud, qui le fait reculer d'année en année de vos places publiques jusque dans vos faubourgs les plus reculés; à ces scrupules des jurés qui refusent à la loi des condamnations capitales que leur conscience leur défend. N'attendez pas que le crime cesse entièrement! c'est à vous de commencer. La société et le criminel se regarderont-ils éternellement l'un l'autre pour savoir lequel cessera le premier de verser le sang? Commencez et ne craignez pas ces périls dont on vous effraie. Non, la clef de voûte de la société n'est pas la mort! la clef de voûte de la société, c'est la moralité de ses lois!

Il y eut ici un beau mouvement en 1830; ce fut le jour où l'un de nos dignes collègues, dont la voix nous manque aujourd'hui, et dont l'absence à cette Chambre est un reproche au pays, M. de Tracy, vous demanda de proclamer l'abolition de la peine de mort le lendemain de votre victoire : c'eût été là une date mémorable, une date glorieuse de votre Constitution. Ce moment était propice; c'est dans les grandes émotions que l'homme se sent plus généreux, parce qu'il est plus homme : alors un vote magnanime pouvait vous être arraché, et s'échapper, dans un élan d'enthousiasme, de l'humanité de vos cœurs. Vous vous arrêtâtes; ce fut un malheur pour l'humanité! Mais puisse ce malheur tourner à la gloire de la Chambre de 1838 et lui laisser l'honneur de cette abolition! Vous avez fait de grandes choses depuis sept ans, quoiqu'on calomnie toujours le présent.

La suppression des jeux, la suppression des loteries, la loi sur les aliénés, l'admission des circonstances atténuantes, les lois charitables sur l'enseignement gratuit, prouveront à la postérité que vous avez compris que les lois humaines doivent être des traductions des lois divines. Non! cette époque n'a pas été stérile. Mais voulez-vous la marquer d'un sceau ineffaçable? voulez-vous prendre date dans les siècles en associant vos noms à une de ces grandes résolutions morales vers lesquelles les temps à venir reportent les yeux pour en bénir les auteurs? suivez l'instinct de vos âmes, croyez que le sentiment qui inspire ces pétitions est plus infaillible que la routine et la logique qui les repoussent, et renvoyez-les au conseil des ministres, en lui demandant de vous apporter, pour premier article de la loi sur le régime pénitentiaire, l'abolition de la peine de mort.

SUR

L'ÉMANCIPATION DES ESCLAVES.

DISCOURS

PRONONCÉ A LA CHAMBRE DES DÉPUTÉS, SÉANCE DU 15 FÉVRIER 1838.

Personne n'accueillerait avec plus d'empressement que moi les paroles de M. le président du conseil, si l'expérience de quatre années ne m'avait enseigné la valeur de ces demandes dilatoires. Que vous dit M. le président du conseil pour motiver ces temporisations? Il vous dit que c'est pour donner au gouvernement le temps de recueillir les renseignemens.

J'ai cru l'entendre. Mais, Messieurs, de qui attendez-vous des renseignemens? à qui les demandez-vous? aux coloniaux possesseurs de l'esclavage! Oui, c'est au maître que vous demandez quelle est l'heure où il faudra affranchir son esclave. Et ne sentez-vous pas que cette heure ne sonnera jamais pour lui! Non, jamais le maître ne trouvera opportune l'heure qui devra le dépouiller. L'heure, Messieurs, savez-vous quand elle viendra? Quand la métropole sera assez éclairée, assez politique pour se présenter avec l'indemnité d'une main et l'émancipation de l'autre.

Je crois donc que l'heure a sonné, et que la proposition qui nous est faite, bien qu'incomplète, bien qu'insuffisante, ne peut que l'avancer. Je demande à exposer en peu de mots à la Chambre dans quel sens je la soutiens, dans quel sens nous devons l'examiner.

Messieurs, certes, si je suivais le seul instinct de cette philanthropie dont on nous accuse, je ferais ce que vient de faire le préopinant, et j'écarterais la proposition de M. Passy; cette proposition, qui est une concession faite à la dureté de l'opinion de la liberté et des droits de 250,000 esclaves actuellement vivans dans nos colonies; cette proposition, qui ressemble à un aveu de l'impuissance des amis de l'humanité, ou au découragement d'une cause qu'on regarde comme perdue. Oui, je dirai à M. Passy : Pourquoi concédez-vous ce qui ne vous appartient pas, le principe révoltant de la possession de l'homme par l'homme pendant une génération tout entière, pendant ces longues années qui s'écouleront depuis le jour où le dernier des noirs né en 1838 aura vécu, jusqu'au jour où il aura cessé de vivre, c'est-à-dire pendant un siècle peut-être? Quoi! pendant tout ce temps vous allez accorder une sorte de bill d'indemnité à ce crime social, à cet état de nos colonies, sous lequel des hommes semblables à vous sont traités comme de vils animaux, vendus, traqués, revendus en gros et en détail, le père à un maître, le fils à un autre, la mère à un troisième! où des enfans, des femmes, sont chassés à un travail forcé de seize heures, avec le fouet pour salaire! où le germe de la famille est systématiquement étouffé, de peur que les liens de famille, venant à se former, n'empêchassent l'abrutissement plus lucratif de l'espèce; où l'on défend d'apprendre à lire, où l'on provoque au plus brutal concubinage, où il y a des milliers d'hommes qui ne connaissent ni nationalité, ni propriété, ni religion; qu'on a arrachés à leurs pères, à qui on arrachera leurs enfans, à qui on jette une femme pour s'enrichir de sa fécondité, à qui on la retire, de peur que, l'affection venant à se former, elle empêchât de revendre l'humanité en détail?

Quoi! vous maintiendrez un état de choses qui, tant qu'il

existe, provoque à la contrebande d'hommes, qui envoie chercher par une cupidité effrénée ces cargaisons humaines dont l'Océan engloutit la moitié pour cacher le reste! cette contrebande d'hommes, qui faisait dire à M. Peel, commissaire de l'enquête, en 1829, qu'un vaisseau négrier avait été reconnu contenir, dans un espace donné, la plus grande masse de crimes, de tortures et de profanations humaines.

Êtes-vous donc condamnés à cette déplorable nécessité? êtes-vous bien certains que la Chambre de 1838, que chacune des Chambres qui nous succéderont, persévérera dans cette honteuse anomalie d'une nation qui a mis, la première, de la philosophie et de la religion dans ses lois, qui a versé son sang, sans en compter les gouttes ou les torrens, pour la cause de la réforme et de la liberté politiques, qui a fait un drapeau sacré de l'égalité, qui a sanctifié, pour ainsi dire, les droits des citoyens, et qui oublierait à ce point les droits et la dignité de l'homme, et qui continuerait à couvrir de l'ombre de sa liberté menteuse les plus honteuses dégradations, les plus infâmes services qui puissent déshonorer l'humanité? En êtes-vous bien sûrs? Quant à moi, je ne le suis pas, et je persiste à croire que la Chambre, mieux éclairée sur les faits, aurait accepté un projet plus rationnel et plus large.

Je jurerais bien au moins d'avance qu'avant que deux ou trois législatures aient passé ici, l'une d'elles aurait proclamé l'émancipation, car je crois à la toute-puissance de la conscience humaine. Une nation ne peut pas étouffer longtemps un remords. Quand la parole est libre dans cette nation, quand chaque jour on la met en face de son inconséquence et de son iniquité, il vient un jour où elle se trouble, où elle sent en elle quelque chose de plus fort et de plus irrésistible que la voix des intérêts personnels, et où elle rachète, comme l'Angleterre, au prix de quelques millions, le principe sans prix de la liberté et de la dignité de tous les enfans de Dieu.

J'aurais donc, je l'avoue, préféré que l'honorable auteur de la proposition ne nous présentât pas cette demi-justice, mais qu'il nous demandât justice entière : l'émancipation actuelle, immédiate; l'émancipation graduée, prudente, avec l'initiation, avec l'apprentissage de la liberté dans un état de législation spécial et exceptionnel pour nos colonies; l'émancipation avec dix années de préparations successives, avec la condition rigoureusement juste de l'indemnité envers les colons, mais enfin l'émancipation de tout ce qui vit et de tout ce qui vivra dégradé par le nom d'esclave. Oui, j'espère assez de mon pays, j'espère assez de mon temps, pour croire qu'il ne fût pas resté en arrière de l'Angleterre, et qu'un jour ou l'autre nous aurions triomphé.

Si cette marche eût été suivie, nous n'aurions à critiquer aucune des conséquences de la proposition. Or, bien que je la soutienne comme un moindre mal que ce qui existe, à sa première lecture j'ai été frappé comme vous, plus que vous, de ce qu'elle aura d'incomplet, d'affligeant, de cruel dans l'exécution, et je me suis sérieusement demandé : Ne vaudrait-il pas mieux la combattre? Quoi! vous affranchissez les fils à naître? Je bénis votre pensée : la liberté au moins consolera la seconde génération. Mais avez-vous pensé à ce coup de massue qu'une pareille déclaration va porter aux deux cent cinquante mille vivans, qui vont se dire : L'espoir nous restait; un jour la France pouvait briser nos fers : maintenant la France a parlé, tout est consommé; nous, nos femmes, nos frères, nos enfans nés, ceux qui viennent de naître dans l'année, dans le mois, qui sont à la mamelle, qui sont nés peut-être la veille du jour où le vaisseau libérateur a montré son pavillon à la colonie, nous sommes esclaves à jamais! la liberté de nos enfans scelle notre éternelle servitude. S'il était né huit jours plus tard, cet enfant eût été libre comme eux : le voilà esclave comme nous. Un jour, une heure peut-être le sépare de celui qui sera libre; et lui il aura une longue vie à passer dans l'esclavage! Avez-vous pensé à cela, Messieurs? et croyez-vous qu'elle soit suffisamment juste, une proclamation de principe qui réagirait ainsi contre toute une génération déjà née, et qui, entre l'éternel esclavage pour les uns, la liberté acquise aux autres, ne mettra pour différence et pour cause que d'être né à quelques jours ou à quelques heures d'intervalle? Oh! cela seul devrait vous montrer combien il est atroce d'appliquer des principes de justice absolue avec des concessions au mal, avec des modifications arbitraires! Oui, il y aura là à la fois, pour le nègre resté esclave et pour le noir libéré, un contraste douloureux, périlleux peut-être, entre ces deux générations, dont l'une grandira dans tous les bienfaits de la liberté, dont l'autre vieillira dans toutes les dégradations de la servitude! Et pensez-y, Messieurs, n'y aura-t-il pas plus? n'y aura-t-il pas quelque chose de profondément immoral dans cette situation que vous allez créer d'un état de société où les enfans pourront voir vendre, trafiquer, troquer leurs pères, leurs mères, leurs frères, leurs sœurs? Que dis-je! ne frémissez-vous pas de créer une civilisation où, par un phénomène monstrueux, inconnu même aux civilisations antiques les plus barbares, où le fils pourra légalement avoir son père et sa mère pour esclaves!

Eh bien! il y aura plus, il y aura péril; car la jeune génération libre grandira-t-elle, à côté de ses pères et de ses frères dans les fers, sans être tentée de les délivrer, sans conspirer par la plus sainte des impulsions, par l'impulsion de la nature, pour affranchir toute la génération!

Non, Messieurs, il n'y a d'émancipation utile, normale, politique, sans scandale et sans danger, que l'émancipation anglaise, c'est-à-dire l'émancipation aux conditions de justice envers les colons par une indemnité préalable, de prévoyance envers les esclaves par un apprentissage, par une initiation prudente à la liberté, et enfin par l'universalité de la mesure. L'universalité de l'esclavage est la clé de voûte de la servitude : le jour où vous en détachez une pierre, l'esclavage s'écroule tout entier. Prenez garde qu'il ne s'écroule sur vous et sur vos colons! Les idées prennent leur niveau comme l'Océan. Les Antilles anglaises, affranchies dès 1830, communiqueront inévitablement à vos colonies la contagion de la liberté. Prévenez ce moment critique ; autrement c'est vous qui prendrez sur vous la responsabilité des événemens. Il n'y a que deux manières de faire de semblables réformes : la transmutation législative, ou les violences. Craignez d'avoir des commotions funestes, si vous ne préparez pas dès aujourd'hui, avec générosité et sagesse, cette grande expropriation pour cause de moralité publique.

Mais, Messieurs (et ici je rentre tout à fait dans les idées de M. le président du conseil), la mesure que nous sollicitons doit être accompagnée, précédée de l'indemnité aux colons. Si vous ne désintéressez pas les colons, si vous ne les avez pas pour auxiliaires, vous n'obtiendrez que perturbation, car vous n'aurez semé qu'injustice.

Et ne vous effrayez pas, Messieurs, de cette énormité prétendue des sacrifices que le Trésor aurait à subir pour indemniser les colons. L'Angleterre n'a pas craint de jeter généreusement 500 millions pour racheter ce grand principe de la dignité et de la fraternité des hommes, acquis au monde depuis deux mille ans. Vous aurez le même courage; mais ce courage vous coûtera moins.

Voulez-vous que j'apprécie devant vous, ainsi que je l'ai fait deux fois dans cette Chambre, dès le moment où j'appliquai ma pensée à cette question, voulez-vous que j'apprécie ce que vous coûterait en réalité une émancipation complète?

Et d'abord, ce n'est pas moi qui mettrai jamais le titre de possession du colon sur l'esclave en parallèle du titre de propriété de soi-même que Dieu a donné à l'homme ! Périssent les propriétés conventionnelles et légales plutôt que les propriétés naturelles et divines. Périssent ces plantes qui ne peuvent croître que sous la sueur et le sang des esclaves plutôt que la liberté et la dignité humaines ! Mais je dis que, dans le fait de l'esclavage, ce n'est pas le colon qui est coupable; c'est l'État, c'est la société tout entière. Ce n'est pas le colon qui a fait la loi, c'est l'État; la loi de l'État, violant en cela celle de Dieu et de la nature, lui a donné son esclave et le champ qui ne peut être cultivé que par son esclave, avec toutes les garanties d'inviolabilité et de perpétuité que la loi commune attache à tout autre genre de propriété. Le colon l'a héritée, en jouit, la possède comme nous possédons les nôtres, au même titre légal. Si on le dépossède, il y a donc de la part de l'État violation envers le colon du droit commun de la propriété. Mais cette noble cause exclut-elle le devoir d'indemniser le colon exproprié? Non! elle le commande davantage. Autrement, vous répareriez une iniquité par une autre, et, pour libérer l'esclave, vous dépouilleriez le colon. Cela est évident. Que s'ensuit-il? Que toute loyale émancipation doit être accompagnée et combinée, comme en Angleterre, d'une indemnisation arbitrée envers le colon.

Mais cela sera-t-il aussi cher qu'on vous le dit, et que M. Mauguin et les colons le veulent? Non, Messieurs.

D'abord, je maintiens que la nature de la propriété du colon, de cette propriété humaine qui profane et viole l'humanité même, n'est pas dans les conditions absolues des autres propriétés de droit commun, en ce sens que nous ne possédons tous ce que nous possédons que sous le bénéfice de l'état social qui nous le garantit; qu'il y a même, dans les propriétés garanties par les lois, des différences de solidité et de perpétuité, des propriétés qui courent des risques plus grands que d'autres : la propriété mobilière, par exemple, qui est susceptible d'être volée, incendiée, détruite par la guerre; les rentes, les créances, qui n'ont pour hypothèque que les gouvernemens, la foi publique, et enfin les propriétés qui impliquent en elles quelques violations des droits généraux des citoyens, comme les propriétés féodales, et qui périssent avec l'état social qui les admettait. Eh bien! je dis que, s'il y a une propriété de cette nature, c'est la propriété du maître sur les esclaves; c'est cette propriété qui ne repose réellement que sur un crime social. Avez-vous craint d'y porter atteinte en portant vos lois qui interdisent la traite? Et, par vos lois très-légitimes contre la traite des noirs, n'avez-vous pas déjà immensément réduit la propriété des colons? Cette nature de possession, dont le colon jouit avec toutes les éventualités de réduction et de ruine, ne peut donc pas être évaluée au taux de vos autres natures de richesses publiques, et son indemnité ne doit donc pas être non plus aussi complète ou aussi considérable.

Et maintenant, Messieurs, pensez-vous que le Trésor aurait à supporter seul cette indemnisation? Rien ne serait plus injuste. Est-ce que l'État seul est responsable du fait de l'esclavage? Est-ce que ceux qui trafiquent de cette denrée humaine, qui les arrachent aux côtes d'Afrique, qui les enchaînent sur des vaisseaux négriers, qui se recrutent par la contrebande de cinquante mille esclaves contre toutes les lois, n'y sont pour rien? Non, Messieurs, le tort ou le malheur sont des deux côtés. La réparation doit être aussi combinée de telle sorte que tous ceux qui subissent le tort moral de l'esclavage concourent à le réparer, que tous ceux qui bénéficieront de l'émancipation y contribuent proportionnellement aux avantages qui en résulteront pour tous. Voilà la vraie justice.

Eh bien! Messieurs, quelle est la part de l'État? quelle est la part du colon? quelle est la part des esclaves dans le bénéfice de l'émancipation?

L'État y gagne la restauration de la dignité et de la moralité de ses lois, bénéfice moral au-dessus de toute appréciation. Il y gagne de plus la sécurité de ses colonies, l'accroissement de son capital colonial par la multiplication de la race des noirs et la culture plus générale des terres. Il y gagne encore tout ce que lui coûteraient les frais de surveillance et les séjours de troupes et les expéditions ruineuses que nécessiterait bientôt le maintien violent de l'esclavage dans nos Antilles travaillées par la contagion de la liberté dans les Antilles anglaises.

Le colon, qu'y gagne-t-il? La solidité de sa propriété, le travail libre reconnu plus fécond que le travail forcé; une propriété instable, périlleuse, violente, échangée contre une propriété de droit commun, et ne menaçant plus de périr tous les jours dans ses mains.

Enfin les esclaves y gagnent le nom et les facultés d'homme ; la famille, la propriété, la liberté, le salaire, l'admission à la pleine jouissance de tous les droits de la civilisation.

Vous voyez donc qu'il y a un bénéfice égal dans l'émancipation, pour l'État, pour le colon, pour l'esclave. Faites une équitable répartition des avantages que l'État, les colons, l'esclave, retirent de l'émancipation, et faites-leur supporter proportionnellement le poids de l'indemnité que l'émancipation entraîne. L'État et les colons peuvent la payer ; l'esclave le peut lui-même aussi par le mode de l'apprentissage. Car, pendant les huit ou dix années que durera l'apprentissage, il travaillera encore sans un salaire ; son salaire sera sa liberté future, et il contribuera ainsi à indemniser lui-même le colon par une partie de son travail. Rien n'empêche qu'après l'apprentissage terminé, une loi spéciale ne règle encore, pendant quelques années, les conditions du salaire dans les colonies d'une manière avantageuse aux colons, car des lois spéciales seront nécessaires. Il faudra créer, comme l'a fait le parlement anglais, des magistrats exceptionnels pour surveiller le passage d'un état à l'autre. Le colon ne perdra donc qu'une très-faible partie de sa propriété actuelle, et il sera déchargé du logement, de la nourriture, des soins, de la vieillesse, des infirmes, des enfans. Vous avez, sur deux cent cinquante mille esclaves seulement, quarante-deux mille esclaves dans la force de la vie et employés à la culture. Ces esclaves peuvent valoir 1,000 francs ; le reste, en moyenne, ne va pas à 500 francs. Le rachat total ne s'élèverait donc qu'à 120 ou 140 millions. Si, de ces 120 millions, vous retranchez presque les deux tiers, qui seraient supportés, un tiers par les colons, un tiers par les esclaves eux-mêmes, au moyen de l'apprentissage, il ne resterait à la charge de l'État que 80 ou 100 millions. Ces 80 millions, répartis entre les dix années que durerait la libération, ne feraient supporter au Trésor qu'environ 5 millions par an. Ces 5 millions, vous les paieriez, soit par la voie d'un emprunt et du plus justifié des emprunts, puisqu'il libérerait l'avenir de cette affreuse responsabilité d'un véritable crime social, soit par voie de réduction sur le tarif de vos sucres coloniaux. Le pays ne s'en apercevrait pas, et l'humanité serait restaurée, et vous auriez prévenu ces inévitables révolutions de vos colonies, qui vous coûteront à réprimer deux fois plus qu'il ne vous en coûtera pour les rendre impossibles. Oui, ce système vaudrait cent fois mieux. Il serait plus digne de vous, plus digne de l'homme, plus digne de Dieu. Je voudrais pouvoir vous communiquer la confiance qui m'anime. Fiez-vous davantage, comme vous le disait tout à l'heure M. Passy, à l'élan de votre générosité ! Les bonnes pensées ne trompent jamais les nations, car les inspirations élevées du cœur humain sont toujours plus vraies et plus fécondes que ses calculs !

Eh ! Messieurs, l'occasion ne fut et ne sera jamais plus belle pour étouffer l'esclavage, non-seulement dans vos colonies, mais dans l'univers tout entier. Oui, Messieurs, grâce à des événemens imprévus, providentiels, indépendans de vous et tenant à l'état politique du monde, vous pouvez tarir l'esclavage dans le monde. Vous le comprimez, vous le saisissez à la fois par les deux extrémités de l'Asie et de l'Afrique. Par Alger, vous allez l'éteindre sur un immense littoral ; la Russie sur la mer Noire le repousse en Circassie et en Géorgie, et fait élever si haut à Constantinople le prix des esclaves, que l'esclavage même et la polygamie y finissent. En Égypte, vous le supprimerez le jour où vous le voudrez. Les Anglais l'ont supprimé sur l'Océan. L'Espagne, en perdant l'Amérique du Sud, le laisse tomber et s'éteindre. Il ne reste que vous. Dites un mot, déclarez l'émancipation des noirs dans vos colonies, et l'esclavage est tari partout.

Oui, le jour où vous aurez déclaré que les noirs sont libres chez vous, ils le seront partout, et de ce jour, la consommation des esclaves cessant, le commerce atroce qui les alimente cessera. Ils ne trouveront plus ni marchands pour les vendre, ni bourreaux pour les exporter.

Ainsi disparaîtront, Messieurs, ces trois reproches qu'on peut adresser à la proposition de M. Passy : l'injustice envers les colons, l'imprévoyance envers les enfans des esclaves, la cruauté envers les esclaves aujourd'hui vivans, et abandonnés par la proposition à la merci de leur servitude. Ce système se combine, se coordonne à lui-même. Il n'a contre lui que l'inertie et l'égoïsme, qui sont les deux plus terribles obstacles qui retardent toute vérité et tout bien. Pouvions-nous croire qu'un demi-siècle après la proclamation des droits de l'homme au sein d'une nation à laquelle cette déclaration de ses droits reconquis a servi de base politique et sociale, cette même nation, réunie en congrès sous les symboles de sa liberté, déclarerait, par cet ajournement qu'on vous oppose, que l'on n'a voulu de la liberté que pour soi, et que la liberté d'une race entière de l'humanité lui paraît trop chère au prix de quelques millions pendant dix années ?

Ah ! Messieurs, donnons ce démenti à ceux qui calomnient nos sentimens ! Un faible effort de vous, et l'esclavage disparaît de la terre entière, qu'il a si longtemps profanée. Jamais vous n'aurez une occasion si favorable.

Le monde attend cette déclaration de vous pour fermer cette plaie, la plus honteuse de l'humanité. La proposition de M. Passy est un pas fait vers ce noble but. Cette proposition a bien des faiblesses ; elle porte l'empreinte de la timidité avec laquelle elle vous est présentée ; elle atteste trop, par son insuffisance, qu'elle est présentée à un sentiment dont on se défie. Si vous la rejetiez en prenant l'engagement de la compléter, en demandant avec un généreux élan le système complet d'émancipation au gouvernement, je la rejetterais avec vous, je la rejetterais avec lui. Mais je la vote en gémissant, je la vote à cause de la dureté de vos cœurs, je la vote en déplorant qu'elle soit nécessaire, et qu'un bien si facile à opérer en grand, une mesure d'où sortirait la sûreté des colonies, l'honneur de la France, la restauration de la dignité humaine, soit réduite à ces mesquines et avares proportions, et qu'un pays comme la France, au lieu de balayer cette grande iniquité de la civilisation, se contente de couper en deux cette iniquité, et de faire à l'esclavage cette immense part de toute une génération de trois cent mille de ses frères, que la mort seule affranchira.

SUR

LES ENFANS TROUVÉS.

DISCOURS

PRONONCÉ A LA SÉANCE GÉNÉRALE ANNUELLE DE LA SOCIÉTÉ DE LA MORALE
CHRÉTIENNE, LE 30 AVRIL 1838.

Si le christianisme a le droit de revendiquer la plus sainte part dans les œuvres de la charité légale, c'était du sein d'une société morale chrétienne que devait s'élever le premier cri de scandale et de réprobation contre les mesures meurtrières que les conseils généraux de départemens demandent et que l'administration autorise à l'égard des enfans trouvés. Depuis quatre ans je plaide cette cause contre mon département, et je vous remercie de me permettre de joindre ici ma voix à la vôtre; il n'y en a pas de plus convaincue, je dirais presque de plus indignée.

Certes, si quelque chose pouvait démontrer davantage que l'homme et la société ont besoin, pour accomplir une grande œuvre quelconque, d'un motif puisé plus haut que la terre, d'une force empruntée à un sentiment surhumain, et que toute législation qui prend pour but l'égoïsme et la richesse n'aboutit qu'à l'impuissance ou à la brutalité, nous n'aurions pas besoin d'en chercher d'autre preuve que dans ce qui se passe sous nos yeux à l'égard des enfans trouvés, depuis l'abrogation du décret de 1811.

Sans entrer ici dans un examen historique de la conduite des civilisations antiques et modernes envers cette population d'orphelins que la terre a toujours reçus comme des hôtes, et que, pour la première fois, on veut lui faire proscrire comme des criminels; sans vous montrer ces malheureux enfans exposés sur les places publiques; recueillis par des magistrats, vendus comme esclaves ou adoptés par la famille; plus tard, portés sur le seuil des églises et distribués aux fidèles comme une sainte matière de miséricorde et d'aumône, les villes, les maisons religieuses, les seigneurs chargés de leur entretien, enfin les hospices s'ouvrant à la voix de saint Vincent de Paul et toute une législation de tendresse, s'animant de la flamme et s'éclairant du génie de sa charité : je passe tout de suite à l'état présent, à la question des tours et des déplacemens; et ceux qui l'ignorent et qui vont m'entendre croiront que je mens ou que j'exagère. Je ne dirai pas même toute la vérité. Écoutez :

Lorsqu'un de ces pauvres enfans que la misère abandonne, ou dont la honte veut cacher la naissance, est apporté la nuit au seuil d'un hospice où on l'attend à toute heure, il est déposé dans un tour, ingénieuse invention de la charité chrétienne, qui a des mains pour recevoir et qui n'a point d'yeux pour voir, point de bouche pour révéler; un tintement de cloche annonce que le tour a été visité. De pieuses sœurs qui veillent derrière ces murs accourent pour recueillir le nouvel hôte. S'il est nu, on le vêtit; s'il est couvert de haillons dégoûtans, on les change contre des langes propres et tièdes. Une nourrice que l'hospice loge et entretient depuis plusieurs jours est réveillée; elle lui donne le sein; au jour, une femme des champs saine et robuste, et dont la moralité est attestée par les magistrats, vient chercher et emporte sur sa tête le nourrisson qu'elle va coucher dans le berceau de son propre enfant. Préalablement des signes de reconnaissance ont été détachés de l'enfant, inscrits sur des registres, et permettront de suivre sa trace, si jamais les circonstances qui ont forcé la mère à l'abandonner lui permettent de le suivre d'un regard inaperçu et de revendiquer son fils. Ce n'est pas tout, des hommes de bien, consacrés gratuitement à ces œuvres, choisis parmi ce que la ville renferme de citoyens les plus purs et les plus dévoués, forment un conseil de surveillance des hospices et acceptent la tutelle de ces orphelins; ils les suivent de l'œil jusque sous le toit de la nourrice. A des époques fixes, elle doit leur rapporter le nourrisson pour témoigner de ses soins pour sa santé; à des époques indéterminées, le maire de la commune où il est nourri, ou un médecin délégué par le conseil des hospices, vient surprendre la nourrice, et s'assurer, par ses propres yeux, qu'il est traité maternellement, qu'il a été vacciné, que toutes les prescriptions hygiéniques ont été ou seront accomplies à son égard.

L'enfant grandit, il a partagé le lait de la mère, le pain des enfans; la modique pension que l'hospice paie pour son entretien est un supplément à la richesse de la pauvre famille adoptive qui fait accepter sa présence comme un bienfait; il est bientôt considéré comme un enfant de plus, comme un frère de plus dans la maison, dans le village; nul préjugé flétrissant ne s'y attache à sa condition d'illégitimité. On l'a oubliée, il l'a oubliée lui-même. Il a grandi avec toute la génération contemporaine du pays, il a été au travail, aux champs, à l'école, à l'église avec elle. L'instituteur l'enseigne, le curé le catéchise, il mange à la table de son père nourricier, il est riche de sa récolte; il se marie dans le pays, soit avec une de ses sœurs de lait, soit avec la fille d'un cultivateur du hameau voisin, à laquelle il apporte en dot la richesse du paysan, un métier appris, ou des bras exercés au travail de la terre; il recrute ainsi cette race saine et forte des cultivateurs, dont l'insatiable cupidité de nos villes manufacturières dépeuple de plus en plus nos campagnes, et d'une source impure ressort ainsi une population rajeunie, laborieuse, primitive, qui rend chaque année douze ou quinze mille laboureurs à notre agriculture épuisée d'hommes. Les mêmes résultats ont lieu en ce qui concerne les filles. Ceci n'est point une fiction, une utopie, c'est ce qui se passe, ou plutôt ce qui se passait sous vos yeux sur toute la surface de la France, dans ces nombreux villages dont la nourriture des enfans trouvés est l'utile et pieuse industrie. Voilà à quel point de perfection était arrivé un système où le génie chrétien et l'esprit administratif de la révolution française s'étaient rencontrés et secondés dans une des plus belles œuvres qui pût consoler et honorer l'humanité. Cela coûtait neuf millions à un budget départemental et à un budget de l'État qui se dénomme par milliard, et ces neuf millions enlevés à l'impôt, étaient rendus sous une autre forme au pays, et portaient l'aisance et les bonnes mœurs dans trente-trois mille familles de cultivateurs indigens.

Maintenant, écoutez : Ces tours ouverts jour et nuit pour substituer la tendresse et la charité chrétienne ou sociale à celle de la mère indigente ou coupable, et pour empêcher la honte et le désespoir de chercher le secret dans un crime, on vient de les murer dans beaucoup de départemens, on va les murer partout, oui, les murer comme une porte par où la miséricorde publique pourrait furtivement se glisser. La mère séduite et surprise par le témoignage vivant de sa faiblesse n'aura plus que cette alternative : le déshonneur, la réprobation de sa famille, la vengeance d'un époux trahi, ou... Je n'ose nommer, mais ce que l'on trouve tous les matins sur vos pavés et que vos cours d'assises déroulent tous les jours devant vos yeux, l'ont nommé pour moi. Le déshonneur accepté et affiché, l'exposition dans les lieux solitaires ou l'infanticide; voilà les trois options que la clôture des tours laisse aux mères illégitimes. L'une est la honte, l'autre est la mort, la troisième est le crime. Si l'exposition dans les lieux solitaires est la ressource la plus commune, et que l'enfant abandonné pendant toute une nuit, tout un jour dans un carrefour non fréquenté, derrière une porte, sur le seuil d'une église, sur les bords d'une rue, sous les pas des chevaux, ne périt pas d'inanition, de froid, foulé sous la roue des voitures de nuit, un passant le ramasse, il le porte à un sergent de ville qui le porte à un commissaire, qui l'envoie porter à un bureau d'hospice. Mais l'hospice ne sera bientôt plus autorisé à le recevoir; qu'en fera-t-on? L'économiste ne le dit pas; mais ses doctrines le disent, et Malthus son maître ose l'écrire. L'hospice donc le reçoit provisoirement encore par pitié, par habitude, et sans autorisation légale; il est envoyé en nourrice comme précédemment. Mais ne vous tranquillisez pas sur son sort et suivez-moi jusqu'au bout pour admirer comment, trompé dans sa cruauté, par la miséricorde forcée de l'hospice, l'économiste saura retrouver sa victoire, et l'atteindre plus tard par l'ingénieuse férocité de son système.

Je vous ai dit que l'enfant trouvé avait été jeté au sein d'une nourrice; que cette nourrice, sûre de conserver indéfiniment son nourrisson, et s'attachant à lui par cette tendresse de la chair qui semble couler avec le lait, devenait pour lui une mère, et qu'il avait retrouvé là tout ce que la nature lui avait refusé, un père, une mère, des frères, des sœurs, une famille, un enseignement, une patrie.

Vous en bénissiez la Providence, et la charité d'une société chrétienne. Eh bien! attendez. Tout cela était une faute contre les règles d'une bonne économie administrative. Il y avait là une profonde immoralité. Vous ne vous en doutiez pas; ni moi non plus. Mais l'économiste a découvert l'immoralité sous le chiffre, et par une erreur déplorable, pour justifier son avarice, il va vous prendre par le sentiment moral, et vous démontrer que la miséricorde est une séduction et que l'humanité est un crime. Voici donc comment il raisonne, et voici comment il agit : je prends les paroles de lord Brougham, l'éloquent et consciencieux organe de cette théorie en action, nom illustre et bienfaisant qu'on s'afflige de trouver inscrit sur un tel sophisme. « La mauvaise conduite a une
« séduction de plaisirs suivie d'une peine. Or, en recevant
« l'enfant à l'hospice, vous laissez le plaisir à la mère cou-

« pable et vous la déchargez des conséquences. Que diriez-
« vous d'un hospice destiné à soulager les ivrognes? »

Partant de ce principe, dont vous avez déjà senti toute la fausseté d'application aux malheureux enfans victimes et non coupables de leur naissance, et sur lequel je reviendrai tout à l'heure, nos économistes, suffisamment édifiés, méditent et décrètent; et qu'ont-ils médité, et que décrètent-ils? Le voici : Si l'enfant est reçu dans le tour, s'il est relevé de la terre où on l'a couché, à la manière des Romains, pour être jugé digne de l'existence, pour vivre; s'il est remis au sein d'une nourrice et qu'élevé par elle avec l'amour qu'elle porte à sa propre chair, il vienne à recouvrer une famille, à s'attirer l'attachement de ses parens adoptifs, à s'attacher lui-même à eux; si les signes de reconnaissance dont on a pu le marquer en le déposant et le voisinage de la ville où il a été déposé permettent à la tendresse de la mère de le suivre encore de loin dans les phases de sa vie et de le retirer dans des jours meilleurs, la douceur de cette situation, ces consolations d'une vie manquée, ces liens conservés avec la nourrice, avec la mère peut-être, seront une séduction si puissante à l'exposition des enfans, que le sentiment maternel en sera vaincu, et que le libertinage et même le mariage rempliront vos hospices d'enfans abandonnés, et feront ce hideux et froid calcul que repoussent également la nature et le sens commun. Or, pour prévenir cet abus imaginaire, que faut-il faire? Fermer les tours; ce n'est pas assez. Ceux qui passeraient par la porte des hospices offriraient encore le scandale de votre miséricorde. Il faut dépayser à la fois et la tendresse des parens et l'affection des nourrices; il faut proscrire, expatrier, exporter, déplacer, échanger les enfans de départemens à départemens, le plus loin possible, d'une extrémité de la France à l'autre, de peur que la tendresse des nourrices venant à se former, elles ne s'attachent aux orphelins qu'on leur a jetés pour un jour et que ces malheureux enfans eux-mêmes ne viennent à se créer une habitude d'affection et une illusion de famille dans les chaumières où on les a recueillis ; il faut dire à ces enfans qui ont déjà de trois à dix ans, à ces pères nourriciers qui ont oublié que ces enfans ne sont pas à eux : Vous étiez des pères pour ces orphelins ; vous, enfans, vous étiez des fils pour ces familles ; l'habitude, la reconnaissance, la certitude de vivre à jamais ensemble vous avaient inspiré une consanguinité presque aussi forte que celle de la nature; brisez violemment tout cela : séparez-vous. La loi vous punira de l'amour que vous aurez conçu les uns pour les autres. Vous, enfans, on vous enverra à un autre père ! Vous, mère, on vous jettera un autre enfant !

Et ne dites pas que l'exécution de ce déplacement n'est point une rigueur, qu'il ne change rien au sort de l'enfant trouvé, rien au sort des familles adoptives, puisqu'à l'enfant on donne une autre famille, à la famille un autre enfant ! Ce serait montrer de la nature humaine une ignorance ou un mépris qui, bien qu'il soit dans vos actes, n'est sans doute pas dans vos pensées.

Quoi ! Messieurs, arracher à trois, quatre, sept ou dix ans, un enfant à la femme qui l'a nourri de son lait, au père qui l'a bercé avec ses fils, aux frères, aux sœurs avec lesquels il a grandi, au village qu'il a habité depuis sa naissance, au pasteur qui lui a donné les enseignemens de la religion, à l'instituteur dont il a reçu les leçons dans l'école avec tous ses compagnons d'âge, aux habitudes de ses travaux, à toutes les affections enracinées de sa jeune âme, à la maison, au champ, au troupeau, au clocher, à la langue, au climat, à toutes ces corrélations instinctives de l'homme avec la nature entière, qui forment ce qu'on appelle le pays; le jeter à cent ou deux cents lieues de là, dans un climat différent, dans une maison, dans une famille qui ne le connaissent pas, parmi des enfans avec lesquels il n'a ni souvenirs communs, ni affections innées, à un homme, à une femme, qui ne sont plus son père, qui ne sont plus sa mère, qui le recevront avec répugnance et rudesse parce qu'il vient prendre la place encore chaude de l'enfant qu'on leur a enlevé de même! Quoi! n'est-ce pas une rigueur, une peine, un exil, une barbarie? Qu'est-ce donc? Ah! demandez-le à votre propre cœur intimement interrogé; demandez-le à ces convois presque funèbres de ces enfans expatriés que nous rencontrons par longues files sur nos routes, le front pâli, les yeux mouillés, les visages mornes, et qui semblent interroger les passans du regard et demander à quel supplice on les mène! Demandez-le, j'ai été vingt fois témoin moi-même de ces lamentables exécutions; demandez-le à cet enfant que votre gendarmerie vient enlever de force à celle qui a été jusque-là sa mère, et qui se cramponne à la porte de la chaumière dont on vient l'arracher pour jamais! Demandez-le à ces pauvres mères indigentes qui courent de chez elles chez le maire, de chez le maire à la préfecture pour faire révoquer l'ordre inflexible; qui, ne pouvant se décider à le voir partir, prennent l'engagement de le nourrir gratuitement, qui le livrent quelquefois au conducteur du convoi, puis se repentant, courent à pied jusqu'à vingt ou trente lieues après lui, pour le redemander et le rapporter dans leurs bras! demandez-le aux malédictions unanimes qui s'élèvent contre une administration sans entrailles, aux violences, au désespoir, et, chose horrible, mais vraie, mais nécessaire à dire, aux suicides précoces d'enfans déplacés qui, dans mon département même, ne pouvant supporter l'angoisse de ces séparations, se sont précipités dans le puits de la maison ou dans l'étang du village! Non, ces impitoyables économistes ne sauront jamais quelle masse de désespoir et de colère leur mesure a soulevée dans le cœur du peuple et dans l'âme de ces malheureux enfans; ils en rient; ils nous accusent de sentimentalisme et d'exagération. Ces hommes du peuple n'ont pas, disent-ils, cette sensibilité que vous leur prêtez; un enfant n'est pour eux qu'un mandat à toucher tous les trimestres, qu'une tête de plus dans le bétail. Misérables subterfuges d'une théorie dédaigneuse qui calomnie la nature dans les classes pauvres pour n'avoir pas à se juger elle-même! Plus près que nous de la nature, ces âmes simples la sentent mieux que nous, parce qu'elles ne sentent qu'elle. Superbes calomniateurs de la classe indigente, essayez donc d'arracher son chien au pauvre, vous ne le pourriez pas, vous auriez autant d'insurrections que de villages. Eh quoi! le cœur du misérable se soulèvera si vous lui arrachez son chien, et vous pensez qu'il ne se soulève pas quand vous venez lui arracher l'enfant que sa femme a nourri, qui a mangé son pain, dormi dans son lit, grandi avec ses enfans! Ah! si ce sont des mœurs comme vous le dites, que vous prétendez refaire ainsi, ce sont des mœurs, oui, mais des mœurs administratives, mais des mœurs féroces que vous semez parmi le peuple, et que vous retrouverez un jour sous vos pas pour votre malheur et pour notre honte!

Voilà pour le présent : quant à l'avenir que la mesure des déplacemens prépare aux enfans abandonnés, jugez-le vous-mêmes. Où est l'avenir d'un homme? dans son passé, dans sa nature, dans son âme, dans ses sentimens, dans ses habitudes contractées. Où est la garantie de cet avenir? dans l'esprit de famille, de patrie, de sociabilité, qui est comme l'atmosphère morale de l'individu. Eh bien! que faites-vous par le déplacement et l'échange forcé des enfans trouvés? Vous endurcissez l'âme de l'enfant que vous promenez d'une famille à l'autre pour lui apprendre qu'il n'en avait aucune. Vous lui arrachez du cœur cette douce illusion de maternité que nos sages institutions faisaient naître en lui. Vous le dégradez à ses propres yeux, vous ravalez sa nature en lui montrant qu'il n'est pour vous qu'un rebut de l'humanité à qui on ne tient compte ni de ses affections ni de ses larmes, qu'on déporte d'un sol à un autre comme un vil bétail; que dis-je? qui n'a pas même la condition des brutes, car il n'appartient à personne! Vous lui enseignez à ne s'attacher à rien, à ne rien aimer; vous lui faites un calus sur chaque sentiment déchiré en lui. Vous en faites un je ne sais quoi d'humain, sans aucune des conditions d'humanité, dont tous les liens qu'il formera sont rompus d'avance, qui doit errer de porte en porte, de foyer en foyer, sans prendre racine nulle part, que personne n'élèvera parce que personne n'aura espoir, droit, responsabilité sur son avenir, et qui, ne prenant des classes inférieures où vous le ballottez que leur ignorance et leurs vices, ira grossir promptement cette plèbe flottante et impure de vos grandes villes, traîner sa vie dans le vagabondage, dans les maisons de correction, et peut-être la finir dans vos bagnes. Et vous appelez cela un système! et vous appelez cela de l'économie! Oui, quelques centimes disparaîtront sous une forme de vos budgets départementaux; mais ils y reparaîtront grossis sous mille autres formes. Vous paierez en vices, vous paierez en gendarmes, vous paierez en polices, vous paierez en prisons, vous paierez en bagnes, en dépopulation et en crimes, sept fois plus que ce que vous ne voulez pas payer en tutelle et en providence. Apprenez qu'un seul crime, qu'un seul vice, qu'un seul désordre ruine plus une société que mille actes de bienfaisance.

Eh bien! Messieurs, voilà les faits; je rougis de les dévoiler, mais il le faut; car faire éclater de pareils scandales devant une nation intelligente et généreuse, c'est les rendre impossibles.

Voyons, maintenant, sur quelle théorie on les appuie. D'abord, disent-ils, c'est économique, c'est de l'argent de moins, comme si l'humanité devait se soumettre au chiffre et non pas le chiffre à l'humanité. Vous avez vu que c'était la plus illusoire des économies, que c'était immensément d'argent de plus, seulement de l'argent sali par le vice, ensanglanté par le crime, au lieu de l'argent purifié, sanctifié, fructifié par la miséricorde et la prévoyance sociales.

Que disent-ils encore? Qu'ils réduisent ainsi de deux manières le nombre des enfans trouvés ou abandonnés. Et comment? D'abord, selon eux, en empêchant l'exposition des enfans légitimes par des pères et mères en état de les nourrir et qui les jettent par paresse ou par caprice à la charge de l'État dans les hospices; ensuite, en épouvantant d'avance les mères illégitimes qui se corrigeront du vice, ou qui surmonteront la force des passions illicites parce qu'elles ne pourront plus en cacher ou en déposer le malheureux fruit.

Quant à l'exposition des enfans légitimes, il est vrai que quelques abus se sont glissés dans l'œuvre de charité que les hospices sont chargés d'administrer. Mais, malgré les statistiques menteuses et les assertions complaisantes, ces abus se réduisent à bien peu de chose ; à trois ou quatre pour cent sur le nombre des trente-deux mille enfans trouvés. J'avais cru d'abord sur parole à ces innombrables expositions d'enfans légitimes si authentiquement énumérées par les partisans de l'économie à tout prix. Mais ayant plus mûrement réfléchi sur cette incroyable aberration des sentimens naturels et des sentimens domestiques, qui, dans un état de société régulier, forcerait vingt mille pères et mères à s'unir pour jeter ensuite effrontément les fruits du mariage sur le pavé de vos rues, je me suis demandé si cela était vraisemblable, et puis, enfin, si cela était vrai? J'ai recherché les faits de ce genre dans deux départemens les plus abondans en enfans exposés, et après l'examen le plus minutieux, après les témoignages recueillis des maires, des curés, des conseillers d'hospices, des voisins, il m'a été impossible de constater un seul cas d'exposition de ce genre.

J'en ai conclu qu'ils devaient être infiniment rares. Cela se dit, cela s'écrit, cela se voit peu. Et certes votre administration est assez vigilante pour découvrir et proclamer le désordre s'il existait. Je lui en ai porté le défi, je le lui porte encore. Qu'elle fasse le recensement authentique de ces innombrables expositions d'enfans nés dans le mariage, qu'elle en constate seulement cinq sur cent dans la moyenne des départemens : je ne lui reconnaîtrai pas le droit de sévir sur les trente mille enfans et les deux cent mille familles qui les reçoivent, mais je lui reconnaîtrai le droit de prendre quelques mesures de surveillance et de pénalité contre les coupables. Mais cela n'est pas, parce que cela ne peut pas être. En effet, Messieurs, demandez-vous d'abord combien de fois se rencontrera, entre le père et la mère, ce concert contre nature d'abandon d'un enfant qu'ils auront eu d'une union légale, religieuse, patente. Demandez-vous ensuite comment, sous l'empire d'une législation de l'état civil parfaite et sous la surveillance quotidienne de la loi et des mœurs, une mère aura pu porter neuf mois son enfant aux yeux de ses parens, de ses voisins, de son village; comment elle aura mis cet enfant au jour; comment elle l'aura fait enregistrer à la municipalité ou omis de le faire sans notoriété; comment elle l'aura fait baptiser à l'église; comment elle lui aura donné un parrain, une marraine parmi ses proches; comment elle l'aura nourri elle-même quelques jours ou fait nourrir dans son voisinage, puis retiré furtivement, puis déposé, fait disparaître, sans que de tant d'actes impossibles à cacher ou à justifier, il résulte une trace, un témoignage, un soupçon de l'existence et de la disparition de cet enfant de la maison paternelle; sans que le maire, le curé, la sage-femme, le parrain, la marraine, le parent, l'ami, le voisin, lui demandent jamais compte de cet enfant, porté aux yeux de tous, né au su de tous, enregistré, baptisé, nourri au vu de tous. De deux choses l'une : ou la mère mentira et dira : Mon fils est mort, et les actes de l'état civil seront là pour lui donner un démenti; ou bien elle avouera son exposition simulée, et alors elle se couvrirait elle-même de confusion devant toutes les mères. Et remarquez que si cela pouvait avoir lieu plus facilement, ce serait sans doute dans les villes où la surveillance mutuelle est plus dépaysée. Eh bien! ici, la prétendue statistique répond pour moi. Elle n'accuse presque aucun cas d'exposition d'enfans légitimes dans les villes.

Que reste-t-il donc de cette excuse menteuse du système des déplacemens? Rien, ou presque rien. Et quand cela serait plus fréquent, quand dans une société qui n'a ni les assistances antiques de l'Église ou de la féodalité, ni les assistances mutuelles d'une démocratie qui s'isole dans son égoïsme, ni les assistances municipales de la taxe des pauvres, comme en Angleterre; dans une société où le prolétaire sans travail n'a de providence que dans le ciel, où un surcroît d'enfans à élever, des vieillards infirmes à nourrir peuvent dépasser ses forces par ses nécessités; quand, dans une société pareille, l'État recueillerait et nourrirait du pain public quelques milliers de ces enfans dont l'aumône est le seul patrimoine, ferait-il autre chose que le plus rigoureux et le plus sacré de ses devoirs? Oh! tant que la démocratie ne prendra pas d'âme dans le christianisme qui l'a enfantée, tant que la société n'aura pas d'entrailles pour elle-même, qui en aura pour elle? qui la respectera? qui la défendra, si elle s'avilit, si elle s'insulte elle-même par sa mesquine et dure insensibilité?

Mais j'entends d'ici la réponse des économistes. La preuve, nous disent-ils, que beaucoup d'enfans légitimes sont exposés, c'est l'effet produit partout par la fermeture des tours et par les déplacemens. Au moment des échanges, une foule d'enfans sont retirés des hospices : nos budgets sont dégrevés, nos hospices vont être déserts. Comptez ; voilà près de la moitié des enfans dont nous sommes soulagés. On nous les a repris. Apparemment que ceux qui les retirent sont des pères et mères légitimes ou du moins des pères et mères dans le cas de les nourrir et de les élever. Eh! bien, non : il faut le dire, il faut le dire à la honte de votre dureté sociale! Ce ne sont pas des pères et mères qui retirent ces malheureux enfans au moment où vous menacez de les exporter. Savez-vous qui c'est? je vais vous le dire, parce que je l'ai vu, parce que je l'ai compté, parce que mon cœur s'en soulève encore tous les jours d'indignation contre vous, de pitié et d'admiration pour le peuple de nos campagnes. Non, ce ne sont pas des pères et mères légitimes; ce sont d'abord quelques pauvres ouvrières, quelques filles séduites qui, placées entre le désespoir de perdre à jamais leur enfant de vue et la honte, préfèrent la honte et retirent l'enfant sans savoir comment elles pourront l'élever : enfans que vous verrez augmenter un jour le nombre de vos prolétaires flottans, et agiter vos villes au lieu de féconder vos campagnes. Ce sont, ensuite, quelques personnes charitables qui, témoins du déchirement de cœur des nourrices, à qui on va enlever leur nourrisson et la pension de l'hospice, leur disent : Gardez l'enfant et nous paierons les mois. Ce sont, enfin, ce sont en nombre immense, les familles indigentes elles-mêmes qui, ne pouvant se résoudre à se séparer des enfans qu'elles ont nourris, se décident à les garder sans salaire! C'est-à-dire que cette aumône sacrée de l'État que la propriété devait faire, ce sont les pauvres laboureurs, ce sont les indigens qui la font pour vous! Est-ce là répondre au sophisme qui les calomnie pour s'excuser? Oui, j'en suis témoin tous les jours, ce sont les pères et mères nourriciers qui, placés entre la perte du salaire et la perte de l'enfant, résistent d'abord quelques jours, feignant de vouloir livrer l'enfant à l'administration; puis, quand vient le moment de la séparation, sentent leur cœur faillir et le rapportent en pleurant à la maison partager le pain de la pauvre famille. Quel exemple, et quelle leçon! Eh bien! voilà vos chiffres expliqués! Voilà les chiffres dont vous triomphez! C'est le chiffre des vertus de ce pauvre peuple qui a plus d'âme que vous! C'est le chiffre de votre avarice et de votre dureté de cœur!

Quant à ce qui concerne les véritables enfans illégitimes, ceux dont la naissance doit rester un mystère, que faites-vous? à quoi exposez-vous le cœur humain en fermant ces asiles secrets, une des plus saintes inventions de la miséricorde et de la pudeur publiques? Dans quelle inexorable angoisse ne jetez-vous pas la jeune mère séduite, la femme coupable qui porte le fruit de sa faiblesse ou le témoin de son infidélité! Son enfant vient au monde; si la faute éclate, elle est perdue devant sa famille, devant ses maîtres, devant ses voisins; le monde, les mœurs, la société, la religion la réprouvent; une vengeance terrible la menace peut-être; il faut qu'elle périsse, ou que le témoignage vivant de son déshonneur disparaisse. Voilà l'horrible alternative où vous placez cette femme dans la solitude, dans la nuit, dans le délire de la fièvre, et vous osez dire que l'infanticide n'augmentera pas. Il n'augmente pas! qu'en savez-vous? Est-il un crime plus facile à cacher! Il n'augmente pas! mais l'exposition sur vos pavés, dans vos égouts, dans les lieux solitaires, assimilés par la loi à l'infanticide, osez-vous répondre, en présence de tant de faits si multipliés et si récens, qu'elle n'augmente pas? L'infanticide ne s'accroît pas! et moi je vous réponds qu'il s'accroît partout, sous une forme ou sous une autre; qu'il s'accroîtra monstrueusement dans vos villes et dans vos campagnes; et, pour l'affirmer, je n'ai pas besoin de le savoir, il me suffit de lire vos ordonnances et vos arrêtés. Il est impossible que la cause ne produise pas ses effets, et n'avez-vous pas fréquemment, tous les jours, ces spectacles sous les yeux? N'avez-vous pas vu cette semaine encore de ces malheureux enfans déposés et morts sur les marches mêmes du palais de la Chambre des députés, comme pour protester par des cadavres contre la barbarie de vos lois!

Hâtez-vous, Messieurs, de jeter le cri d'alarme et de protester dans des pétitions unanimes, énergiques, contre ces hideux sophismes d'un système qui, si vous en laissez poser les conséquences par une administration imprévoyante, deviendait bientôt un crime national et la honte de notre époque. Laissez-les dire, laissez-les écrire, laissez-les compter, il n'y a jamais de bonnes raisons pour une immoralité; et quelles raisons! Prenez garde, vous disait-on; si vous ouvriez des hospices pour les ivrognes, n'augmenteriez-vous pas l'ivrognerie? De même en recevant des enfans trouvés dans vos hospices, ne donnerez-vous pas une prime au libertinage, à la passion, à la multiplication des naissances légitimes dans la classe qui ne peut pas nourrir ses enfans?

Quoi! ce sont des hommes sérieux, des hommes d'État, des hommes de science et de système, qui ignorent ou qui méprisent assez l'humanité pensante et le cœur de l'homme pour vous jeter ces pitoyables prétextes! Quoi! le libertinage s'arrêtera par cette considération qui n'appartient qu'à la vertu, que le sort des êtres qu'il aurait créés pourrait bien ne pas être assuré par la bienfaisance sociale! Quoi! dans une passion plus forte que la mort, selon les expressions de l'Écriture, et qui n'est rien si elle n'est pas le délire et l'ivresse de la raison, les hommes que les dangers les plus imminens ne vaincraient pas, conserveront assez de sang-froid et assez d'empire sur eux-mêmes pour lire vos arrêtés, pour examiner, calculer, peser quelles sont les chances éventuelles que la suppression des tours et des hospices laisse aux fruits de leur faute! Quoi! ces jeunes filles, ces jeunes hommes qui s'unissent à la face du ciel et de la terre par un légitime mariage, avec l'espoir et le désir d'avoir et d'élever des enfans, ne se marient que dans l'intention convenue, préméditée entre eux de jeter leurs enfans dans vos hôpitaux! En vérité, il n'y aurait pas de réponse sérieuse à de semblables suppositions, si le sophisme ne se convertissait pas en législation meurtrière; mais le rire est étouffé par l'indignation. Et oui, sans doute, si vous créez des hospices pour les ivrognes, vous augmenterez l'ivrognerie; si vous créez des hospices pour les paresseux, vous augmenterez la paresse et la mendicité. Mais les ivrognes sont coupables, mais les mendians valides sont coupables; la prime que vous leur donneriez serait une prime à leurs vices. De quoi sont coupables ces malheureuses créatures qui tombent des bras de leur mère dans les vôtres, ces milliers d'enfans qui naissent sans avoir le droit de naître, et à qui vous imputeriez à crime la faiblesse, la faute de leurs mères et le malheur de leur naissance!

Mais les vagabonds, les ivrognes, les mendians, vous les punissez, sans doute, vous devriez les punir davantage encore; votre législation est faite contre le crime, elle n'est pas faite encore contre les vices : mais vous les punissez proportionnellement à leur délit, mais vous ne les punissez pas de mort. Et ici, c'est de mort que vous punissez, qui? non pas les coupables, mais les plus innocentes de toutes les créatures, ces milliers d'enfans qui viennent vous demander la vie ! Ah ! quand des législations troublent ainsi vos entrailles et excitent en vous de tels remords, quand la nature se soulève et murmure ainsi contre la loi, quand votre main frémit d'exécuter ce que votre logique sans âme a décrété, défiez-vous de la loi, arrêtez-vous, soyez sûrs que l'on vous trompe : la nature et les bonnes lois ne sont jamais en contradiction, et, du moment que l'une condamne, soyez certains que l'autre a menti.

Je m'arrête. Prenons garde à la voie où nous entrons. Quel chemin les doctrines matérialistes de l'économisme anglais font faire à notre démocratie étroite depuis quelques années ! Nous voulons organiser la fraternité sociale, et nous oublions le christianisme qui l'avait rendue pratique dans nos mœurs et dans ses œuvres avant que la révolution de 89 eût essayé de l'organiser dans nos lois. Nous voulons fortifier la propriété, cette base de la famille; et nous ferions de la propriété une tyrannie exclusive et cruelle qui, se resserrant toujours de plus en plus en elle-même, se ferait d'elle-même son propre dieu, et condamnerait à la mort, à l'abandon, au vagabondage, des classes entières de la société, neuf cent mille enfans trouvés actuellement vivans dans son sein; qui, fondant tout sur l'économie, finirait par n'avoir plus des gouvernemens humains, des associations humaines, mais des associations et des gouvernemens de contribuables, où l'argent ne serait plus seulement le signe de la richesse, mais le signe de la morale, du juste, de l'honnête? Ce n'est pas ainsi qu'on prévient les révolutions, c'est ainsi qu'on les prépare ! Je ne suis point un enthousiaste fanatique de la révolution française; trop de sang l'a souillée, et le temps n'a pas fait encore le triage du crime et de la vertu. Mais s'il est possible de distinguer un principe dominant et, pour ainsi dire, l'âme de ce grand mouvement social, à coup sûr c'est le principe chrétien, c'est le principe de l'assistance mutuelle, de la fraternité humaine, de la charité légale. On le voit sortir, jaillir, à chaque loi de l'Assemblée constituante, et briller même, au milieu de tant de ténèbres, dans les orages de la Convention.

Alors, certes, un législateur qui eût proposé d'exporter trente-trois mille enfans par an, de déchirer les affections nées dans deux cent mille familles, de murer les tours, de fermer les hospices, eût été écrasé sous l'indignation de ses collègues et sous les malédictions du peuple. Alors on faisait des lois politiques barbares et des lois sociales douces et humaines; pourquoi? parce que, si on n'écoutait que la voix des passions contre ses ennemis politiques, celle de la nature n'était pas encore étouffée sous la logique des intérêts et sous la sordidité des systèmes. Alors on multipliait les asiles, les hospices, on donnait la tutelle des enfans abandonnés à la patrie, on faisait adopter les orphelins par l'État. On faisait ce que saint Vincent de Paul avait fait. On faisait ce que vous défaites aujourd'hui! Est-ce le christianisme qui avait tort? Est-ce nous qui avons raison? Les faits vous répondent : le système de charité a quelques abus, ils se résolvent en un peu d'argent, de trop peut-être, employé à élever une génération saine et forte pour vos campagnes. Le système des économistes aboutit à quelques abus aussi : c'est la dépravation et l'infanticide. Choisissez. Quoi que vous fassiez, il y aura toujours, dans les organisations humaines, une lacune immense que la bienfaisance seule pourra combler. Je ne vous dirai pas : Faites comme la Convention; mais je vous dirai : Faites comme l'Évangile, remerciez Dieu de ce qu'il laisse à la société quelque aumône splendide à faire, quelque œuvre sainte de charité légale à accomplir. Elle sentira ainsi qu'elle est de Dieu, et que quelque chose de divin travaille en elle et l'élève au-dessus de ces vils intérêts du temps et de la matière où l'on voudrait en vain la ravaler.

Ne renvoyez pas dans le vice ou dans la mort ces enfans que la honte ou la misère vous jettent. Une société qui ne saurait que faire de l'homme, une société qui ne regarderait pas l'homme comme le plus précieux de ses capitaux, une société qui recevrait l'homme à son entrée dans la vie comme un fléau et non comme un don, une société qui ne saurait défendre la propriété qu'aux dépens de la morale et de la nature, une telle société serait jugée. Il faudrait en détourner les yeux !

Je conjure l'assemblée de protester contre les mesures adoptées par l'administration des départemens, et d'adresser des pétitions aux Chambres pour une révision de la loi sur les enfans trouvés, conformément au principe du décret de 1811.

CONTRE-ENQUÊTE

SUR

LES ENFANS TROUVÉS[*].

La question des enfans trouvés, du mode de leur réception dans les hospices, et de l'éducation que la société leur prépare par de bons ou de mauvais systèmes, n'implique rien moins que le sort physique et moral de trente-quatre mille individus par an, et la condition d'environ un million d'hommes actuellement vivant dans notre population. C'est dire assez que de toutes les questions d'économie et de morale dont notre civilisation est pleine, celle-ci est la plus vaste comme la plus sainte.

On a voulu la résoudre avant de l'avoir sondée.

La réception et l'éducation des enfans trouvés étaient réglées par un décret de 1811, où la législation impériale, avec le bon sens du génie, avait combiné admirablement l'esprit administratif du dix-neuvième siècle avec l'esprit de religion et de charité des institutions catholiques. Saint Vincent de Paul et Napoléon s'étaient entendus à travers les siècles pour constituer un état de choses où, sauf quelques

---

[*] La question des enfans trouvés devant se présenter à la Chambre des députés dans la session de 1839, M. de Lamartine, afin d'éclairer ses collègues, s'était livré à une contre-enquête dont le résultat a été mis sous les yeux de la Chambre. Nous avons cru devoir donner ici l'*Introduction* qui précède les réponses officielles de quarante-sept commissions administratives des hospices de France à la circulaire de M. de Lamartine.

abus faciles à réprimer, l'enfant sans père était adopté en masse par l'État, et retrouvait individuellement une famille adoptive dans celle de la nourrice à qui on le donnait pour toujours. Cette législation avait pourvu aux trois grandes nécessités de la question des enfans trouvés : le secret dans le mode de réception, pour prévenir les tentations au crime; les facilités pour le dépôt des enfans, pour prévenir la mortalité en masse; enfin l'esprit et le sentiment de famille donné et conservé aux enfans, pour prévenir en eux, plus tard, la dureté de cœur, l'immoralité, le vagabondage et le crime. Des mains imprévoyantes ont dérangé tout cela au nom d'une économie toute matérielle et ruineuse dans ses résultats. Un désordre immense s'est produit; un désordre plus déplorable se prépare. Une clameur générale s'est élevée; elle a retenti dans la presque unanimité de la presse et jusqu'à la tribune. Le gouvernement, entraîné dans une voie dangereuse par des préfets bien intentionnés, mais préoccupés du point de vue économique, encouragé dans cette marche par les votes des conseils généraux incompétens et non encore suffisamment éclairés, a persisté dans l'approbation de ces mesures. L'opinion publique, de jour en jour mieux informée, l'a forcé enfin, en 1838, à promettre une enquête. Cette enquête, le dernier ministre de l'intérieur a chargé les conseils de départemens de la faire. Mais, nous l'avons dit, si les conseils de départemens sont compétens en matière de finances et d'administration locale, sont-ils compétens en matière de législation générale et de morale publique? La France peut-elle remettre à tel ou tel conseil général d'un de ses départemens le droit de statuer d'une manière absolue et souveraine sur le sort, sur la vie, sur les conditions sociales de trente-quatre mille de ses citoyens? Évidemment non! C'est là une question législative s'il en fut jamais. La France ne confie qu'à elle-même le soin de sa sécurité, de sa moralité et de son honneur. Il y a plus, les conseils généraux de département n'ont ni les lumières, ni l'expérience, ni les documens qui pourraient les rendre aptes à prononcer sur de pareils problèmes. Talens, intelligence, intentions, ils ont tout cela; mais les faits leur manquent. Eh bien! par qui les faits leur sont-ils présentés, et comment sont-ils constatés? Les faits leur sont présentés dans un rapport en quelques lignes, par les préfets. Or, les préfets sont les auteurs de la mesure qu'ils appellent les conseils généraux à juger. Où veut-on que se trouvent les élémens de conviction? Voici comment les choses se passent :

Un préfet écoute les plaintes du conseil sur l'énormité de la dépense des enfans trouvés. L'année suivante, il fait fermer les tours et ordonne les déplacemens. Il revient au conseil, et dit : La mesure est admirable, car nous avons deux ou trois cents enfans de moins à la charge de notre budget. Quelques membres du conseil prennent la parole au milieu des murmures d'impatience, et témoignent quelque anxiété sur le sort de ces malheureux enfans. Tranquillisez-vous, leur répond-on : ce sont presque tous des enfans légitimes qui ont été retirés par leurs parens; nous les restituons à leur famille, nous rendons à leurs mères les *joies de la maternité*, selon l'expression officielle. Le budget est dégrevé, la morale et la nature sont satisfaites; qu'avez-vous à dire?

Rien, si ce n'est que tout cela est fiction, et qu'une enquête faite ainsi est une véritable dérision, où le ministre de l'intérieur et ses quatre-vingt-sept échos dans les départemens faisaient à la fois la demande et la réponse. Si la chambre se contentait de semblables investigations, c'est qu'elle voudrait être trompée, et elle le serait; et la France se réveillerait dans dix ans avec une législation barbare, avec ses mœurs publiques viciées et trois ou quatre cent mille vagabonds infectant la société de leurs vices et de leurs crimes.

Il fallait une enquête sérieuse. Nous avons essayé de la faire. Le pays nous a aidé.

Il y a en France une seule administration qui, investie depuis trente ans de la tutelle des enfans trouvés, en communication constante et quotidienne avec les dépositaires, les enfans, les nourrices, surveillant par devoir et par charité les différentes phases de l'existence de ces enfans, leurs rapports avec les familles qui les élèvent et les adoptent, possédant tous les chiffres et toutes les raisons des chiffres, pouvait éclairer complétement la question. C'était l'enquête personnifiée et permanente. C'étaient les commissions administratives des hospices. On s'était bien gardé de les consulter ; car elles font de la charité gratuite, de la morale, de la vertu, de la religion, de la civilisation en action, mais elles ne font pas le budget.

C'est à ces corps compétens, c'est à ces hommes expérimentés, que nous nous sommes adressé dans la circulaire suivante. Nous leur avons adressé les questions de fait et les questions de droit auxquelles seuls ils avaient les réponses.

A Messieurs les membres de la commission administrative des hospices de...

« Messieurs,

« L'opinion et le sentiment publics ont été vivement émus par deux mesures récentes, adoptées dans quelques départemens à l'égard des enfans trouvés. Je veux parler de la suppression des tours et du déplacement des enfans. L'économiste hésite, les conseils généraux ajournent ou reculent, l'humanité réclame, les chambres réfléchissent.

« Les partisans de ces mesures disent :

« Les moyens d'exposition sont des primes à l'exposition et à l'immoralité. Réduisez les tours, vous aurez corrigé les mœurs.

« A l'égard des déplacemens, ils disent :

« Ces déplacemens préviennent aussi un grand nombre d'expositions d'enfans légitimes, abusivement confiés à la charité aveugle et ruineuse de l'État. Les pères et mères de ces enfans légitimes, étant certains de ne plus pouvoir les retrouver, cesseront de les exposer. On apporte en preuve de cette assertion le chiffre énorme d'enfans abandonnés, de un à douze ans, qui ont été retirés par la menace des déplacemens et repris par de prétendus pères et mères légitimes.

« Nous disons, nous, et nous nous appuyons sur les chiffres mêmes de nos adversaires :

« Qu'il est matériellement faux que cet accroissement apparent du nombre des enfans abandonnés soit dû à l'exposition d'enfans légitimes par leurs pères et mères; que ce phénomène, infiniment rare dans l'état de nos mœurs et presque impossible dans l'état de notre législation sur les naissances, peut sans doute se supposer quelquefois exceptionnellement, mais qu'en tout cas, et en élevant le chiffre de ces expositions abusives aussi haut que le portent les statistiques très-arbitraires de quelques départemens, ces expositions flottent à peine entre quatre et sept pour cent. Insignifiante économie pour motiver une si grande perturbation des affections formées et des systèmes établis!

« Nous disons que le déplacement diminue le nombre des enfans abandonnés, non en les faisant retirer par des pères et mères légitimes, mais en les faisant garder sans salaires dans les familles indigentes où ils sont en nourrice, c'est-à-dire en rejetant le fardeau de cette grande aumône publique sur la partie la plus pauvre de la population.

« Nous disons que les déplacemens, en arrachant du sein de ces pauvres familles, qui les avaient définitivement adoptés, ces enfans devenus membres de ces familles, déchirent scandaleusement et déplorablement ces sentimens mutuels que le temps, la cohabitation et l'habitude avaient fait naître au profit de ces orphelins.

« Nous disons que les déplacemens, en enlevant ces milliers d'enfans aux mœurs rurales et aux travaux des champs, les rejettent forcément dans les villes, à la charge des mères illégitimes, trop affectionnées pour les perdre, trop pauvres et souvent trop démoralisées pour les élever, et qu'ils vont bientôt accroître de quinze à vingt mille vies par an cette population de prolétaires sans racine et sans garantie, où se recrutent le vagabondage et le crime.

« Nous disons que l'agriculture manquant de bras, et étant celle de nos industries qui provoque malheureusement le moins aujourd'hui l'ambition des classes ouvrières, il était trop heureux qu'un système d'adoption habituel, quoique libre, recrutât tous les ans de vingt mille travailleurs notre population agricole, la plus pure et la plus morale de toutes.

« Nous disons que l'économie produite par les déplacemens n'est que fictive et provisoire pour l'État, attendu qu'elle n'opère le retirement des enfans que les premières fois qu'on la pratique, et que, quand il est passé en loi, les nourrices, sachant d'avance qu'elles ne doivent pas s'attacher définitivement à l'enfant, deviennent purement mercenaires, et, au lieu de garder l'orphelin quand on veut le déplacer, le remettent à la première demande.

« Enfin nous disons que les déplacemens, dans les départemens où ils ont eu lieu et où ils ont été étudiés dans leurs effets, ont accru la mortalité des enfans dans une proportion telle, qu'elle varie de 25 à 33 pour 100 ; en sorte qu'indépendamment de la violation de tous les sentiments et de tous les droits acquis, indépendamment de ce déchirement périodique des affections conçues, indépendamment de ce tort fait à la population agricole que la charité de l'État recrutait ainsi aux dépens d'un vice, indépendamment de ce péril certain qu'il y a pour la société à rejeter tant d'existences flottantes dans la lie de ses grandes villes, on peut affirmer avec une douloureuse évidence que chaque prétendue économie d'un enfant de moins à la charge de l'État se résout en une mort ou en une dépravation de plus à la charge de ce déplorable système.

« Tel était l'état de cette controverse, lorsque la presse, les sociétés de charité ou d'économie publique, les conseils généraux, et enfin les tribunes des deux Chambres, s'en sont emparés. Après une discussion parlementaire qui a montré au pays combien l'opinion des législateurs mieux informés commençait à revenir de cette approbation unanime qui avait, dans le principe, accueilli ces mesures, M. le mi--

nistre de l'intérieur a pris l'engagement d'éclairer les Chambres par une enquête statistique et morale sur cette question. Cette enquête, Messieurs, serait nécessairement incomplète si elle n'était faite que par ceux qui ont pris l'initiative des déplacemens. Ceux qui la combattent doivent la faire aussi, car la statistique n'est qu'une logique en chiffres. Permettez-moi de poser les principales questions auxquelles nous désirons que vous vouliez bien répondre en faits.

1re SÉRIE DE QUESTIONS.—LES TOURS.

1° Les tours ont-ils été supprimés, réduits ou déplacés dans votre arrondissement?

2° Quel effet a produit cette suppression sur le nombre des expositions ou sur le nombre des infanticides?

3° Les expositions dans les tours conservés des hospices voisins de votre arrondissement ne sont-elles pas devenues plus nombreuses?

4° Les expositions dans les lieux solitaires, aux portes des temples ou des maisons, ne se sont-elles pas multipliées?

5° Sur le nombre des enfans ramassés sur la voie publique, combien ont été trouvés morts? combien mourans? combien ont survécu trois mois à ce mode d'exposition?

6° Y a-t-il eu amélioration des mœurs publiques par suite des difficultés d'exposition?

2e SÉRIE DE QUESTIONS.—LES DÉPLACEMENS.

1° Les déplacemens d'enfans ont-ils eu lieu dans votre arrondissement? combien de fois? à quelles époques? à quel âge?

2° De combien le nombre des enfans à la charge de l'État en a-t-il été réduit?

3° Qui a retiré ces enfans? Sont-ce des pères et mères légitimes? des mères non mariées? ou des nourrices qui les ont gardés sans salaire?

4° Combien d'enfans ont été retirés par chacune de ces trois catégories de personnes ?

5° Combien d'*enfans légitimes*, abusivement exposés, avez-vous pu *authentiquement* constater dans le nombre des enfans retirés ?

6° Quelle était la situation réelle des parens de ces *enfans légitimes* abusivement exposés ?

7° Combien de procès pour substitution de part ont eu lieu dans votre arrondissement par suite de l'exposition et du retour dans la famille de ces enfans soi-disant légitimes ?

8° Combien les maires, les curés ou la clameur publique ont-ils signalé de disparitions d'enfans légitimes dans leur commune ?

9° Comment sont élevés, par les mères non mariées, dans nos villes, les enfans que le déplacement les a forcés de retirer ?

10° Quels ont été, dans vos localités, les principaux effets sur le sentiment public produits par la mesure des déplacemens ?

11° Est-il vrai que ni les nourrices ni les enfans n'ont pas été sensiblement affectés de ces séparations ?

12° Les nourrices ne sont-elles pas devenues plus rares, et n'est-on pas obligé de les accepter dans une classe de femmes qui ne présentent ni les mêmes conditions d'aisance et de moralité, ni les mêmes garanties pour la conservation des enfans ?

13° Quelle a été la mortalité des enfans déplacés dans l'année qui a suivi le déplacement ?

14° Quelle a été la mortalité parmi ceux qui n'ont pas été soumis à la mesure ou qui ont été gardés par les familles où ils étaient en pension ?

15° Quelle était, dans votre département, la mortalité moyenne des enfans trouvés dans les trois années qui ont précédé les déplacemens ou la suppression des tours, de tel âge à tel âge ? et quelle a été cette moyenne, du même âge au même âge, depuis les déplacemens ?

16° S'il y a accroissement de mortalité, à quoi l'attribuez-vous ?

17° Quelle a été, en définitive, l'économie réelle, au troisième déplacement opéré dans l'arrondissement ?

18° Pensez-vous que les enfans retirés des campagnes par la crainte du déplacement, et élevés dans les villes par des mères non mariées, présentent pour l'avenir autant de garanties à la société que ceux qui sont élevés dans les familles d'agriculteurs de vo s campagnes ?

19° Quel est, relativement au nombre total des enfans trouvés de votre arrondissement pendant une période de vingt ans, le nombre des enfans trouvés qui se sont mariés et ont formé une famille dans les villages où ils avaient été nourris ?

20° Quelles seraient vos vues sur une répartition plus équitable et plus générale des charges affectées à chaque département pour les enfans trouvés ?

« Personne, Messieurs, ne peut mieux que vous répondre avec connaissance de cause à ces questions sommaires. Vos réponses sont les témoignages nécessaires pour instruire ce grand procès d'économie publique et d'humanité. Elles éclaireront les Chambres dans la discussion que la session prochaine va ramener. Vous êtes les tuteurs de cette malheureuse partie de la population. Vos yeux sont ouverts sur tout ce qui peut améliorer ou détériorer leur condition physique et morale. Vous possédez, par situation et par devoir, tous les chiffres et tous les documens qui les concernent. La réduction du nombre des expositions serait un soulagement pour vous, puisqu'elle réduirait le nombre des infortunés objets de votre vigilance et les charges des établissemens que vous administrez. Vous êtes contribuables aussi vous-mêmes. Vous êtes donc à la fois éclairés, intéressés, et impartiaux. A tous ces titres, votre opinion sera décisive sur la pensée publique et sur le vote de la législature. J'ose vous la demander individuellement cette opinion, non point en mon nom, qui n'a aucun droit à votre attention, mais au nom de ces neuf cent mille enfans sans famille, dont l'existence va être modifiée par suite des mesures imprévoyantes qu'on veut innover à leur égard; au nom d'autant de pauvres familles, de pères et mères nourriciers de nos campagnes dont on va changer la condition, déchirer les affections, détériorer les habitudes d'adoption; au nom enfin de tant d'hommes honorables, également intéressés à s'éclairer dans les deux opinions, puisque, animés des mêmes sentimens, ils ne sont divisés que par des faits à vérifier, et qu'ils veulent tous également que la charité publique ne soit pas convertie en abus et que l'humanité ne soit pas sacrifiée à l'économie. »

SUR

L'ABOLITION DE L'ESCLAVAGE.

DISCOURS

PRONONCÉ AU BANQUET DONNÉ PAR LA SOCIÉTÉ FRANÇAISE DE L'ÉMANCIPATION
DE L'ESCLAVAGE,

AUX DÉLÉGUÉS DES SOCIÉTÉS ANGLAISE ET AMÉRICAINE,

A Paris, le 10 février 1840.

M. Odilon Barrot vient de porter un toast aux hommes ; permettez-moi, au nom de la société française, d'en porter un aux principes :

A l'abolition de l'esclavage sur tout l'univers ! Qu'aucune créature de Dieu ne soit plus la propriété d'une autre créature, mais n'appartienne qu'à la loi !

Messieurs, ce fut un grand jour dans les annales des assemblées politiques, un beau jour devant Dieu et devant les hommes, un jour qui effaça de la surface de la terre bien des taches d'infamie et de sang, que celui où le parlement anglais, qu'animait encore l'âme de Wilberforce et de Canning, jeta 500 millions à ses colons pour racheter trois cent mille esclaves, et avec eux la dignité du nom d'homme et la moralité dans les lois.

Nous admirions dans notre enfance le dévouement de ces apôtres, de ces missionnaires chrétiens qui allaient racheter un à un quelques captifs dans les régences barbaresques, avec les aumônes de quelques fidèles ; eh bien ! voilà que ce qui se faisait individuellement, exceptionnellement, il y a un demi-siècle, se fait aujourd'hui en grand, par une nation tout entière, aux acclamations des deux mondes. La France, en 1789, n'avait fait que des citoyens, l'Angleterre, en 1833, fait des hommes. L'égalité politique ne suffit plus à l'humanité ; il lui faut l'égalité sociale. Ce seul fait, Messieurs, répond aux accusations contre notre temps. Non, il n'a pas reculé, le siècle témoin de pareilles entreprises ! L'acte d'émancipation de 1833 et les 500 millions votés pour le rachat des esclaves brilleront dans l'histoire de l'humanité, et attesteront au monde que les grandes inspirations de Dieu descendent aussi sur les corps politiques, et que la civilisation perfectionnée est une révélation qui a sa foi et une religion qui a ses miracles.

C'est la même pensée, Messieurs, qui nous réunit dans cette enceinte, des trois parties du monde, pour nous entendre, nous éclairer, nous encourager dans l'œuvre que le siècle élabore et que nous voulons l'aider à accomplir. Mais, Messieurs, ne nous le dissimulons pas : quand une idée fausse est devenue un intérêt, on ne l'exproprie pas sans lutte. Un vice social a toujours un sophisme à son service. Le sophisme se défend par toutes ses armes. La calomnie des intentions est le moyen le plus sûr de décréditer les saintes entreprises. Nous en sommes les exemples ; mais notre cause en deviendra-t-elle victime ? Non ; regardons la calomnie en face ; nous ne la ferons pas rougir, mais nous la ferons mentir : ce n'est qu'ainsi qu'on la confond.

Tout le monde, Messieurs, a été calomnié dans cette cause : les Anglais, les colons, les esclaves et nous.

Oui, l'Angleterre a été calomniée indignement, et calomniée pour sa vertu même. N'avons-nous pas entendu mille fois, depuis vingt-cinq ans, répéter et dans les journaux, et dans les livres, et récemment à la tribune, que les généreux efforts de l'Angleterre contre la traite des nègres, que les 500 millions donnés par elle en échange de l'émancipation, n'étaient qu'un piége infâme, recouvert d'une philanthropie perfide, pour perdre ses propres colonies auxquelles elle ne tenait plus, et pour forcer ainsi, par l'imitation, à anéantir les nôtres qui lui portaient ombrage. Oui, cela a été dit, cela a été cru. L'absurde est infini dans ses inventions, comme la sottise est infinie dans sa crédulité. Oui, cela a été dit tout haut à la tribune d'une nation qui s'appelle la nation de l'intelligence, et cela n'a pas été étouffé sous les murmures de l'indignation nationale. O généreux esprits des Wilberforce, des Pitt, des Fox, des Canning, dont je vois les noms inscrits sur ces drapeaux et rayonnans sur cette fête, vous ne vous doutiez pas, pendant que vous tramiez cette conjuration évangélique, pendant que vous répandiez dans les trois royaumes et dans l'univers cette *sainte agitation* de la conscience du genre humain, pendant que vous arrosiez de votre sueur et de vos larmes ces tribunes, nouveaux champs de bataille où vous livriez les combats de la philanthropie, de la religion et de la raison persécutées, vous ne vous doutiez pas que vous n'aviez que du fiel, de la haine et de la perfidie dans le cœur; que vous n'étiez que les hypocrites de la réhabilitation humaine, et qu'au fond vous n'aviez que le dessein, aussi pervers qu'insensé, de faire massacrer des millions d'Anglais par leurs esclaves, pour consumer les trois ou quatre petites colonies françaises dans l'immense incendie qui dévorerait vos vastes établissemens et vos innombrables concitoyens.

Demandons pardon à Dieu et au temps d'avoir entendu de pareilles aberrations.

Les colons n'ont pas été moins calomniés. On a vu en eux des oppresseurs et des tyrans volontaires. Ils ne sont que des maîtres malheureux, gémissant eux-mêmes sur la funeste nature de propriété que la civilisation leur a infligée.

Les esclaves ont été calomniés et le sont tous les jours

encore. On les peint comme des brutes, pour s'excuser de n'en pas faire des hommes.

Mais nous-mêmes, Messieurs, quelles injurieuses imputations n'avons-nous pas eu à subir! On nous a demandé de quel droit nous nous immiscions entre le colon et l'esclave. Messieurs, du droit qui nous a fait libres nous-mêmes! La justice nous appartient-elle? pouvons-nous en faire une concession à qui que ce soit? Non! toute idée de justice et de vérité inspirée par Dieu à l'homme lui impose des devoirs en proportion avec ses lumières. Les droits du genre humain sont comme les vêtemens du Samaritain dépouillé sur sa route : il faut les rapporter pièce à pièce à leur maître, à mesure qu'on les retrouve, sans quoi on participe aux blessures que l'humanité a reçues et aux larcins qu'on lui a faits.

Que n'a-on pas dit, que n'a-t-on pas pensé de nous! Nous sommes des révolutionnaires, la pire espèce des révolutionnaires, des révolutionnaires sans péril, des lâches qui, n'ayant rien à perdre, ni fortune ni vie, dans les colonies, voulons y mettre le feu pour l'honneur abstrait d'un principe, et, qui sait! peut-être aussi pour la vanité cruelle d'une insatiable popularité. Si cela était vrai, nous serions les derniers des hommes; car nous prendrions le nom de Dieu et de l'humanité en vain, et nous ferions de la civilisation et de la liberté le plus infâme des trafics, aux dépens de la fortune et de la vie de nos concitoyens des colonies, et au profit de nos détestables amours-propres.

Mais cela est-il vrai? Cela a-t-il le moindre fondement, et dans nos intentions et dans les faits? Écoutez et jugez : ce sont nos doctrines, ce sont nos actes qui répondent. M. Odilon Barrot vous disait à l'instant même que cette question était sortie du domaine des théories pour entrer dans la pratique. Cela est vrai, et, en y entrant, elle a pris ces conditions de mesure et de justice sans lesquelles il n'y a pas de vérité ni d'application. Nous procédons par la lumière, par la conviction et par la loi; nous voulons la liberté, mais nous ne la voulons qu'aux conditions de la justice et du travail dans nos colonies. Une émancipation injuste, c'est remplacer une iniquité par une autre. Une liberté désordonnée et sans conditions de travail, c'est remplacer une oppression par une autre; c'est fonder la tyrannie des noirs à la place de l'empire des blancs; c'est l'anéantissement de nos colonies. Que disons-nous? le voici :

Émancipation et indemnité; nous y ajoutons initiation.

Indemnité aux colons; Messieurs, que ce mot n'effraie pas les hommes qui voient tout de suite s'ouvrir un abîme dans nos budgets et qui soumettent toujours l'homme au chiffre, au lieu de soumettre le chiffre à l'homme.

Indemnité, comme je l'entends, n'a rien d'énorme, rien d'immédiatement exorbitant; le pays même ne le sentirait pas.

En deux mots, voici comme je raisonne, et cette pensée, portée par moi il y a quatre ans à la tribune de la Chambre, a été accueillie comme une solution pratique de la question qui pèse sur les esprits.

Trois classes d'intéressés profiteront de l'émancipation : l'État, les colons, les esclaves. L'État y recouvre la moralité dans les lois et le principe inappréciable de l'égalité des races et des hommes devant Dieu.

Le colon y gagne une propriété honnête, morale; une propriété de droit commun, investie des mêmes garanties que les nôtres, au lieu de cette propriété funeste, incertaine, explosible, toujours menaçante, dont il ne peut jouir un moment avec sécurité; propriété humaine qui déshonore, qui démoralise celui qui la possède autant que celui qui la subit. Le lendemain de l'acte d'émancipation vos capitaux coloniaux vaudront le double.

Enfin l'esclave, vous savez ce qu'il y gagne : le titre et les droits de créature de Dieu; la liberté, la propriété, la famille; son avénement enfin et l'avénement de ses enfans à l'humanité.

Eh bien! répartissez entre ces trois classes d'intérêts le poids de l'indemnité, faites payer proportionnellement à l'État, au colon et à l'esclave, le prix des avantages qu'ils recouvrent, et l'humanité est restaurée.

Voilà jusqu'à quel point, Messieurs, nous sommes des tribuns d'esclaves, des spoliateurs des colons, des incendiaires du pays! Que le pays juge! Il jugera, et la France qui n'a jamais reculé, la France qui n'a pas craint de remuer le monde et de verser son or et son sang par torrens pour la liberté politique, ne craindra pas de donner quelques millions pendant dix ans pour racheter une race d'hommes, et avec ces hommes sa propre satisfaction.

Vous, Messieurs, que l'Angleterre envoie à ce pacifique congrès de l'émancipation des races, allez redire à l'Amérique et à l'Angleterre ce que vous avez vu, ce que vous avez entendu. La France est prête à accomplir sa part de l'œuvre de régénération dont elle a donné le signal au monde, et dont vous avez eu l'honneur de lui donner le plus noble exemple. Avant trois ans, il n'y aura plus un esclave dans les deux pays; que dis-je! il n'y en a déjà plus dans nos pensées: le principe est voté par acclamations sur toute terre où l'Évangile a écrit les droits de l'âme au-dessus des droits du citoyen. Nous ne délibérons plus que sur le mode et l'accomplissement.

Messieurs, c'est à l'union des deux peuples que nous devons ce jour de bénédiction dans les trois mondes; resserrons cette alliance dans les liens de cette fraternité européenne dont vous êtes les missionnaires près de nous. Une politique mesquine et jalouse, une politique qui voudrait rétrécir le monde pour que personne n'y eût de place que nous, une politique qui prend pour inspiration les vieilles antipathies nationales, au lieu de s'inspirer des sympathies qui rappellent l'Orient et l'Occident l'un vers l'autre; cette politique, Messieurs, s'efforce en vain de briser ou de relâcher, par des tiraillemens pénibles, les relations qui unissent l'Angleterre et la France. L'Angleterre et la France resteront unies; nous sommes à nous deux le piédestal des droits du genre humain. La liberté du monde a un pied sur le sol britannique, un pied sur le sol français; la liberté, la civilisation pacifique s'écrouleraient une seconde fois dans des flots de sang, si nous nous séparions. Nous ne nous séparerons pas; cette réunion en est le garant.

Quand les mêmes pensées se communiquent, se pénètrent ainsi à travers les langues, les intérêts, les distances; quand les âmes de deux grands peuples sont d'intelligence par l'élite de leurs citoyens, et commencent à comprendre la mission de liberté, de civilisation, de développement, que la Providence leur assigne en commun; quand cette intelligence, cette harmonie, cet accord, reposent sur la base de principes éternels aussi hauts que Dieu qui les inspire, aussi impérissables que la nature, ces peuples échappent, par la hauteur de leurs instincts, par l'énergie de leur attraction, aux dissidences qui voudraient en vain les désunir. Leur amitié, leur sympathie se rejoignent dans une sphère de pensées et de sentimens où les dissentimens politiques ne sauraient les atteindre; et c'est le cas de leur appliquer ce mot sublime de l'Évangile, devenu le mot de liberté : « Ce que Dieu a « uni, les hommes ne le sépareront pas. »

Eh! quoi donc! les idées ne sont-elles pas le premier des intérêts?

Quand Washington et Lafayette, quand Bailly et Franklin se firent un signe à travers l'Atlantique, l'indépendance de l'Amérique, quoique contestée par les cabinets, fut reconnue d'avance par les nations. Quand les esprits libéraux de l'Angleterre et de la France se tendirent la main, malgré Napoléon et la coalition, c'était en vain que les flottes et les armées combattaient encore; les nations étaient réconciliées. Les vrais plénipotentiaires des peuples, ce sont leurs grands hommes; les vraies alliances, ce sont les idées. Les intérêts ont une patrie; les idées n'en ont point! Et si quelque chose peut consoler les hommes politiques d'avoir à toucher si souvent à ces intérêts fugitifs, précaires, qui passent avec le jour et emportent avec lui les passions mobiles que nous y attachons, c'est de toucher de temps en temps à ces idées impérissables qui sont aux vils intérêts d'ici-bas ce que les monnaies qui servent aux vils trafics du jour sont à ces médailles que les générations transmettent aux générations, marquées au coin de Dieu et de l'éternité.

SUR LA LOI

RELATIVE AUX

RESTES MORTELS DE NAPOLÉON.

DISCOURS

PRONONCÉ A LA CHAMBRE DES DÉPUTÉS, DANS LA SÉANCE DU 26 MAI 1840.

Je m'abstiendrai de répondre à l'honorable orateur qui quitte la tribune. Il n'y a jamais d'exagération dans les sentimens et dans un dévouement personnel. Il vous a dit lui-même qu'il était un vieux soldat de l'école impériale ; je respecte le sentiment de la reconnaissance que ses souvenirs lui inspirent. Quant à moi, étranger à l'époque impériale, je tâcherai d'exprimer ici avec impartialité les sentimens d'un citoyen, et cela avec le respect que nous commande la mémoire de l'homme dont nous avons l'honneur de parler, et avec le respect que je dois à mon pays et à la chambre.

Si je m'associe, comme Français, au pieux devoir de rendre une tombe dans la patrie à un des hommes qui ont fait le plus de bruit sur la terre, à un de ces hommes dont le nom, répété le plus loin dans les siècles, devient pour ainsi dire un des noms du pays lui-même, et dont la volonté se substitua pendant dix ans aux lois, aux volontés, au destin de son pays ; comme philosophe, comme homme qui a quelque pressentiment de la postérité dans les choses, j'ose l'avouer devant vous, devant cette chambre, devant cette nation passionnée pour une mémoire, ce n'est pas sans un certain regret que je vois les restes de ce grand homme descendre trop tôt peut-être de ce rocher au milieu de l'Océan, où l'admiration et la pitié de l'univers allaient le chercher à travers le prestige de la distance et à travers l'abîme de ses malheurs.

M. ODILON BARROT. Je demande la parole.

M. DE LAMARTINE. Que l'honorable orateur qui m'interrompt ne préjuge pas ma pensée ; elle est aussi nationale, aussi respectueuse, aussi rémunératrice que la sienne. Oui, à Dieu ne plaise, Messieurs, que j'accuse l'acte du gouvernement, conforme à un noble instinct du pays, ni la royale pensée qui rappelle de l'exil la dépouille du grand capitaine ! J'ai vu de mes yeux la tombe de Thémistocle ; on le rappela aussi de l'exil pour le faire reposer au bord de la mer, en face de Salamine ; j'en ai béni le génie d'Athènes comme la postérité bénira un jour le génie de la France en présence du monument que vous allez voter ; mais je n'aurais pas considéré comme un malheur pour la mémoire de Napoléon que sa destinée l'eût laissé quelque temps encore sous le saule de Sainte-Hélène.

Les anciens laissaient écouler quelque temps entre la mort des héros et le jugement de la postérité. Les arrêts de l'histoire, quand ils sont plus impartiaux, sont plus sûrs d'être irrévocables. Peut-être, sous bien des rapports, cette cendre n'était-elle pas assez froide encore pour qu'on y touchât. La justice gagne à ces temporisations ; la gloire et la reconnaissance publique n'y perdent rien ; mais le jour, je le reconnais, où l'on offrait à la France de lui rendre cette tombe, elle ne pouvait que se lever tout entière pour la recevoir et la recueillir sous un patriotique monument.

Recevons-la donc avec recueillement, mais sans fanatisme ; et qu'au milieu de ce concert d'admiration, où l'on n'entend que la voix de l'apothéose, on laisse entendre aussi au peuple la voix de la raison publique. Une nation comme la nôtre ne peut pas séparer sa reconnaissance de son bon sens. Ne soyons pas plus fiers de notre génie que de nos droits!

Je vais faire un aveu pénible, qu'il retombe tout entier sur moi. J'en accepte l'impopularité d'un jour. Quoique admirateur de ce grand homme, je n'ai pas un enthousiasme sans souvenir et sans prévoyance. Je ne me prosterne pas devant cette mémoire; je ne suis pas de cette religion napoléonienne, de ce culte de la force que l'on veut depuis quelque temps substituer dans l'esprit de la nation à la religion sérieuse de la liberté. Je ne crois pas qu'il soit bon de déifier ainsi sans cesse la guerre, de surexciter ces bouillonnements déjà trop impétueux du sang français, qu'on nous représente comme impatient de couler après une trêve de vingt-cinq ans, comme si la paix, qui est le bonheur et la gloire du monde, pouvait être la honte des nations. J'ai bien vu un philosophe déifier aussi la gloire et diviniser ce fléau de Dieu. Je n'ai fait qu'en rire. Dans la bouche d'un philosophe, ces paradoxes brillants n'ont aucun danger; ce n'est qu'un sophisme. Dans la bouche d'un homme d'état, cela prend un autre caractère. Les sophismes des gouvernemens deviennent bientôt les crimes ou les malheurs des nations! Prenez garde de donner une pareille épée pour jouet à un pareil peuple!

Mais si je ne suis pas enthousiaste, je ne veux pas être hypocrite non plus; je ne veux pas feindre un culte que je ne me sens pas dans le cœur, encore moins dans l'intelligence.

J'ai passé ma jeunesse à admirer et à maudire quelquefois ce gouvernement. Je lui dois beaucoup cependant; je lui dois le sentiment, l'amour, la passion de la liberté, par ce sentiment de la compression publique qui pesait alors sur toutes les poitrines, et que son nom seul me fait encore ressentir. Oui, j'ai compris pour la première fois ce que valaient la pensée et la parole libre en vivant sous ce régime de silence et de volonté unique dont les hommes d'aujourd'hui ne voient que l'éclat, mais dont le peuple et nous nous sentions la pesanteur.

Et c'est ce qui explique comment un autre gouvernement fut accueilli par les hommes de mon âge. Bonaparte et la gloire d'un côté; la liberté et les institutions de l'autre. Nous fîmes comme nos pères : nous embrassâmes la liberté.

Je le sens, ce n'est ni le moment ni l'heure de juger l'homme qui tombait alors; le jugement lent et silencieux de l'histoire n'appartient pas à la tribune, toujours palpitante des passions du moment; il conviendrait moins encore à cette pompe funèbre et nationale que vous préparez. Il n'y faut que des hommages et des respects. J'y apporte volontiers moi-même ma pierre à mon tour. Le torrent de la gloire de cet homme, confondue avec la gloire du pays, entraîne sans peine ces ressentimens de la mémoire et ces reproches de la conscience publique.

Qui ne pardonnerait pas à une destinée tombée de si haut? Qui ne pardonnerait même à des fautes qui ont agrandi le nom de la France?

Cependant, Messieurs, nous qui prenons la liberté au sérieux, mettons de la mesure dans nos démonstrations; ne séduisons pas tant l'opinion d'un peuple qui comprend bien mieux ce qui l'éblouit que ce qui le sert. Gardons-nous de lui faire prendre en mépris ces institutions moins éclatantes, mais mille fois plus populaires, sous lesquelles nous vivons, et pour lesquelles nos pères sont morts après avoir tant combattu. N'effaçons pas tant, n'amoindrissons pas tant, n'inclinons pas tant notre monarchie de raison, notre monarchie nouvelle, représentative, pacifique ; elle finirait par disparaître aux yeux du peuple.

Les ministres nous assurent que le trône ne se rapetissera pas devant un pareil tombeau ; que ces ovations, que ces cortéges, ces couronnemens posthumes de ce qu'ils appellent une *légitimité,* que ce grand mouvement donné par l'impulsion même du gouvernement au sentiment des masses, que cet ébranlement de toutes les imaginations du peuple, que ces spectacles prolongés et attendrissans, ces récits, ces publications populaires, ces éditions à cent millions d'exemplaires, des idées et des sympathies napoléoniennes, ces bills d'indemnité donnés au despotisme heureux, ces adorations du succès, tout cela n'a aucun danger pour l'avenir de la monarchie représentative.

Pour le gouvernement, je veux bien le croire; pour l'esprit public, je n'ai pas la même sécurité. Oui, j'ai peur, je l'avoue, qu'on ne fasse trop dire ou penser au peuple : « Voyez, au bout du compte, il n'y a de populaire que la gloire, il n'y a de moralité que dans le succès; soyez grand, et faites tout ce que vous voudrez; gagnez des batailles, et faites-vous un jouet des institutions de votre pays! » Est-ce là qu'on veut en venir? est-ce ainsi qu'on apprend à une nation à apprécier ses droits?

Si ce grand général eût été un grand homme complet, un citoyen irréprochable, s'il eût été le Washington de l'Europe; si, après avoir défendu le territoire, intimidé la contre-révolution au dehors, il avait réglé, modéré, organisé les institutions libérales et l'avénement de la démocratie en France; si, au lieu de disperser les pouvoirs représentatifs, il les avait appuyés de la force militaire et soutenus de sa considération; si au lieu de se faire la réaction vivante du passé, si au lieu d'abuser de l'anarchie, de profiter du désenchantement momentané de l'esprit public, il l'avait relevé, il s'était fait le tuteur du progrès social, la providence du peuple; si après avoir mis en mouvement les ressorts d'un gouvernement militaire et tempéré, il s'était effacé lui-même comme Solon ou comme le législateur de l'Amérique; s'il s'était retiré dans son désintéressement et dans sa gloire pour laisser toute sa place à la liberté, qui sait si tous ces hommages d'une foule qui adore surtout ce qui l'écrase lui seraient rendus? Qui sait s'il ne dormirait pas plus tranquille et peut-être plus négligé dans son tombeau?

UNE VOIX : Vous offensez le pays!

M. DE LAMARTINE : Non, Monsieur ; je ne fais que raconter l'esprit humain.

Eh mon Dieu! ce n'est pas là une si étrange supposition. Vous êtes comme moi des hommes nourris des idées de 89, formés de la substance de ces idées de régénération libérale, écloses à la fin du dernier siècle, réapparues en 1814, inaugurées plus puissamment en 1830 par vos propres mains; eh bien! voyez ce que vous faites : Mirabeau, le prophète de ces idées, le génie créateur et moteur de la monarchie constitutionnelle, l'homme dont chacune des paroles donnait une impulsion irrésistible aux vérités de ce nouvel évangile politique des peuples, où est-il? il repose dans je ne sais quel caveau d'un monument profane qui a servi deux fois de chemin à l'égout.

Barnave, Bailly le martyr, dorment inconnus avec les restes du tombereau révolutionnaire.

Lafayette lui-même, Lafayette qui communiqua à son pays la première contagion de l'indépendance d'Amérique, Lafayette qui porta sans fléchir le poids du jour pendant quarante ans, oui, pendant quarante ans de travaux, de patience, de cachot, d'exil, de persécutions, de la persécution même de l'oubli; qui ne voulut pas, lui non plus, s'incliner devant ce météore du despotisme; Lafayette qui vous rapporta en 1830 l'idée de 89 aussi jeune, aussi intacte, aussi désintéressée, aussi inébranlable qu'il l'avait puisée dans l'âme de son ami Washington, Lafayette repose sous l'humble croix d'une sépulture de famille; et l'homme du 18 brumaire, l'homme à qui la France dut tout, excepté la liberté, la révolution triomphante va le chercher au delà des mers pour lui faire une tombe impériale! La révolution triomphante, je demande si elle a sur la terre de France quelque monument assez grand, assez saint, assez national pour le contenir?

Laissez-moi tout dire; vous l'avez voulu ainsi.

C'est bien, Messieurs; je ne m'y oppose pas, j'y applaudis, mais faites attention à ces encouragemens au génie à tout prix. Je les redoute pour notre avenir. Je n'aime pas ces hommes qui ont une foi et un symbole opposés; non, je n'aime pas ces hommes qui ont pour doctrine officielle la liberté, la légalité, le progrès, et qui prennent pour symbole un sabre et le despotisme. Oui, je l'avoue, je ne m'explique pas cela.

Je ne me fie pas à ces contradictions. J'ai peur que cette énigme n'ait un jour son mot.

Mais je reviens au sujet qui nous occupe, et je le résous en deux mots : Où placerons-nous ce grand tombeau?

La commission et le gouvernement proposent de le placer aux Invalides. Quelques voix disent sous la colonne de la place Vendôme, sous la colonne de Juillet, ceux-là à la Madeleine, ceux-ci à Saint-Denis; d'autres au Panthéon. Je trouve des empêchemens sérieux à tous ces emplacemens.

Aux Invalides? Cela n'est pas définitif. Cela pourrait bien n'être qu'une magnifique station, un entrepôt funèbre où une opinion plus passionnée irait un jour le reprendre pour le porter je ne sais où. La terre sera encore une fois remuée sous ce cercueil. Il ne faut pas réserver ce jour à nos enfans. Il faut que le tombeau que vous lui donnerez soit en effet son dernier tombeau. Non, celui-là ne sera pas son dernier tombeau; ses fanatiques vous le disent d'avance. Il est légitime; ils lui veulent une tombe royale, une tombe unique. Placer leur empereur parmi les soldats, c'est beau pour le guerrier, c'est trop peu pour le souverain; peu s'en faut qu'ils ne voient une déchéance du trône dans le choix du sépulcre.

Sous la colonne de la place Vendôme? Cela ne se peut pas. Tous les hommes d'ordre sont d'accord. Ce serait un rassemblement en permanence; ce serait une tribune debout pour toutes les séditions; la robe de César, toujours étalée devant la ville.

A la Madeleine? c'est trop près de la foule, trop près du bruit, trop sur la route du peuple. La porte en serait sans cesse assiégée. L'admiration pousserait sans cesse les passans à y entrer; le fanatisme et le tumulte pourraient en sortir et se répandre sur nos boulevards.

Au Panthéon? Je l'ai dit tout à l'heure, c'est une tombe trop banale et trop profane ; c'est trop près des mânes de ces hommes que je ne veux pas honorer.

A Saint-Denis? C'est le sépulcre des rois, la tombe des dynasties. Il l'avait préparé pour la sienne; il y serait une dynastie tout entière à lui seul; il y brillerait par son isolement même. Il a conquis ce monument en osant le restaurer et lui rendre ses royales poussières. Je voterais plus volontiers pour Saint-Denis; mais un seul scrupule m'arrête : il est des rapprochemens que l'histoire et les pierres mêmes doivent éviter?

A l'Arc de triomphe de l'Etoile! C'est trop païen. La mort est sainte, et son asile doit être religieux. Et puis y songez-vous! Si l'avenir, comme nous devons l'espérer, nous réserve de nouveaux triomphes, quel triomphateur, quel général oserait jamais y passer? Ce serait interdire l'arc de triomphe; ce serait fermer cette porte de la gloire nationale qui doit rester ouverte sur vos futures destinées !

Enfin, à la colonne de la Bastille? sous le monument de juillet? Mais quel rapport possible entre ce monument et Napoléon? Qu'y a-t-il de commun entre ce 18 brumaire du peuple et le 18 brumaire d'un soldat ambitieux ? Juillet s'est armé pour protéger la liberté et inaugurer la monarchie constitutionnelle d'une famille, d'une dynastie opposée à la sienne. Que ferait-il là? La liberté et lui pourraient-ils se regarder sans ironie? Votre monarchie constitutionnelle et lui pourraient-ils se regarder sans trembler ?

Non, après Saint-Denis, après le Panthéon purifié et rendu au culte, je ne verrais qu'une place convenable; ce serait un emplacement où il serait seul, comme au Champ-de-Mars, et où sa statue et son génie passeraient encore les revues de nos soldats au départ et au retour.

Mais soit que vous adoptiez cette idée, soit que vous choisissiez Saint-Denis ou le Panthéon ou les Invalides, souvenez-vous d'inscrire sur ce monument, où il doit être à la fois soldat, consul, législateur, empereur, souvenez-vous d'y écrire la seule inscription qui réponde à la fois à votre enthousiasme et à votre prudence, la seule inscription qui soit faite pour cet homme unique et pour l'époque difficile où vous vivez : A NAPOLÉON..... SEUL.

Ces trois mots, en attestant que ce génie militaire n'eut pas d'égal, attesteront en même temps à la France, à l'Europe, au monde, que si cette généreuse nation sait honorer ses grands hommes, elle sait aussi les juger, elle sait séparer en eux leurs fautes de leurs services, elle sait les séparer même de leur race et de ceux qui les menaceraient en leur nom, et qu'en élevant ce monument et en y recueillant nationalement cette grande mémoire, elle ne veut pas susciter de cette cendre ni la guerre, ni la tyrannie, ni des légitimités, ni des prétendans, ni même des imitateurs.

Je vote pour les deux millions demandés par la commission.

DE LA PROPRIÉTÉ LITTÉRAIRE.

RAPPORT

FAIT A LA CHAMBRE DES DÉPUTÉS

PAR M. DE LAMARTINE.

Messieurs,

La société, en constituant toute propriété, a trois objets en vue : rémunérer le travail, perpétuer la famille, accroître la richesse publique. La justice, la prévoyance et l'intérêt sont trois pensées qui se retrouvent au fond de toute chose possédée. La justice, la prévoyance et l'intérêt se retrouveraient-ils aussi dans la constitution de la propriété littéraire et artistique? Telle est la première et grave question que votre commission avait à approfondir. Ici, comme dans tout le cours du travail auquel elle s'est livrée, elle n'était point éclairée par des législations préexistantes ; tout était à découvrir et à créer ; l'antiquité n'avait pas parlé ; les législations modernes ne s'expliquaient que dans un langage confus, arbitraire, souvent contradictoire ; une ébauche de loi du 19 janvier 1791, un décret de la Convention du 19 juillet 1793, un décret sur la librairie du 5 février 1810, un beau projet de M. de Salvandy et une discussion de la chambre des pairs étaient les seuls jalons qui nous traçaient la route.

Le seul code que votre commission eût à interroger, c'était l'équité naturelle; il lui a fallu, comme dans toute question constituante, remonter jusqu'aux vérités élémentaires pour en faire découler d'autres vérités pratiques, et arracher pour ainsi dire un à un à l'ordre métaphysique et idéal tous les principes et toutes les applications du code de la pensée, qu'elle était chargée de vous apporter. Non contente de ces lumières qui jaillissent d'une discussion théorique, elle s'est investie de tous les documens existans, elle a fait l'enquête volontaire et officieuse de la littérature, de l'imprimerie, de la librairie et de l'art. Des hommes de lettres isolés ou associés par des liens d'assistance mutuelle, des membres de nos corps savans, des peintres, des statuaires, des musiciens, les premiers de leur art, des délégués de cette grande industrie de la librairie française qui a mis en quelque sorte sa gloire dans la gloire des grands écrivains qu'elle a répandue, enfin, dans un intérêt plus élevé et plus saint, le vénérable chef du clergé de Paris lui-même, ont bien voulu se faire entendre de votre commission, et vous apporter, chacun dans l'ordre de son expérience, de ses besoins ou de ses études, les notions qui pouvaient éclairer ou compléter la loi. Voici en peu de mots par quelle série de raisonnemens, d'inductions et de faits, nous sommes arrivés aux solutions que nous avons l'honneur de présenter à votre délibération.

Il y a des hommes qui travaillent de la main; il y a des hommes qui travaillent de l'esprit. Les résultats de ce travail sont différens, le titre du travailleur est le même. Les uns luttent avec la terre et les saisons, ils récoltent les fruits visibles et échangeables de leurs sueurs. Les autres luttent avec les idées, les préjugés, l'ignorance; ils arrosent aussi leurs pages des sueurs de l'intelligence, souvent de leurs larmes, quelquefois de leur sang, et recueillent au gré du temps la misère ou la faveur publique, le martyre ou la gloire. Les résultats du travail matériel, plus incontestables et plus palpables, ont frappé les premiers la pensée du législateur. Il a dit au laboureur qui avait défriché le champ : Ce champ sera à toi, et, après toi, à tes enfans. La récompense de ton labeur te suivra dans toutes les générations qui te continuent. Ainsi a été instituée la propriété territoriale, base de la famille, et par la famille, fondement de toute société permanente. A mesure que l'état social s'est perfectionné, il a reconnu d'autres natures de propriété ; et la propriété et la société se sont tellement identifiées l'une dans l'autre, qu'en parcourant le globe, le philosophe reconnaît à des signes certains que l'absence, l'imperfection ou la décadence de la propriété chez un peuple sont partout la mesure exacte de l'absence, de l'imperfection ou de la décadence de la société.

Mais les pensées du législateur moderne se sont élargies. Il n'a pas vu seulement le travail dans les fruits matériels de la terre ; il les a reconnus dans tout ce qui prouvait un travail et constituait un objet d'échange ou d'influence pour l'État. La propriété mobilière s'est ainsi graduellement développée.

En vertu d'une induction naturelle et juste, le jour devait arriver où l'œuvre de l'intelligence serait reconnue un travail utile, et les fruits de ce travail une propriété. Mais par une générosité digne de sa nature, la pensée qui avait tout créé s'oubliait elle-même ; elle ne demandait aux hommes que le droit de les enchanter ou de les servir ; elle ne demandait qu'à la gloire la fortune d'un nom dans l'avenir, laissant dans le dénûment et dans l'obscurité la famille du philosophe ou du poëte dont les œuvres formaient la richesse intellectuelle d'une nation. Il est vrai qu'alors l'imprimerie n'était pas inventée, et que cette richesse intellectuelle, livrée aux dilapidations de quelques rares copistes, n'avait pas constitué encore, comme elle l'a fait depuis, une industrie immense, un capital visible, une richesse matérielle propre à être saisie, consacrée et réglementée par la loi. Ce phénomène de l'imprimerie qui rend la pensée palpable comme le caractère qui la grave; et commerciale comme l'exemplaire où on la vend, devait appeler tôt ou tard une législation pour en constater et pour en distribuer moralement et équitablement les produits. Cette pensée du législateur n'enlève rien à l'intellectualité et à la dignité de l'œuvre de l'écrivain. Elle n'avilit pas le livre dans la qualité immunérable de service libre et spontané rendu au genre humain sans aucune vue de récompense vénale. Elle laisse cette rémunération au temps et à la mémoire des hommes. Elle ne touche pas à l'idée, qui ne tombe jamais dans le domaine inférieur d'une loi pécuniaire. Elle ne touche qu'au livre, devenu par l'impression objet commercial. L'idée vient de Dieu, sert les hommes et retourne à Dieu en laissant un sillon lumineux sur le front de celui où le génie est descendu, et sur le nom de ses fils; le livre tombe dans la circulation commerciale, et devient une valeur productive de capitaux et de revenus comme toute autre valeur, et susceptible à ce titre seul d'être constituée en propriété.

Est-il juste, est-il utile, est-il possible de consacrer entre les mains des écrivains et de leur famille la propriété de leurs œuvres? Voilà les trois questions que nous avions à nous poser sur le principe même de la loi, formulé dans ses premiers articles. Ces questions n'étaient-elles pas répondues d'avance : Qu'est-ce que la justice, si ce n'est la proportion entre la cause et l'effet, entre le travail et la rétribution? Un homme dépense quelques portions de ses forces, quelques heures faciles de sa vie, à l'aide d'un capital transmis par ses pères, à féconder un champ ou à exercer une industrie lucrative; il entasse produits sur produits, richesses sur richesses, il en jouit lui-même dans l'aisance ou dans les délices de sa vie, vous lui en assurez la possession à tout jamais, et après lui à ceux que le sang désigne ou que le testament écrit. Un autre homme dépense sa vie entière, consume ses forces morales, énerve ses forces physiques dans l'oubli de soi-même et de sa famille pour enrichir après lui l'humanité ou d'un chef-d'œuvre de l'esprit humain, ou d'une de ces idées qui transforment le monde : il meurt à la peine, mais il réussit. Son chef-d'œuvre est né, son idée est éclose. Le monde intellectuel s'en empare. L'industrie, le commerce, les exploitent. Cela devient une richesse tardive, posthume souvent; cela jette des millions dans le travail et dans la circulation; cela s'exporte comme un produit naturel du sol. Tout le monde y aurait droit, excepté celui qui l'a créé, et la veuve et les enfans de cet homme, qui mendieraient dans l'indigence à côté de la richesse publique et des fortunes privées enfantées par le travail ingrat de leur père ! Cela ne peut pas se soutenir devant la conscience, où Dieu a écrit lui-même le code ineffaçable de l'équité.

Cela est-il utile ? il suffirait de répondre que cela est juste ; car la première utilité pour une société, c'est la justice. Mais ceux qui demandent s'il est utile de rémunérer dans l'avenir le travail de l'intelligence ne sont donc jamais remontés par la pensée jusqu'à la nature et jusqu'aux résultats de ce travail. Jusqu'à sa nature ! ils auraient vu que c'est le travail qui agit sans capitaux, qui en crée sans en dépenser, qui produit sans autre assistance que celle du génie et de la volonté. Jusqu'à ses résultats ? ils auraient vu que c'est l'espèce de travail qui influe le plus sur les destinées du genre humain, car c'est celui qui agit sur la pensée même de l'humanité, et qui la gouverne. Que l'on parcoure en idée le monde et les temps, Bible, Védas, Confutzée, Évangile, on retrouve partout un livre saint dans la main du législateur à la naissance d'un peuple. Toute civilisation est fille d'un livre. L'œuvre qui crée, qui détruit, qui transforme le monde, serait-elle une œuvre indifférente au monde ?

Enfin, cela est-il possible? Cette richesse éventuelle et fugitive qui résulte de la propagation matérialisée de l'idée par l'impression et par le livre, est-elle de nature à être saisie, fixée, et réglémentée sous forme de propriété ? A cette question, le fait avait répondu pour nous. Cette propriété existe, se vend, s'achète, se défend comme toutes les autres. Nous n'avions qu'à étudier ses procédés et à régulariser ses conditions pour la faire entrer complétement dans le domaine des choses possédées et garanties à leurs possesseurs. C'est ce que nous avons fait.

Mais une question préjudicielle devançait et dominait ces dispositions à prendre. Constituerons-nous la propriété des œuvres de l'intelligence à perpétuité ou pour un temps seulement? Nous ne nous la sommes pas posée, et nous dirons pourquoi : nous étions une commission de législateurs et non une académie de philosophes. Comme philosophes, remontant à la métaphysique de cette question, et retrouvant sans doute dans la nature et dans les droits naturels du travail intellectuel des titres aussi évidens, aussi saints et aussi imprescriptibles que ceux du travail des mains, nous aurions été amenés peut-être à proclamer théoriquement la perpétuité de possession des fruits de ce travail; comme législateurs, notre mission était autre; nous n'avons pas voulu la dépasser. Le législateur proclame rarement des principes absolus, surtout quand ce sont des vérités nouvelles. Il proclame des applications relatives pratiques et proportionnées aux idées reçues, aux mœurs et aux habitudes du temps et de la chose dont il écrit le code. Nous avons considéré que les idées sur la propriété littéraire n'étaient pas encore assez rationnalisées, que ses mœurs n'étaient pas assez faites, que sa constitution n'était pas assez universellement européenne et internationale; qu'enfin ses habitudes n'étaient pas assez prises dans le droit commun des autres ordres de choses possédées pour qu'en constituant les droits garantis, nous pussions du même coup constituer dès aujourd'hui la transmissibilité sans limites à travers le temps. En l'investissant dans cette loi des conditions d'une possession complète, nous avons donc cru devoir la limiter dans sa durée. Nous n'avons mis aucune limite à ses droits; nous lui avons mis une borne dans le temps. Le jour où le législateur, éclairé par l'épreuve qu'elle va faire d'elle-même, jugera qu'elle peut entrer dans un exercice plus étendu de ses droits naturels, il n'aura qu'à ôter cette borne, il n'aura qu'à dire *tou-*

jours où notre loi a dit *cinquante ans*, et l'intelligence sera émancipée.

Pourquoi avons-nous dit *cinquante ans* et non pas *toujours?* C'est un des points qui a été le plus sérieusement débattu par votre commission. Le projet du gouvernement ne disait que *trente ans*, mais il le disait à regret.

Si nous eussions pris le terme de la vie de l'auteur, la propriété, même viagère, eût été anéantie entre ses mains ; car la vie de l'homme étant incertaine, quel éditeur eût voulu acheter un droit dont la jouissance ne lui eût pas été assurée un jour et que la nature pouvait lui donner pour rien à tous les momens ?

La première garantie de la possession utile de l'écrivain sur ses œuvres, c'était donc un certain intervalle de temps maintenu à cette possession après sa mort. Les arrêts de l'ancien régime, confus et arbitraires, accordaient aux familles des auteurs ce droit d'exploitation de leurs ouvrages tant qu'ils en reconnaissaient des héritiers, mais sous forme de priviléges. La loi de 1791 donnait cinq ans, celle de 1793 donna dix ans, le décret de 1810 accorda vingt ans ; le projet de loi actuel nous proposait trente ans.

Votre commission s'est divisée ici en deux avis presque arbitraires, mais qui ont cherché cependant dans le raisonnement les motifs pour ainsi dire instinctifs de leur préférence pour la concession de trente ans, ou pour la concession de cinquante ans. Les uns disaient : La propriété des grandes œuvres de l'esprit est le patrimoine de la société avant d'être le domaine privé et utile d'une famille quelconque. Une possession plus longue accordée à la famille enchérira le livre et gênera la production. Que veut la société ? Ne pas dépouiller, mais jouir. En laissant trente ans à la famille de l'auteur, elle ne dépouille pas sa veuve, dont la vie dépasse rarement ce terme, et elle entre plus tôt en jouissance complète de la richesse intellectuelle qui lui reste acquise. Les autres répondaient : La possession matérielle du livre d'un auteur par sa famille ne soustrait rien de la propriété intellectuelle du livre acquise à la société le jour même de sa publication.

Si le livre est bon et utile, il a un très-grand nombre d'acheteurs; on le publie sous tous les formats à un chiffre toujours croissant d'exemplaires; la faible rétribution du droit d'auteur payée une fois pour toutes à l'écrivain lui-même, ou payée successivement à la famille pour le droit d'édition, est noyée, ou devient imperceptible dans le prix vénal du livre, et ne saurait en rien en affecter la circulation. Souvent, au contraire, l'intérêt de gloire ou d'argent de la famille provoque des entreprises ou des éditions nouvelles qui ne seraient jamais faites sans ce concours. D'ailleurs, si ce n'est pas la famille qui bénéficie sur le livre de l'écrivain dont elle hérite, ce sera toujours quelqu'un : ce sera l'éditeur. L'éditeur vendra le livre le plus cher possible. Quel intérêt a la société à ce que le bénéfice fait sur le livre appartienne tout entier aux éditeurs, au lieu de se partager entre les éditeurs et les héritiers de l'écrivain ?

Elle n'en a aucun, ou plutôt elle en a un très-réel à ce que la richesse, produite par le débit d'un livre utile, remonte et adhère le plus longtemps possible à ceux qui l'ont créée; elle en a un autre encore, c'est que, la propriété privée du livre existant plus longtemps entre les mains de possesseurs intéressés et vigilans, les contrefaçons de ce livre à l'étranger soient plus longtemps défendues et prévenues, afin que la richesse industrielle de l'exploitation du livre reste plus longtemps aussi à la nation ; mais une autre raison a dominé toutes les autres : De quoi se compose, a-t-on dit, l'unité morale, l'être abstrait de l'écrivain? De trois êtres : l'auteur lui-même, sa femme et ses enfans; le père, la femme, le fils, c'est un seul être; cet être qu'on appelle la famille à son premier degré. Puisque vous voulez constituer la propriété littéraire pour un certain nombre d'années, prenez, non pas ce terme de trente ans après le décès de l'auteur, terme passé lequel sa femme vit encore et ses enfans entrent à peine dans le milieu de la vie, mais prenez le demi-siècle, ce terme de cinquante ans qui embrasse dans la moyenne probable des éventualités de la vie et de la mort le cercle entier des trois existences parcourues par les trois êtres qui représentent ou qui continuent immédiatement l'auteur lui-même; ne brisez pas ce seul être moral en deux ou trois parts, dont l'une aura joui de toute l'aisance de la propriété sous les auspices du père, et dont les autres languiront dans une indigence d'autant plus cruelle qu'elles auront connu des jours meilleurs.

Le terme de trente ans ferait éclater à chaque instant ces scandales d'un domaine public s'enrichissant des travaux spoliés du génie en face de la veuve et du fils de l'homme de génie vivant dans la misère et le dépouillement. Enfin n'oubliez pas, ajoutait-on, que ce que vous écrivez dans la loi ne se réalisera pas dans le fait. Si vous écrivez trente ans, la famille ne jouira réellement que vingt ans; si vous écrivez cinquante, la famille n'en aura que quarante. Ainsi le veut l'industrie. Quand elle est avertie par la loi du terme fatal où la propriété d'un ouvrage va tomber dans le domaine public, elle s'arrête et elle attend. Huit ou dix ans avant l'expiration de la propriété des familles, il n'y a plus de propriété. L'éditeur ne se présente plus ; il ajourne à l'exploitation libre : le domaine intellectuel est frappé de stérilité.

Ces motifs ont prévalu, et votre commission a amendé le projet du gouvernement dans le sens de cet arbitraire plus libéral, plus généreux, plus équitable, et plus conforme aux véritables procédés de la spéculation.

Le principe et les limites de la propriété littéraire étant fixés, restait à déterminer son mode de transmissibilité temporaire.

Le projet de loi, la commission ont été d'accord dans cette pensée, que la propriété de l'écrivain sur son œuvre pendant sa vie était quelque chose d'immatériel, d'indivisible, de continu et d'insaisissable sur la personne, qui se refusait à toute altération de son libre et plein exercice sur cette œuvre. Mais en cas de mort d'un des conjoints autre que l'auteur, une question se présentait : Quel serait le sort de la propriété littéraire, si la loi en faisait un bien de communauté soumis aux règles que le Code civil impose à cette nature de biens communs entre les époux? les héritiers de la femme se présentaient, saisissaient à l'instant leur part, et dépouillaient ainsi l'auteur avant sa mort de sa plénitude d'exercice, de sa domination intellectuelle sur son œuvre? La nature même de cette propriété, toute personnelle, toute morale, tout indivisible dans la pensée, était violée. Si, au contraire, la loi déclarait que la propriété littéraire n'était pas bien de communauté, qu'arriverait-il? Que la femme, dont l'assistance morale, et souvent l'assistance pécuniaire, avait puissamment contribué à la création de l'œuvre littéraire ou artistique par son dévouement ou par ses capitaux, se trouverait, dans sa personne et celle de ses héritiers, dépouillée de sa part de bénéfices ou de droits qu'elle avait, pendant une longue et intime collaboration, noyés dans la fortune de l'auteur. D'un côté, iniquité ; de l'autre, spoliation criante. Il fallait choisir. La commission ne l'a pas voulu : elle a, comme le gouvernement, au moyen d'une seule dérogation aux formes de la communauté dans le Code civil, disposé que la propriété littéraire serait considérée comme bien de communauté à l'égard du conjoint survivant de l'auteur, c'est-à-dire seulement après le décès de l'auteur, laissant ainsi toute son immunité à la pensée, et tout son effet à la justice. Plutôt que de mutiler un droit ou une faculté pour les faire entrer dans le cadre qui ne leur était pas préparé, elle a préféré créer un cadre nouveau, où la faculté fût intacte et où le droit fût respecté.

Les articles 4, 5, 6, 7, ont pour objet de régler le mode de jouissance et de fixer la date de propriété des ouvrages anonymes ou pseudonymes, de faire entrer dans les garanties de la loi les discours, sermons, cours publics, ainsi que les notes, commentaires, articles de journaux, et tous ces laborieux exercices de la science, de la critique ou du goût, sur les ouvrages tombés dans le domaine public, qui, en donnant un caractère et un prix spécial aux éditions, en font une propriété aussi inviolable que toute autre. Quant aux discours politiques, la publicité étant leur nature, la loi les livre à la propagation sans limites, sauf le cas où, après avoir accompli cette fin politique, ils changeraient de nature par leur collection en recueils.

Quelques personnes étaient d'avis d'y ajouter les lettres et correspondances. Nous ne l'avons pas voulu. Nous avons considéré qu'en déterminant ainsi d'avance la propriété des correspondances des auteurs morts ou vivans, nous courrions le risque d'autoriser un droit de publication que la morale publique réprouve, ou de défendre un usage légitime que les convenances ou la nécessité commandent quelquefois. Nous n'avons voulu ni le défendre ni le permettre. Nous avons mis les lettres dans une catégorie à part : ce sont des manifestations confidentielles dans lesquelles l'homme, et non plus l'écrivain, se livre lui-même à la confidence et non à la publicité, sans aucune vue de lucre. Cela ne constitue pas, à nos yeux, une propriété dont la condition puisse être réglée par une loi fiscale, mais une personnalité gouvernée et défendue par les lois écrites sur la diffamation, sur l'abus de confiance, et par les lois non écrites de la morale, de la délicatesse et de l'honneur. On n'écrit pas la législation de la conscience publique ; on la lit dans l'opinion et dans les mœurs ; le déshonneur en est la pénalité.

L'article 6 restreint à dix ans la durée de la propriété de l'État sur les ouvrages publiés par son ordre et à ses frais. Si nous n'avons pas donné, à l'instant de leur publication, ces œuvres de munificence et d'utilité au domaine public, pour qui seul elles sont entreprises, c'est uniquement pour respecter et pour préserver un certain temps les droits des imprimeurs-éditeurs dont l'État emprunte la collaboration.

Nous avons conservé trente ans de propriété exclusive aux académies et aux corps savants, bien que leurs collections soient imprimées aux frais de l'État, par cette considération : que les membres de ces académies donnent sans rétribution leurs écrits ou manuscrits à ces collections, tout en s'en réservant néanmoins la propriété pour leurs propres œuvres, et que si ces collections tombaient de droit dans le domaine public avant l'époque de cinquante ans assignée aux propriétés privées, ces auteurs se trouveraient dépouillés par le fait même de leur généreux concours à l'œuvre de leur corps ou de leur académie.

Nous avons fixé le même terme à la propriété des académies sur leurs dictionnaires, à cause des conditions exceptionnelles et très-onéreuses que l'impression incessante de cette nature d'ouvrages impose aux imprimeurs avec lesquels ont traité les corps savans.

Le projet du gouvernement était muet en ce qui touche au droit de propriété ou de surveillance des évêques diocésains sur les livres d'église, heures et prières à l'usage de leurs diocèses. L'ancien régime conférait aux chefs spirituels une sorte de propriété perpétuelle sur les ouvrages liturgiques, en vertu de laquelle ils administraient seuls et arbitrairement cette partie de la publicité religieuse. La loi du 19 juillet 1793, sur la propriété littéraire, se taisait. A la restauration du culte catholique en l'an x, la spéculation s'empara seule et sans garantie de cette branche de l'industrie littéraire. Des abus graves furent signalés ; le décret du 7 germinal an XIII y pourvut en ces termes : « Art. Ier. Les livres d'église, heures et prières, ne pourront être imprimés et réimprimés que d'après la permission donnée par les évêques diocésains, laquelle permission sera textuellement rapportée et imprimée en tête de chaque exemplaire. — Art. II. Les imprimeurs, libraires, qui feraient imprimer, réimprimer les livres d'église, heures et prières, sans avoir obtenu cette permission, seront poursuivis conformément à la loi du 19 juillet 1793. » Cette législation diversement interprétée, soit dans le sens d'une propriété continue affectée aux évêques, soit dans l'acception d'un droit de surveillance et d'approbation, et rejetée dans l'incertitude et le doute par des arrêts contradictoires de 1825, de 1830, de 1833, et par un arrêt de la Cour de cassation du 28 mai 1836, avait, nous disait-on, besoin d'être éclaircie et fixée dans la loi nouvelle. Des intérêts plus hauts et plus saints que ceux d'une propriété ordinaire, la liberté religieuse, la responsabilité des chefs d'un grand culte, la sécurité des consciences d'un nombre immense de catholiques, enfin les droits et la concurrence d'une industrie considérable, nous commandaient d'examiner.

Restituer aux évêques diocésains l'exercice privilégié et exclusif d'une sorte de propriété sur les livres liturgiques, c'était rétrograder vers un ordre de choses que la liberté des consciences avait aboli; c'était spolier le domaine public religieux; c'était constituer des propriétés littéraires par substitution incessante à des corps diocésains; c'était privilégier des industries en en dépouillant d'autres; c'était même exposer les évêques à ravaler leur dignité et leur inviolabilité morale dans les revendications juridiques et dans les poursuites toujours odieuses qu'aurait nécessitées pour eux l'exercice d'un droit religieux dont on aurait fait une propriété industrielle.

Dépouiller les évêques de leur droit de surveillance sur des termes sacramentels et sur des textes dont ils répondent, c'était leur commander la responsabilité en leur refusant les moyens de l'exercer, c'était froisser la liberté et la sécurité d'une grande église dans l'État; car une religion n'est pas libre quand elle n'est pas conforme à elle-même. Le principe du catholicisme étant l'autorité, si cette autorité n'est pas une garantie sincère et authentique dans les dogmes, dans les pratiques, dans les rapports du chef spirituel avec le fidèle, l'église catholique ne jouit pas de toute sa liberté, car elle ne jouit pas de la plénitude et de la garantie d'autorité qui est sa nature, sa foi, sa règle. Nous avons pensé que toucher à la législation toujours en vigueur de l'an XIII, ce serait tomber dans l'un ou dans l'autre de ces dangers; que, par cette législation, l'autorité épiscopale était investie d'un droit convenable, non de propriété ni de privilége, mais d'approbation spéciale et préalable dans le diocèse pour l'impression et les réimpressions successives des livres liturgiques à l'usage de ce diocèse; que l'énonciation de ce droit de haute police religieuse et politique n'appartenait pas à une loi de propriété et de contrefaçon littéraires; que le légitime exercice de ce droit garanti par la loi de l'État, interprété par la jurisprudence, modéré par les appels comme d'abus, nécessaire à la religion, sans dommage réel pour la concurrence, restait plein et entier entre les mains des évêques, qui n'avaient de compte à rendre de son usage qu'à leur conscience, à la sainteté de leur caractère et à la loyauté de leurs transactions.

Restait une disposition dominante à écrire dans l'acte même qui instituait la propriété des auteurs au nom de l'État. C'étaient les réserves de l'État lui-même; elles ont été proposées. Après un examen approfondi de cette proposition, qui paraissait au premier abord si plausible, la commission s'est refusée à les écrire dans la loi. Le loi, disait l'auteur de la proposition, a réservé en toute chose à la société le droit d'expropriation pour cause d'utilité publique; pourquoi ne proclamerait-elle pas ici le droit d'expropriation pour cause d'utilité de la pensée? Ne pourrait-il pas arriver que des héritiers négligens ou prévenus retirassent de la circulation un ouvrage nécessaire au genre humain et ne créassent ainsi une pénurie de lumières et d'idées qui laisserait, pendant quelques années, la nation ou le monde en souffrance? Quoi de plus aisé que d'y pourvoir? Dites que l'État aura le droit de contraindre les héritiers, après un certain délai, à laisser imprimer l'œuvre dont le besoin se fera sentir, moyennant une indemnité appréciée par arbitres et remise par l'éditeur à la famille. On a répondu par des considérations morales d'une haute gravité : on a fait ressortir ce scandale violent des mœurs, des convictions, de l'honneur des familles, qu'offrirait une disposition forçant un fils à publier, pour une indemnité d'argent, les révélations qui déshonoreraient le nom de son père, ou des écrits qui contristeraient ses propres croyances religieuses, ou enfin quelques-unes de ces débauches de l'esprit humain où le génie du style est tellement mêlé aux souillures de la pensée que la curiosité littéraire les conserve, bien que la pudeur publique voulût les anéantir. Ces considérations ont été réfutées; mais une considération dominante a prévalu dans la presque unanimité de la commission; c'est qu'au fond on ne discutait sur rien. C'est que ce cas si improbable dans l'avenir ne s'était pas présenté une seule fois dans le passé. Les lois ne se font que pour des faits réels et non pour des improbabilités presque ridicules.

On ne fait pas la législation d'une hypothèse. L'hypothèse d'un ouvrage nécessaire au monde, utile, moral, publié pendant des années et artificiellement éteint pour le monde, a paru à votre commission si chimérique, qu'elle n'a pas cru devoir la mentionner dans sa loi. Vous examinerez.

La propriété des pièces de théâtre forme le titre II de la loi. Le décret du 5 février 1810 était jusqu'ici toute la législation des compositions dramatiques. Le législateur ne pouvait oublier dans ses garanties les fruits de ce grand art qui fut élevé par l'antiquité jusqu'à la dignité d'une institution, que la police des états modernes tient, à cause de sa puissance même, sous une vigilance exceptionnelle, et qui a servi plus qu'aucun autre peut-être à propager la langue, la civilisation et l'influence françaises, par les nobles créations que le génie français a fait partager à l'Europe. Notre théâtre est une partie de notre patriotisme. Nous ne pouvions le déshériter.

Une composition dramatique comprend deux choses distinctes : la composition et la représentation. C'est un écrit tant qu'elle reste dans les mains de l'auteur; c'est une action du moment qu'elle passe dans le rôle de l'acteur. Aussi cette qualité double et complexe des pièces de théâtre constitue-t-elle une double propriété. Sans l'auteur le théâtre n'a point de drame. Sans l'acteur le drame n'a point de représentation. Le théâtre et l'auteur, propriétaires tous deux à un titre différent et n'existant pas ou existant incomplets l'un sans l'autre, devaient donc faire entre eux une sorte de partage équitable de la propriété commune, pour que les droits de l'un ne fussent pas absorbés par l'autre, mais pour que chacun eût sa part légitime dans le prix volontaire que le public apporte chaque jour à ces nobles jeux de l'intelligence où le génie de l'acteur complète le génie de l'écrivain; toute la loi était là, et l'usage avait devancé la loi. Aucun théâtre ne pouvait représenter une pièce sans la permission de l'auteur. Une rétribution appelée part d'auteur, appréciée, débattue, fixée par la concurrence, les usages, les règlemens spéciaux à chaque scène, lui était affectée. Nous n'avons eu qu'à écrire que le droit à cette rétribution durerait cinquante ans après la mort de l'auteur. Quant à la qualité d'écrit et non de récitation de leur œuvre, les poëtes seront régis, dans la propriété de leurs compositions théâtrales, par la législation du titre Ier sur les œuvres de l'écrivain.

Les mêmes articles protégeront les auteurs d'œuvres de musique, quel que soit le mode de reproduction de leur pensée musicale. En commandant le dépôt des exemplaires de l'œuvre musicale au ministère de l'intérieur, et en s'en rapportant aux règlemens pour la distribution de ces exemplaires, la commission a sous-entendu que le Conservatoire de musique s'enrichirait régulièrement d'un de ces exemplaires à ce double titre d'élément de l'art et de constatation de propriété.

Le titre IV nous appelait à ébaucher la législation des arts du dessin, du pinceau, du ciseau. Nous avions à traiter avec le respect qu'ils méritent, ces arts, moitié intellectuels, moitié mécaniques, où la pensée se personnifie sur la toile et dans le marbre, et où le génie se matérialise dans la main de l'homme; nous avions à nous préserver d'une recherche trop minutieuse des conditions de la propriété dans toutes ces sortes d'ouvrages, et à ne pas dépasser la limite presque indécise où l'art se confond avec le métier. La rémunération du métier, c'est le salaire et le brevet d'invention ; la rémunération de l'art, c'est la gloire et la propriété.

Les conditions de la propriété artistique ne sont pas identiquement les mêmes que les conditions de la propriété littéraire. On va le comprendre : le manuscrit d'un auteur n'est rien par soi-même comme valeur commerciale ; il ne devient quelque chose que par la faculté d'être multiplié, et du moment où il est multiplié par l'impression et où il devient livre, celui qui possède le livre possède autant que celui qui possède le manuscrit. La pensée de l'auteur est transmise tout entière au lecteur. Le tableau d'un peintre, la statue d'un sculpteur, sont au contraire un fait palpable, matériel et unique de propriété, qui se transmet du vendeur à l'acquéreur avec l'évidence et la simplicité d'une transaction ordinaire. La livraison de l'objet prouve la vente, et ce premier et souvent unique exemplaire de l'œuvre artistique se vend, par cette raison, autant que la pensée et le travail entiers du statuaire et du peintre. L'auteur donc vend à son éditeur une faculté ; l'artiste vend une chose ; de là, différence nécessaire dans la législation de ces deux propriétés.

Ici cependant la question se complique. L'artiste, tout en vendant et en livrant un objet matériel *un*, et où se résume toute la valeur de la pensée, peut vendre cependant aussi quelque chose qui ressemble, jusqu'à un certain point, à la faculté de faire des éditions de cette pensée, avec cette différence que ces éditions n'ont jamais ni le mérite ni l'identité, ni la valeur du chef-d'œuvre lui-même, et que l'artiste n'en a pas la responsabilité. C'est le droit et la faculté d'en faire ou d'en laisser faire des imitations par la gravure, la lithographie, le moulage ; ces imitations ont cette différence encore avec les éditions de la pensée écrite, que ces copies n'enlèvent rien à la valeur de l'original, tandis que la publication du livre enlève toute sa valeur au manuscrit.

Le projet du gouvernement distingue sagement ces deux qualités de l'œuvre d'art : l'œuvre elle-même, dont la propriété ne fait pas un doute, et la faculté de reproduction de cette œuvre par les différens procédés qu'elle comporte. L'article 13 garantit aux artistes auteurs de dessins, tableaux, cartes, etc., le droit exclusif de les reproduire ou d'en autoriser la reproduction pendant la durée de leur vie et cinquante ans après leur mort.

Mais ici se présentait une des controverses les plus sérieuses dont la loi ait été l'objet : à qui de l'auteur ou de l'acquéreur d'un tableau ou d'une statue appartiendra le droit exclusif de les reproduire par la gravure ou par le moulage? Le projet du gouvernement l'attribuait à l'acquéreur. De nombreuses réclamations, appuyées par des protestations éloquentes, et revêtues même de l'autorité d'une des classes de cet Institut dont le nom seul commande l'examen et impose le respect, se sont élevées de la part des peintres et des statuaires ; ces doléances du génie ont trouvé dans la commission de sympathiques interprètes ; deux opinions également bienveillantes à l'art, mais divisées sur les vrais intérêts de l'artiste, ont été longtemps en présence.

L'une disait avec les artistes : Quand nous vendons un tableau ou une statue, nous ne vendons qu'un objet matériel, mais nous ne vendons pas la pensée personnifiée dans la toile ou dans le marbre ; nous ne vendons pas surtout le droit de la dénaturer, de la dégrader, de l'avilir par des imitations imparfaites ou par d'ignobles reproductions. Ce serait vendre le droit de profaner ou de calomnier notre talent; on ne peut pas, on ne doit pas nous enlever le droit de présider nous-mêmes et nous seuls aux imitations de notre œuvre ; on ne le peut pas par respect pour l'art, on ne le doit pas par respect pour la morale publique. L'art veut une surveillance habile et intéressée; la morale publique ne veut pas que la pensée quelquefois jeune, téméraire, égarée, de l'artiste aux premiers jours de sa vie, vienne, par une reproduction intempestive et contraire à sa volonté, compromettre son nom, accuser sa jeunesse, contrister et peut-être déshonorer sa famille. La loi qui conférerait le droit de gravure à l'acquéreur serait pleine de périls pour l'artiste, pour les graveurs, pour l'acquéreur lui-même; les tableaux changent de mains, il leur faudrait donc emporter avec eux, d'aliénation en aliénation, un certificat d'origine constatant, de propriétaire en propriétaire, que le droit de reproduction a été vendu par leur auteur, et que ce droit n'a pas été épuisé par un des premiers acquéreurs! Cela serait-il possible? et la vente et la gravure de chaque objet d'art ne deviendraient-elles pas ainsi un piége où acquéreurs et graveurs craindraient à chaque instant d'être surpris?

L'autre opinion répondait : Nous voulons créer une propriété sérieuse, digne de l'art et digne de la loi, qui consent à l'inscrire dans ses codes. Serait-ce une propriété sérieuse, entière et digne de la loi, que la propriété d'une chose dont la possession serait d'un côté et dont l'usage serait d'un autre? Une pareille servitude attachée à un objet d'art et qui restreindrait sa jouissance à une sorte de contemplation locale, uniforme et platonique de l'objet, ne diminuerait-elle pas immensément la valeur de cette nature de propriété pour les artistes eux-mêmes, et n'intimiderait-elle pas, en les décourageant, les consommateurs de luxe qui acquerront ces sortes d'objets par délices, par munificence, par un généreux orgueil de patronage, et pour en perpétuer le souvenir et la gloire dans leur maison? Évidemment oui. Rien ne les force à acquérir; tentez-les par des conditions acceptables; ne leur vendez pas un problème, un assujettissement, une restriction, mais une propriété pleine de sécurité et de liberté! Quel amateur riche, étranger souvent, consentirait à acquérir un objet d'art, à la charge de le consigner dans sa galerie, à l'abri du burin du graveur ou du ciseau du copiste, responsable en son absence des copies furtives qui pourraient en être faites? Cela ne peut pas s'admettre; et à supposer que vous astreigniez l'artiste à obtenir pour cela le consentement libre de l'acquéreur, que devient la reproduction? Comment deux familles d'héritiers, de l'artiste d'une part, et de l'acquéreur de l'autre, s'entendront-elles à cinq cents lieues de distance quelquefois sur le choix d'un graveur et sur les conditions d'une reproduction qui sera pour chacun d'eux l'objet de goûts ou d'intérêts contraires? c'est condamner l'œuvre à la stérilité, c'est condamner l'art à la pénurie, c'est condamner la société à se priver pendant quatre-vingts ou quatre-vingt-dix ans, des types, des modèles, des chefs-d'œuvre qui élèvent son sentiment moral en multipliant pour elle les images du beau ; car il n'y a pas moins de moralité pour la société dans un tableau de Raphaël ou dans une statue de Phidias, que dans un poëme d'Homère ou dans une sentence de Platon. C'est une loi de marchands, ce n'est plus une loi de législateurs.

Et quant aux prétendus inconvéniens pratiques de la disposition qui ferait suivre l'objet par le droit de gravure, s'ils existent, ne sont-ils pas les mêmes dans la disposition qui les réserverait aux héritiers de l'artiste ? Le tableau ne changerait-il pas de mains aussi ? Quels moyens auront les acquéreurs successifs de savoir si le droit de reproduction a été épuisé? si le tableau a reçu son temps légal? si la statue a subi cette quarantaine de publicité que vous voulez lui imposer ? Les héritiers de l'artiste seront-ils des hommes de génie et de goût aussi? La reproduction du tableau sera-t-elle plus garantie entre leurs mains, quelquefois ignorantes, indigentes souvent, qu'entre les mains des acquéreurs, spéculateurs ou riches? Cent fois moins. Renoncez donc pour les artistes à une prétention qui satisfait pour quelques jours un amour-propre légitime et un intérêt apparent, mais qui, en réalité, intimide l'acquéreur, diminue la valeur de leurs productions, paralyse l'art, dépouille la société et déconsidère la loi.

Dans cette hésitation produite par des apparences si contraires, on a recherché s'il n'y aurait pas moyen d'éluder la question. On a dit : Donnons le droit à l'acquéreur et à l'auteur tout à la fois. On s'est aperçu que c'était anéantir la gravure. Car le graveur, dont le travail veut des années, a besoin de sécurité et de garantie aussi. Où sera la garantie, si pendant qu'il emploie une partie de sa vie à la reproduction d'un chef-d'œuvre dont le débit doit l'indemniser, ce même chef-d'œuvre est à son insu gravé par un autre graveur? On a dit : Effaçons le mot *exclusif*, et déclarons qu'il n'y a pas de droit et que le tableau emporte avec lui la reproduction comme l'objet emporte avec lui son ombre ou son image. On a reconnu que c'était enlever une immense et légitime rémunération à l'auteur de l'œuvre, et tuer la reproduction par une concurrence sans condition. On a maintenu l'article présenté par le gouvernement, voté par la chambre des pairs, admis par la commission de 1826. Le droit des artistes, pour être exercé, aura besoin d'être écrit. On n'a pas consenti à leur donner un privilége qui, en frappant l'objet vendu d'une servitude onéreuse, se refuserait même à le déclarer dans le contrat.

En cas de déshérence nous avons attribué à l'État le droit de faire abandon de ses droits aux conjoints de l'auteur. Cela était conforme à ce qui se pratique dans tous les cas de mort civile.

Nous avons disposé aussi que le bénéfice inattendu des années ajoutées à la propriété par la loi nouvelle profiterait aux héritiers ou ayans cause de l'auteur. Ce bénéfice de la loi, pour qu'il n'eût aucun effet rétroactif, ne pouvait pas s'attribuer également aux auteurs encore vivans qui auraient aliéné leur propriété avant la promulgation de la loi; dans ce cas il y aurait un changement de condition et dommage pour des éditeurs. Au lieu de se trouver, à l'expiration de leur propriété privilégiée, en face de la concurrence, et concurrens eux-mêmes, ils se seraient trouvés en face d'un autre droit privilégié qui aurait muré leur industrie. Cela demandait une exception, nous l'avons faite. La libéralité du législateur peut concéder des faveurs, mais à condition qu'elles soient encore de la justice.

Le titre VI n'est que la sanction pénale des dispositions des titres précédens. Tout droit sans garantie est un droit fictif; il faut une force à la loi. Cette force c'est la peine. La commission a été unanime dans la pensée d'armer la propriété littéraire de la force morale et de la force pénale suffisante pour qu'elle fût efficacement défendue contre la contrefaçon à l'intérieur. Les articles 19, 20, 21, 22, et le troisième paragraphe de l'article 23 du projet de loi ont pour objet de déterminer cette pénalité. L'amende de 300 à 2,000 fr., encourue par tout contrefacteur, des dommages et intérêts égaux au moins à la valeur de l'édition originale sur laquelle la contrefaçon a été commise ; l'amende accrue et l'emprisonnement en cas de récidive, ont été conservés ou insérés au projet. Si des peines trop fortes découragent la justice du juge, des peines trop faibles découragent l'industrie et décréditent la propriété. Placés entre ces deux écueils, nous avons voulu qu'un délit, d'autant plus coupable qu'il est toujours prémédité ; d'autant plus nécessaire à frapper quand il se montre, qu'il est toujours commis dans l'ombre, fût atteint non-seulement par le déshonneur qu'il brave, mais aussi par la réparation à laquelle il a trop longtemps échappé. La loi s'est faite d'avance l'arbitre des dommages et intérêts. Elles les fixe à la valeur de l'édition qu'on a voulu contrefaire et qu'on a contrefaite. C'est la loi du talion la mieux justifiée par l'intention du contrefacteur et par le dommage à l'éditeur. C'est le poids exact de la réparation mis dans la balance du juge contre le poids exact du délit. La Chambre décidera si une disposition si juste ne doit pas être une disposition légale. S'il y a danger à écrire dans la loi ce qui est arbitraire, il n'y a jamais danger à écrire ce qui est juste. La loi de 1793 arbitrait d'avance à la valeur de 3,000 exemplaires le dommage présumé d'une contrefaçon. C'était moins juste et plus sévère.

Contrefaçon étrangère.

Mais tandis que nous faisions le code de la propriété littéraire pour la France, l'urgence d'un code international de cette nature de propriété se révélait de toutes parts, et par les plaintes de notre industrie lettrée et par les catastrophes de notre librairie, et par le cri unanime de réprobation qui s'élève dans toute l'Europe contre ces dilapidations des propriétés nationales, des propriétés industrielles et des propriétés privées, que le silence du droit public autorisait sans doute, mais qui, pour être un droit de tous contre tous, n'en sont pas moins un scandale de la civilisation. A peine un livre est-il imprimé à Londres, à Vienne, à Paris, que des contrefacteurs étrangers s'en emparent, et que, sans avoir à subir ni les conditions du fisc ou du travail national, ni les avances des éditeurs originaux, ni le droit d'auteur, ils les réimpriment sous tous les formats, se substituent aux droits onéreusement acquis par les éditeurs, et inondent l'Europe et l'Amérique de cette contrebande de la pensée, d'autant plus avantageuse pour eux que ce commerce équivoque n'a rien d'aléatoire, et qu'il n'agit que sur des livres dont le succès est déjà fait et le débit par conséquent assuré. C'est par là que l'industrie littéraire des grandes nations fuit de toutes parts, et que leur librairie, spoliée dans ses foyers naturels, devient le privilége et le monopole d'une industrie cosmopolite qui exploite à son profit une propriété banale que l'incurie et l'injustice des grands états leur a trop longtemps livrée.

La spoliation de cette industrie, quant à la France, ne s'élève pas à moins de 8 à 10 millions par an. Cet abus, non moins nuisible aux lettres que mortel au commerce, a frappé à la fois tous les gouvernemens. Les plus petits ont senti les premiers le mal. Ils ont compris qu'une propriété qui cessait à la frontière, quand cette frontière était rapprochée, n'existait que de nom. Quelle pouvait être la rémunération d'un auteur ou d'un libraire, à Rome, à Florence, à Parme, quand on pouvait le réimprimer sans fraude, à Naples, à Turin, à Modène, à Milan? Il en était de même en Allemagne. Les petits états ne pouvaient plus écrire, les grands états le pouvaient encore; leur industrie, protégée d'abord par une plus grande masse de consommateurs nationaux, n'a pas tardé à leur être dérobée. Les choses en sont là. Tout le monde se plaint ; tout le monde réclame un droit international, nécessaire à instituer pour tous ; on a commencé de voisin à voisin. Les états d'Italie, à l'exception de Naples, ont fondé d'abord la perpétuité de la propriété littéraire en faveur des auteurs et de leurs héritiers ; ils ont proclamé de plus l'internationalité de la propriété des livres. Le contrefacteur de l'ouvrage publié chez l'un de ces peuples sera poursuivi et puni chez tous. L'Allemagne est entrée dans la même voie. La contrefaçon intergermanique y est prohibée.

L'Angleterre, la Russie, l'Autriche, la France, émues par des idées d'équité générale, plus que par des intérêts à peu près égaux, se montrent disposées à écrire partout ce droit public d'une propriété de plus. Le bill anglais du 31 juillet 1838 l'a déjà formellement écrit. Nous avons, nous, nation éminemment littéraire, deux moyens de hâter ce concert des gouvernemens qui, pour être efficace, doit être ou devenir unanime. La rivalité ou l'initiative ; la contrefaçon autorisée chez nous des nations qui nous contrefont, ou la proclamation morale et généreuse du respect de la propriété des autres chez nous, avant même que ce principe fût proclamé à notre bénéfice chez toutes les nations.

L'équité naturelle, dont il est toujours glorieux d'être les précurseurs, et les intérêts les mieux éclairés sur ce qui concerne les écrivains, les imprimeurs, les libraires [*], étaient ici d'accord, et nous demandaient avec instance et avec unanimité la proclamation même téméraire et gratuite d'un grand principe de moralité et plus élevé au-dessus des rivalités nationales.

Votre commission rendait hommage à ce sentiment et le partageait. Toutefois, elle n'a pas cru devoir désarmer le gouvernement de cette valeur de la réciprocité à faire peser dans des négociations prochaines. La proclamation gratuite d'un grand principe de propriété internationale lui a paru

---

[*] Une pétition, signée des principaux éditeurs de Paris, a été adressée aux deux chambres ; elle demande que la France prenne l'initiative de ce grand et noble principe de la reconnaissance de la propriété littéraire internationale.

d'autant plus assurée que la France, en la demandant à toute l'Europe, aurait des avantages à offrir aux gouvernemens qui voudraient y accéder.

C'est par ce petit nombre de dispositions prévoyantes, améliorées encore par la discussion de la chambre, que vous manifesterez votre sollicitude pour ces divers domaines de la pensée. Ces nobles ouvriers de l'esprit, qui se sont toujours plaints de l'ingratitude de la loi, n'auront plus désormais à se plaindre que d'eux-mêmes. Vous leur aurez donné tout ce qu'une même législation peut donner, la justice, la rémunération par les œuvres, la sécurité, un modeste et trop court avenir. La loi ne peut que cela, Dieu seul donne le génie, le génie ne donne que la gloire, le travail seul donne la fortune.

L'Europe entière, en ce moment, est inspirée de la même pensée, il appartient à la France de devancer l'Europe. Sa grande place dans le monde lui a été dessinée par la main de ses artistes, par la plume de ses écrivains, plus large et plus incontestée que par l'épée même de ses soldats. Pouvait-elle laisser dans la négligence et dans la spoliation ces puissances de la pensée qui lui ont conquis tant d'empire sur l'esprit humain? L'ingratitude peut profiter à la gloire, car elle la rend plus touchante, mais elle n'enrichit jamais les nations. Que ne devons-nous pas à ces hommes dont nous avons laissé si longtemps dilapider l'héritage? Cinq ou six noms immortels sont toute une nationalité dans le passé. Poëtes, philosophes, orateurs, historiens, artistes, restent dans la mémoire l'éclatant abrégé de plusieurs siècles et de tout un peuple.

Montaigne joue en sceptique avec les idées, et les remet en cirulation en les frappant du style moderne. Pascal creuse la pensée non plus seulement jusqu'au doute, mais jusqu'à Dieu. Bossuet épanche la parole humaine d'une hauteur d'où elle n'était pas encore descendue depuis le Sinaï. Racine, Molière, Corneille, Voltaire, trouvent et notent tous les cris du cœur de l'homme. Montesquieu scrute les institutions des empires, invente la critique des sociétés et formule la politique. Rousseau la passionne, Fénelon la sanctifie, Mirabeau l'incarne et la pose sur la tribune. De ce jour les gouvernemens rationnels sont découverts, la raison publique a son organe légal, et la liberté marche au pas des idées à la lumière de la discussion. Mœurs, civilisation, richesse, influence, gouvernement, la France doit tout à ces hommes : nos enfans devront tout peut-être à ceux qui viendront après eux. Le patrimoine éternel et inépuisable de la France, c'est son intelligence. En en livrant la généreuse part à l'humanité, en s'en réservant à elle-même cette part glorieuse qui fait son caractère entre tous les peuples, le moment n'était-il pas venu de constituer en propriété personnelle cette part utile qui fait de la dignité des lettres l'indépendance de l'écrivain, le patrimoine de la famille et la rétribution de l'État ?

Permettez-moi d'ajouter que la constitution sérieuse et légale de la propriété littéraire, artistique, industrielle, est un fait éminemment conforme à ces principes démocratiques qui sont la nécessité et le labeur de notre temps. Cette nature de propriété porte avec soi tout ce qui manque aux démocraties. C'est de l'éclat sans privilége; c'est du respect sans contrainte; c'est de la grandeur pour quelques-uns sans abaissement pour les autres. On a supprimé la noblesse; mais on n'a pas supprimé la gloire. Ce don éclatant de la nature est, comme les autres dons de Dieu, accessible à toutes les classes. Le génie qui naît partout est le grand niveleur du monde; mais c'est un niveleur qui élève le niveau général des peuples. La propriété littéraire est surtout la fortune de la démocratie; la gloire est la noblesse de l'égalité.

FIN DU TOME QUATRIÈME.

TABLE

DU TOME QUATRIÈME.

	Pages.
Avertissement de la première édition...............	3
Avertissement des nouvelles éditions...............	7

LA CHUTE D'UN ANGE.

ÉPISODE.

Récit......................................	17
Première vision.............................	35
Deuxième vision............................	61
Troisième vision............................	77
Quatrième vision............................	121
Cinquième vision...........................	139
Sixième vision..............................	149
Septième vision. — Le Prophète...............	165
Huitième vision. — Fragment du livre primitif.....	187
Neuvième vision............................	223
Dixième vision.............................	229
Onzième vision.............................	259
Douzième vision............................	271
Treizième vision............................	289
Quatorzième vision.........................	303
Quinzième vision...........................	317
Épilogue....................................	350
Discours. — Contre la peine de mort. Au peuple du 19 octobre 1830.	353

Sur l'abolition de la peine de mort. Discours prononcé à l'Hôtel-de-Ville, à Paris, le 18 avril 1836, à l'occasion du concours ouvert par la Société de la Morale chrétienne sur l'abolition de la peine de mort............................. 361

Sur l'abolition de la peine de mort. Second discours, prononcé le 17 avril 1837, dans la séance annuelle de la Société de la Morale chrétienne........................... 377

Sur l'abolition de la peine de mort. Discours prononcé à la Chambre des députés, séance du 18 mars 1838................. 391

Sur l'émancipation des esclaves. Discours prononcé à la Chambre des députés, séance du 15 février 1838................. 400

Sur les enfans trouvés. Discours prononcé à la séance générale annuelle de la Société de la Morale chrétienne, le 30 avril 1838... 412

Contre-enquête sur les enfans trouvés................. 431

Sur l'abolition de l'esclavage. Discours prononcé au banquet donné par la Société française de l'émancipation de l'esclavage, aux délégués des sociétés anglaise et américaine, à Paris, le 10 février 1840. 444

Sur la loi relative aux restes mortels de Napoléon. Discours prononcé à la Chambre des députés, dans la séance du 26 mai 1840.... 449

De la propriété littéraire. Rapport fait à la Chambre des députés, par M. de Lamartine........................... 458

FIN DE LA TABLE DU TOME QUATRIÈME.

LAGNY. — IMPRIMERIE DE VIALAT ET Cie.

www.ingramcontent.com/pod-product-compliance
Lightning Source LLC
Chambersburg PA
CBHW060221230426
43664CB00011B/1510